Norbert Ohler:
Sterben und Tod im Mittelalter

Mit 20 Schwarzweißabbildungen

Deutscher
Taschenbuch
Verlag

Von Norbert Ohler
ist im Deutschen Taschenbuch Verlag erschienen:
Reisen im Mittelalter (30057)

Ungekürzte Ausgabe
November 1993
Deutscher Taschenbuch Verlag GmbH & Co. KG, München
© 1990 Artemis Verlags GmbH, München
ISBN 3-7608-1924-9
Umschlaggestaltung: Dieter Brumshagen
unter Verwendung eines Gemäldes von Hieronymus Bosch
Satz: Filmsatz Schröter, München
Druck und Bindung: C. H. Beck'sche Buchdruckerei,
Nördlingen
Printed in Germany · ISBN 3-423-30383-2

INHALT

ANHANG

Für Annemarie

VORWORT

Zu den Herausforderungen unserer Zeit gehört die vielfach beklagte Inhumanität des Sterbens. Der Anonymität des Todes im Krankenhaus wird oft die »heile Welt« früherer Zeiten entgegengestellt, in denen der Mensch, wohl vorbereitet auf den Tod, innerhalb einer sozialen Gemeinschaft starb, den eigenen Tod so möglicherweise – im christlichen Sinn – als Krönung des Lebens erfuhr. Wie sah die Realität tatsächlich aus?

Am Beispiel des Mittelalters, das wie kaum eine andere Epoche mit dem Tod konfrontiert war und sich in immer neuen Anläufen mit ihm auseinandergesetzt hat, möchte der Autor Einstellungen und Lebensformen der Menschen früherer Jahrhunderte nachgehen. In Riten und Bräuchen, die im Zusammenhang mit Sterben, Tod und Grablege stehen, sind Menschen auch noch in unserer Zeit in mittelalterliche Traditionen eingebunden; in der heutigen Diskussion über die Grenzen des Lebens sind die Einstellungen, Todeserfahrungen und Jenseitsvorstellungen der Menschen des Mittelalters vielleicht wieder erwägenswert.

Darüber hinaus ist unser Bild des Mittelalters entscheidend vom Tod geprägt. Das Massensterben während der Großen Pest, die Massaker anläßlich der Kreuzzüge, die Brutalität des Strafrechts mit der grausigen Palette der Hinrichtungsarten haben die Imagination in Bann geschlagen. Die Literatur des Mittelalters propagiert die »Kunst des schönen Sterbens«, und aus der bildenden Kunst sind uns die Darstellungen des Totentanzes vertraut.

Zur Geschichte und Kultur des Mittelalters liegen inzwischen zahlreiche Veröffentlichungen vor, doch fehlt bislang eine übergreifende Arbeit zum Thema Sterben, Tod und Grablege. Philippe Ariès, dessen bahnbrechenden Studien der Autor sich stärker verpflichtet weiß, als die Nachweise zeigen, hat Einstellungen zu Sterben und Tod vor allem in der frühen Neuzeit untersucht, zum großen Teil anhand von Quellen aus Frankreich. Demgegenüber reizte es den Autor, die Schwerpunkte anders zu setzen:

Im zeitlichen Rahmen des Mittelalters wurden Quellen aus unterschiedlichen europäischen Ländern herangezogen; wenn von Judentum und Islam, die Denken- und Verhaltensweisen des Abendlandes mitgeprägt haben, nur selten die Rede ist, dann auch deshalb, weil unentbehrliche Vorarbeiten fehlen. Das Spektrum der Quellen ist bewußt breit angelegt und umfaßt schriftliche und archäologische, strafrechtliche und liturgische Texte und Funde. Die hier behandelte Zeit liegt vor der verhängnisvollen Kirchenspaltung des 16. Jahrhunderts. In Liturgie und Brauchtum hat die katholische Kirche mehr vom Leben der mittelalterlichen Kirche bewahrt als die von der Reformation geprägten Kirchen. Aus diesem Grunde werden häufiger Kontinuitäten zwischen Mittelalter und Neuzeit an Beispielen aus der katholischen Kirche aufgezeigt – auf die Gefahr hin, daß manche Seite als ›fromm‹ erscheinen mag, in der z. B. von der Letzten Ölung oder der Weihe eines Friedhofs die Rede ist.

Wie in der Gegenwart, so gab es auch im Mittelalter nicht d i e, sondern viele Einstellungen zu Sterben und Tod. Der Autor mußte häufiger verallgemeinern, als ihm lieb war; er mußte sich mit Beispielen begnügen, die ihm charakteristisch erscheinen, wo eine weitere Differenzierung nach Zeit, Ort, sozialer Schicht usf. geboten gewesen wäre. Nicht immer war es möglich, streng dem Plan der Gliederung zu folgen: Von Trauer ist auch bei Darstellung des Krieges, vom Begräbnis auch in dem Abschnitt über die Pest die Rede.

Nur andeutungsweise sprechen mittelalterliche Autoren oft von dem, was den Leser heute interessiert. Deshalb sollen die in die Darstellung einbezogenen Abbildungen nicht nur Aussagen veranschaulichen, vielmehr sind sie als eigenständige Quellen gedacht; angesichts der Zeichen- und Bedeutungshaftigkeit mittelalterlicher Kunst müssen wir uns freilich davor hüten, ihre Werke auf eindeutige Aussagen zu reduzieren.

Freiburg, im Mai 1990   Norbert Ohler

Überlegungen beim Gang über
einen Friedhof

Hier ruht in Gott/ Adam Müller / *26. 3. 1907 † 14. 2. 1978«. Inschriften dieser Art sieht man zu Millionen auf europäischen Friedhöfen, neben anderen wie »Erika Fischer / *3. 5. 1942 †6. 7. 1988« oder »Sebastian Schmidt«. Allen dreien ist gemeinsam, daß die Verstorbenen oder deren Angehörige es für richtig hielten, der Nachwelt die Namen des Beigesetzten zu übermitteln. Das uns selbstverständliche Nebeneinander von Vor- und Familienname bildete sich erst im Hochmittelalter aus, etwa seit dem 13. Jahrhundert. Bis dahin reichte den Zeitgenossen, wie in ländlichen Gegenden heute noch oft, der Vorname zur eindeutigen Bestimmung einer Person.

In unserem ersten Beispiel verweist er auf eine Vorstellung, die Juden, Christen und Muslimen gemeinsam ist: In Adam schuf Gott den ersten Menschen; der Märtyrer Sebastian erlitt um seines Glaubens willen den Tod. Dem Schutz solcher in der Nähe Christi lebender Freunde Gottes vertraute man Menschen an, wenn man ihnen in der Taufe, der Aufnahme in die Gemeinschaft der Christen, den Namen eines Heiligen gab; es ist nur konsequent, wenn man im Englischen bis auf den heutigen Tag von ›Christian name‹ spricht. Darüber hinaus spiegeln sich in solchen Vornamen Vorstellungen, die denjenigen, die die Namen für ihre Kinder aussuchen, nicht vertraut sein müssen, aber bekannt sein können oder den Namensträgern im Laufe ihres Lebens zu Bewußtsein kommen. Zu allen Zeiten wurden jedoch viele Menschen namenlos beigesetzt – aus Armut, im Krieg oder, bis heute, auf eigenen Wunsch.

Die beiden ersten Beispiele bringen mit den Angaben zu Geburts- und Todestag Eckdaten einer Biographie. In die Symbole für Geburt und Tod sind heidnisches[1] und christliches Denken eingegangen: In der Antike meinte man, daß der Stern, in dessen

Zeichen der Mensch geboren wurde, den weiteren Lebensweg beeinflusse, wenn nicht gar bestimme. Auch im Christentum ist diese Vorstellung verankert: Jesus ist im Zeichen eines außerordentlichen Sterns geboren, dem die Weisen folgten, um den neugeborenen König der Juden in Bethlehem zu ehren (Mt 2, 2 ff.).

Der christliche Festkalender kennt nur drei Geburtstage: Die von Jesus, Maria und Johannes, also die des Erlösers, seiner Mutter und seines Vorläufers. Mit der bewußten Geringschätzung des Lebensanfangs durch das Christentum hängt zusammen, daß nur selten das Jahr, noch seltener der Tag der Geburt mittelalterlicher Menschen überliefert ist. Selbst bei Kaisern und Päpsten ist man oft auf Schätzungen angewiesen, die um Jahre voneinander abweichen können.

Das zweite Symbol erinnert an die grausamste Hinrichtungsart, die die Römer kannten. Jesus wurde als gemeiner Verbrecher gekreuzigt, und es war keineswegs selbstverständlich, daß seine Anhänger den schimpflichen Kreuzesgalgen als Zeichen des Triumphes über den Tod zum Symbol ihres Glaubens erhoben.

Die eingangs zitierte Inschrift drückt zusätzlich ein Glaubensbekenntnis und eine Zuversicht aus. Seit vorchristlicher Zeit verstand man Tod und Schlaf als Brüder. Das Wort ›ruhen‹ läßt an ein Weiterleben denken, und zwar nicht nur in der Erinnerung der Menschen, sondern ›in Gott‹. Vom Glauben an ein ewiges Leben in der Nähe Gottes zeugen auch heute noch Inschriften und Symbole auf Gräbern, die der Verstorbene oft selber ausgewählt hat; sie ergänzen Worte der Todesanzeigen, in denen es heißen mag: »... ging mein geliebter Mann ins ewige Leben ein«, oder: »Wir bitten, seiner im Gebet zu gedenken«.

Aus dürren biographischen Angaben auf Friedhöfen läßt sich errechnen, welches Alter Verstorbene erreicht haben; wir können uns Gedanken zum ›durchschnittlichen‹ Sterbealter von Frauen und Männern sowie zu Zeiten hoher Sterblichkeit machen. Wer es noch genauer wissen will, greift zu wissenschaftlichen Veröffentlichungen, in die die Angaben aus Pfarr- und Standesbüchern eingegangen sind. Doch solche Register wurden erst in der Neuzeit angelegt: Von Ausnahmen abgesehen, reichen die Tauf- und Sterbebücher von Pfarreien höchstens ins 16. Jahrhundert zurück, und Standesbücher werden erst seit dem 19. Jahrhundert geführt.[2]

Ein Gang über Friedhöfe eröffnet weitere Ausblicke: Seit vorchristlicher Zeit werden die Verstorbenen unter Wahrung von Formen, die an Zeit, Raum und religiöse Überzeugung gebunden sind, gemeinsam mit anderen in einer Art Stadt der Toten beigesetzt. Diese Nekropole kennt – wie die Stadt der Lebenden – soziale Abstufungen. Grablegen berühmter Dynastien und einfacher Familien erscheinen uns heute als Zeugen des Glaubens sowie als Zeichen herrscherlicher bzw. bürgerlicher Selbstdarstellung. Grabsteine dokumentieren, wie Namen sich vom Vater auf den Sohn oder von der Großmutter auf die Enkelin vererben; das war eine Art, den Tod zu bezwingen: Der einzelne hatte sterben müssen, doch mit seinem Namen lebte er in der Familie weiter. Wie selbstverständlich sprechen wir von ›Karolingern‹ und ›Ottonen‹, in deren Geschlecht jeweils ein ›Leitname‹ die Kraft des toten Ahnen auf spätere Generationen übertragen sollte; fast anderthalb Jahrtausende lang herrschten in Frankreich Könige mit dem Namen Chlodwig bzw. Ludwig.

Alte Gräberfelder zeigen, daß man in vorchristlicher Zeit auch die Einäscherung kannte – wie heute wieder; oft ist nur dem Friedhofspersonal bekannt, wessen Asche in dieser oder jener Urne ruht. Zur Zeit der Christianisierung wurde die Feuerbestattung vielfach von »Heiden« praktiziert, verworfen dagegen von der Kirche und von Obrigkeiten, deren Denken in christlichen Vorstellungen wurzelte: Man meinte, wer seine Angehörigen einäschern lasse, glaube nicht an die Auferstehung der Toten. Wer demonstrativ einen zentralen Punkt christlicher Lehre leugnete, stellte sich außerhalb der Gemeinschaft der Gläubigen mit allen Folgen, die das für sein Leben und für die Gemeinschaft der Menschen haben konnte.

Namenlos bleiben heute nicht nur manche Urnenfelder, sondern viele Gräber, weil man die hier Beigesetzten nicht kennt: Opfer von Kriegen, Unfällen, Katastrophen. Namenlos sind auch die meisten Gräber aus dem Mittelalter, die – zu Tausenden erforscht – dem Archäologen und Historiker, dem Soziologen und Mediziner wertvolle Aufschlüsse über einzelne und Gruppen vergangener Zeiten gewähren. Die Frage, mit welchem Recht Wissenschaftler die Ruhe der Toten stören, Gebeine und ganze Skelette als archäologische Objekte in Ausstellungen zeigen, wird in christlich geprägten Ländern kaum gestellt.

Auf lange Kontinuitäten im Denken der Menschen weisen Feiertage hin: Im November gedenkt man in Deutschland am Volkstrauertag (einem Sonntag) und am Totensonntag der Verstorbenen, vor allem der Opfer von Kriegen und Gewaltherrschaft. Die Wahl des Monats ist bezeichnend: Viele Pflanzen sterben ab, andere wirken – nach dem Verlust der Blätter – wie tot; mit den Tagen wird das Licht, Symbol des Lebens, kürzer. Es ist kein Zufall, daß am Beginn des Monats zwei Feste stehen, an denen man eigens der namenlosen Verstorbenen gedenkt: Allerheiligen und Allerseelen. Wenn man heute – unabhängig von religiöser Überzeugung – gerade zu dieser Zeit die Gräber mit frischen Blumen schmückt, darf man darin auch ein trotziges Zeichen gegen den Tod sehen: Menschen bekennen sich zu ihrem Glauben und zur Gemeinschaft mit verstorbenen Angehörigen der Familie, des Bekanntenkreises, des Volkes; in der Erinnerung, in der Trauer, im Gebet, in der Zuversicht auf ein Wiederanknüpfen von Banden, die der Tod zerrissen hat, finden sie an Gräbern Kraft und Trost.

Einfache Grabsteine und großartige Monumente[3] zeugen ebenfalls vom Willen, über den Tod hinaus dem einzelnen, seiner Familie, seiner Dynastie Dauer zu verleihen oder, anders ausgedrückt, vor dem Vergessen bewahrt zu bleiben. Blei- und Bronzetafeln, Granitsteine und Marmorsarkophage überdauern Jahrhunderte, wenn nicht Jahrtausende. Aus heiligen und ›profanen‹ Schriften gewählte Worte, frische Blumen, ›ewig‹ grüne Bäume, Palmzweige drücken die Hoffnung auf ein Weiterleben aus.

Zu allen Zeiten erfüllte der Friedhof verschiedene Funktionen. Manchem erscheint es als Entweihung, als unzulässige Störung der Ruhe der Toten, wenn der Friedhof auch Ort der Erholung sein soll, Platz zum Joggen, Spielen, Lesen, wenn er als Stätte der Geschichte wie ein Freilichtmuseum ausgeschildert ist. Solche ›Multifunktionalität‹ hat Tradition: In Mittelalter und Neuzeit wurde auf Friedhöfen Markt gehalten, gefeiert und getanzt; da er in Kriegszeiten als Zufluchtsstätte diente, legte man hier rechtzeitig Vorräte an.

Jeder Tod bedeutet eine Niederlage des Lebens, meist auch einen Verlust für die Hinterbliebenen. Zeremonien, die im Laufe von Jahrhunderten ausgebildet wurden, spenden noch heute Menschen Trost; eigene Trauerzeiten, zu denen Gedenktage in größer werdenden Abständen gehören, erlauben den Angehörigen, sich dem Schmerz über einen Verlust hinzugeben und sich langsam von dem Verstorbenen zu lösen.

Über Kontinuitäten dürfen Brüche nicht vergessen werden. Seit vorchristlicher Zeit gaben Menschen demjenigen ›die letzte Ehre‹, der ihr Leben geteilt hatte. Von niemandem betrauert, vermißt oder geleitet, werden Verstorbene heute immer häufiger eilig auf einem Friedhof verscharrt. Oft klagt man über menschenunwürdiges Sterben und menschenunwürdige Bestattung; beide lassen sich vielleicht als ungewollte Folgen der Aufwertung des Individuums seit den Zeiten des Spätmittelalters sehen: Bindungen des einzelnen an die Gemeinschaft haben sich gelockert.

Der Rahmen:
Zur Bevölkerungsgeschichte

»Unser Leben währt siebzig Jahre, und wenn es hoch kommt, sind es achtzig. Das Beste daran ist nur Mühsal und Beschwer; rasch geht es vorbei, wir fliegen dahin.« Die Klagen aus dem 90. Psalm waren vielen Menschen vertraut, las man in Klöstern doch Woche um Woche den ganzen Psalter. Eingedenk dieser Worte schrieb der spätere Papst Innozenz III. Ende des 12. Jahrhunderts: »Wenige kommen jetzt auf 60, nur ganz wenige auf 70 Jahre.«[1] Innozenz selber wurde gerade 55 oder 56 Jahre alt.

Psalmist und Papst stützten sich, wie ihre Zeitgenossen und wie die Menschen bis weit in die Neuzeit, auf Beobachtungen im Kreis der Menschen, deren Leben sie teilten. Zu unserer Zeit gehen Erhebungen von Gesundheits- und Standesämtern in methodisch anspruchsvolle Statistiken ein, die die durchschnittliche Lebenserwartung auf zwei Stellen hinter dem Komma genau ausweisen: Heute geborene Mädchen haben gut 78, Jungen fast 72 Jahre vor sich.[2]

Welcher zeitliche Rahmen läßt sich für das Leben der Menschen im Mittelalter abstecken? Historiker und Archäologen, Mediziner und Geographen haben sich um Antwort auf die Fragen bemüht: Wie hoch war die Lebenserwartung? Welche Todesursachen lassen sich nachweisen? Wie groß war die durchschnittliche Bevölkerungsdichte? Unterschiedlichste Quellen wurden erschlossen und ihre Aussagen zueinander in Beziehung gesetzt, die wissenschaftlichen Methoden verfeinert. Vorläufige Ergebnisse sollen wiedergegeben werden; sie wären sehr viel stärker, als es hier möglich ist, nach Zeit und Raum zu differenzieren.[3]

Volkszählungen, wie sie uns vertraut sind, wurden im Mittelalter nicht durchgeführt; es fehlte der dafür nötige Verwaltungsapparat, es fehlte vor allem das Interesse; zudem sah man sich durch das Schicksal Davids gewarnt. Zur Strafe dafür, daß er

Israel und Juda hatte zählen lassen, mußte er eins von drei Übeln erdulden: Sieben Jahre Hunger, drei Monate Krieg oder drei Tage Pest. Obwohl sieben und drei ›heilige Zahlen‹ sind, kann dieses Wort Erfahrungen spiegeln: Wenige Tage einer virulenten Seuche fordern ähnlich viele Menschenleben wie Jahre oder Monate anderer Plagen. Menschen möchte David nicht in die Hände fallen; im Vertrauen auf die Barmherzigkeit Gottes entscheidet er sich daher für die Pest (2 Sam 24).

Wenn es in den Quellen heißt, hier seien X ooo, dort gar Y ooo gestorben, dann stehen die scheinbar genauen Zahlen für ›sehr viele‹. Wozu sollte man die Toten auch zählen? Lebendig wurden sie davon nicht, und Gott waren sie ohnehin bekannt.

Dennoch hat man Zählungen durchgeführt, und manche Angabe ist auf uns überkommen. Hier interessierte sich die Obrigkeit für die Zahl der Herdstätten, dort für die der Abgabe- und der Wehrpflichtigen; in einem Krieg wollte man wissen, wie viele ›Münder‹ gegebenenfalls bei einer Belagerung zu stopfen waren. Erhalten haben sich mancherorts auch Angaben zur Höhe des nach Rom überführten Peterspfennigs und Listen mit den Namen derer, die Bürgerrecht hatten. Setzt man überlieferte Einwohnerzahlen in Beziehung zu Zahl und Fläche von Siedlungen und Versammlungsräumen, erhält man genauere Schätzwerte zu Aufbau und Größe der Bevölkerung.

Spektakuläre Erfolge bescherte der Wissenschaft in den letzten Jahrzehnten die systematische Erforschung mittelalterlicher Friedhöfe. In Zusammenarbeit mit Medizinern, denen auch Fortschritte im Bereich der Gerichtsmedizin zugute kamen, machten Archäologen immer genauere Aussagen zu Lebenserwartung und Todesursachen der Bestatteten. Knochenfunde, vor hundert Jahren in Grabungsprotokollen nicht einmal immer erwähnt, erweisen sich nun als Quellen zu Alter und Geschlecht, Krankheit und Todesursache einer früheren Bevölkerung; aufgrund charakteristischer Veränderungen am Schambein kann der Fachmann oft sogar sagen, wie viele Kinder diese oder jene Frau geboren hat.

In den vergangenen Jahrzehnten hat man überzeugende Fallstudien zu einzelnen Friedhöfen wie zu kleineren Räumen vorgelegt. Einsichten, die Archäologen bei der systematischen Erforschung von Friedhöfen gewonnen haben, dienten Nachbardisziplinen zur Überprüfung von Ergebnissen, die sie aufgrund anderer Quellen erarbeitet hatten. Die jeweiligen Methoden wurden verfeinert, Zirkelschlüsse – wie sie bei so schwierigen Fragen geradezu vorprogrammiert sind – von konkurrierenden Forschern (oft) als solche erkannt.

Von Zeit zu Zeit fassen Fachleute Ergebnisse der an der Erforschung der Bevölkerungsgeschichte interessierten Disziplinen in – immer nur vorläufigen, manchmal ›kühn‹ anmutenden – Synthesen zusammen; eine Schätzung zur Entwicklung über lange Zeiten und in großen Räumen sei hier vorgelegt und knapp kommentiert:[4]

	Zahl der Einwohner in Millionen, im Jahre				
	300	600	1000	1340	1440
Raum					
Iberische Halbinsel	4	3,6	7	9	7
Frankreich	5	3	6	19	12
Italien	4	2,4	5	9,3	7,5
Britische Inseln	0,3	0,8	1,7	5	3
Deutsches Reich und Skandinavien	3,5	2,1	4	11,6	7,5
Insgesamt	16,8	11,9	23,7	53,9	37,0

Einigkeit besteht weitgehend in der Beurteilung des allgemeinen Trends: Die Entwicklung verlief, wie die letzte Zeile zeigt, unregelmäßig; verglichen mit der Spätantike nahm die Bevölkerung bis 600 um etwa ein Drittel ab. In den folgenden Jahrhunderten nahm sie so weit zu, daß sie sich bis um die Jahrtausendwende etwa verdoppelt und den in der Spätantike erreichten Stand erheblich überschritten hatte. In den folgenden dreieinhalb Jahrhunderten stieg sie nochmals, diesmal auf mehr als das Doppelte. Dann, in nur hundert Jahren, ein Rückgang um etwa ein Drittel. Wie unterschiedlich die hier grob skizzierte Entwicklung verlief, zeigt ein Blick auf Frankreich und die Britischen Inseln: Die Zahl der Menschen stieg hier von 600 bis 1340 auf mehr als das Sechsfache. Wenn jahrhundertelang – besonders rasch nach der Jahrtausendwende – die europäische Bevölkerung zunahm, so heißt das ganz banal, daß die Zahl der Geborenen die der Gestorbenen überstieg; daß weniger Menschen im Kindesalter sterben und insgesamt weniger verhungern mußten; daß mehr in das Alter kamen, in dem sie das Leben weitergeben konnten. Damit ist auf Fragen der Todesursachen, der Sterblichkeit und der Lebenserwartung verwiesen.

A peste, fame et bello, libera nos Domine!

Mit gutem Grund nahm man im frühen Mittelalter diese Bitte aus den Sibyllinischen Orakeln in die Allerheiligenlitanei auf [5]; bis weit in die Neuzeit blieb das Flehen aktuell, Gott möge die Menschen von Seuche, Hunger und Krieg befreien.

Zwar bezeichnet *pestis* in lateinischen Quellen oft undifferenziert jede Art von virulenter Infektionskrankheit; doch der zweimalige starke Bevölkerungsrückgang wird vor allem mit Pestepidemien erklärt, die im frühen und im späten Mittelalter (542 bis ca. 750, 1348 bis ca. 1440) Europa heimgesucht haben; die Pestwellen der Jahrzehnte nach 1348 haben sich dem europäischen Denken tief eingeprägt, wie noch zu zeigen ist.

Die Pest ist geradezu sprichwörtlich geworden, weil sie niemanden verschonte, leicht zu erkennen war und die Menschen so schlagartig überfiel, daß zwischen blühendem Leben und Tod oft nur Stunden lagen. Über der Pest darf man andere Infektionskrankheiten nicht vergessen, die oft (noch) mehr Menschen das Leben kosteten, wenn sie auch weniger spektakulär auftraten. In alphabetischer Reihenfolge seien genannt: Cholera, Diphtherie, Fleckfieber, Grippe, Keuchhusten, Lepra, Malaria, Masern, Mumps, Pocken, Ruhr, Tollwut, Tuberkulose, Typhus, Wundstarrkrampf...

Manche Krankheiten waren im Mittelalter so genau bekannt, zum Teil aufgrund von Beschreibungen antiker Ärzte, daß man geeignete Vorkehrungen zum Schutz der Gesunden vor Anstekkung und Tod ergriff: Krankheitsverdächtige – zumal Fremde, Zugereiste – wurden zeitweilig abgesondert. Aussätzige mußten lebenslang in eigenen Leprosorien oder Miselhäusern außerhalb der Siedlung wohnen, sich mit Klappern Gesunden gegenüber von weitem zu erkennen geben und oft auch besondere Kleidung tragen. Damit sie ihren Lebensunterhalt gewinnen konnten, lagen ihre Häuser oft an verkehrsreichen Straßengabelungen oder -kreuzungen, woran noch heute eine ›Gutleutstraße‹ erinnern mag. Wer an einem ›Miselhaus‹ vorbeikam, gab den Unglücklichen ein Almosen in der Hoffnung, zur Belohnung möge der Himmel ihm diese gräßliche Krankheit ersparen. Andererseits wohnten auch Gesunde – freiwillig – mit Aussätzigen in deren Häusern zusammen; sie kauften sich hier ein wie in ein Spital. Jahrhunderte vor der Entdeckung der jeweiligen Krankheitserreger und der Mittel, diese zu bekämpfen (vorbeugende Impfung, Antibiotika, Sulfonamide), hat man im Mittelalter mit der vorübergehenden oder lebenslangen Absonderung Kranker Methoden zum Schutz Gesunder entwickelt, die Millionen vor elendem Tod bewahrt haben.

Den meisten Krankheiten standen die Menschen jedoch hilflos gegenüber. Das gilt z. B. für die Tuberkulose, die ›große weiße Pest‹, die vor allem Menschen in der Blüte des Lebens, 15- bis 35jährige, dahinraffte, unter ihnen viele Frauen. Ein Opfer der Tuberkulose war möglicherweise die im Alter von nur 24 Jahren verstorbene Landgräfin Elisabeth von Thüringen.

Zu den Herdkrankheiten, denen im Laufe der Jahrhunderte Millionen von Menschen zum Opfer gefallen sind, gehört die Malaria. Der Krankheitserreger wird von einer Mücke übertragen, die wegen des im Mittelalter zeitweilig milderen Klimas auch

Der vierte Reiter der Apokalypse. »Da sah ich ein fahles Pferd; und > *der, der auf ihm saß, heißt ›der Tod‹; und die Unterwelt zog hinter ihm her.« Ihnen soll Macht über ein Viertel der Erde gegeben werden, wo sie nach Belieben sollen töten können – eine der Plagen, die dem Ende der Welt vorausgehen sollen (Offb 6,8). – Miniatur von Jean Colombe, ›Très Riches Heures‹ des Herzogs von Berry, ca. 1470.*

DOMINVSREGIT/AEETNICHIL/AICHIDEERITINLOCO

nördlich der Alpen in Teichen und sumpfigen Talauen ideale Brutstätten fand. Auf den oft verlustreichen Heereszügen nach Italien dürften mehr Deutsche der Malaria erlegen als im Kampf gefallen sein. Eine Eigenart der Malaria besteht darin, daß Erkrankte zwar nicht gleich sterben, doch stark geschwächt werden; sie erliegen dann der nächsten, für einen Gesunden eher harmlosen Krankheit. Zu den Opfern der Malaria dürften die Kaiser Otto II. (†982), Otto III. (†1002) und Heinrich VII. (†1313) gehören.

Die Ansteckungsgefahr war um so größer, je enger die Menschen zusammenlebten. Daher hat die Pest mehr Opfer unter Mönchen und Nonnen als unter Einsiedlern, mehr in der Stadt als in ländlichen Gemeinden mit lockerer Bebauung gefordert; die Bevölkerungsverluste dürften im 14. Jahrhundert auch deshalb so hoch gewesen sein, weil zu dieser Zeit schon viele Menschen in Städten lebten.

Bis ins 19. Jahrhundert war die Sterblichkeit in den Städten so groß, daß diese auf ständigen Zuzug vom Land angewiesen waren. Unzureichende Hygiene – bedingt z. B. dadurch, daß der Abort (wo es ihn denn gab!) neben dem Brunnen lag – sorgte für eine schnelle Übertragung von Krankheitskeimen. Zu den langfristig wirksamen Schutzmaßnahmen gehörte die Verlegung von Friedhöfen aus dem Siedlungskern hinaus vor die Stadt, die mancherorts bereits im Mittelalter in Angriff genommen wurde. Möglicherweise wurden hier Erfahrungen berücksichtigt, die man mit Massengräbern für Opfer der Pest gemacht hatte.

Unzureichende Hygiene und die starke Durchseuchung der Bevölkerung hatten langfristig auch positive Auswirkungen: Da die europäische Bevölkerung seit Menschengedenken immer wieder mit aus Asien und Afrika eingeschleppten Krankheiten in Berührung gekommen ist, war sie relativ immun gegen manche Erreger. Was das Fehlen eines solchen Schutzes bedeutete, bekamen die Indios seit der ›Entdeckung‹ der Neuen Welt zu spüren: Zu Hunderttausenden fielen sie Krankheiten zum Opfer, die die Europäer (in jedem Fall unbewußt?) eingeschleppt hatten.

Die soziale Ungleichheit vor dem Tod gab es, doch ist sie nicht so eindeutig auszumachen: Wer chronisch unterernährt ist, und das war zeitweise der größte Teil der Bevölkerung, fällt eher einer ›Kinderkrankheit‹ oder der Tuberkulose zum Opfer als jemand, der sich regelmäßig und gesund ernähren kann. Doch gerade an der zweckmäßigen Nahrung fehlte es nicht nur bei den Armen: Oft genug überfütterten reiche Leute ihre Kinder; auch ein Zuviel an Fett, Fleisch, schweren Weinen konnte das Leben Erwachsener verkürzen, nicht anders als ständiger Hunger. Insgesamt dürften Vitaminmangel und einseitige Ernährungsgewohnheiten das Wachstum der Bevölkerung ebenso gebremst haben wie unscheinbare, daher nicht bekämpfte, als gottgewollt hingenommene Herdkrankheiten.

Die zweite Bitte in der Allerheiligenlitanei galt der Befreiung von Hunger. Die Liste möglicher Ursachen ist lang: Geringe landwirtschaftliche Erträge (oft nur das Zwei- bis Dreifache der Aussaat); lange Winter und Nachtfröste; Hochwasser und Sturmfluten; dürre oder regenreiche Sommer; Schädigung der Feldfrüchte durch Nagetiere, Heuschrecken, Käfer usf. Vor Hunger bewahrte im Einzelfall nicht einmal eine leidlich gute Ernte: Waren die Flüsse länger als üblich zugefroren, konnte man keine Mühlen betreiben; andererseits ließ sich Mehl nur begrenzte Zeit lagern. Schlimm wirkten sich Seuchen aus, die das zum Anspannen nötige Vieh hinrafften; die Felder konnten nicht bestellt, die Ernte nicht eingebracht werden.

Schon eine der genannten Ursachen konnte eine regionale Hungersnot auslösen; oft kamen mehrere Plagen zusammen, auch wegen großräumiger Schwankungen des Klimas. Um das Jahr 1000 begünstigte eine Erwärmung nicht nur den Weinbau in nördlichen Breiten, sondern die Landwirtschaft insgesamt. Umgekehrt gefährdete eine Abkühlung das vorübergehend eingependelte Gleichgewicht zwischen Mensch und Natur: Ein Rückgang der Jahrestemperatur um ›nur‹ 1° Celsius bedeutete, so hat man berechnet, daß in England die Wachstumsperiode zwei bis drei Wochen kürzer war – mit der Folge, daß viele Früchte nicht mehr reiften. In den ersten Jahrzehnten des 14. Jahrhunderts, also noch v o r der Großen Pest, häufen sich die Klagen über Mißernten, strenge Winter, verregnete Sommer, Überschwemmungen – möglicherweise Anzeichen klimatischer Veränderungen.

Lokale, erst recht überregionale Hungersnöte konnte man in Mitteleuropa erst seit dem 19. Jahrhundert wirksam bekämpfen: Die Erträge der Feldfrüchte wurden durch systematische Züchtung, Einsatz von Dünger, Bekämpfung tierischer und pflanzlicher Schädlinge in einer Weise gesteigert, wie man das bis dahin nicht für möglich gehalten hatte. Seit dem Bau der Eisenbahn ließen sich Nahrungsmittel aus Überschußgebieten billig über weite Entfernungen befördern; vorher war der Transport von Massengütern über große Strecken an den Kosten gescheitert. Eine Ausnahme galt für das Umfeld von Fluß- und Seehäfen: Rheinabwärts geführtes Korn konnte eine regionale Hungersnot am Niederrhein mildern; die dichtbesiedelten Niederlande deckten einen Großteil ihres Getreidebedarfs aus Ostdeutschland.

Oft waren die Voraussetzungen für langfristig wirksame, vorbeugende Maßnahmen nicht gegeben: Auch in leidlich guten Erntejahren blieb nichts übrig, was man hätte aufheben können; Bauern mußten etwaige Überschüsse verkaufen, um mit dem Erlös Schulden und Abgaben zu bezahlen; allenfalls Klöster, Städte und adlige Herrschaften konnten sich geeignete Speicher und fähige Verwalter leisten. Dank überregionaler Verflechtungen waren sie oft besser als andere über Ernteaussichten im Land informiert. Zumal Städte waren daran interessiert, rechtzeitig Vorräte anzulegen; in Zeiten der Teuerung wurde eingelagertes Getreide dann an Notleidende zu mäßigen Preisen verkauft.

Die nicht seltenen Hungersnöte steigerten die ohnehin schon große Mobilität der Bevölkerung. Verarmte und Arme zogen in Gegenden, die gerüchteweise verschont geblieben waren. Winkte auch nur eine vage Hoffnung auf bessere Verhältnisse, schlossen sich Hunderte, wenn nicht Tausende zusammen. Es ist kein Zufall, daß den Kreuzzügen 1095 und 1145–1147 Hungersnöte vorausgegangen sind. 1145 wurde das reiche Kloster Fulda von aufgebrachten Hungernden überfallen und ausgeplündert.[6]

Wiederholten sich schlechte Ernten, was ebenfalls nicht selten war, standen die Menschen vor einer bösen Wahl: Sollten sie das Saatgut verzehren, das unbedingt für die nächste Aussaat aufgehoben werden mußte? In diesem Fall hatte man die Katastrophe bestenfalls um ein Jahr hinausgeschoben. Oder sollte man den rasenden Hunger mit Rinde, Gras, Aas usf. stillen? Dann waren schwere Erkrankungen vorhersehbar. Durfte, sollte man vielleicht gar das Fleisch von Verstorbenen verzehren? Wiederholt sprechen die Quellen von Kannibalismus. Handelt es sich hier wirklich nur um literarische Topoi? Sollten Hemmschwellen ausgerechnet im Fall von Hunger ›gegriffen‹ haben?

Die dritte Bitte der Allerheiligenlitanei galt der Befreiung vom Krieg. Was barbarische Kriegführung angeht, unterschieden sich Christen – auch im Kampf gegen ihresgleichen – im allgemeinen nicht von ›Heiden‹. Zwar wurde die Zivilbevölkerung oft geschont, zumal einzelne Gruppen, die das Schwert nicht führen konnten oder durften, besonders geschützt waren. Doch bei Belagerungen litten Kleriker, Mönche, Frauen, Juden ebenso wie Mächtige unter Hunger und Durst.

Während der Völkerwanderung fanden Germanen und Slawen wenig oder gar keinen Widerstand, hatten deshalb auch kaum Grund, zur Rache die gegnerische Bevölkerung niederzumetzeln. Anders verhält es sich mit dem Einfall der Mongolen in Ungarn 1241: Hier rechnet man mit etwa fünfzig Prozent Verlusten unter der Bevölkerung: Wer nicht im Kampf fiel, wurde erschlagen oder in die Gefangenschaft entführt; andere, die hatten fliehen können, verhungerten oder erfroren.

Indirekte Verluste infolge von Krieg und Fehde waren oft weit größer als die durch unmittelbare Feindeinwirkung. Die Felder konnten nicht bestellt, die Ernte nicht eingebracht werden, weil Söldnerhaufen das Vieh konfisziert hatten, weil zügellose Banden das Land unsicher machten, weil die Bauern in die Wälder oder in die Städte geflohen waren. Eine Partei vernichtete die Ernte, damit der Gegner sich nicht im Land ernähren könnte; eine andere Partei sägte, trotz wiederholter Verbote, Obstbäume ab, verwüstete Reben, zerstörte Mühlen; die Folgen waren jahre-, wenn nicht jahrzehntelang zu spüren. Schlecht ernährte, unzulänglich behauste Menschen wurden noch leichter als sonst Opfer von Infektionskrankheiten.

Indessen darf man die zerstörerischen Fähigkeiten einer zügellosen Soldateska auch nicht überschätzen. Die Chronisten waren versucht, Auswirkungen von Kriegen und Fehden zu übertreiben; oft rächten sie sich mit der Feder an ungeliebten, wenn nicht verhaßten Adligen.

Krankheit und unzulängliche Hygiene, Hunger und Fehlernährung, Krieg und Fehde beeinflußten die Lebenserwartung. Noch mehr als sonst verschleiern von der Forschung ermittelte oder geschätzte Durchschnittswerte Unterschiede, die durch Zeit, Raum, soziale Schicht gegeben waren. Jahrhundertelang dürften die Menschen bei der Geburt eine Lebenserwartung von vielleicht 25 bis 32 Jahren gehabt haben. Entsprechend der schon skizzierten Bevölkerungsentwicklung schwankte auch das Sterbealter in dem Jahrtausend von 500 bis 1500 n. Chr. Bei der Untersuchung von Gräbern in Ungarn stellte man fest, daß die Lebenserwartung zwischen dem Anfang des 10. und dem des 12. Jahrhunderts von etwa 33 auf etwa 26 Jahre zurückgegangen ist. Ähnlich nahm die Lebenserwartung in England zwischen der Mitte des 13. und dem zweiten Viertel des 14. Jahrhunderts (also noch vor der Großen Pest) von 35 auf 27 Jahre ab.

Die Kindersterblichkeit im Mittelalter wird gelegentlich als »entsetzlich hoch«[7] eingeschätzt. In Ungarn starben zeitweise 13 bis 18 Prozent der Säuglinge, in Polen etwa 22 Prozent der Kinder im Alter von 0 bis 5 Jahren. Wie noch in der Neuzeit starben viele Kinder unmittelbar nach der Geburt; kritisch waren auch die erste Woche, das ganze erste Lebensjahr und dann nochmals die Zeit der Umstellung von der Muttermilch auf andere Kost. Unzulängliche Hygiene und unzweckmäßige Ernährung, Kleidung und Umwelteinflüsse insgesamt ließen nur wenige Kinder ›durchkommen‹: Die Quellen sprechen kaum einmal von zugigen, verrauchten Hütten, feuchtem Bettzeug, überarbeiteten Müttern. Wiederholt erwähnen sie Unfälle: Da beide Eltern im allgemeinen hart und lang arbeiten mußten, fehlte es an der nötigen Aufsicht; Geschwister waren mit dieser Aufgabe überfordert, wenn sie kaum älter waren als das zu betreuende Kind. Groß ist der Kummer, wenn ein Kind Opfer einer Krankheit oder eines Unfalls geworden ist. Nicht typisch, aber auch nicht ungewöhnlich ist das Beispiel einer in den Annomirakeln genannten Familie: Von zwölf Kindern hatten zwei überlebt.[8]

Anders als im 19. und 20. Jahrhundert starben Frauen früher als Männer. Schwere Arbeit in Haus und Stall, Garten und Feld schwächte sie so, daß sie zusätzlichen Belastungen nicht gewachsen waren. Wie die Männer wurden sie von zahlreichen Krankheiten bedroht; dazu kam, daß sie wegen des niedrigen Heiratsalters oft noch fast im Kindesalter mit Schwangerschaften belastet waren. Unzureichende hygienische Verhältnisse bei der Entbindung und im Wochenbett kosteten vielen Frauen das Leben. Hatten Frauen die besonders kritische Phase – etwa vom 15. bis zum 40. Lebensjahr – überstanden, konnten sie, wie die Männer, mit weiteren 15 bis 20 Jahren rechnen. Doch insgesamt waren alte Frauen noch seltener als alte Männer.

Männer hatten zwar eine höhere Lebenserwartung als Frauen, doch mußten sie einen Tribut für die herausgehobene Stellung zahlen, die sie aufgrund ihres Geschlechts in der Gesellschaft innehatten; darauf deutet unter anderem das niedrige Sterbealter vieler Herrscher hin. Ständig unterwegs, Wind und Wetter ausgesetzt, von Fehden und Gefechten ganz zu schweigen, ist mancher König früh gestorben. Prinzen mußten oft schon in jungen Jahren die Herrschaft antreten; selbst wenn zeitweilig jemand die Vormundschaft führte, blieb ihnen kaum Zeit zu reifen. Dynastien erloschen mit dem Tod eines kinderlosen Königs (z. B. Ottos III.); sie konnten sich gar nicht erst ausbilden, wenn der Angehörige einer ›neuen‹ Familie kinderlos starb (z. B. Heinrich II.). Angesichts des häufigen Wechsels von Herrschern und Dynastien wird deutlich, welches Gewicht die Bistümer und Abteien in der Verfügungsgewalt des Königs für die Kontinuität von Reich und Herrschaft hatten. Einen ungewöhnlichen Glücksfall bedeutete es, wenn in einer Dynastie beim Tod des Herrschers jeweils ein legitimer, gesunder, fähiger Thronfolger bereitstand; die lange Herrschaftsdauer weniger Dynastien in Frankreich hat wesentlich zur Stabilität dieses Reiches beigetragen.

Insgesamt bewirkte die geringe Lebenserwartung, daß wenige Familien drei Generationen umfaßten. Daraus ergaben sich Schwierigkeiten auch bei der Erbfolge.

Vorkehrungen in der Blüte der Jahre

Mors certa, hora incerta – dieses Wort[1] mahnte bis in die Neuzeit an vielen Uhren. An deutlich sichtbarer Stelle von Kirchen, Burgen, Häusern, Brücken, Stadttoren war der hl. Christophorus abgebildet, der als Schutzpatron gegen einen bösen, d.h. jähen Tod angerufen wurde. Der Legende nach hatte er von Gott für seine Verehrer sichere Hilfe gegen Todesgefahr erbeten. Daher glaubte man, daß derjenige, der das Bild des Heiligen morgens andächtig betrachte, tagsüber vor einem plötzlichen Tod sicher sei.[2] Auch betete man um einen ›guten‹ Tod, auf den man sich in Ruhe, durch Gebete, Werke der Buße und den Empfang der Sterbesakramente vorbereiten wollte. Noch am Ausgang des Mittelalters bezeichnete Sebastian Brant den als Toren, der nicht rechtzeitig Vorsorge für den Todesfall getroffen habe.[3] Aber was heißt ›rechtzeitig‹?

Angesichts einer Lebenserwartung von siebzig bis achtzig Jahren kann man es sich heute leisten, den Gedanken an den eigenen Tod lange zu verdrängen. Ein liturgischer Wechselgesang aus dem 10. Jahrhundert bringt kollektive Erfahrungen auf den knappen Nenner: »Mitten wir im Leben sind / Mit dem Tod umbfangen.«[4]

Auch im Mittelalter starben Abertausende nicht ›plötzlich und unerwartet‹, wie Todesanzeigen es formulieren und viele Menschen es sich wünschen, sondern gleichsam in Etappen: Wer in Landwirtschaft oder Handwerk einen Betrieb leitete, erfuhr mit dem Nachlassen von Kräften und Sinnen, daß er für seinen Beruf nicht mehr geeignet war. Schließlich nahm ein Sohn das Heft in die Hand und setzte dem Alten ein Leibgedinge aus.

In realistischer Einschätzung der eigenen Kräfte traten gelegentlich weltliche und kirchliche Große aus Altersgründen von ihren Ämtern zurück; oft kam das allerdings nicht vor. Es war schon viel gewonnen, wenn sie teilten, was zu teilen war, und die Nachfolge regelten, um den Hinterbliebenen Streit zu ersparen.

Früher sahen sich Menschen öfter als wir unmittelbar an den Tod und an Tote gemahnt: In jeder Messe wurde der Toten gedacht, insbesondere in Messen für einen bestimmten Verstorbenen und am Fest Allerseelen. An den Tod erinnerte das Bild des Gekreuzigten in Kirchen, auf Friedhöfen und an Wegkreuzungen[5]; Asche als Zeichen der Vergänglichkeit streute der Priester dem Gläubigen am Aschermittwoch auf das Haupt mit den Worten: »Gedenke, Mensch, daß du Staub bist und wieder zu Staub werden wirst.«[6] Auf dem Weg zur Kirche ging man über einen Friedhof und vorbei an einem Beinhaus mit aufgeschichteten Schädeln und Knochen; hier sah man vielleicht auch eine bildliche Darstellung des Totentanzes oder der Legende von den drei Lebenden und den drei Toten:[7] Drei vornehme junge Männer reiten aus und stoßen auf drei verweste Skelette, die sie mit einfachen Worten an die Vergänglichkeit alles Irdischen erinnern: »Was wir gewesen sind, seid ihr jetzt; was wir sind, werdet ihr sein« (*Quod fuimus, estis; quod sumus, vos eritis*). An den Tod gemahnt sah sich auch der junge Mann, der seiner Frau nach der Hochzeitsnacht die Morgengabe übereignete; die sollte ihr ein standesgemäßes Leben für den Fall ermöglichen, daß sie ihn überlebte.

Der Tod war vertraut, weil man ihn von Jugend an kannte; man sah, wie Familienangehörige starben, man erlebte, wie Ketzer und Verbrecher öffentlich hingerichtet wurden. Die häufige Erfahrung des Sterbens wirkte sicher abstumpfend; wer sich jeden Tod zu Herzen nimmt, kann nicht mehr ordentlich sein Tagewerk verrichten. Und doch könnte man sich häufiger als heute gefragt haben: Bist du vielleicht der nächste? Zum Beispiel beim Begräbnis: Der noch mancherorts gepflegte Brauch, ein ›Vater unser‹ für den unter den Trauergästen zu beten, der als nächster in die Grube hinabgelassen werden muß, könnte – wie viele andere – ins Mittelalter zurückreichen.

Auffallende Ähnlichkeit in den Berichten von den letzten Tagen und Stunden müssen sich nicht damit erklären, daß Autoren sich von eindrucksvollen Vorlagen haben beeinflussen lassen. Das

Sterben galt als Kunst, die von Generation zu Generation weitergegeben und eingeübt wurde – soweit man etwas grundsätzlich Einmaliges üben kann. Fast jede der folgenden Aussagen könnte und müßte man ergänzen durch Hinweise darauf, daß dieses oder jenes schon aus der biblischen Welt, aus der griechischen oder römischen Antike überliefert ist und im Laufe des Mittelalters ganz unterschiedliche Ausprägungen erfahren hat.

Sorge für das Seelenheil

›Rechtzeitig‹ an die Stunde denken, in der man aus dieser Welt scheiden mußte, konnte nur heißen, in der Fülle der Lebenskraft angemessene Maßnahmen zu ergreifen. Sollte der Tod den Menschen nicht unvorbereitet treffen, mußte man beizeiten an die Seele denken, die nach dem Tod weiterleben würde. Gefaßt(er) konnte dem Tod – und dem künftigen Gericht! – entgegensehen, wer rechtschaffen lebte, sein Tun an den Normen des Evangeliums und den Lehren der Kirche ausrichtete.[8]

Jeder wußte sich als Sünder, der auf das Erbarmen Gottes angewiesen war. Man hoffte, durch Fürbitten den strengen Richter gnädig stimmen zu können. Das Gebet zu Gott wurde ergänzt, wenn nicht überlagert durch Bitten an Heilige. Oft meinte der Mensch, sich nicht direkt an Gott wenden zu dürfen; statt dessen schaltete er einen Vermittler ein, der zwischen ihn – den Sünder – und den Allheiligen treten und des armen Sünders Anliegen Gott vortragen sollte. Als Vermittler wurden die Gottesmutter und Heilige bevorzugt; sie hatten sich als Menschen bewährt und lebten nun als Freunde Gottes im Himmel.

Auch deshalb trat mancher in eine klösterliche Gemeinschaft ein, die sich nachdrücklich dem Gebet für Verstorbene widmete. Um 1090 schrieb ein Mönch des Klosters Iburg am Teutoburger Wald, Benno – dem 1088 verstorbenen Gründer und Erbauer des Klosters – solle unablässig Gebetshilfe gegeben werden. »Er soll sich nicht vor Gott beklagen müssen, daß ihm die erhoffte Hilfe von uns verweigert werde.« Oft habe Benno scherzend bemerkt, er dürfe doch wohl nach seinem Tod »von unseren Gaben, die wir ihm schuldig seien, jeden Tag eine kleine Mahlzeit erwarten, so nämlich, daß seine Seele durch Gebet genährt werde«.[9]

Mönche weit voneinander entfernter Klöster schlossen sich zu Gebetsbünden zusammen, die die abendländische Christenheit gleichsam vernetzten[10]; da die Fürbitte der Mönche als wirkmächtig galt, baten auch Kleriker und Laien, Männer und Frauen, Könige und Bischöfe, in die Geschichte eingegangene Große und Menschen, die kaum zu identifizieren sind, um Aufnahme in den Gebetsbund.[11] Das Gebetsgedenken galt lebenden und verstorbenen Angehörigen naher und ferner Konvente; es gab Missionaren wie Bonifatius, der in der Wildnis des frühmittelalterlichen Germaniens wirkte, Halt und Kraft.[12]

Viele Menschen konnten nicht namentlich der Barmherzigkeit Gottes empfohlen werden, weil sich niemand mehr ihrer erinnerte. Ihnen wollte Odilo, Abt von Cluny (994–1048), helfen. Odilo habe einst von einer Erscheinung gehört, berichtet Petrus Damiani, einer der großen Kirchenreformer des 11. Jahrhunderts: Teufel hätten verraten, durch Almosen und Gebete könnten die Lebenden ihnen die Seelen Verstorbener entreißen.[13] Daraufhin habe Odilo angeordnet, in Cluny und den Cluny unterstehenden Klöstern und Kirchen aller Verstorbener in besonderer Weise zu gedenken: Am 2. November, dem Tag nach ›Allerheiligen‹, sollten Messen gefeiert, Psalmen gesungen, Almosen gegeben werden. Odilo hatte wohl eine Antwort auf weitverbreitete Sehnsüchte gegeben; jedenfalls fand das Fest Allerseelen in der abendländischen Kirche rasch Verbreitung.[14]

Gilden und Zünfte wurden gegründet, um gemeinsam wirtschaftliche Interessen zu vertreten und um für lebende und vor allem verstorbene Angehörige der Gemeinschaft zu beten. Wer einer Gilde beitrat, durfte davon ausgehen, daß er in der Krankheit Hilfe und nach dem Tod ein würdiges Begräbnis finden, daß die Gildebrüder regelmäßig seiner im Gebet gedenken, gegebenenfalls die Witwe unterstützen und für minderjährige Kinder sorgen würden.[15] Für Bruderschaften – wiederholt in Zeiten der Pest gegründet – spielte die Sterbe- und später die Gebetshilfe zugunsten der ›armen Seele‹ eine noch größere Rolle. Im Schatten des Petersdomes in Rom liegt ein Friedhof, auf dem seit dem

Frühmittelalter zahlreiche Deutsche beigesetzt worden sind; um 1450 wurde eine Bruderschaft gegründet als Rechtsträger dieses Camposanto Teutonico.[16]

Stiftungen

Im Laufe der Jahrhunderte wurden Tausende von Stiftungen für das Seelenheil gemacht. Ein Weinberg, eine Mühle, Schmuck, gemünztes und ungemünztes Edelmetall wurden einer (Kloster-, Bischofs-, Pfarr-)Kirche oder einem Spital vermacht mit der Auflage, den Stifter namentlich am Tage seines Todes der Güte Gottes zu empfehlen. Den Nießbrauch des gestifteten Gutes oder einen Teil der Einkünfte konnte man sich auf Lebenszeit vorbehalten; oft wurden der Ehepartner und/oder Kinder in den Vertrag aufgenommen.

Mit einer Stiftung konnte man bei drohendem politischem Umschwung (wenigstens teilweise) Vermögen sichern. Den reichen Grundbesitz von St. Gallen in Südwestdeutschland erklärt man auch damit, daß alemannische Adlige nach dem Sieg der Franken Mitte des 8. Jahrhunderts Besitzungen diesem Kloster geschenkt haben, um sie so dem Zugriff des Siegers zu entziehen. Sie gewannen dadurch Abt und Mönche für sich, und sie machten – davon waren sie überzeugt – den heiligen Gallus persönlich zu ihrem Freund; die neuen Machthaber hatten kein Interesse daran, sich mit diesem zu verfeinden, etwa durch Rückforderung von Schenkungen.

Man tat gut daran, vor Unternehmungen mit ungewissem Ausgang eine Stiftung zugunsten des Seelenheils zu errichten. Wer eine ferne Wallfahrt oder die Teilnahme am Kreuzzug gelobt hatte, ordnete – in realistischer Einschätzung der Chancen einer gesunden Heimkehr – vor dem Aufbruch sein Haus und sorgte für sein Seelenheil, etwa durch eine kleine Spende für liturgisches Gerät oder einen Beitrag zur Erneuerung des Kirchendachs.

Hinter mancher Stiftung stand, ausgesprochen oder nicht, die Hoffnung, sich in bedrängter Lage den Beistand Gottes oder seiner Heiligen zu sichern. So machte König Heinrich IV. 1080 im

Felde, am Vortag der Schlacht an der Elster, der Bischofskirche zu Speyer Schenkungen. In der allgemeinen Begründung des Dokuments, das die Forschung ›Votiv-Urkunde‹ genannt hat, bittet der König die Gottesmutter um ihre Hilfe: »Ihr Erbarmen haben schon unsere Väter angefleht, unter ihren Schutz flüchten auch wir.«[17] Die Gegenpartei siegte, doch die Zeitgenossen verstanden den Ausgang als Gottesurteil: König Rudolf von Schwaben starb am Verlust der rechten Hand, mit der er Heinrich einst Treue gelobt hatte.[18]

Der Kampf gegen das Vergessen

Hinter der Sorge um Fürbitte und manch frommer Stiftung stand der Wunsch, von Menschen und vor allem von Gott nicht vergessen zu werden. Das wird seit den ersten Jahrhunderten der Kirchengeschichte besonders deutlich im Kanon, dem Hochgebet der Messe.[19] Vor der Wandlung der Opfergaben gedenken Priester und Gemeinde feierlich Jesu Christi, der Gottesmutter, der Apostel, Märtyrer und aller Heiliger, deren Fürbitte den Menschen Schutz bieten soll, dann auch des amtierenden Bischofs (bzw. Papstes) und aller Umstehender. Nach der Wandlung werden Verstorbene der Barmherzigkeit Gottes empfohlen mit den Worten: »Gedenke, Herr, auch Deiner Diener und Dienerinnen N. und N., die uns mit dem Zeichen des Glaubens vorangegangen sind und die im Schlafe des Friedens ruhen.«[20]

Eine Anordnung Karls des Großen verdeutlicht das ›Gewicht‹ dieser Bitte: Die Priester sollen geprüft werden, ob sie die Meßtexte nach Geschlecht und Zahl der Verstorbenen bzw. Lebenden, derer man gedenkt, »sinnvoll abwandeln« können (*commutare rationabiliter*).[21]

Gelegentlich schreckten selbst höchste Würdenträger vor einem Schabernack an heiliger Stätte nicht zurück: Kaiser Heinrich II. wußte, daß die Lateinkenntnisse eines seiner Getreuen lückenhaft waren. Er ließ daher in dem Meßbuch, aus dem Bischof Meinwerk von Paderborn die Gebete sprach, in den Worten *famulis* und *famulabus* die Vorsilbe *fa* ausradieren; Meinwerk bat also Gott, »der Maulesel und Mauleselinnen« zu gedenken, wurde sich dann jedoch seines Fehlers bewußt und sprach die Bitte für die männlichen und weiblichen Verstorbenen nochmals korrekt![22]

Das Verlangen, nicht vergessen zu werden und anderer zu gedenken, fand vielfältige Ausprägungen. Die Namen Verstorbener – zunächst auf Täfelchen, später in Bücher geschrieben – wurden beim ›Memento‹ vorgelesen. Als die Zahl der Verzeichneten zu groß geworden war, als daß man alle einzeln hätte nennen können, wurde das Buch mit den Namen auf den Altar gelegt[23]; damit waren alle hier Eingetragenen Gott empfohlen. Wer in besonderer Weise während der Meßfeier gegenwärtig sein wollte, ritzte seinen Namen in die Altarplatte ein[24]; andere schenkten ein Altartuch[25] oder einen Meßkelch, in dessen Fuß das Wappen des Stifters prangte.[26] In Roda, einem katalanischen Kloster, hat man in den Laibungen der Bogen des Kreuzgangs Verstorbene mit Namen, Todestag und Amt der Nachwelt überliefert. Wer hier wandelte, sah sich eingeladen, mit dem Namen die Person in sein Gebet einzuschließen.

Im Jahre 777 gründete der Bayernherzog Tassilo III. das Kloster Kremsmünster. Später ließ Karl der Große den Herzog in einem undurchsichtigen Verfahren zum Tode verurteilen, dann zu lebenslanger Klosterhaft begnadigen. Doch gelang es dem Sieger nicht, auch das Andenken an Tassilo auszulöschen. Wie so oft, ist nicht das Jahr, wohl aber der Tag des Todes überliefert: Am 11. Dezember gedenken die Mönche von Kremsmünster noch heute des Stifters ihres Klosters; als Meßkelch dient in dem Festgottesdienst Jahr um Jahr der berühmte Kelch, der zum Stiftungsgut gehört hatte und in dessen Fuß die stolzen Worte eingraviert sind: TASSILO DUX FORTIS LIUTPIRC VIRGA REGALIS (Tassilo, starker Herzog; Liutbirg, aus königlichem Geschlecht).[27]

Eine der eindrucksvollsten Stiftungen aus dem Spätmittelalter ist das 1443 von Nicolas Rolin, dem burgundischen Kanzler, großartig ausgestattete Hôtel-Dieu (Spital) in Beaune; hier wurden bis 1971 Kranke gepflegt.[28]

Der Name der Pariser Universität geht zurück auf die 1253 von dem Domherrn Robert de Sorbon gegründete Stiftung für arme Theologiestudenten. Johannes Kerer, einer der ersten Lehrer der noch jungen Hochschule in Freiburg im Breisgau, stiftete dort 1497 das Collegium Sapientiae. Kerer hat selber die Statuten dieses Studentenheims festgesetzt; aus dem *Mementote* (Gedenket!) überschriebenen Abschnitt sprechen Selbst- und Sündenbewußtsein: Der Tag, an dem Gott ihn »aus diesem Lichte (oder vielmehr dieser Finsternis)« zu gehen heiße, solle »an vornehmer Stelle unseres Hauses zum ewigen Gedächtnis unseres Namens« (*ad perpetuam nominis nostri memoriam*) festgehalten werden; jährlich solle an seinem Todestag auch »für unser und unserer Eltern, Vorfahren Brüder, Schwestern und aller unserer Wohltäter Seelenheil in der Kapelle unseres Hauses ein Jahresgedächtnis gefeiert werden«. Jeder Stipendiat solle andächtig die Vigilien für die Toten oder die sieben Bußpsalmen beten, als Heilmittel für die Sünden, durch die er Gott beleidigt habe. Noch im Grab will Kerer »im Gedächtnis derer leben, die, wiewohl jetzt noch nicht geboren, durch unsere Wohltaten gelebt haben. Gehabt euch wohl und seid unser und aller eurer Wohltäter, durch deren Guttaten für euer Leben Sorge getragen ist, eingedenk!«[29]

Der Wunsch hat sich erfüllt: Kerers Stiftung hat, wenn auch mit vermindertem Vermögen, die Stürme der Jahrhunderte überdauert. An vornehmer Stelle, im Vorraum der Aula, ist sein Name mit Goldbuchstaben in schwarzem Marmor eingraviert, und jährlich gedenkt die Universität Kerers und aller ihrer Wohltäter in einem feierlichen Gottesdienst.

Sorge um die Grablege

In der Absicht, hier einst ihre und ihrer Nachkommen letzte Ruhestätte zu finden, haben Große aus ›Welt‹ und Kirche Gotteshäuser beschenkt sowie Klöster, Spitäler und sogar Bistümer gestiftet. Wenn Mönche, Nonnen oder die Mitglieder des Domkapitels den Wohltäter und seine Angehörigen namentlich in ihr fürbittendes Gebet einschlossen, bewahrten sie den einzelnen vor dem Vergessen und gaben dem Geschlecht Dauer. Eigens dazu

37

gründeten bzw. förderten Karl der Große das Marienstift zu Aachen, Otto der Große Bistum und Dom zu Magdeburg, Heinrich II. Bistum und Dom zu Bamberg, Heinrich III. und Heinrich IV. den Um- und Ausbau des Doms zu Speyer.[30]

Eine prunkvolle Grablege empfanden manche Menschen als Widerspruch zu den Geboten der Armut und Demut. Hedwig von Schlesien wollte deshalb auf dem Friedhof des von ihr gegründeten Klosters Trebnitz bestattet werden, oder »an einem weniger ehrenvollen Platz in der Kirche«, jedenfalls nicht an der Seite ihres Gatten: »Ich will nicht im Grabe mit dem Toten vereinigt sein, mit dem ich aus Liebe zur Keuschheit so lange eheliche Gemeinschaft nicht hatte.«[31] Die Ehefrau des Verstorbenen war normalerweise also wenigstens als Tote mit ihrem Mann gleichberechtigt; dem entsprechen archäologische Funde, auch aus vorchristlicher Zeit.

Der Wunsch Hedwigs, inmitten von Zisterzienserinnen begraben zu werden, darf man nur bedingt als Ausdruck der Demut werten. Wie sie, suchten viele Laien ihre letzte Ruhe in der Gemeinschaft von Ordensleuten.[32] Aber auch Bischöfe wollten oft nicht in ihrer Kathedralkirche, sondern in einem als Grablege gegründeten Kloster beigesetzt werden: Willibrord, Erzbischof von Utrecht († 739), und Bonifatius, Erzbischof von Mainz († 754), ruhen in Echternach bzw. Fulda; Bernward, Bischof von Hildesheim († 1022), wollte im Kloster St. Michael vor den Toren der Stadt das Jüngste Gericht erwarten; Anno, Erzbischof von Köln († 1075), hatte sich seine Gründung Siegburg als Grablege auserkoren.[33] Sie alle hofften, in der Gemeinschaft von Menschen, die nach den klassischen Mönchsgelübden lebten, die Schrecken des Jüngsten Gerichts bestehen zu können.

Mancher setzte außer dem Ort auch Form und Inschrift des Grabes fest.[34] Sie erinnerte die Lebenden an den Verstorbenen, der deshalb mit Name, Stand und weiteren biographischen Einzelheiten, die im Laufe der Zeit immer ausführlicher werden, genannt ist. Die Grabinschrift sucht oft auch die Hinterbliebenen zu trösten und sie zu Fürbitten zu mahnen. Wer eine solche Inschrift entziffert, entreißt den hier Genannten dem Vergessen; nach mittelalterlicher Vorstellung war das gleichbedeutend mit Vergegenwärtigung, Leben.

Die Grabinschrift enthielt im allgemeinen, mindestens in Form eines Kreuzes, das Glaubensbekenntnis. Abt Eigil von Fulda († 822) verfügte für sein Grab folgende Worte: »Hier erwarte ich den Herrn ... Ich glaube, daß er bei seinem Kommen mich wird auferstehen lassen.«[35]

up dat mi God barmhertich sy –
Kirche und Testamentsrecht

1413 setzt Johannes Hilge, Bürger in Lübeck, unter anderem 100 lübische Mark aus, den Gegenwert von etwa 25 Ochsen oder 150 Paar Stiefeln. Seine Testamentsvollstrecker sollen mit dieser Summe einen stellvertretenden Pilger nach Jerusalem senden; am Heiligen Grab und an anderen, genau bezeichneten Stätten soll er jeweils einen Dukaten opfern, »up dat mi God barmhertich sy«, wie Hilge mit entwaffnender Demut verfügt.[36]

Zum Erbe des Römischen Reiches gehörte ein Testamentsrecht, das dem Erblasser erlaubte, frei über sein Eigentum zu gebieten, einen Erben einzusetzen und Anwärter auf das Erbe auszuschließen.[37] In dem Maß, wie die Kirche in das Römische Reich hineinwuchs, setzte sie sich dafür ein, das Testamentsrecht zugunsten kirchlicher Belange auszuweiten: Zu Lebzeiten wie nach dem Tod sollte der Gläubige Bedürftigen helfen. Anfangs erbeten, wurde die Gabe im Laufe der Zeit wie ein Recht verlangt. Solche Forderungen waren insofern berechtigt, als die Gemeinden karitativen Aufgaben gewachsen sein mußten: Arme, Kranke, Waisen, Pilger usf. mußten beköstigt, behaust, gepflegt werden.

Der Gläubige sollte Jesus als Miterben einsetzen[38]: Wer eine Person zu bedenken hatte, sollte die Hinterlassenschaft durch zwei, wer fünf Erben hatte, sollte die Habe durch sechs teilen; Jesus, für den die Gemeinde treuhänderisch in Erscheinung trat, bekam im ersten Fall die Hälfte, im zweiten ein Sechstel der Erbschaft.

Den Germanen war die Vorstellung fremd, ein Verstorbener könne die Angehörigen durch Verfügungen binden, die über seinen Tod hinauswirkten. Der Verstorbene durfte ein angemes-

*Ein Herrscher diktiert sein Testament. Die Krone, die kostbare Decke
und die bestickte Kopfrolle weisen auf den Rang des Sterbenden hin,
der unbekleidet im Bett liegt. Gleich neben ihm sitzend, hält ein Notar
den letzten Willen des Königs auf Pergament fest. Vornehm gewande-
te, das Lager umstehende Personen bewachen den Schreiber und
einander, müssen sie doch fürchten, der Testierende könnte andere
über Gebühr bevorzugen. – Aus: Ägidius Colonna, ›Der Trojanische
Krieg‹, Wien, 1445–1450.*

senes Begräbnis beanspruchen; die Grabbeigaben, die ihm ein standesgemäßes Weiterleben im Jenseits ermöglichen sollten, gehörten ihm auch nach seinem Tod; doch darüber hinaus fiel das Eigentum an die Angehörigen. Als die Germanen weite Teile des Römischen Reiches erobert hatten, kam es zum Konflikt: Die Anerkennung des römischen, von der Kirche modifizierten Testamentsrechts lief auf die Sprengung des Sippeneigentums und die Entstehung von individuellem Eigentum hinaus. Über den so ausgesonderten Vermögensteil sollte das Familienoberhaupt – gegebenenfalls auch gegen den Willen der Sippe – verfügen dürfen.

Stiftungen zugunsten des Seelenheils an kirchliche Einrichtungen hatten weitreichende Folgen: Teile des Vermögens, die in vorchristlicher Zeit der Gemeinschaft der Lebenden endgültig entzogen worden waren, kehrten nun wieder in den Wirtschaftskreislauf zurück. Edelmetall war früher ›unproduktiv‹ mit anderen Gaben dem Verstorbenen für die ›letzte Reise‹ ins Grab gelegt worden; nun diente es dazu, Arme zu speisen und Kloster- sowie Kirchenbauten zu finanzieren, d. h. die Wirtschaft zu beleben, Handwerkern Arbeit und Brot zu geben.

Zwar setzte die Kirche (zumal in den ehemals zum Römischen Reich gehörigen Mittelmeerländern) ihre Vorstellungen zunächst durch; doch ist es kein Zufall, daß seit dem 8. Jahrhundert Testamente seltener wurden. Man bevorzugte nun die Schenkung; die war zwar unwiderruflich, doch konnte man sich ja auf Lebenszeit den Nießbrauch des geschenkten Gutes vorbehalten.

Seit der Erneuerung des römischen Rechts im 12. Jahrhundert gewann das Testament wieder an Beliebtheit. Nun definiert als »rechte Ausformung des Willens einer Person über das, was nach deren Willen nach deren Tod geschehen soll«[39], erwies es sich als flexibles Instrument. Man konnte es jederzeit widerrufen; da es erst nach dem Tod wirksam wurde, erfreute man sich bis dahin unbeschwert seines Besitzes.

Wieder zeigte die Kirche sich daran interessiert, daß der Wille des Verstorbenen respektiert und gewisse Formvorschriften gelockert würden: Rechtskräftig sollte das Testament auch dann sein, wenn es nur Siegel und Unterschrift des Testators trug (also keine Zeugen die Rechtmäßigkeit bekräftigen konnten) oder wenn Zeugen nur mit einem Kreuz unterzeichnet hatten; hinsichtlich der Testierfähigkeit sollten Frauen gleichberechtigt sein. War jemand *intestatus*, ohne Testament verstorben, sollten Angehörige oder Freunde in dessen Namen eine letztwillige Verfügung aufsetzen dürfen; gemäß den Worten der Schrift (Mt 18, 16) sollten zwei oder drei (statt der vom römischen Recht geforderten sieben) Zeugen genügen, um die Rechtmäßigkeit eines Testaments zu bekräftigen – erst recht, wenn unter ihnen der Pfarrer war, bei dem der Sterbende gerade zum letztenmal gebeichtet hatte.

Oft wird das Testament die Beichte fortgesetzt haben; hier hatte der Sünder seine Verfehlungen bekannt und sich verpflichten müssen, im Rahmen seiner Möglichkeiten selbstverschuldetes Unrecht wiedergutzumachen. Mehr als einmal wird dem Sterbenden in der Beichte die ›Hölle heiß gemacht‹ worden sein für den Fall, daß er die Kirche nicht ausreichend bedenken sollte.

Nicht nur in Gegenden, in denen eine als ketzerisch geltende Lehre verbreitet war, verfügte die Kirche über handfeste Druckmittel: Wenn sie die Rechtgläubigkeit des Verstorbenen nicht bestätigte, durfte dieser nicht kirchlich begraben werden; sein Testament war nichtig, denn Ketzer waren – wie Unmündige, Unfreie, Geisteskranke, Minderjährige – nicht testierfähig![40] Schwere kirchliche, das ›bürgerliche‹ Leben in Mitleidenschaft ziehende Strafen drohten auch dem, der kein Testament abfaßte bzw. die Kirche nicht bedachte. Erben, die die vom Verstorbenen als Almosen ausgesetzten Vermögenswerte nicht herausgaben, sahen sich von Konzilien mit Ausschluß aus der christlichen Gemeinschaft bedroht; wer exkommuniziert starb, galt als verdammt; versagt waren dem Sterbenden kirchlicher Trost und dem Toten ein kirchliches Begräbnis. Es empfahl sich also, ein selbstgeschriebenes Testament wenigstens mit einem Kreuzzeichen als Beweis des rechten Glaubens zu eröffnen.

Solche Vorstellungen wurden nicht nur in Abhandlungen erörtert, die denen zugänglich waren, die lesen konnten, Latein – die Sprache der Gebildeten – beherrschten und sich in den Feinheiten des römischen und des kanonischen Rechts auskannten. In Predigten und leicht faßlichen Beispielsammlungen wurden die Gläu-

Kirche und Testamentsrecht. Der Gläubige sollte in seinem Testament
Legate für die Kirche aussetzen, auf daß diese ihren karitativen
Verpflichtungen nachkommen könne. Immer wieder wurden solche
Spenden zweckentfremdet, wie diese Darstellung zeigt: Papst, Bischof, Mönch und Nonne tun sich gütlich bei einem Totenmahl, bei
dem sie den Verstorbenen regelrecht »ausnehmen«; für den abgerisse-
nen Bettler, der nur noch auf Knien rutschen kann, bleibt wohl nichts
übrig. Ein Teufel spielt auf und deutet damit an, welche Strafe die
Schmausenden im Jenseits erhalten werden; wie nah ihnen der Tod ist,
der schon rechts ins Bild tritt, merken sie nicht. – Holzschnitt aus einer
Satire der frühen Reformationszeit, Augsburg 1522.

bigen belehrt, z. B. von Bruder Sachet, einem Ende des 13. Jahrhunderts in Marseille lebenden Franziskaner:[41]

Ein gewisser Mann, Vater mehrerer Töchter, machte sein Testament; er hinterließ ihnen jeweils eine große Mitgift und behielt nichts für seine Seele. Ein Weiser kam zu ihm und sagte: Herr, Ihr habt da eine Tochter, der Ihr nichts gegeben habt.

Der Erblasser antwortete ihm:
Wer ist das? Habe ich nicht Berta, Maria und Betranda bedacht? Habe ich noch eine andere Tochter?

Darauf erwiderte sein Gesprächspartner:
Herr, gewiß habt Ihr eine, der Ihr noch nichts vermacht habt.

Wer denn? Heraus mit der Sprache!

Darauf entgegnete jener:
Bei Gott, Herr, es ist Eure Seele.

Richtig, sagte jener Vater, und ich hatte nicht mehr an sie gedacht!

Der Vater sah sich also genötigt, den Töchtern Teile der Mitgift zu entziehen, um sie in eine Stiftung zugunsten des Heils seiner Seele einzubringen.

Einseitige Verfügungen von Todes wegen berührten unmittelbar die Interessen der Hinterbliebenen. Gerechtigkeit und Nächstenliebe geboten, Angehörige nicht grundsätzlich zu übergehen: Für Kinder galt zeitweilig ein Viertel, für die Ehefrau ein weiteres Drittel als angemessen. Viele Testamente enthalten aber auch Klauseln der Art, eine bestimmte Person solle nur unter der Bedingung das ausgesetzte Erbteil erhalten, daß sie sich gut entwickle, heirate (oder: ins Kloster eintrete) usf.

Wer eine Anfechtung des Testaments und überhaupt künftigen Streit vermeiden wollte, achtete darauf, daß die jeweils gültigen Formen und ein gewisses Mindestmaß an Gerechtigkeit gewahrt blieben; zudem galt es, umsichtige, weltoffene Menschen als Testamentsvollstrecker zu gewinnen. Seit der Antike folgte auf das Glaubensbekenntnis eine Feststellung, die von den Anwesenden, unter ihnen vielleicht der Pfarrer und/oder ein Notar, oft unterschriftlich bezeugt wurde: Daß man gesunden Verstandes und wohl beraten (*sana mente sanoque consilio*), vielleicht auch noch gesunden Leibes (*sano corpore*) dieses Testament aufsetze.[42]

Trotzdem ist es nicht nur im Mittelalter zu Spannungen zwischen Kirche und Hinterbliebenen gekommen, wenn Erben sich ungerecht behandelt fühlten. Wiederholt wird deshalb betont, daß vom Erbe grundsätzlich ausgeschlossen sein solle, wer sich anmaße, auch nur eine Bestimmung des Testaments anzufechten. Die Versuchung, den letzten Willen eines Verstorbenen zu mißachten, konnte groß werden. Daher waren weltliche und kirchliche Obrigkeiten bestrebt, das Testament zu schützen: Wer es fälschte, sollte wie andere Fälscher mit dem Tod bestraft werden; wer es unterdrückte, um den Eindruck zu erwecken, der verstorbene Vater sei *intestatus* verschieden, sollte vom Erbe ausgeschlossen sein.[43]

Mahnungen der Kirche, man solle rechtzeitig Vorkehrungen für den Fall des Todes treffen, da man nur dann in der Krankheit für Gott frei sei, wurden zwar beherzigt; doch der Gedanke an den e i g e n e n Tod und das Heil der e i g e n e n Seele dürfte auch damals häufig verdrängt worden sein. Viele letztwillige Verfügungen wurden erst auf dem Sterbelager abgefaßt. Hier gab man sich, seinen Nächsten und der Nachwelt Rechenschaft über sein Denken und seine Wünsche; es ließen sich sogar Rechnungen begleichen, z. B. mit ungeliebten Verwandten; erkenntlich konnte man sich denen gegenüber zeigen, die sich in der Zeit des Siechtums bewährt hatten.

Bürgertestament und Kaufmannssinn

Anfangs nur von den ›Großen‹ genutzt, wurde das Testament im Laufe der Jahrhunderte mehr und mehr ›demokratisiert‹: Wer über Fahrhabe oder Liegenschaften verfügte – Frauen und Männer, Kaufleute und Handwerker, Angehörige der Ober-, Mittel-, selten auch der Unterschicht (Diener z. B.) –, hielt seinen letzten Willen schriftlich fest. Aus dem Spätmittelalter sind Tausende von Bürgertestamenten erhalten. Von der Geschichtswissenschaft erst zu einem kleinen Teil ausgewertet, bilden sie vielschichtige Quellen, unter anderem zur Geschichte der Mentalitäten, des Rechts, der Stadt, der Wirtschaft usf.: Wie werden die Verfügungen begründet? Welche Einzelpersonen, welche Klöster sollen für das Heil der Seele dieser Frau, jenes Mannes beten? Welche Gruppen von Bedürftigen (Arme, Kranke), welche sozialen Einrichtungen (z. B. Spital, Leprosenhaus) werden mit Legaten bedacht? Wen betrachtet der Testator als zu seiner Familie gehörig? Was bekommen die Kinder, was entfernte Verwandte? Welche Bindungen scheinen auf (Blutsverwandtschaft, Ehe, Verschwägerung, Patenschaft usf.)? Was erfährt man zur materiellen Kultur? Schließlich: Wie setzt sich das Vermögen zusammen (Geld und Edelmetalle, Schmuck, Kleidung, Liegenschaften, Anteile an Geschäften u. a.)? Im Gegensatz zum römischen Recht, das die Einsetzung eines Universalerben kannte, ist das spätmittelalterliche Testament durch die Vielzahl oft kleinster Legate gekennzeichnet: Zehn, zwanzig und mehr Einzelstiftungen sind keine Seltenheit.

Offensichtlich ließ sich mancher in seinem letzten Willen auch von ökonomischem Denken leiten; man hat den Eindruck, als hätte der Gedanke der Risikostreuung nicht selten die Sorge um das Seelenheil bestimmt. Wer als Kaufmann nur ungern das ganze Vermögen in ein Geschäft steckte, eher Anteile an verschiedenen Gesellschaften erwarb, dürfte ähnlich gehandelt haben, wenn es um die ewige Seligkeit ging: Gegebenenfalls berücksichtigte man zunächst[44] die, deren Zorn, ja Fluch man nicht mit ins Grab nehmen wollte: Verwandte und Freunde, Beichtväter und Diener. Dann setzte man Summen aus für Meßstipendien und Armenspeisung, für liturgisches Gerät und den Kirchenbau, für die Anrufung der Muttergottes in Aachen und des heiligen Jakobus in Compostela. Sollte die Armenspeisung veruntreut werden oder einer der stellvertretenden Pilger unwürdig sein, so war insgesamt doch ausreichend für das Jenseits vorgesorgt.

Hinter solchen Verfügungen steht wie selbstverständlich die Vorstellung, daß es möglich ist, Menschen nach ihrem Tod Gutes zu erweisen – vor allem dadurch, daß man für den Verstorbenen betet, daß man in seinem Namen Werke der Nächstenliebe übt und sich stellvertretend für ihn entsagungsreichen Bußübungen unterzieht, z. B. durch Übernahme einer beschwerlichen Wallfahrt zum Grab eines Heiligen, von dessen Macht an Gottes

Thron der Verstorbene überzeugt war, den er deshalb in besonderer Weise als Fürsprecher für sich zu gewinnen suchte.

Die in Testamenten zutage tretende buchhalterische Einstellung in Fragen der ewigen Seligkeit mag auf uns fremd wirken; doch bestand der Sinn regelmäßiger Beichte ja darin, sich selber, Gott, gegebenenfalls auch seinen Mitmenschen Rechenschaft über Tun und Lassen zu geben; zum Lebensende wurde daraus eine Art Schlußabrechnung. Berechnung im Verhältnis zu Gott ließ sich sogar biblisch begründen, z. B. mit dem Gleichnis, in dem Jesus seinen Jüngern einen Betrüger vorstellte (LK 16, 1–13): Um in der Zeit nach seiner Entlassung Freunde zu haben, machte ein Verwalter auf Kosten seines Herrn dessen Schuldnern erhebliche Zugeständnisse; dem einen erließ er fünfzig, dem anderen zwanzig Prozent. Jesus lobte diesen Mann und empfahl seinen Jüngern, sich mit dem »ungerechten Reichtum Freunde« zu machen, damit man sie, wenn sie nichts mehr hätten, in die »ewigen Wohnungen« aufnehme. Diesen Gedanken verstärkte er noch: »Wenn ihr im Umgang mit dem ungerechten Reichtum nicht zuverlässig gewesen seid, wer wird euch dann das rechte und wahre Gut anvertrauen?« Wie so viele Worte der Bibel, wird auch dieses relativiert; denn das Gleichnis schließt mit der Feststellung: »Ihr könnt nicht zugleich Gott und dem Geld dienen.«

Die dem Autor bekanntgewordenen Testamente lassen dieses Gleichnis unerwähnt[45]; trotzdem könnte es nicht nur Kaufleuten Richtschnur gewesen sein und Zuversicht gegeben haben. Wenn es unmöglich sein sollte, Gott und dem Geld gleichzeitig zu dienen, konnte man beiden dann nicht vielleicht nacheinander dienen? Solange es ging, verwendete man Kapital, Schmuck, Liegenschaften für sich und seine Geschäfte; wenn die Kräfte nachließen, mochte der ungerechte Reichtum – und welches Vermögen war nur auf rechtmäßige Weise zusammengekommen?! – als Eintrittsgeld zu den »ewigen Wohnungen« dienen; nicht anders kaufte man sich für seine alten Tage in ein Spital ein.

Aus dem Nebeneinander von unbefangen vorgetragenen Einzelbestimmungen und der Hoffnung, nach dem Tod einen gnädigen Richtergott zu finden, spricht die Erwartung, einst ähnlich anerkannt zu werden wie der von Jesus gelobte ungerechte Verwalter.

Die Bitte um das Gebet der Lebenden für Verstorbene, von Augustinus in seinen ›Bekenntnissen‹ formuliert [46], wurde im Lauf der Jahrhunderte weiterentwickelt zu der Vorstellung, daß das Gebetsgedenken über Räume und Zeiten hinweg Lebende und Verstorbene zu einer Gemeinschaft zusammenführe. [47] Gebetsbünde bildeten, wenn auch Männer und Frauen aus dem Laienstand aufgenommen waren, ein Spiegelbild der Gesellschaft.

Wer als Lebender erfahren hatte, wie fürsorglich der Verstorbenen über Generationen gedacht wurde, konnte vielleicht gefaßter der Rätselhaftigkeit des Todes entgegensehen; er mochte in der Erwartung leben und sterben, auch er werde nach dem Tod nicht vergessen sein, auch seiner werde mindestens einmal im Jahr – an seinem Todestag – die Gemeinschaft der Lebenden gedenken. Solche Erinnerung bedeutete Vergegenwärtigung; was im Raum entfernt und durch die Zeit getrennt war, wurde unmittelbar gegenwärtig. [48]

Die Nennung des Namens in der Messe, weitere Gebete und karitative Werke bildeten eine Einheit: Die Speisung eines Armen im Namen des Verstorbenen an dessen Todestag galt als Minimum. Solches Gedenken führte also drei große Gruppen zusammen: Die des Gebetes bedürftigen Verstorbenen, die Fürbitte leistenden Lebenden und die auf Hilfe angewiesenen Armen. Diese wurden häufig auch in Testamenten in der Weise bedacht, daß der Nachlaßverwalter sie im Anschluß an die Gedenkmesse, in der sie für den Verstorbenen beten sollten, zu speisen hatte. Welches Gewicht die Armenspeisung in der Heilsökonomie hatte, zeigt die Lebensbeschreibung Heinrichs IV. Im Schlußkapitel preist der anonyme Autor den Kaiser als glücklich, da er einflußreiche Fürbitter gewonnen habe; im Tod erhalte er aus der Hand des Herrn vervielfacht zurück, was er zu Leibzeiten im verborgenen den Armen Gutes erwiesen habe. [49] Dahinter stehen die Überzeugung, daß das Gebet des Schwachen bei Gott viel gilt, und eine handfeste, gleichsam ökonomisch orientierte Frömmigkeit. Immerhin hatte schon Papst Gregor der Große im Jahre 600 geschrieben: Was einem Armen zugewendet werde, sei »nicht

Geschenk, sondern ein Handel auf Gegenseitigkeit, da doch, was gegeben wird, ohne Zweifel mit vervielfältigter Frucht wieder empfangen wird«.[50]

Insgesamt bedeuteten die vielfachen Leistungen zum Heil der Verstorbenen, daß sich Lebende und Verstorbene solidarisch als eine bis ans Ende der Zeiten reichende, wechselseitig Fürbitte leistende Gemeinschaft erfuhren: Die Lebenden gedachten der Verstorbenen, die des Gebetes noch bedurften; die Verstorbenen, die schon unter den Heiligen lebten, flehten an Gottes Thron für die Lebenden.

Die Sorge für die Toten – Meßfeiern, Gebete, karitative Leistungen, Fasten – hatte weitreichende Folgen für die Zusammensetzung und die wirtschaftliche Lage von Mönchskonventen sowie für die Architektur der Klosterkirchen: Seit dem Frühmittelalter wurden immer mehr Priester gebraucht, auch in Klöstern, wie die neunzehn Altäre auf dem Klosterplan von St. Gallen zeigen.[51]

Klöster sollten täglich mindestens die gleiche Zahl Arme speisen, wie unter diesem Tag Verstorbene im Totenbuch verzeichnet waren. Solche Bücher wiesen oft über tausend Namen aus, das umfangreichste, das überliefert ist, mehr als 30000! Viele Klöster hatten für weit mehr Arme zu sorgen, als der Konvent Angehörige zählte. Die Totenfürsorge zehrte schließlich die Konvente der Lebenden wirtschaftlich aus: Mönche murrten über unzureichendes Essen und verwässerten Wein. Es blieb nichts anderes übrig, als die Zahl der Armen, die täglich zusätzlich beköstigt werden sollten, zu begrenzen. Abt Petrus Venerabilis verfügte in der ersten Hälfte des 12. Jahrhunderts für Cluny, täglich höchstens 50 Arme zu speisen (bei einer Konventsstärke von etwa 300 bis 400 Mönchen).[52]

Das Leben wird nicht genommen, sondern verändert

Aus einem Gebet der Totenliturgie spricht tröstliche Zuversicht: »Das Leben wird nicht genommen, sondern verändert« (*Vita mutatur, non tollitur*). Erstmals findet sich dieser Glaube in einem

Gebet des 5. Jahrhunderts, in dem Christen des Symphorianus aus Autun, eines Märtyrers des 2. Jahrhunderts, gedenken.[53] Diese Überzeugung konnte dem Tod manches vom Schrecken der unerbittlichen Zäsur nehmen; sie kam dem Verlangen des Sterbenden nach Hoffnung entgegen. Wenn man – nicht nur in Klöstern – Verstorbene in ein ›Buch des Lebens‹ (*liber vitae*) eintrug, ging man von der Vorstellung aus, daß Gott in dem im Himmel geführten ›Buch des Lebens‹[54] dieselben Namen verzeichnet habe.

Im Angesicht des Todes

»Jakob beendete den Auftrag an seine Söhne und zog seine Füße auf das Bett zurück. Dann verschied er und wurde mit seinen Vätern vereint« (Gen 49, 33); »Mose war hundertzwanzig Jahre alt, als er starb. Sein Auge war noch nicht getrübt, seine Frische war noch nicht geschwunden« (Dtn 34, 7).

Wenn es galt, den letzten Lebensabschnitt eines Menschen in Worte zu fassen, dienten derart knappe Schilderungen, die ausführlichen Berichte von Jesu Sterben sowie antike Darstellungen mittelalterlichen Autoren als Vorlage. War der Schreiber durch die Schule eines Klosters gegangen, hatte er Lesen und Schreiben sowie Latein gelernt, indem er Schriften des Alten und Neuen Testaments abschrieb.

Wer Woche um Woche den Psalter betet und im Neuen Testament liest, dem fließen Wendungen der Bibel in die Feder, ohne daß er sich dessen bewußt ist. Das gilt auch und gerade für die hier erörterten Bereiche. Vorwissen um den baldigen Tod, (Todes-) Angst, Abschiedsschmerz, Trauer begegnen in vielen biblischen Berichten. Wörtliche Zitate und Anspielungen werden in modernen kritischen Ausgaben mittelalterlicher Quellen nachgewiesen; Fußnoten – sie sind um so zahlreicher, je besser der Herausgeber die Bibel kennt – sagen indessen noch nichts darüber, ob der Autor nun dasselbe beobachtet hat wie der Verfasser der Vorlage, oder ob diese ihn so geprägt hat, daß er gar nichts anderes sah und hörte.

Will man die Quellen dem heutigen Leser erschließen, stellen sich Fragen, die – wenn überhaupt – oft nur schwer zu beantworten sind: Was ist Zitat, was Topos, was Versatzstück? Was geht auf eigenes Beobachten zurück? Die Schwierigkeiten werden größer, wenn man bedenkt, wie ›alltäglich‹ das Sterben war. Heute mag es Erwachsene geben, die noch nie einen Toten gesehen haben. Allein schon wegen der beengten Wohnverhältnisse erlebten dagegen im Mittelalter sogar Kinder unmittelbar das Sterben ihrer Mitmenschen.

Im folgenden werden unterschiedliche Quellen zu einer Art ›Kollektivbiographie‹ verdichtet. Eine Einschränkung: Sicher sah das Sterben der meisten Menschen prosaischer aus, als es der Bericht vermuten läßt, der ›Etappen‹ auf dem letzten Weg schildert. Wer allein auf weiter Flur von einem Schneesturm überrascht wurde oder in reißenden Fluten vergeblich um sein Leben kämpfte, konnte mit niemandem von den letzten Dingen sprechen. Auch in Dorf und Stadt hatten die Menschen im allgemeinen nicht die Muße, sich in großer Zahl und ununterbrochen um einen Leidenden zu kümmern. Das Leben mußte weitergehen, auch das Chorgebet; solange es nicht ›ernst‹ war, blieb nur einer bei dem Kranken. Im Augenblick des Sterbens scharte sich die ganze Familie oder der ganze Konvent um den Todgeweihten.

Oft sprechen die Quellen nüchtern von ›sterben‹; häufiger begegnen Umschreibungen wie ›aus der Welt wandern‹, ›vom Fleisch gelöst zu seinem Schöpfer gehen‹, ›die gebrechliche Last des Leibes ablegen‹. Solchen Ausdrücken ist gemeinsam, daß Sterben als aktives Tun begriffen und positiv umgedeutet wird.

Wissen um den nahen Tod

Nach dem Zeugnis der Quellen wußten viele Menschen um das nahe Ende ihres Erdenlebens. So jedenfalls hatten sie körperliches Leid, Vorzeichen[1] oder Visionen gedeutet. Hedwig von Schlesien kündigte »infolge einer besonderen Offenbarung Gottes einigen vertrauten Freundinnen an, daß sie die Last des Körpers, der mit seinen vielen Armseligkeiten die Seele beschwere, ziemlich bald ablegen werde«[2]. Ähnlich lautet der Bericht zu Hildegard von Bingen: »Gott... offenbarte ihr, wie sie es vorher gewünscht hatte, in prophetischem Geist ihr Ende, das sie auch ihren Schwestern voraussagte.«[3]

Hedwig und Hildegard setzten, wie viele andere, ihren Willen ein, um bewußt und würdig das eigene Sterben zu gestalten. In Würde sterben hieß, sich gefaßt in sein Schicksal ergeben im

Vertrauen auf einen gnädigen Gott (der in späterer Zeit mehr und mehr die Züge eines strengen Richters annimmt) und das ewige Leben im Kreis der Seligen. Solch sublimierte Form menschlicher Bewährung erwartete man von einem Haudegen wie Roland und von einem Asketen wie Martin von Tours. Über das Wann des Todes sollte Gott, über das Wie des Sterbens wollte der Mensch selbst entscheiden.[4]

Bis zuletzt kam man allerdings auch den Pflichten des Berufs nach: Für die Helden des Rolandsliedes bedeutete das Kampf, so lange noch ein Sarazene lebte; für Beda Venerabilis (†735) Unterricht von Schülern, Gesang von Psalmen und Übertragung der Heiligen Schrift.[5]

In der Fremde sterben

Wer unterwegs das Nahen des Todes spürt, strebt heim, um in vertrauter Umgebung aus dem Leben zu scheiden. Mancher suchte noch Kirchen auf, um dort ruhende Heilige als Fürsprecher zu gewinnen. So heißt es zum Jahr 768 von König Pippin, dem Vater Karls des Großen: »Während er sich dort (in Saintes) einige Tage aufhielt, erkrankte er; er zog heimwärts durch die Gegend von Tours, wo er sein Gebet zum hl. Martin richtete; dann gelangte er weiter zum hl. Dionysius (St. Denis, nördlich von Paris), wo er am 24. September verstarb.«[6] Eine andere Quelle äußert sich ähnlich knapp zu Kaiser Lothar I.: »Auf alles verzichtend, was er hatte, trat er in das Kloster Prüm ein und wurde dort Mönch; am 29. September legte er den sterblichen Menschen ab und gelangte zum ewigen Leben.«[7] Papst Stephan IX. wollte 1058 in den Armen des Abtes Hugo von Cluny, Papst Gelasius II. 1119 in Cluny sterben.[8] Auf dem Weg zum Generalkapitel seines Ordens in Cîteaux starb Otto von Freising 1158 im Kloster Morimond, dessen Abt er fünf Jahre lang gewesen war.[9]

Ein Wallfahrer, der unterwegs vom Tod überrascht wurde, betrachtete dieses Ende oft nicht als Verhängnis: Er starb in der Gewißheit, daß der Heilige, dem zu Ehren er die oft beschwerliche Reise auf sich genommen hatte, ihn in die Schar der Seligen geleiten werde. Im Frühmittelalter sind Menschen nach Jerusalem gepilgert mit dem Ziel, dort zu sterben; in der Nähe des Grabes Christi beigesetzt, hofften sie, am Jüngsten Tag zu den Auserwählten zu gehören.

Große, die fern ihrer Heimat sterben mußten, ordneten an, wo sie ihre letzte Ruhe finden wollten. Kaiser Heinrich IV. bat auf dem Sterbebett in Lüttich, neben seinen Vorfahren im Dom zu Speyer begraben zu werden.[10]

An vielbesuchten Wallfahrtsorten, Residenzen und Handelsmetropolen hatten einzelne ›Nationen‹ bei ›ihrer‹ Kirche auch einen eigenen Friedhof, gleichsam ein Stück Heimat für die Lebenden und die Verstorbenen. Von den ›nationalen‹ Friedhöfen wird der Camposanto Teutonico im Schatten des Petersdoms noch immer belegt.

Gefaßtheit, Aufbäumen, Freude: Gefühle angesichts des Todes

Aegrotare coepit (er fing an zu kränkeln) – diese Worte finden sich nicht nur im Bericht vom Sterben Pippins. Wer zeitlebens nicht ernsthaft krank gewesen ist, weiß einen Schwächeanfall zu deuten. Er teilt sein Wissen der Umgebung mit, die das nahe Ende oft zunächst nicht wahrhaben will. Man versucht, den Geschwächten zu ermutigen. Gerede von längerem Leben verbittet sich Bischof Gerold von Lübeck († 1163): »Warum wünscht ihr mir, Brüder, was unnütz ist? Wie lange ich auch weiterleben mag, immer bleibt mir der Tod. Da mag auch gleich geschehen, was doch einst geschehen muß! Besser hat man überwunden, was keinem zu umgehen vergönnt ist.«[11] Solch bittere Gefaßtheit wird eher selten überliefert.

Menschen, die – etwa nach einem Unfall – plötzlich dem Tod eines Kindes gegenüberstehen, verhalten sich anders; sie sind weit davon entfernt, sich in das Unvermeidliche zu schicken. Eltern, Verwandte, Nachbarn bitten Gott, dem lieben Mitmenschen das Leben wiederzuschenken; mit oft ultimativen Forderungen, aus denen das Verhältnis großer Nähe spricht, bestürmen sie Heilige, sich für den Verunglückten bei Gott einzusetzen.[12]

Lieber als vom Tod eines jungen Menschen sprechen die Chronisten vom Heimgang des abgeklärten, frommen, als heilig verehrten Asketen; nach einem langen Leben sehnt er sich danach, aus dem Kerker des Leibes befreit und mit Jesus vereint zu werden. Wer an schweren Altersgebrechen gelitten hat, wird im Tod den Freund, den Erlöser von langem Leid begrüßt haben.

Offensichtlich haben mittelalterliche Autoren das Leben geliebt; denn selten bekennen sie sich so vorbehaltlos, wie das der Tod im Streit mit dem Ackermann aus Böhmen tut, zur Wohltat des Sterbens in der Blüte der Jahre.[13] Die Zurückhaltung hat um so mehr Gewicht, als ein Lob des ›guten‹ Todes sicher bekannt war: »Bei voller Kraft steigst du ins Grab, wie man Garben einbringt zur Zeit« (Ijob 5, 26).

Beobachtung von Symptomen

Zwar konnte man das Nahen des Todes leugnen; doch wozu sollte der Sterbende oder seine Umgebung sich und andere täuschen? Mirakel – Berichte, in denen auch von der wunderbaren Heilung Verunglückter oder gar von der Wiederbelebung Verstorbener die Rede ist – lassen erkennen, daß die Menschen Symptome des nahen Todes sehr wohl zu deuten verstanden. Man wußte, wie Gesunde sich von Kranken, wie Sterbende sich von Toten unterscheiden. Man prüfte die Körpertemperatur, beobachtete den Ausdruck der Augen, Farbe, Druck- und Schmerzempfindlichkeit der Haut; Haltung des Mundes und Puls wiesen auf den nahen oder schon eingetretenen Tod hin bzw. auf die Wiederkehr des Lebens in einen Totgeglaubten. Eine Mutter weiß, wann ihr Kind dem Tod geweiht ist; ein Spitalmeister sieht mit einem Blick, daß ein Mädchen so schwach ist, daß es bald sterben wird.[14]

Zwar ist letztlich jeder Mensch angesichts des nahen Todes auf sich allein gestellt; doch bis ins 20. Jahrhundert starb man nicht vereinzelt; vielmehr erfuhr sich noch der Sterbende als Glied der Gemeinschaft, der er zeitlebens angehört hatte.

Um das Lager sammeln sich die nächsten Angehörigen und die weitere Sippe, Freunde und Nachbarn, Mitbürger, Genossen aus Zunft und Bruderschaft. Menschen, die dem Todgeweihten lieb gewesen sind, werden benachrichtigt; wiederholt berichten die Quellen, wie unbegreiflich es den Umstehenden war, daß der Sterbende noch so lange lebte, bis ein sehnlich Erwarteter eintraf. Hinter solchen Zeugnissen dürfte reale Erfahrung stecken, die auch in Legenden eingegangen ist, z. B. die vom Tod Mariens: Von Engeln gerufen, reisten die Apostel aus ihren Missionsgebieten nach Jerusalem, wo sie die letzten Stunden der Gottesmutter teilten.[15]

Das enge Miteinander von Gesunden und Kranken hatte eine Kehrseite: Soziales Verhalten, das die Todesangst lindern sollte, begünstigte die Übertragung von Krankheiten. Das konnte die Lebenserwartung der Menschen senken, wenn Umstehende sich ansteckten und ihrerseits bald zu Grabe getragen werden mußten. Ansteckungsgefahr bestand auch, wenn man in Zeiten grassierender Seuchen jemanden zum Friedhof geleitete. Die Pest war auch deshalb gefürchtet, weil sie soziale Bindungen sprengte: Dachte jeder nur an sich, war niemand da, der Sterbenden hätte Hilfe und Trost spenden können.

Abschied

Mit Worten und Gesten – einer Umarmung, einem Kuß, einem freundlichen Blick – nahm der Sterbende von den Anwesenden Abschied. In oft bewegenden, sicher nicht immer von späteren Biographen erfundenen Worten versuchte er, Lebenserfahrungen weiterzugeben. Eine Äbtissin ermahnt die ihr anvertrauten Nonnen, ein Vater seine Kinder. Ludwig der Heilige († 1270) schärft seinem Sohn Gottesliebe, Geduld in Widrigkeiten und Demut im

Glück ein.[16] Ersehnt war der Segen des Sterbenden – mit Worten oder Gesten, etwa der Handauflegung –, gefürchtet sein Fluch.

Vom Tod gezeichnet, bemühten Menschen sich am Ende ihres Lebens um Frieden in ihrer Umgebung. Es ist sicher mehr als nur ein literarischer Topos, eher eine anthropologische Konstante, wenn etwa von Martin von Tours und Martin Luther – um zwei Beispiele herauszugreifen – berichtet wird, sie hätten sich in ihren letzten Stunden um den Frieden unter ihren Mitmenschen gesorgt.[17]

An den Frieden dachten auch weltliche und kirchliche Große, die spätestens auf dem Sterbelager die Nachfolge ordnen wollten. Fehlte ein legitimer Erbe, so hatte das Wort eines angesehenen Amtsinhabers Gewicht: Die Bezeichnung eines Nachfolgers (Designation) setzte ein gegebenes Wahlrecht zwar nicht außer Kraft, doch erhoben wiederholt die Wahlberechtigten den zum Abt bzw. König, den der Vorgänger im Angesicht des Todes als geeignet empfohlen hatte.

Sterbeszenen

Gespräche unter vier Augen – mit dem Priester während der Beichte, mit dem Ehepartner, einem Kind oder dem Notar zur Regelung der Hinterlassenschaft – wechseln mit Versammlungen. Man kennt seine Rolle und weiß, daß es darauf ankommt, den Hinterbliebenen ein Beispiel wahrhaft christlichen Sterbens zu geben.[18] Öffentliche Zeremonien, die während des Sterbens und erst recht nach dem Tod im wahrsten Sinne des Wortes ›in Szene gesetzt‹ werden, erleichtern es dem einzelnen, seinen Platz in dem Drama zu finden.

Riten und Zeremonien mögen wie leere Hülsen erscheinen, da die Quellen sie immer und immer wieder erwähnen; doch oft werden sie den Beteiligten geholfen haben. Wenn Beklemmung, Verlegenheit und Trauer die Kehle zuschnüren, mag ein gemeinsam gesprochenes Gebet Halt geben. Versagt die Stimme, sind die Menschen doch nicht sprachlos; denn alle verstehen die ausgeprägte Sprache der Gesten.

Marientod. Die Gottesmutter starb einen »schönen Tod‹, wie er von bildenden Künstlern und Literaten oft dargestellt wurde: Ruhig und gefaßt wie zum Schlaf im Bett ruhend, eine brennende Kerze in der Hand, von den zwölf Aposteln umgeben. Am Sterbelager machen sich die Umstehenden, so gut es geht, mit Beten, Lesen, Schreiben und auf andere Weise nützlich. – Federzeichnung von Taddeo Gaddi, um 1350.

Vorbilder geben Orientierung: Seit Kindesbeinen ist man Zeuge der letzten Stunden anderer gewesen. In Wort und Bild gefaßte Berichte vom Sterben Christi und der Heiligen geben zusätzliche Hilfe. Wem es gelingt, sein Sterben individuell zu gestalten, ist der Aufmerksamkeit von Biographen und Chronisten sicher. Bildliche Darstellungen vom Tod Mariens zeigen, daß man sich am Sterbelager möglichst eine Beschäftigung suchte: Wer nicht in einem Buch liest, z. B. Psalmen betet, zündet ein Licht an, holt das Becken mit Weihwasser oder macht sich in anderer Weise nützlich.

Jetzt ist auch der Augenblick für kleine Abschiedsgeschenke gekommen. Beda ließ unter anderem etwas Pfeffer und Weihrauch, »wie Gott sie mir geschenkt hat«, unter Priester seines Klosters verteilen; er beschwor sie, für das Heil seiner Seele Messen zu feiern und zu beten.[19]

Spätestens jetzt ordnet der vom Tod Gezeichnete sein Haus und setzt sein Testament auf. Dazu mußte vielleicht der Notar gerufen werden; Freunde, Verwandte, Bekannte wurden gebeten, letztwillige Verfügungen zu bezeugen und sich vielleicht als Testamentsvollstrecker zur Verfügung zu stellen. Der Sterbende verfügt ferner, was zu geschehen hat, wenn er nicht mehr sprechen kann, wenn er nicht mehr die Kraft zu einer Geste hat, wenn er das Bewußtsein verliert; welche Gebete gesprochen werden sollen, wann das Sterbe- oder Totenhemd anzulegen ist; was nach dem Tod geschehen soll: Trauerkondukt, Leichenschmaus ...

Abt Eigil von Fulda stand vom Krankenlager auf, als er dazu noch die Kraft hatte; auf dem östlichen Teil des Friedhofes bezeichnete er den Platz seines Grabes; dort hob er, soweit seine Kräfte das erlaubten, etwas Erde aus; dann ließ er sich wieder in sein Bett legen.[20]

Akte der Buße: Kasteiung und Umkehr

Selbst ein Mensch wie Beda, schon von seinen Zeitgenossen ›der Ehrwürdige‹ genannt, rief sich und seinen Mitmenschen das Wort der Schrift in Erinnerung: »Es ist furchtbar, in die Hände des lebendigen Gottes zu fallen« (Hebr 10, 31).[21]

Im Bewußtsein, sündig und erlösungsbedürftig zu sein, übernahmen Menschen freiwillig Werke der Buße; sie beteten, taten Gutes oder züchtigten den Leib, z. B. dadurch, daß sie auf einer Wallfahrt barfuß gingen, obwohl sie sich Schuhe hätten leisten können. Als besonders verdienstvoll galt es, Schicksalsschläge und Widrigkeiten als von Gott gesandt anzunehmen; das konnte auch ein früher Tod sein, gegen den man sich nicht aufbäumen sollte.

Jesus hatte geboten, nicht ostentativ, sondern so zu fasten, daß nur Gott es sehe (Mt 6, 16ff.). Wer die Nachfolge Jesu lebte, erlegte sich daher Werke der Buße auf, die für die Umgebung unsichtbar blieben. So soll Hedwig von Schlesien, was erst nach ihrem Tod offenbar geworden sei, auf dem bloßen Leib ein »sehr hartes Bußwerkzeug und einen aus Roßhaaren gewundenen Gürtel« getragen haben.[22]

Laien konnten zwar auch selig werden, wie Kleriker wiederholt versicherten; doch räumte man im allgemeinen Mönchen bessere Chancen ein, in den Himmel zu kommen. Was lag da näher, als gegen Ende des Erdenlebens ein Zeichen radikaler Umkehr zu setzen: Man legte die Gelübde der Armut, des Gehorsams und der Keuschheit ab und wurde Mönch bzw. Nonne.[23] Oft blieb dazu nicht mehr die Zeit; deshalb ließ sich Kaiser Friedrich II. auf dem Sterbebett die Kutte eines Zisterziensermönchs anlegen.[24]

Sterben auf nackter Erde ...

Wie Abt Eigil von Fulda starben viele Menschen im Bett; doch selbstverständlich war das nicht. Mancher vollzog auch in seinen letzten Stunden noch Akte der Buße. Nach verbreiteter Auffassung bedeutete es die Krönung des bisherigen Lebens, wenn der Gläubige durch ein Martyrium für Christus andere zur Umkehr bewog. Wem eine solche Bewährung versagt war, betete und verzichtete auf Annehmlichkeiten, die man jedem Sterbenden, erst recht einem lieben Mitmenschen, gönnte. So wollte Martin von Tours auf Asche, dem Zeichen der Vergänglichkeit, Franz von Assisi nackt auf der nackten Erde sterben.[25]

Was anfangs als bewußte Demutsgebärde gedacht war, wurde mancherorts Brauch: Die Umstehenden nahmen den Kranken, wenn sie dessen Ende nahe glaubten, aus dem Bett und legten ihn auf die Erde, auf die möglicherweise Stroh gebreitet war. Mit dieser Geste, hinter der magische Vorstellungen von der Verunreinigung des Bettes durch einen Toten stehen dürften, gab man dem Kranken unmißverständlich zu verstehen, wie man seine Chancen beurteilte.[26]

Sündenbekenntnis und Absolution

Ein weiterer Akt der Buße dürfte vielen Menschen schwergefallen sein, konnte er doch darauf hinauslaufen, sich und sein Lebenswerk zu verleugnen: Wer einen ›guten Tod‹ sterben wollte, bat Umstehende und Abwesende um Verzeihung für Böses, das er ihnen in Gedanken, Worten und Taten zugefügt hatte; selber gewährte er Vergebung.

Verzeihung gewähren konnte für einen Herrscher bedeuten, Staatsgefangene zu amnestieren. Von dem schweren Konflikt, in dem sich Wilhelm der Eroberer auf seinem Sterbelager sah, wird noch zu sprechen sein.

In dem mittelitalienischen Benediktinerkloster Farfa galt folgende ›Gewohnheit‹ cluniazensischen Mönchslebens: Vor dem Abt und allen Brüdern auf der Erde ausgestreckt, bat der sterbende Mönch um Verzeihung für alle Nachlässigkeiten und Sünden, die er begangen hatte; »nachdem ihm die Lossprechung gegeben ist, sollen sich Abt und alle Brüder vor jenem Bruder zu Boden werfen und ihn um Verzeihung bitten für das, was sie Böses gegen ihn getan haben, auf daß jener Bruder in gleicher Weise auch ihnen die Lossprechung erteile«[27].

Der Sterbende bekannte seine Sünden in privater, in Klöstern oft in öffentlicher Beichte – ein weiterer Akt der Buße. Die in mittelalterlichen Registern aufgelisteten Verfehlungen waren geeignet, die Phantasie auch hartgesottener Sünder anzuregen[28]: Ganz allgemein Neid, Haß, Geiz, Zorn, Traurigkeit; im besonderen Ehebruch, Unzucht mit Tieren, Meineid, Diebstahl, Raub, unreine Küsse und Umarmungen, Mord, aktive und passive Bestechung, Wucher, Unterschlagung von Almosen, Verachtung von Verwandten, Bedrückung der Armen, Mißachtung der Wer-

ke der Barmherzigkeit einschließlich des Begräbnisses von Toten... insgesamt 39 engbedruckte Zeilen.

Ein Priester erteilte nach dem Bekenntnis die Lossprechung mit
den Worten: *Ego te absolvo a peccatis tuis. In nomine Patris et Filii
et Spiritus Sancti* (Ich spreche dich los von deinen Sünden. Im
Namen des Vaters, des Sohnes und des Heiligen Geistes). Die
Umstehenden bekräftigten zusammen mit dem Sterbenden diesen
Richterspruch mit *Amen* (So sei es). Die Beichte fügte einzelne zu
einer Gemeinschaft zusammen und verband die sterblichen Menschen mit dem ewigen Gott.

Die Absolution konnte auch Verstorbenen gewährt werden,
z. B. nach einer Schlacht oder beim Begräbnis. Unter Berufung
auf die ihm übertragene Binde- und Lösegewalt schrieb Papst
Stephan IX., vom Tod gezeichnet, den Cluniazensern bemerkenswerte Sätze: »Die Lebenden und die Toten haben wir dank
der Vollmacht Gottes und des Apostelfürsten Petrus von ihren
Sünden losgesprochen« (*viventes ac defunctos ex parte Dei et beati
Petri principis apostolorum absolvimus*; vgl. Mt 18, 18).[29] Wahrscheinlich haben schon vor Stephan IX. Päpste auf dem Sterbebett
ihre Machtfülle ähnlich eingesetzt.

Nach einem unruhigen Leben hatte Abaelard, einer der bedeu-
tendsten Philosophen des Mittelalters, in Cluny Zuflucht gefunden. Abt Petrus Venerabilis (der Ehrwürdige), eine wahrlich
menschenfreundliche Gestalt, schreibt, er habe Abaelard als
Mönch in Cluny aufgenommen und nach seinem Tod in aller Stille
zum Kloster Paraklet überführen lassen; dessen Äbtissin Heloise
– einst Schülerin, Geliebte, Ehefrau und Lebensgefährtin Abae-
lards – und deren Nonnen habe er die Erlaubnis erteilt, Abaelard
auf ihrem Friedhof zu bestatten. »Ich spreche ihn los von allen
seinen Sünden kraft des mir übertragenen Amtes im Namen des
allmächtigen Gottes und aller Heiligen.«[30]

Wegen der geringen Zahl von Militärkaplänen konnte auf einem
Feldzug nicht jeder Krieger einem Geistlichen seine Sünden be-
kennen. Deshalb sprach der ranghöchste Priester, im Rolandslied
Erzbischof Turpin, die Generalabsolution aus; oder man bekann-
te einem Laien seine Sünden, gemäß dem Wort des Apostels
Jakobus »Bekennet einander eure Sünden« (Jak 5, 16). Auf dem

7. Kreuzzug beichtete 1248 der Konnetabel von Zypern bei einem seiner Mitstreiter. »Ich sagte ihm: ›Ich spreche Euch los mit der Vollmacht, wie Gott sie mir verliehen hat.‹ Als ich mich erhob, erinnerte ich mich an nichts von dem, was er mir gesagt hatte.«[31]

Lösung vom Bann

Spätestens auf dem Sterbelager mußte ein Gebannter sich bemühen, wieder in die Gemeinschaft der zum Heil Berufenen aufgenommen zu werden. Die Exkommunikation hatte weitreichende Folgen auch im weltlichen Bereich; sie konnte z. B. zum Verlust der Herrschaft führen. Zwar verlor sie als Kirchenstrafe in dem Maße an Gewicht, wie sie mit inflatorischer Häufigkeit verhängt wurde, etwa während des Investiturstreites oder im Spätmittelalter, als konkurrierende Päpste sich und ihre jeweilige Gefolgschaft gegenseitig bannten. Doch wurde die Exkommunikation noch in der Neuzeit als furchtbare Strafe erfahren. Eine Formel aus dem 10. Jahrhundert, von der Teile weit in die vorchristliche Zeit zurückreichen, mag zeigen, was Gebannten drohte.[32]

Maledicti, maledicta... Wie Hammerschläge prasselt es in einer gespenstisch mit Kerzen erleuchteten Szene auf die meist Abwesenden ein: Die Ausgestoßenen seien verflucht in der Stadt und außerhalb der Stadt, verflucht auf dem Land und allerorts; verflucht sei die Frucht ihres Leibes und die Frucht ihrer Felder; verflucht sei alles, was ihnen gehöre, verflucht sei, wer bei ihnen eingehe und wer bei ihnen ausgehe. Die Umstehenden bekräftigen jede dieser Verwünschungen mit einem feierlichen »Amen«.

»Der Herr möge sie rasch von der Erde vertilgen. Amen. Der Herr möge sie mit Hunger und Durst, Armut, Kälte und Fieber schlagen, bis sie zugrunde gehen... Amen. An ihren Leichnamen mögen sich alle Vögel des Himmels und die wilden Tiere der Felder gütlich tun. Amen. Der Herr schlage sie mit schlimmsten Geschwüren, mit Räude und Juckreiz, mit Wahnsinn und Blindheit. Amen.«

Aus den Verwünschungen ist weder das Gebot der Nächsten- noch das der Feindesliebe herauszulesen, auch nicht die Aufforderung Jesu, dem irrenden Schaf nachzugehen (vgl. Lk 15, 4 ff.). Vielmehr beruft der Bischof bzw. der Papst sich darauf, daß der Herr dem heiligen Apostel Petrus und dessen Nachfolgern die Macht gegeben habe, auf Erden wie im Himmel zu binden und zu lösen. Wer sich nicht bessern wolle, »dem verschließen wir den Himmel, und wir verweigern ihm die Erde zum Begräbnis; sie mögen in die tiefste Hölle hinabgetaucht werden und eine Strafe ohne Ende erleiden für das, was sie angerichtet haben«.

Sollte der Sünder sich jedoch bessern und eine der Schuld angemessene Buße tun, solle Gott die genannten Übel von ihm nehmen; dann ist der Bannende bereit, den Sünder wiederaufzunehmen und für ihn zu beten. Der Unbußfertige soll jedoch mit ewigem Fluch geschlagen sein: Die Kirche Gottes sei ihm verschlossen, Friede und Gemeinschaft mit den Christen verwehrt; nicht einmal am Tage des Todes soll er den Leib und das Blut des Herrn empfangen dürfen; vielmehr soll er ewigem Vergessen anheimfallen – wie Staub im Wind; mit dem Teufel und dessen Engeln soll er dem ewigen Feuer übergeben werden; »und wie diese Kerzen ausgelöscht werden« – mit diesen Worten werfen die umstehenden Priester Kerzen auf die Erde, die sie zertreten – »so soll seine Seele im Gestank der Hölle untergehen. Amen.«

Kommunion und Letzte Ölung

Wenn möglich, hört der Kranke die Messe und kommuniziert, auch Laien gelegentlich in Gestalt von Brot und Wein. Die Worte, mit denen die Kommunion gereicht wird, weisen – wie so vieles in diesen Stunden – über das irdische Leben hinaus: »Der Leib (bzw. das Blut) unseres Herrn Jesus Christus bewahre deine Seele zum ewigen Leben. Amen.«

Wenn nicht schon geschehen, werden zur Austeilung der Kommunion Kerzen angezündet. Immer wieder ist man geneigt, bestimmte Handlungen symbolisch zu deuten; doch darf man nicht vergessen, daß die meisten Behausungen bestenfalls kleine Öffnungen hatten; am Sterbelager war man also auch bei Tag auf ›künstliches‹, für die meisten Menschen teures Licht angewiesen;

auch deshalb unterstrich das Anzünden einer Kerze den feierlichen Charakter der Szene und regte dazu an, das lebendige Licht als Hinweis auf Jesus zu verstehen, der sich selber als »Licht der Welt« bezeichnet hatte (Joh 8, 12).

Nach Bild- und Textquellen nahm der Sterbende, wenn seine Kräfte dazu ausreichten, eine Kerze in die rechte Hand; weitere Lichter wurden gegebenenfalls kreisförmig um ihn angeordnet und – später – symbolisch gedeutet: Das Gebet der Umstehenden und die Lichterkette sollten den Todgeweihten vor Nachstellungen finsterer Dämonen schützen.

Seltener ist von der Krankenölung die Rede, zu der der Apostel Jakobus geraten hatte (Jak 5, 14ff.); sie war nicht nur Klerikern vorbehalten[33], sondern sollte allen Gläubigen in Todesgefahr gespendet werden.[34] So erkundigte sich Bischof Ulrich von Augsburg auf Visitationsreisen u. a. nach der Regelmäßigkeit der Krankenölung.[35] Der Patriarch von Jerusalem spendete sie 1227 dem todkranken Landgrafen Ludwig IV. von Thüringen.[36] Und von der Herzogin Hedwig heißt es, sie habe bei guter Gesundheit, aber in der Gewißheit des baldigen Todes ihren Beichtvater, einen Zisterziensermönch, zu sich gebeten und ihn inständig um das Sakrament der Letzten Ölung gebeten.[37] Als das die Zisterzienserinnen des von ihr gestifteten schlesischen Klosters Trebnitz hörten, in das Hedwig sich nach dem Tod ihres Mannes zurückgezogen hatte, wurden sie unruhig und traurig; denn sie wußten, daß Hedwig nichts Unnötiges tat und mit prophetischem Geist begnadet war. Adelheid, eine ihr nahestehende Schwester, fragte daher, warum Hedwig sie so erschrecke, »zumal Ihr noch gesund seid und keinerlei Anzeichen des Todes vorhanden sind? Einem, der nicht krank ist, kommt man mit einem solchen Heilmittel nicht zu Hilfe, außer wenn man für ihn Gefahr befürchtet.« Hedwig macht ihrer Freundin das Kompliment, die kirchlichen Vorschriften zu kennen; doch müsse sie folgendes beachten: Wie mit geistigen Waffen werde der Mensch im Abscheiden mit dem Sakrament der Letzten Ölung gegen die Anfechtungen der Seele gestärkt; daher solle der Gläubige das Stärkungsmittel mit größter Andacht empfangen. Zwar sei sie noch gesund, doch schon bald werde sie zu den Kranken gehören; und sie fürchte, bei zunehmenden Schmerzen das Sakrament nicht so andächtig empfangen zu können, wie es sich für eine Seele zieme, »die zum Herrn eilt«.

Der Wunsch Hedwigs erfüllte sich: Sie empfing die Krankenölung. Bald darauf erkrankte sie; bis zu ihrem Tod (1243) hat sie dieses Sakrament nicht wieder empfangen. Von vorbehaltloser Billigung ist der Biograph indessen weit entfernt; kritisch vermerkt er, das Ereignis sei eher zur Bewunderung als zur Nachahmung mitgeteilt. Der Heilige Geist habe die Tat durch Offenbarung bewirkt, mit der – wie man ergänzen darf – normale Sünder nicht rechnen durften.

Auch und gerade wegen dieser Einschränkungen ist zu fragen, was bei der Krankensalbung geschah. Das schon erwähnte Pontificale[38] spricht nicht von ›Sterbenden‹ (*agonizans*); vielmehr soll der ›Kranke‹ (*infirmus*) zunächst einem Priester alle (!) Sünden beichten und von ihm volle Absolution erhalten. Mehrfach wird eine gesamtheitliche Schau deutlich: Gott möge das Haus und den Kranken segnen, auf daß in diesem nicht der unreine Geist (*spiritus inmundus*), sondern allein die Kraft Christi wohne. Gott möge dem Kranken die Sünden erlassen, aus ihm aber auch alle »Schmerzen des Herzens und des Körpers« vertreiben und ihm die frühere Gesundheit wiederherstellen; einmal heißt es sogar, Gott möge dem Kranken »die vorhergehende und eine noch kräftigere Gesundheit (*pristinam et magis robustam sanitatem*) schenken; der Wunsch nach Wiederherstellung der Gesundheit und nach Linderung der Schmerzen zieht sich wie ein roter Faden durch die Gebete. Das Gebet, Jesus möge den Kranken fröhlich machen (*laetificare*), zeigt, daß das Sakrament dem ganzen Menschen galt.

Der Priester zeichnet dem Kranken mit geweihtem Öl (daher ›Letzte Ölung‹) Kreuze auf genau bezeichnete Körperteile (Haupt, Augen, Ohren, Nasen, Lippen, Hals, Brust, Herz- und Schultergegend, Hände, Füße) und besonders schmerzende Stellen. Die dabei gesprochenen Gebete sind gleich aufgebaut und beziehen sich auf fehlerhaften Gebrauch der einzelnen Organe, wie an zwei Beispielen gezeigt sei. »Ich salbe diese Lippen mit dem Heilmittel geweihten Öles, im Namen des Vaters und des Sohnes und des Heiligen Geistes; dank der Güte und des Erbarmens Gottes soll durch diese Salbung gereinigt werden, was du durch überflüssiges oder gar verbrecherisches Reden gesündigt hast« (*otiosa vel etiam criminosa peccasti locutione*). »Ich salbe diese Hände mit geweihtem Öl, im Namen des Vaters, des Sohnes und des Heiligen Geistes, auf daß getilgt werde (*evacuetur*), was sie durch unerlaubtes oder schädliches Tun angerichtet haben.«

Um auf die eingangs gebrachte Einschränkung zurückzukommen: Dieses Sakrament wird in den Quellen vielleicht wegen der sogenannten Stolgebühren nicht häufiger erwähnt, die aufzubringen Minderbemittelten schwerfiel[39]: Wenn der Priester die Stola anlegte, ein um den Nacken gelegtes, rechts und links über die Brust fallendes Stoffband, z. B. zur Spendung eines Sakraments oder bei einem Begräbnis, erwartete er eine Gebühr; diese wurde wiederholt als simonistisch, als mit der christlichen Lehre unvereinbar in Frage gestellt. Kirchenrechtler warnten: Die Spendung von Gnadengaben – z. B. in der Taufe oder der Letzten Ölung – dürfe nicht von einer Zahlung abhängig gemacht werden.[40] Doch mußte der Pfarrer leben; und da lag es nahe, ihm in Ermangelung anderer Einnahmen gewisse Gebühren zuzugestehen.

De profundis

In einer Familie sprechen Angehörige und Nachbarn, in einem Kloster Mönche oder Nonnen Gebete, in denen sie den Sterbenden Gott empfehlen.[41] Oft bittet man den Erzengel Michael um Geleit. Da dieser den Drachen bezwungen hatte (Offb 12, 7–9), glaubte man, daß er der scheidenden Seele mächtigen Beistand gegen Anfechtungen der Dämonen geben, diesen vielleicht sogar die Seele entreißen könne.

Als Sterbegebet waren die sieben Bußpsalmen beliebt.[42] Zerknirscht bittet der Sünder Gott um Gnade und findet Trost: »Gehört hat der Herr mein Flehen, der Herr nimmt mein Beten an« (Ps 6, 10). Ein Weisheitslied bekundet die Freude dessen, der Gott seine Schuld bekannt hat: »Wohl dem, dessen Frevel vergeben und dessen Sünde bedeckt ist« (Ps 32, 1). Ein Kranker klagt: »Nichts blieb gesund an meinem Leib... Mir schwären, mir eitern die Wunden... geschwunden ist mir das Licht der Augen... Ich bin wie ein Tauber, der nicht hört, wie ein Stummer, der den Mund nicht auftut«; trotz seiner Verlassenheit bleibt er im Gespräch mit Gott, wie der letzte Vers zeigt: »Eile mir zu Hilfe, Herr, du mein Heil!« (Ps 38). Auch die anderen Bußpsalmen flehen um Vergebung (Ps 51), um Hilfe in schlimmster Not (Ps 102), um Kraft und Hilfe gegen Feinde (Ps 143). Der sechste Bußpsalm (Ps 130) ist in die Begräbnisliturgie eingegangen; in den Worten *De profundis* glaubte man den Beigesetzten aus dem Grabe rufen zu hören: »Aus der Tiefe rufe ich, Herr, zu dir: Herr, höre meine Stimme!« Gott soll auf des Beters Flehen achten; wer könne schon bestehen, wenn der Herr an die Sünden der Menschen denken wolle?! »Doch bei dir ist Vergebung... Meine Seele wartet auf den Herrn... Denn beim Herrn ist Erlösung in Fülle.«

In den keineswegs immer demütigen Klagen des Psalmisten können viele Kranke sich wiedererkannt und damit Trost gefunden haben. Die hier aufscheinende Zuversicht war von einer grundsätzlich anderen Art als die in den oben zitierten erbarmungslosen Fluchformeln.

Nach Möglichkeit stimmt der Sterbende in die Gebete ein; er ruft Heilige an, deren Hilfe er im Leben erfahren hat, ihm besonders jetzt beizustehen; sie sollen Begleiter auf der letzten Reise und Vermittler an Gottes Thron sein. Ludwig der Heilige empfiehlt sich für den Weg ins Jenseits dem Geleit der Heiligen Jakobus, Dionysius und Genoveva, die er auch um Fürsprache bei Gott bittet.[43] In Todesängsten wurden selbstverständlich auch die ›Nothelfer‹ genannten Heiligen[44] angefleht; unter ihnen erfreute sich die hl. Barbara im Spätmittelalter besonderer Verehrung als Helferin für einen ›guten‹ Tod.

Sterbende verehren Reliquien, vor allem aber das Kreuz; Geschwächten, Gelähmten, Gefesselten wird es von einem der Umstehenden an die Lippen geführt. So bat Jeanne d'Arc 1431, unmittelbar vor ihrer Hinrichtung, »mit großer Demut« um ein Kreuz. »Als das ein Engländer, der dabeistand, hörte, verfertigte er eines aus einem kleinen Holzstock und gab es ihr; sie empfing es ehrerbietig, küßte es und flehte zu Gott, der am Kreuz gelitten hat, um uns zu erlösen.«[45]

Agonie und ›schöner Tod‹

Die Darstellung vom ›schönen Tod‹ einer Maria oder eines Martin von Tours wirkte jahrhundertelang in bildender Kunst und Literatur weiter. Aus dem Verlauf der letzten Stunde glaubte man schließen zu können, ob der Sterbende in den Genuß der Seligkeit kommen oder ewiger Verdammnis anheimfallen werde; deshalb dürften die Chronisten häufiger, als es wahrscheinlich ist, abstoßende Seiten des Sterbens verschwiegen haben. Über ein etwaiges Sich-Aufbäumen gehen sie mit dem knappen *agonizans, agonizare cepit* (im Todeskampf liegend, anfangend mit dem Tod zu ringen) hinweg. Einzelheiten zur Agonie oder Bekundungen der Verzweiflung werden vorzugsweise aus den letzten Minuten von Feinden, Verrätern, vermeintlich Verdammten wiedergegeben.

Mit der Betonung frommer Ergebung in Gottes Willen weichen die Chronisten allerdings (unbewußt?) vom entscheidenden Vorbild ab: Jesu vorwurfsvolle Klage am Kreuz »Mein Gott, mein Gott, warum hast du mich verlassen?!« (Lk 15, 34) war bekannt. Viele konnten wissen, daß es sich hier um den Anfang eines Psalms handelt, der Gottverlassenheit und Heilsgewißheit zum Ausdruck bringt; spricht der Psalmist doch auch die Worte: »Denn er hat nicht verachtet, nicht verabscheut das Elend des Armen. Er verbirgt sein Gesicht nicht vor ihm; er hat auf sein Schreien gehört: Deine Treue preise ich in großer Gemeinde« (Ps 22, 25 f.).

Anfechtungen an der Schwelle des Todes

Sogar Heilige wurden noch und gerade in ihrer Todesstunde versucht. Kaum hat Martin von Tours seinen Geist Gott empfohlen, da sieht er neben sich den Teufel. Er fährt ihn an: »Was stehst du da, blutrünstige Bestie? Nichts wirst du in mir finden, Unseliger. Abrahams Schoß nimmt mich auf.«[46]

Solche Anfechtungen müssen bekämpft werden. Mit Worten und Gesten bekunden die Anwesenden ihre Rechtgläubigkeit:

Soweit wie möglich stimmt der Sterbende in das Glaubensbekenntnis ein, das die Umstehenden sonst stellvertretend für ihn beten. Dämonen werden abgewehrt und der Weg ins Paradies geebnet, wenn Psalmen und andere Gebete gesprochen werden, wenn der Sterbende – wie später der Tote – mit Weihwasser besprengt wird, wenn er die Arme auf der Brust kreuzt und die Hände faltet, in denen er vielleicht eine brennende Kerze hält; wenn er Gesicht und Blick zum Himmel richtet; denn wer sich zur Wand kehrt, bringt Verzweiflung zum Ausdruck, d. h. Zweifel an Gott; er stirbt einen schlechten Tod. Auch die Nähe eines heiligmäßig lebenden Menschen konnte den bösen Feind vertreiben. Der sterbende Papst Stephan IX. bat Abt Hugo von Cluny zu bleiben, da dessen bloße Gegenwart die bösartigen Angriffe des Versuchers zurückweise.[47]

Als besondere Gnade galt es, an einem hohen Feiertag, allen voran Ostern und Karfreitag, sterben zu dürfen. Ludwig der Heilige »gab den Geist unserem Schöpfer zurück in der Stunde, in der Jesus für das Heil der Welt am Kreuz starb«.[48]

An die Stelle abgestufter Bekundungen des Glaubens an den einen Gott und der Hoffnung auf die Auferstehung der Toten konnte eine einfache Geste treten: Ein ertrinkender, schon tief unter Wasser gesunkener junger Mann hatte gerade noch die Kraft, mit dem Daumen ein Kreuz auf seine Brust zu zeichnen.[49]

Katharer empfingen meist erst auf dem Sterbebett das *consolamentum*, das ›tröstliche Sakrament‹, das sie zu ›Vollkommenen‹ machte.[50] Die Gemeinde erwartete, daß der mit dieser ›Geisttaufe Jesu Christi‹ Gestärkte jegliche Nahrungsaufnahme verweigerte und so sein Ende beschleunigte.[51]

Letzte Worte

Der Sterbende erfährt Gesten der Liebe: Man wischt ihm den Schweiß aus dem Gesicht und küßt ihm Stirn oder Mund. Wenn er noch sprechen kann, dankt er mit einem Wort der Zuversicht. Oft werden ihm als erbaulich geltende Worte in den Mund gelegt: Überdruß an diesem Leben, Sehnsucht nach der himmlischen

Heimat, Müdigkeit nach langer Pilgerschaft, Wunsch nach Befreiung aus dem Exil dieser Welt... Die platonische Vorstellung eines Dualismus von Leib und Seele, der Befreiung der Seele aus dem Kerker des Fleisches, ist auch in der abendländischen Welt weit verbreitet.[52] Solches Denken inspirierte noch in neuerer Zeit das Lied ›Wir sind nur Gast auf Erden‹.[53]

Manche Menschen sollen auf dem Sterbelager über visionäre Kräfte verfügt haben; das dürfte sich auch damit erklären, daß der Biograph später aus einer Fülle von Äußerungen die herausgreifen konnte, die einen Bezug zu wirklich eingetretenen Ereignissen hatten oder die in sein Bild ›paßten‹. Von alten Menschen ist überliefert, daß sie – erst recht angesichts des Todes – über eine Gabe verfügten, die dem versagt ist, der in den Strudel des Alltags eingebunden bleibt: Wesentliches von Unwesentlichem unterscheiden zu können.

Versagen und Schuld dürften manchem noch in den letzten Augenblicken ›auf der Seele gelegen‹ haben, selbst wenn er sie längst – etwa in der Beichte – bekannt hatte. So habe Erzbischof Anno von Köln seiner Stadt mit erhobenen Händen in immer neuen Anläufen Frieden gewünscht: »Heilige Maria, eile den Elenden zu Hilfe, eile Köln zu Hilfe, eile der Stadt zu Hilfe, die bald untergehen wird.« Nach einer kurzen Ruhepause habe er angesichts »schrecklicher Schauspiele« Maria erneut gebeten, seine Augen nicht »solches Unheil« schauen zu lassen. Nach einem weiteren kurzen Schweigen habe er auch Petrus und die übrigen Heiligen um Beistand für Köln angefleht. Dann ein Seufzer und, kaum hörbar, die letzten Worte an alle Heiligen gerichtet, »die ihr der Freundschaft des höchsten Königs verbunden und glücklich mit ihm vereint seid: das glückbringende Verdienst eurer Fürsprache helfe Köln!«[54]

Der soziale Aufsteiger Anno hatte als Erzbischof mit seiner Stadt harte Auseinandersetzungen ausgefochten; er hatte von einflußreichen Kaufleuten Dienstleistungen gefordert, die diese als unrechtmäßig betrachteten und gegen die sie sich mit bewaffneter Hand gewehrt hatten. Anno hatte den Aufstand niederschlagen und über die Rädelsführer Leib- und Vermögensstrafen verhängen lassen. Selbst in den später aufgezeichneten Mirakeln, die

seine Heiligsprechung befördern sollten, wird er einmal angeklagt, er habe mehr Augen ausreißen lassen als geheilt.[55] Aber
nicht nur in Köln war er noch lange ›umstritten‹. Seine letzten
Worte – in dieser Form von einem Mönch des Klosters Siegburg
überliefert, das seinem Gründer Anno alles verdankte – erwecken
zwar den Eindruck, er habe bis zum Ende an das ihm anvertraute
Köln gedacht. Hätte Anno jedoch wirklich seinen Frieden mit der
Stadt gemacht, so hätte er zuletzt nicht mehr mit ihr hadern
müssen. Für eine solche Deutung spricht auch die Tatsache, daß
Anno nicht in seiner Bischofskirche beigesetzt werden wollte,
sondern im Kreis der Mönche von Siegburg, deren Kloster er
gegründet hatte.

Letzte Worte, wiederholt aufmerksam überliefert, dürften vielfach stilisiert sein, wobei man nicht einmal an frommen Betrug
denken muß: Eine früher einmal bekundete Absicht, auf bestimmte Weise mit gewissen Worten auf den Lippen sterben zu
wollen, autorisierte den Biographen, diese als die letzten der
Nachwelt zu übermitteln. Franz von Assisi ließ sich auf dem
Sterbelager den von ihm gedichteten ›Sonnengesang‹ vorsingen.[56]
Vor der letzten Strophe fügte er folgende Zeilen ein; die Übersetzung ist insofern nicht ganz korrekt, als im Original der ›Tod‹ als
›Schwester‹ angesprochen wird.

> »Gelobt seist du, Herr,
> Durch unsern Bruder, den leiblichen Tod;
> ihm kann kein lebender Mensch entrinnen.
> Wehe denen, die sterben in schweren Sünden!
> Selig, die er in Deinem heiligsten Willen findet!
> Denn sie versehrt nicht der zweite Tod.«

Mit dem Lobpreis Gottes und dem Dank dafür, daß er sie
erschaffen habe, schied Clara von Assisi 1253 aus dem Leben.[57]
Dem von vielen Sterbenden überlieferten, Jesu nachgesprochenen
Gebet »Vater, in deine Hände lege ich meinen Geist« (Lk 23, 46)
entspricht die verheißungsvolle Bitte der Umstehenden: »In das
Paradies mögen dich die Engel geleiten; bei deiner Ankunft
mögen dich die Märtyrer aufnehmen und dich in die Heilige Stadt
Jerusalem führen.«[58]

Als authentisch darf man letzte Worte vielleicht dann ansehen, wenn sie aus dem Rahmen des Üblichen fallen. Beda Venerabilis war es vergönnt, noch auf dem Sterbelager eine Übertragung des Johannesevangeliums zu vollenden.[59] Sein Schreiber Wilberht sagte: »›Geliebter Herr, es bleibt noch ein nicht übertragener Satz.‹ Und jener antwortete: ›Schreibe.‹ Nach einer Weile sagte der Knabe: ›Jetzt ist es übertragen.‹ Und jener erwiderte: ›Gut, es ist vollbracht; du hast die Wahrheit gesprochen.‹« Beda verschied, nachdem er in einem letzten, gesungenen Gebet den dreifaltigen Gott gepriesen hatte: *Gloria Patri et Filio et Spiritui sancto* (die Ehre sei dem Vater und dem Sohne und dem Heiligen Geiste); die Fortsetzung setzt Cuthbert beim Leser als bekannt voraus; sein *et cetera* steht für »wie es war im Anfang, so auch jetzt und alle Zeit, und in Ewigkeit. Amen.« Das Wort »es ist vollbracht« (*consummatum est*) ist der Leidensgeschichte entnommen (Joh 19, 30) und gehört zu den oft meditierten letzten Worten Jesu am Kreuz.

Nach christlicher Vorstellung gab der Mensch mit dem »Lebensatem« (Gen 2, 7) zurück, was Gott ihm geschenkt hatte. Konnte man diesen Schatz an einen geliebten Menschen weitergeben? Nach einem Bericht des sächsischen Bischofs Thietmar, der sich für alles interessierte, was mit Sterben und Tod zu tun hat, ereignete sich 994 folgendes: Bischof Wolfgang von Regensburg ließ seinen Lieblingsschüler Tagino, den späteren Erzbischof von Magdeburg, zu sich kommen; er verhieß ihm den Regensburger Bischofssitz oder eine höhere Würde. Solche Sätze finden sich häufig im Werk von Chronisten; ungewöhnlich sind die dieser ›Prophezeiung‹ vorausgehenden Worte Wolfgangs: »Lieber Sohn, lege deinen Mund auf den meinen und empfange so von Gott den Hauch meines Geistes.«[60]

Authentisch könnten letzte Worte sein, wenn sie nicht im Latein der Gebildeten überliefert sind, sondern in der Sprache der Mutter, der Kindertage des Sterbenden. Erasmus von Rotterdam schied aus dem Leben mit dem vertrauensvollen Gruß: »Lieve God!«[61]

Die vorangehenden Abschnitte werden in einer wichtigen Hinsicht der historischen Wirklichkeit nicht gerecht: Sie entwerfen ein harmonisches Bild. Es gab den abgeklärten, altersweisen Menschen, der sich danach sehnte, von der Mühsal dieses Lebens befreit zu werden. Doch meistens lief der Tod auf die Zerstörung einer gut eingespielten, wenn auch prekären Ordnung hinaus. Ergänzend sei daher auf das Lebensende König Wilhelms I. von England verwiesen. Der Bericht folgt zwar ebenfalls dem Gattungsmuster und spiegelt die Sicht des Chronisten wider; er bringt jedoch auch neue Aspekte zur Sprache, etwa die Verstrickung des Politikers in Schuld.[62]

Zwischen indirekter und direkter Rede wechselnd, schreibt Ordericus Vitalis, als ob er persönlich das Sterben des Königs beobachtet hätte. Dabei war er zur Zeit dieser Ereignisse vielleicht zwölf Jahre alt; immerhin hatte sein Abt am Lager des Sterbenden gestanden und konnte Ordericus mit Informationen aus erster Hand versorgen. Wie Chronisten vor und nach ihm, nimmt Ordericus sich die Freiheit, das Tun, Denken und Wollen Wilhelms – in eine große Rede gefaßt – darzulegen und zu deuten.

Im Alter von 59 oder 60 Jahren sah Wilhelm sich auf das Krankenlager geworfen. Feinde des Friedens freuten sich, bald nach Herzenslust plündern und rauben zu können; andere, die die Sicherheit des Friedens vorzogen, hatten vom Tod des »friedenliebenden Herrschers« nichts Gutes zu erwarten. Nach Meinung des Chronisten, der den Ausgang ja kennt, wies manches auf die späteren makabren Ereignisse voraus.

Wilhelm lag sechs Wochen lang krank, bis zum letzten Tag im vollen Besitz seiner Sinne und der Gabe lebhafter Rede. Als der Lärm von Rouen ihn störte, ließ er sich zur Kirche St. Gervasius tragen, die vor den Toren der Stadt auf einem Hügel lag. Er bereute seine Missetaten und bekannte seine Sünden; Bischöfe, Äbte und Mönche umstanden das Lager und berieten den sterbenden Fürsten, wie er das ewige Leben gewinnen könne. Der wollte wenigstens einen ganz bestimmten Schaden wiedergutmachen: Als Büßer sandte er deshalb große Summen nach Mantes, die zum

Wiederaufbau der von ihm eingeäscherten Kirchen bestimmt waren.

Ausführlich geht Ordericus auf das Vermächtnis des Königs ein. Danach verteilte Wilhelm seine Schätze – auch nicht näher bestimmte, unrechtmäßig erworbene – an Arme und Diener Gottes; Notare wurden zu genauer Buchführung angehalten. Der König beschwor die Anwesenden, Treue, Gerechtigkeit und Frieden zu wahren, das Gesetz Gottes zu befolgen, die Vorrechte der Kirchen und die Anordnungen der Väter zu achten.

Unter Tränen gab er sich, den Umstehenden und Gott Rechenschaft über sein Tun von seiner Kindheit an. Diese letzte Rede sei kunstvoll ausgearbeitet (*eloquenter*) gewesen und ewigen Gedächtnisses würdig. Ordericus bringt die Lebensbeichte in direkter Rede. Wilhelm rechtfertigte sich in diesem Punkt und bekannte sich in jener Frage schuldig; er rechnete mit noch lebenden und mit verstorbenen Gegnern ab. Wie noch neuzeitliche Herrscher in ihren politischen Testamenten, äußerte er sich zu guten und schlechten Eigenschaften seiner Untertanen und bedachte die Normannen mit Lob und Tadel.

Wilhelm sieht sich von frühester Jugend an durch widrige Umstände – Abwesenheit des Vaters, Verrat der eigenen Leute, Angriffe äußerer Feinde – zum Kriegshandwerk gezwungen. Dank der Hilfe Gottes habe er immer über innere und äußere Feinde triumphiert, Engländer und Schotten, Norweger und Dänen besiegt. Es verwundert nicht, daß er zum Dank Klöster gründete, Kirchen förderte und Prälaten beschenkte. In dieser Hinsicht sollen seine Erben ihm folgen, auf daß sie jetzt und für immer Ehre vor Gott und den Menschen erwerben.

Differenziert schildert Ordericus den Erwerb der Herrschaft über England. Nicht dank Erbrechts sei Wilhelm zur Krone gekommen, sondern der »treulose« König Harald habe ihn gezwungen, viel Blut zu vergießen. Hier flicht Ordericus harsche Kritik an seinem Helden ein: »Die Eingeborenen habe ich mehr als recht ist gehaßt, Hohe und Niedere habe ich grausam gequält, viele habe ich unrechtmäßig enterbt, unzählige habe ich – vor allem in Yorkshire – mit Hunger und Schwert zu Tode gebracht.« In maßloser Wut sei er wie ein wahnsinniger Löwe über die nördlichen Angeln hergefallen. Einzelheiten eines Eroberungskrieges werden deutlich: »Ich habe ihre Häuser, ihre Ernten und alles, was sie sonst noch hatten, gleich einäschern lassen; allenthalben ließ ich die gewaltigen Herden von Groß- und Kleinvieh abschlachten. Eine große Zahl von Menschen beiderlei Geschlechts habe ich mit der Schärfe härtesten Hungers bestraft; und so habe ich – weh mir Unseligem! – viele Tausende Alter wie Junger aus jenem überaus schönen Stamm gemordet.«

In der Frage der Nachfolge sieht Wilhelm sich zu einem Kompromiß genötigt: Ungern bestätigt er seinen ältesten Sohn Robert als Herzog der Normandie. Er gibt vor, nicht zu wagen, die unter so vielen Sünden gewonnene Herrschaft über das englische Königreich einem Menschen zu übertragen; Gott allein will er es anvertrauen aus Furcht, nach seinem Tod möchten seine Missetaten Ursache noch schlimmerer Dinge werden. Trotz solcher Einschränkungen designiert er mit den letzten Worten seiner langen Rede den Erben: Wenn es Gottes Wille sei, solle sein Sohn Wilhelm, der ihm immer treu gewesen sei, nachfolgen.

Die Umstehenden sind bestürzt, und jeder denkt über die Bedeutung dieser Worte nach. Unter Tränen fragt sein jüngster Sohn Heinrich, was denn für ihn bleibe. Der Vater stellt ihm 5000 Pfund Silber in Aussicht. Nach weiterem Hin und Her läßt der Sohn sich diese Summe gleich auswiegen; dabei treibt ihn wohl die Überlegung, daß man nie wissen kann, wieweit der Nachfolger Zusagen des Vorgängers einlöst. Heinrich sucht sich zuverlässige Gefährten und beschafft sich ein fest gefügtes Haus zur Aufbewahrung seines Schatzes.

Zwischendurch verwenden sich andere – Ärzte und königliche Amtmänner, die beim siechen König wachen, sowie Große, die ihm ihre Verbundenheit bekunden wollen – für die Gefangenen: Der König möge ihnen die Freiheit schenken. Zu wahrhaft christlichem Sterben gehöre es, Verzeihung zu erbitten u n d zu gewähren. In einer weiteren Rede läßt der Chronist den König Argumente für und gegen die Befreiung namentlich genannter Gefangener entwickeln. Kaum daß er in Freiheit sei, werde dieser einen Aufruhr entfesseln und jener Schlimmeres tun als das, was ihn ins Gefängnis gebracht habe. »Doch jetzt stehe ich an der Schwelle des Todes und wünsche, gerettet und dank des Erbarmens Gottes Vergebung meiner Untaten zu erlangen; so befehle ich denn, daß sofort alle Gefängnisse geöffnet und alle Gefangenen bis auf meinen Bruder, den Bischof von Bayeux, in Freiheit gesetzt werden.« Aus Liebe zu Gott, der ihm selber barmherzig sein solle, seien sie entlassen. Indessen sollen sie einen feierlichen Eid leisten, in England und in der Normandie den Frieden zu wahren und nach ihrem Vermögen sich den Feinden des Friedens mannhaft entgegenzustellen. Sogenannte Urfehde ließ man diejenigen schwören, die man (oft unrechtmäßig) im Kerker hatte schmachten lassen und mit deren Rache man rechnen mußte.

Nun verlegen sich die Umstehenden darauf, auch für den Bischof von Bayeux zu bitten. Der König tadelt sie: Sie wüßten nicht, auf was sie sich da einließen. Notgedrungen gibt er schließlich nach. Der Chronist kann dem König prophetische Worte in den Mund legen: »Sobald ich tot bin, wird es zu einem heftigen Umsturz kommen.« Vielen werde die Befreiung seines Bruders schweren Schaden, wenn nicht den Tod bringen. Wachen Sinnes und in klarer Sprache gibt der König noch manchen Rat in Angelegenheiten des Reiches.

Bei Anbruch des 9. September hört der König die Hauptglocke der Kathedrale läuten. Auf seine Frage antworten die Diener, in der Kirche der heiligen Maria werde gerade zur Prim geläutet. Auch Ordericus Vitalis legt seinem Helden ›schöne‹ letzte Worte in den Mund: Der König habe die Augen mit größter Frömmigkeit zum Himmel gerichtet und mit erhobenen Händen gesprochen: »›Ich empfehle mich meiner Herrin, der heiligen Gottesgebärerin Maria; dank ihrer heiligen Bitten möge sie mich mit ihrem über alles geliebten Sohn versöhnen, unserem Herrn Jesus Christus.‹ Sobald er diese Worte gesprochen hatte, hauchte er seinen Geist aus.«

Bruder des Schlafes

Elisabeth von Thüringen verschied, als wenn sie tief eingeschlafen wäre.[1] Bei vielen Menschen gingen Schlaf und Tod unmerklich ineinander über; es ist daher nicht nur ein Euphemismus, wenn die Quellen oft davon sprechen, dieser oder jener sei entschlafen (*obdormivit*).

Was die Wortwahl angeht, kennen die europäischen Sprachen bezeichnende Unterschiede an einer Stelle, wo man sie kaum erwartet: Im Deutschen spricht man von »Marientod« oder »Tod Mariae«, im Lateinischen und Französischen dagegen schlicht von *dormitio* bzw. *La Dormition*.

Das Bild vom Tod als Bruder des Schlafes war der vorchristlichen Antike geläufig; Hesiod – um ein Beispiel zu nennen – sah Schlaf und Tod als Zwillinge der Mutter Nacht.[2] Auch Jesus und Paulus hatten Tote als Schlafende, Entschlafene bezeichnet[3]; deshalb sprachen christliche Autoren gern vom ›Schlaf‹ der Gerechten – und zwar nicht nur bei Erläuterung heiliger Schriften.[4]

Die Legende der ›Siebenschläfer‹ fand Aufnahme in die ›Legenda aurea‹, eines der beliebtesten Bücher des Mittelalters, das möglicherweise noch weiter verbreitet war als die Bibel: Während einer Verfolgung Mitte des 3. Jahrhunderts entschliefen wunderbarerweise sieben Christen; nach langer Zeit (die Angaben schwanken zwischen 187 und 372 Jahren) erwachen sie vorübergehend und verkünden dem das Wunder bestaunenden Kaiser Theodosius: »Du sollst wissen, daß der Herr uns um deinetwegen auferweckt hat vor den Tagen der großen Auferstehung, auf daß du ohne Zweifel glaubst: Es gibt eine Auferstehung der Toten. Denn siehe, wir sind wahrlich auferstanden und leben, und wie das Kind im Mutterleib keinen Schaden spürt und lebt, so lagen auch wir und lebten und schliefen und spürten nichts.« Darauf seien sie entschlafen und hätten nach Gottes Willen den Geist aufgegeben.[5]

Die ebenfalls weitverbreitete Kyffhäusersage kündet von der Vorstellung, daß ein verstorbener Herrscher nach langem Schlaf wiederkehre, um ein Reich des Friedens und der Gerechtigkeit aufzurichten. Diese zunächst auf Kaiser Friedrich II., dann auf Kaiser Friedrich I. (Barbarossa) bezogene Sage scheint besonders in Zeiten des Umbruchs und politischer Krisen die Phantasie der Menschen beflügelt zu haben.[6]

Das Bild vom Schlaf konnte den Sterbenden und die Hinterbliebenen trösten. Wie man einschläft in der Gewißheit, nach einer Zeit der Ruhe wieder im Vollbesitz der Kräfte und des Bewußtseins zu erwachen, so sollte der Sterbende in der Erwartung scheiden, nach einer begrenzten Zeit mit der Auferstehung der Toten zu neuem, ewigem Leben auferweckt zu werden. Diesem Glauben entspricht das schon erwähnte Wort der Totenliturgie, das Leben werde im Tod verändert, nicht aber genommen.

Tod

Im Zweifel, ob der Tod eingetreten sei, zog man ältere Menschen hinzu. Sie stellten das Fehlen von Leben fest und stützten sich auf Symptome: Stillstand von Herz und Atmung, Erkalten, Muskelstarre, Verfärbung der Haut, Leichengeruch... Oft sah man sich, wie Wunderberichte zeigen, bald darauf eines Besseren belehrt: Tote – wie wir sagen würden: Totgeglaubte, Scheintote – wachten wieder auf, z. B. lange nachdem sie ›ertrunken‹ waren.

Eine weitere Schwierigkeit: Es war gar nicht so einfach zu sagen, das Leben habe diesen oder jenen verlassen und der Tod sei eingetreten. Denn oft erschien der Tod nicht als punktförmiges, klar bestimmtes Ereignis, sondern als Prozeß: In dem Maße, wie Verfalls- und Ausfallserscheinungen offenkundig wurden, ergriff der Tod Besitz vom Sterbenden. Hatten Atmung, Puls usw. längst ausgesetzt, so hatte der Tod noch nicht den ganzen Menschen in seiner Gewalt: Haare und Fingernägel wuchsen weiter – und waren deshalb, sozusagen als Träger des Lebens, begehrte Reliquien. Auch heute sind sich Mediziner, Juristen, Philosophen, Theologen keineswegs einig, wann ein Mensch als ›tot‹ zu gelten hat. Beim Stillstand des Herzens? Oder erst beim vollständigen und unumkehrbaren Verlust sämtlicher Hirnfunktionen? Diskussionen darüber, ob es Leichen mit schlagendem Herzen geben könne, blieben dem Mittelalter erspart; erst die moderne, naturwissenschaftlich ausgerichtete Medizin hat sie möglich gemacht.

Die Unklarheiten wurden nicht geringer, wenn man nach dem Wesen des Todes fragte. Seit der vorchristlichen Antike sah man in ihm ein Rätsel. »Wir sein nicht und sein doch etwas«, läßt Johannes von Tepl den Tod geheimnisvoll sagen. Er sei nichts, weil er nicht lebe und weder Wesen noch Gestalt habe; zudem sei er nicht sichtbar noch greifbar, sei aber auch nicht Geist. Doch sei er deshalb etwas, da »wir sein des lebens ende, des wesens ende, des nichtwesens anfang, ein mittel zwischen in (ihnen) beiden«.[7]

Überlegungen zu Folgen des Todes konnten eine Wesensbestimmung nicht ersetzen. Oft wurde das Wort des Apostels Paulus zitiert: »Denn der Lohn der Sünde ist der Tod, die Gabe Gottes aber ist das ewige Leben in Christus Jesus, unserem Herrn« (Röm 6, 23). Deshalb wurde der T o d e s t a g, zunächst der Märtyrer, später aller Christen, als G e b u r t s t a g angesehen. Dieser Tag – und nicht der der leiblichen Geburt – ist von vielen Menschen überliefert.

Sorge für den Toten

Wer weder im Ruche der Heiligkeit stand noch zu den ›Großen‹ in Reich oder Kirche gehörte, konnte hoffen, daß man mit seiner sterblichen Hülle so umgehen würde, wie das unter Christen in normalen Zeiten üblich sein sollte; auch Tote erfuhren Dienste und Ehrungen.

Augen und Mund zu schließen, war eine Pflicht der Pietät, die in erster Linie den Angehörigen zukam. Das Waschen der Leiche besorgten meist Frauen. Wie die als ›Bad der Wiedergeburt‹ verstandene Taufe, wie das wiederholte Besprengen mit Weihwasser, wie das Bad, das der Pilger vor der Ankunft an heiliger Stätte nahm, sollte das Waschen des Leichnams auch für kultische

Reinheit sorgen. Denn bald würde der Verstorbene in die Kirche gebracht werden.

Gesunde und Kranke legten sich normalerweise unbekleidet zu Bett (Mönche pflegten in der Kutte zu schlafen). Auch deshalb mußte man Verstorbene nach ihrem Tod ankleiden. Mancher hatte sich schon in der Blüte der Jahre ein Totenhemd anfertigen lassen – ein weiteres ›Memento mori‹; der eine hatte es an einem Wallfahrtsort mit einer Reliquie berührt, der andere hatte es beim Besuch des Heiligen Landes in das Wasser des Jordan getaucht. Elisabeth von Thüringen achtete darauf, daß man den Leichnam reicher Verstorbener nicht mit neuen Hemden und Leichentüchern bekleidete; wertvollen Stoff sollte man Armen schenken, die nichts anzuziehen hatten.[8]

Gewaschen und angekleidet wurde der Tote im Sterbehaus so auf eine Bahre gelegt, daß sein Gesicht zum Himmel gerichtet war. Jetzt konnten die Anwesenden von ihm Abschied nehmen.

Im Kloster Cluny bat der zum Sterbenden gerufene Priester gleich nach Eintreten des Todes Gott, die Seele seines Dieners aufzunehmen.[9] Die Konversen läuteten alle Glocken. Den Bruderdienst der Waschung leisteten Priestermönche für Priester, Laien für Laien. Der Leichnam wurde mit Hemd, Kutte, Nachtschuhen, Grabtuch bekleidet und mit gefalteten Händen auf eine Bahre gelegt. Die Kapuze der Kutte wurde über das Gesicht gezogen und – nacheinander von allen Mönchen – zugenäht. So bekleidet wurde der Tote mit Weihrauch beräuchert (inzensiert), mit Weihwasser besprengt und dann unter dem Läuten aller Glocken in die Kirche getragen. Dort wachten Mönche die ganze Nacht bei ihm.

Abbildungen vom Leben in mittelalterlichen Spitälern zeigen das unbefangene Mit- und Nebeneinander von Lebenden und Toten: In einem Saal sprechen Besucher mit Kranken, reicht der Priester einem Bettlägerigen die Kommunion, und im Vordergrund sind Frauen damit beschäftigt, einen Verstorbenen in ein Leichentuch einzunähen; wie bei einer Mumie ahnt man die Konturen des Körpers.

In südlichen Ländern bzw. bei Hitze wurde der Verstorbene möglichst schnell beerdigt, oft noch am Tag des Todes; in Gegen-

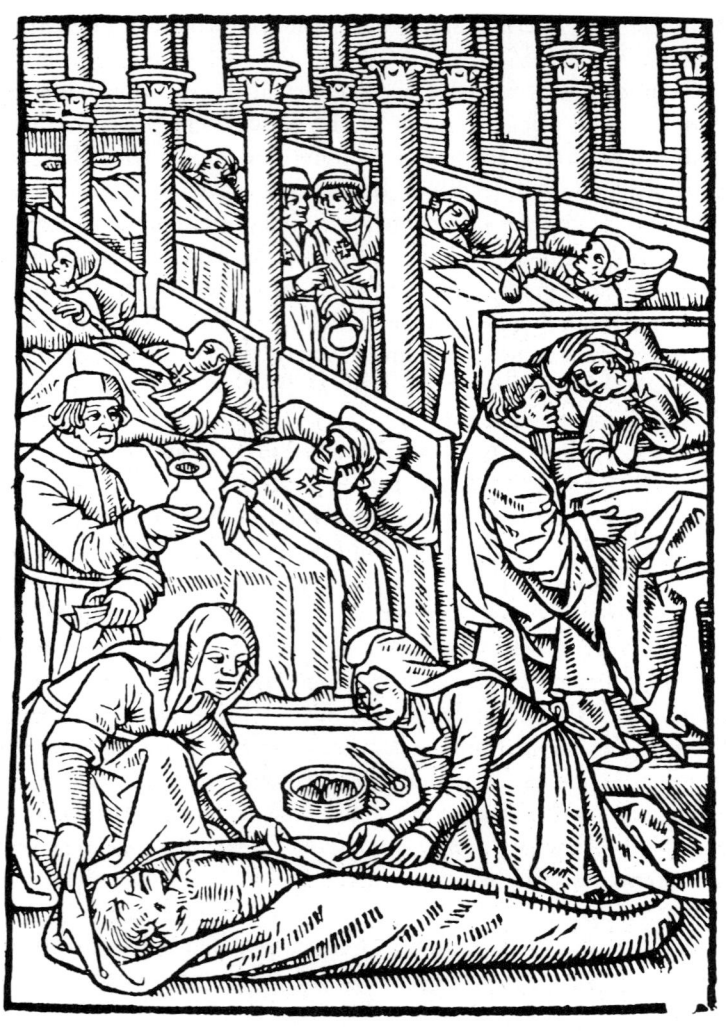

Der Blick in ein mittelalterliches Spital macht das unbefangene Mit- und Nebeneinander von Lebenden und Toten deutlich. Während Kranke Besuch empfangen – ein Arzt prüft den Urin, ein Seelsorger streicht tröstend über den Kopf eines Bettlägerigen –, nähen Frauen einen Verstorbenen in Tücher ein. Kranke und Spital sind offensicht-

den, in denen der Verwesungsprozeß nicht so schnell fortschreitet, wurde er meist bis zum nächsten Tag aufgebahrt, selten mehr als drei Tage lang. Brennende Kerzen wurden um ihn aufgestellt; sie sollten, wie das Läuten der Glocken, Dämonen vertreiben.[10]

Der Tote wurde noch in wahrhaft fürstlicher Weise mit Weihrauch geehrt. Das Inzensieren vor und nach dem Tod hatte vordergründig den Sinn, am Sterbelager den Gestank menschlicher Ausscheidungen, an der Totenbahre den Verwesungsgeruch zu überdecken.[11] Doch das Entscheidende ist damit nicht getroffen; denn mit der Inzensierung wurde der Mensch so geehrt, wie es in vorchristlicher Zeit Göttern vorbehalten war, im christlichen Gottesdienst dem Bild des Gekreuzigten, den Opfergaben, dem Evangelienbuch, dem die liturgische Handlung leitenden Priester und der Gemeinde.

Kurzweil bei der Leichenwache

Nachts wachten Angehörige und Nachbarn bei der Leiche; sie sollten beten, Psalmen singen und wachen; denn Menschen, Tiere, böse Geister durften die Ruhe des Toten nicht stören, z. B. durch unangemessene Berührung oder gar Entführung. Solchen Geboten standen Bräuche entgegen, die im Volk und zumal auf dem Land offensichtlich tief verwurzelt waren: eine nach Ort, Zeit, sozialer Schicht usf. unterschiedliche Mischung aus vorchristlichem Denken sowie abergläubischen und heidnischen Traditionen.

Bekundungen nicht-kirchengebundener Frömmigkeit waren der ›Amtskirche‹ immer suspekt; sie hatte daher oft Anlaß, sich mit dem Thema ›Totenwache‹ zu beschäftigen. Im Werk einzelner

lich wohlhabend: Jeder hat ein Bett für sich; anders als üblich, liegen die Kranken nicht nackt im Bett, sondern sind mit einem wohl hauseigenen, an einem Kreuz kenntlichen Gewand bekleidet. In vielen Krankensälen dieser Art stand ein Altar, an dem täglich die Messe gefeiert wurde; auf diese Weise konnte auch die Krankheit als Gottesdienst verstanden werden. – Holzschnitt, um 1500.

Autoren und in den Statuten von Synoden erscheinen Bestimmungen, die auf ein Verbot ›magischer Praktiken‹ zielten. Aus der Tatsache der häufigen Wiederholung darf man auf die geringe Wirkung solcher Anordnungen schließen. Für den Historiker und den Volkskundler bieten sie farbige Quellen, da sie oft sehr genau schildern, was im einzelnen verboten sein soll.

Trotz Rügen ging es in Gegenwart Verstorbener oft recht lebhaft zu, wie Beispiele aus dem Trierer Land im 9. Jahrhundert zeigen.[12] Männer und Frauen tanzten um den Leichnam, andere sangen und scherzten. Der Pfarrer mußte sich fragen lassen, »ob er die teuflischen Gesänge, die das einfache Volk in nächtlichen Stunden über die Toten zu singen pflegt, und das rohschallende Gelächter, das sie ausüben, unter beschwörendem Hinweis auf den allmächtigen Gott« verbiete. In der Beichte sollte er fragen: »Hast du teuflische Gesänge über Tote gesungen?« Laien sollten in Scheu und Ehrfurcht ihren Wachdienst versehen. Wer singen wollte, sollte das *Kyrie eleison* anstimmen – oder schweigen!

Der Gedanke, daß es an der Bahre heiter zugehen könnte, hat manchen nicht geschreckt. Wie sollte man sich sonst erklären, daß in Testamenten Geldsummen erscheinen, den Wächtern zur Freude?[13]

Verheimlichung von Todesfällen

Wiederholt wurde der Tod von Würdenträgern geheimgehalten. Im Jahre 869 geriet Erzbischof Rotland von Arles in Gefangenschaft. Seine Getreuen boten ein Lösegeld; über den Verhandlungen starb der Erzbischof. Die Sarazenen taten, als hätten sie es eilig, und drängten wegen der Auslösung. Als sie alles in Empfang genommen hatten – 150 Pfund Silber, 150 Mäntel, 150 Schwerter, 150 Sklaven und manches mehr! –, setzten sie den Bischof, bekleidet mit den Priestergewändern, in denen sie ihn gefangengenommen hatten, auf einen Stuhl und trugen ihn wie zur Ehrenbezeugung vom Schiff aufs Land. Erst als seine Befreier ihn beglückwünschen wollten, stellten sie fest, daß er tot war.[14]

Kaiser Otto III. starb im Jahre 1002 in Italien am *morbus italicus*, der Malaria. Seine Getreuen hielten den Tod zunächst geheim, bis man durch Eilboten Truppen zusammengezogen hatte, die in der Umgebung verstreut lagerten. Dank dieser Vorsichtsmaßnahme kam der Zug mit der Leiche sicher nach Deutschland; denn Otto hatte sich gewünscht, neben Karl dem Großen im Aachener Marienmünster beigesetzt zu werden.[15]

Leichenzug

Morgens wurden über dem Toten Psalmen und andere Gebete gesprochen; er wurde vom Priester mit Weihwasser besprengt und dann zur Kirche geleitet; Mönche, Diakone und Priester wurden von ihren Amtsbrüdern, andere von Standes- oder Zunftgenossen auf den Schultern getragen. Dem Trauerzug gingen Kleriker und Ministranten voran, mit Vortragekreuz, Weihwasserbecken, Weihrauchfässern und Lichtern.

Entsprechend den jeweiligen Konventionen verfügten Wohlhabende in ihrem letzten Willen Einzelheiten des feierlichen Konduktes[16]: Zahl der Ordensleute und Klageweiber (an deren Stelle konnten Psalmen singende Nonnen und Kerzen tragende Beginen treten), der Fackeln und Kerzen, der Qualität und Farbe des Stoffs, mit dem die Leiche bedeckt sein sollte, Art der Lieder und Gebete ... Die verschiedenen Dienste wurden selbstverständlich angemessen vergütet; dafür mußten Mönche, Nonnen und Klageweiber allerdings beten, während sie den Toten geleiteten; Allotria war verpönt.[17] Oft genug kam es zum Streit zwischen Angehörigen verschiedener Orden: Wer durfte dem Verstorbenen am nächsten sein, wer sollte den Vortritt haben usf.?

Während des Zugs ertönte dumpfes Geläut. Im ehemaligen Benediktinerkloster Allerheiligen zu Schaffhausen in der Schweiz ist die 1486 in Basel gegossene sogenannte ›Schillerglocke‹ aufgestellt. Die obere Inschrift erläutert ihre Aufgabe: »Die Lebenden rufe ich. Die Toten beklage ich. Die Blitze breche ich« (*Vivos voco. Mortuos plango. Fulgura frango*).[18] Ähnlich lautet die Inschrift der 1316 gegossenen, 1427 neu gegossenen großen Glocke des Straßburger Münsters: »Ich kündige an ... den beklagenswerten Tod.«[19]

Leichenbegängnis und Arbeit des Totengräbers. Ein Verstorbener wird zur letzten Ruhe geleitet von Klerikern, die aus Büchern Gebete lesen oder singen, Lichterträgern und anderem Gefolge, das schwarze Kleider angelegt und die Gesichter als Zeichen der Trauer verhüllt hat. Die dem Zug vorangehenden Chorsänger scheinen sich währenddessen zu amüsieren. Der Totengräber im Vordergrund schaufelt das Grab in einem Erdreich, das mit den Gebeinen der früher hier Begrabenen durchsetzt ist. – Miniatur aus einem Stundenbuch, französisch, um 1460.

Der Verstorbene wurde zunächst in die Kirche getragen, weil er zu den zum Heil Berufenen gehörte. In der Mitte der Kirche oder im Chor wurde die Bahre zwischen Lichtern niedergesetzt; als Träger der Hoffnung soll das Licht auch hier auf ein Weiterleben nach dem Tod verweisen.

In der Totenmesse wurde die Gemeinde sich in besonderer Weise ihrer Gemeinschaft mit den Verstorbenen bewußt. Die Texte betonen das Weiterleben: Gott möge die Seele seines Dieners, den er »aus dieser Welt zu gehen geheißen« hat, zum Gefährten seiner Heiligen werden lassen. Die Lesung aus dem Buch der Makkabäer spricht von der Totensorge im Alten Testament; der darauf folgende Gesang (Graduale) und das Evangelium erinnern an Lazarus und an Jesu Wort, daß die Gnade zum ewigen Leben führe. Zum Schluß bündelt der Kommunionvers christliche Heilszuversicht: »Ich bin die Auferstehung und das Leben. Wer an mich glaubt, wird leben, auch wenn er stirbt, und jeder, der lebt und an mich glaubt, wird auf ewig nicht sterben.«[20]

Hatte man in der ausgehenden Antike und im Frühmittelalter nach dem Tod die Vereinigung der Seele mit Christus und seinen Heiligen gefeiert, so verwies die Liturgie seit dem Hochmittelalter stärker auf das Gericht. Beides verband ein von einem großen, unbekannten Künstler geschaffenes Gedicht, das später (und bis 1969!) in der Messe für den einzelnen Toten wie in der Messe am Fest ›Allerseelen‹ gebetet wurde.[21] Diese Sequenz, 1249 von Franziskanern in die Texte der Messe für Verstorbene eingeführt[22], sei genauer betrachtet.

Tag des Zorns

Vor Verlesung des Evangeliums sprach oder sang man das *Dies irae*. Wie mit Hammerschlägen setzt das Gedicht ein, dessen erste Strophen in einer dramatischen Vision Weltende und Jüngstes Gericht beschreiben: Dem Zorn des Richters entspricht das Zittern der Angeklagten; die Posaune ertönt; vor Schrecken erstarrt sogar der Tod. Jedes Lebewesen muß Rechenschaft geben; dem Richter wird ein Buch vorgelegt, in dem alles aufgezeichnet ist, wonach die Welt gerichtet werden muß. Verborgenes wird offenkundig; nichts bleibt ungerächt...

Einzelne Motive konnten dem Gläubigen aus den Büchern der Propheten und Psalmen bekannt sein; die kühne Vorstellung, daß selbst der Tod vor Schrecken erstarre, war Vergil entlehnt, der sich unter christlichen Autoren besonderer Wertschätzung erfreute und Dante als Führer in der ›Göttlichen Komödie‹ dienen wird. Insgesamt erscheint das *Dies irae* wie eine Textvorlage für die Gerichtsszenen über den Portalen romanischer Kirchen.

Die Sequenz wird ins ausgehende 12. Jahrhundert datiert; die überlieferte, wohl aus der ersten Hälfte des 13. Jahrhunderts stammende Form »ist wahrscheinlich das repräsentativste, kulturell folgenreichste und darum berühmteste Gedicht des lateinischen Mittelalters«. Schon aus dem Mittelalter liegen zahlreiche Übersetzungen in Volkssprachen vor; bis ins 20. Jahrhundert hat das *Dies irae* Komponisten zu Vertonungen angeregt; denkt man an Mozarts ›Requiem‹, Goethes ›Faust‹ und an die ›Symphonie Phantastique‹ von Berlioz, wird man sagen dürfen, daß das *Dies irae* zum »übernationalen Bestand« der literarischen und musikalischen Kultur Europas gehört.

Die schaurigen Bilder haben dazu beigetragen, das Mittelalter allgemein, die Totenliturgie im besonderen als düster erscheinen zu lassen. Dieser Eindruck konnte entstehen, weil man nur an die Schreckensvisionen zu Beginn dachte, die dem Sünder Furcht und Bangen vor dem künftigen Gericht einflößen. Hier sahen sich alle gewarnt, die den Toten in die Kirche geleitet hatten.

Die folgenden Strophen unterscheiden sich von den ersten formal durch die Ichform eines Gebets, inhaltlich durch die Betonung der Hoffnung: Zwar weiß die Seele, daß sie keine Aussicht auf Rettung hat, wenn der strenge Richtergott nur Gerechtigkeit walten läßt. Doch findet sie Trost im Gedanken an die Barmherzigkeit Jesu, der um des Sünders willen gelitten hat. In einer fast schon selbstbewußten Haltung erinnert sie Jesus an Maria Magdalena und an den Schächer, der mit ihm zusammen gekreuzigt wurde; dieser Tod soll doch nicht vergeblich sein!

Beschämt blickt die Seele zwischendurch wieder auf die eigenen Sünden; ginge es nur nach dem Recht, hätte sie keine Aussicht auf Rettung. Zum Schluß seines Gebets fleht der Sünder zerknirscht: »Laß dir mein Ende angelegen sein!«

In den beiden letzten – wohl später ergänzten – Strophen erscheint die Kirche als Fürbitterin: Die Gemeinschaft der Lebenden und der Seligen tritt als Vermittlerin zwischen Richtergott und Sünder: »Gott, sei ihm gnädig! / Gütiger Herr Jesus / gib ihnen die Ruhe!«

Den Wunsch nach ewiger Ruhe hatte schon das Eingangslied ausgesprochen[23]: *Requiem aeternam dona eis, Domine; et lux perpetua luceat eis* (Die ewige Ruhe gib ihnen, Herr; und das ewige Licht leuchte ihnen). Die Bitte wurde an diesem Tag vor der Kommunion im *Agnus Dei* dreimal wiederholt: *Agnus Dei, qui tollis peccata mundi: dona eis requiem* (Lamm Gottes, das du hinwegnimmst die Sünden der Welt; gib ihnen die Ruhe). Die Bitte wurde zum Schluß verstärkt: *dona eis requiem aeternam* (gib ihnen die ewige Ruhe).[24]

Nach dem Eingangswort *requiem* wurde die ganze liturgische Totenfeier benannt. ›Ruhe‹ läßt wieder an das Bild vom Schlaf denken. Nach der Hektik des Erdenlebens sollte der Verstorbene nun endgültig zur Ruhe kommen, was auch hieß, daß er nicht mehr von bösen Geistern, schon gar nicht von Teufeln in der Hölle gequält würde. Der Wunsch, Gott möge dem Toten die ewige Ruhe schenken, schloß an den Hymnus an, mit dem Augustinus zu Beginn seiner ›Bekenntnisse‹ den Schöpfer preist: »Auf Dich hin hast Du uns erschaffen, Herr, und ruhelos ist unser Herz, bis es ruhet in Dir.«[25]

Beisetzung

Der Tote blieb in Ausnahmefällen drei Tage in der Kirche aufgebahrt; längere Fristen waren nur dann zu vertreten, wenn man auf hochgestellte Gäste warten wollte (oder mußte); in einem solchen Fall suchte man den Verwesungsprozeß durch Entnahme von Eingeweiden und die Einbalsamierung der Leiche aufzuhalten.[26] Im allgemeinen wurde der Tote nach (mancherorts auch vor) der Meßfeier beigesetzt, von denselben Menschen geleitet, die ihm und den Angehörigen vom Sterbehaus bis zur Kirche ihre Verbundenheit gezeigt hatten.

Im offenen Grab wurde die sterbliche Hülle ein letztes Mal mit Weihwasser besprengt und inzensiert. Der Priester warf die ersten Schaufeln mit Erde auf den Toten; ihm schlossen sich die übrigen Gäste des Trauerzugs an. Der Tote sollte Ruhe finden, und die Lebenden wollten vor ihm sicher sein.

Auf dem Friedhof wurde ein etwa vorhandenes Testament öffentlich verlesen. Wer Forderungen gegen den Verstorbenen hatte oder von diesem bedacht worden war, wußte nun, an wen er sich zu wenden hatte; denn auch die Testamentsvollstrecker wurden hier bekanntgemacht.

Tote begraben ist ein Werk der Barmherzigkeit. Die Hinterbliebenen sind verpflichtet, für den Toten zu sorgen und ihn würdig zu bestatten. Ein Blick in die Bibel zeigt, daß das nicht selbstverständlich ist.

Die Evangelien überliefern Bekundungen der Liebe zum toten Jesus und dessen harte Verweise: »Laß die Toten ihre Toten begraben!«, »Er ist doch nicht der Gott der Toten, sondern der Gott der Lebenden!« (Mt 8, 22 bzw. 22, 23). Das Gewicht solcher Worte hat dazu beigetragen, daß die Bestattung der Toten erst spät als siebtes in den Kreis der Werke der Barmherzigkeit[27] aufgenommen wurde.

Immerhin konnte man sich auf ein Vorbild aus dem Alten Testament berufen: Tobit half seinen Brüdern in der Gefangenschaft, gab den Hungernden sein Brot und den Nackten seine Kleider; »sah er, daß einer aus seinem Volk gestorben war und daß man seinen Leichnam hinter die Stadtmauer von Ninive geworfen hatte, begrub er ihn; er begrub auch alle, die König Sanherib hatte hinrichten lassen« (Tob 1, 17ff.). Entscheidend für den hohen Rang, den die Bestattung der Toten im Christentum gewann, dürfte indessen ein anderes Wort geworden sein: Benedikt hatte seinen Mönchen kategorisch geboten »Arme erquicken, den Nackten bekleiden, den Kranken besuchen, den Toten begraben, in Not Hilfe leisten, den Trauernden trösten«[28]. Wie vieles andere

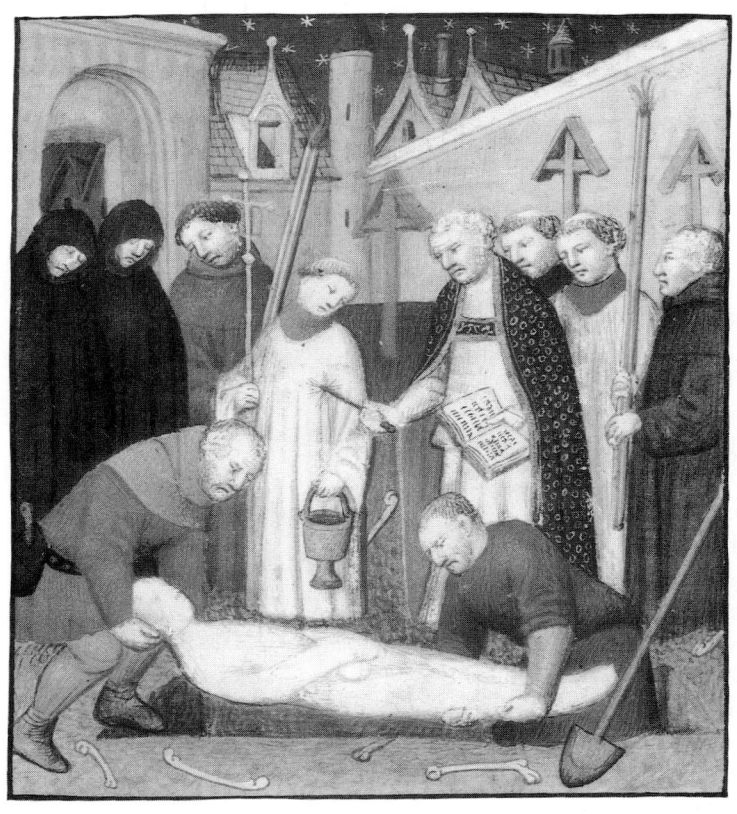

Tote begraben – ein Werk der Barmherzigkeit. Der Totengräber und sein Gehilfe senken einen in Stoff gehüllten Leichnam ins Grab. Der Priester, mit einem Chormantel bekleidet, besprengt den Verstorbenen ein letztes Mal mit Weihwasser und segnet damit auch das Grab; aus dem aufgeschlagenen Buch liest er Gebete. Das von einem der Trauergäste getragene Kruzifix verweist auf den Erlösungstod Jesu, die brennende Kerze rechts im Bild auf das Licht, das dem Verstorbenen ewig leuchten soll. Hinter der Gruppe sieht man Kreuze, wie sie noch heute auf Gräbern stehen. Eine hohe Mauer scheidet die Stadt der Lebenden (an Dächern und Giebeln im Hintergrund erkennbar) von der der Toten; beide wurden im Mittelalter als Einheit verstanden. – Schule von Paris, Anfang des 15. Jahrhunderts.

könnte der liebevoll ausgestaltete Umgang mit Verstorbenen auch von Benediktinern im Frühmittelalter an die Völker nördlich der Alpen weitergegeben worden sein.

Leichenschmaus

Im Anschluß an die Beisetzung versammelte man sich zu einem gemeinsamen Mahl; auch dessen Ursprünge reichen in die vorchristliche Zeit zurück. Der Tod hatte eine vielleicht seit Jahrzehnten ›eingespielte‹ Gemeinschaft zerstört; deshalb wollten die Hinterbliebenen sich immer wieder ihrer Zusammengehörigkeit versichern: am Sterbebett, bei der Totenwache, im Gottesdienst für den Toten, bei der Bestattung und eben bei diesem Mahl.

Beim Leichenschmaus zeigte sich die neue Rangordnung. Unabhängig davon, ob vielleicht der Platz des Verstorbenen freigehalten und wie seiner während des Mahls gedacht wurde, waren einschneidende soziale und rechtliche Veränderungen eingetreten: Die Ehefrau war nun Witwe, etwaige unmündige Kinder waren (Halb)Waisen. Ein anderer – meist der älteste Sohn – war Familienoberhaupt geworden, dem auch die Witwe in einer Art Vormundschaft unterstand.

Aufteilung der Hinterlassenschaft

Das Erbrecht – oft und nicht nur im Lehnrecht überaus kompliziert, nach Ort, Zeit und sozialer Schicht unterschieden – wurde nun ausschlaggebend dafür, ob und welche Vermögenswerte an die Witwe, die Kinder, die weitere Familie fielen. Oft konnte die Witwe bestenfalls die Teile der Hinterlassenschaft beanspruchen, die sie mit in die Ehe gebracht hatte; zusätzlich durfte sie mit dem Nießbrauch der Morgengabe rechnen, d. h. des Gutes, das ihr Mann ihr nach der Hochzeitsnacht übergeben hatte.

Im Laufe des Hochmittelalters hatten Frauen zeitweise eine etwas bessere soziale und rechtliche Stellung; das zeigt die *Magna Carta Libertatum* von 1215, die Rechte und Fristen festschreibt:

»(7) Eine Witwe soll nach dem Tod ihres Ehegatten unverzüglich und ohne Schwierigkeit ihr Hochzeitsgut (*maritagium*) und Erbteil (*hereditatem*) erhalten und soll nichts geben für ihre Mitgift (*dote*) oder ihr Ehegut (*maritagio*) oder ihre Erbschaft, die ihr Ehemann oder sie selbst am Todestag des Gatten besitzen; und sie soll im Hause des Ehemannes vierzig Tage lang nach dessen Tod bleiben dürfen, binnen welcher Frist ihr das Witwengut zugewiesen werden soll. (8) Keine Witwe soll gezwungen werden, sich zu verheiraten, solange sie ohne Ehemann leben will.«[29]

Kinder wurden oft in der Weise bedacht, daß entweder der unbewegliche Besitz ganz an den Ältesten oder an den Jüngsten fiel und dieser die anderen Geschwister abfinden mußte, oder daß die Habe – nach Aussonderung dessen, was die Witwe, etwaige Gläubiger und die Kirche beanspruchten – zu gleichen Teilen unter die Erben aufgeteilt wurde. Die Realteilung begünstigte die Zerstückelung des Landes; eine wirtschaftliche Bebauung war schließlich nicht mehr möglich. Folgen der Zersplitterung sucht man heute durch die ›Flurbereinigung‹ zu mildern.

Besthaupt und Bestkleid

Sehr viele Menschen waren unfrei. Ursprünglich durfte der Leibherr beim Tod eines seiner Gewalt unterstehenden Menschen dessen ganze Habe für sich beanspruchen.[30] Dieses Todfallrecht wurde im Laufe der Zeit dahingehend gemildert, daß der Herrschaft ›nur‹ noch das beste Stück Vieh (beim Tod des Mannes) bzw. das beste Kleid (beim Tod der Frau) zustand.

Das hatte weitreichende Folgen: Mit dem besten nahm der Herr oft genug das einzige Stück Großvieh, das als Zug-, vielleicht auch als Milchvieh unentbehrlich war. Ob die Familie anschließend weiter wirtschaften konnte, war eine andere Frage. Und das Bestkleid? Auch in Mitteleuropa gab es noch im 20. Jahrhundert Familien, in denen ein Kleid mehreren Generationen nacheinander und gleichzeitig dienen mußte. Wenn Mutter und Tochter nur einen Mantel hatten, konnten sie bei Kälte oder Regen nicht gemeinsam ausgehen. Man kann sich leicht vorstellen, was es bedeutete, wenn ein solches Kleid abgegeben werden mußte. Die Herrschaft zeigte sich oft unvorstellbar rücksichtslos Abhängigen gegenüber – was sie nicht hinderte, innigste Frömmigkeit zu Lebzeiten und Reue auf dem Sterbebett zu bekunden.

Langfristig dürfte die Pflicht zur Ablieferung des besten ›Hauptes‹ auch positive Folgen gehabt haben: Im Stall der Herrschaft kamen die (relativ) besten Pferde, Rinder, Schafe und Ziegen zusammen. Wenn im Laufe der Generationen in Europa Vieh gezüchtet wurde, das leistungsfähiger und weniger anfällig für Krankheiten war, dann auch deshalb, weil Millionen von geschundenen Hungerleidern den wertvollsten Teil ihrer beweglichen Habe hatten abliefern müssen.

Zeichen der Heiligkeit

Zum Bild des Schlafens passen Aussagen wie die, Martin von Tours habe nach seinem Heimgang nicht wie ein Toter gewirkt, vielmehr habe sein Antlitz gestrahlt, und seine Glieder seien makellos rein gewesen.[31] Ähnliches wird von der Herzogin Hedwig gesagt: Infolge häufigen Fastens und anderer Bußübungen habe sie eine gelbliche Haut gehabt; nach dem Tod jedoch habe ihr Körper wie Schnee geschimmert und leuchtenden Glanz verbreitet – für den Biographen ein deutliches Zeichen künftiger Herrlichkeit.[32]

Dem entsprechen andere, oft überlieferte Beobachtungen: Unmittelbar nach dem Tod, aber auch noch bei einer Öffnung des Grabes lange nach der Beisetzung habe der Verstorbene statt des erwarteten Verwesungsgeruchs einen Duft verströmt, der als »wohlriechend«, »himmlisch« u. ä. umschrieben wird; der Leichnam sei unverwest gewesen, der Tote habe wie ein Schlafender geruht. Daraus schloß man, daß der Verstorbene sich der Nähe Gottes erfreue.

Zu solcher Annahme glaubten die Hinterbliebenen sich zumal dann berechtigt, wenn man nach (oder auch schon vor) dem Tod außergewöhnlicher Menschen bemerkenswerte Erscheinungen wahrgenommen hatte: Beim Tod Jesu hatte Finsternis geherrscht und die Erde gebebt (Mt 27, 45.51). Was lag da näher, als mit kosmischen Zeichen beim Tod jener zu rechnen, die in der Nachfolge Jesu gelebt hatten?

Nach dem Tod der hl. Hildegard von Bingen († 1179) sollen zwei »überaus helle Bögen von verschiedener Farbe am Himmel« in die vier Himmelsrichtungen gewiesen haben; im Scheitelpunkt habe ein »helles, mondförmiges Licht« gestrahlt, in dem man ein immer größer werdendes rotschimmerndes Kreuz gesehen habe; am Firmament seien verschiedenfarbige Kreise und Kreuze erschienen, die sich auf das Sterbehaus zu neigen schienen und den ganzen Berg in strahlendes Licht getaucht hätten. Die Autoren dieser Beschreibung sehen sich zu der Annahme berechtigt, »daß Gott durch diese Zeichen offenkundig machte, mit welcher Lichtfülle er seine Geliebte im Himmel verherrlicht hat.«[33]

Die Überzeugung, daß beim Tod von Heiligen kosmische Zeichen erscheinen, galt auch umgekehrt: Wurde der Tod eines Menschen von außergewöhnlichen Erscheinungen begleitet, so zählte man ihn zu den Auserwählten. Ähnlich ist es zu verstehen, wenn das Rolandslied den Blick von der Schlacht gegen die Sarazenen auf Franzien lenkt: Finsternis mitten am Tag, Gewitter, Sturm, Hagel, Blitze und Erdbeben (terremoete) – man hielt das Ende der Welt für gekommen. Der Autor kennt die Ursache: »Das ist die große Trauer um den Tod Rolands« (Ço est li granz duels por la mort de Rollant).[34]

Streit um die sterbliche Hülle

Wer heiligmäßig gelebt hatte, war nach seinem Tod besonderen Gefahren ausgesetzt – und zwar nicht von bösen Geistern; die hatte der Entschlafene dank überlegenen Gottvertrauens und überzeugender Bußübungen noch auf dem Sterbelager in die Flucht geschlagen. Gefahr drohte vielmehr von Menschen, die die sterbliche Hülle in ihre Gewalt bekommen wollten und sich konkurrierender Ansprüche erwehren mußten.

Das Ringen mochte schon vor dem Heimgang der verehrten Person einsetzen. Eine Tradition vom Tod des hl. Martin wird der historischen Wahrheit insofern gerecht, als sie veranschaulicht, welcher Wertschätzung sich Reliquien von Heiligen erfreuten. Ein Nachfolger Martins auf dem Bischofsstuhl von Tours schildert die handfeste Frömmigkeit von Menschen seiner Zeit: Sie gaben sich nicht mit der von Sulpicius Severus geäußerten Hoffnung zufrieden, Martin werde vom Himmel aus schützend bei ihnen sein; man wollte den Heiligen besitzen und begehrte seine Reste als sichtbares Unterpfand erhoffter Hilfe.

Gregor von Tours berichtet[35]: Der 81 Jahre alte Martin erkrankte in Candes, einem Dorf zwischen Tours und Angers, am Einfluß der Vienne in die Loire. Aus Tours und Poitiers strömten Menschen zusammen, um Zeugen des Todes zu sein. Als Martin heimgegangen war, erklärten die von Poitiers: »Er war bei uns als Mönch, bei uns als Abt, wir haben ihn euch nur geliehen und fordern ihn nun zurück.« Die von Poitiers sehen sich zu kurz gekommen und verlangen Wiedergutmachung: Denen von Tours solle es genügen, daß sie ihn jahrzehntelang als Bischof hatten, seine Rede hören und sein Mahl teilen durften, daß sie von seinem Segen gestärkt und Nutznießer seiner Wundertaten wurden. »Aber nun habt ihr auch euer Teil dahin, und uns kommt es zu, mindestens seinen Leichnam zu nehmen.« Die Leute aus Tours lassen sich auf solche Argumente nicht ein: Ausreichenden Anteil an den Wundertaten Martins?! »Ihr sollt wissen, daß er deren mehr bei euch als bei uns gewirkt hat! Denn vieler anderer Taten nicht zu gedenken: Euch hat er zwei Tote erweckt, und uns nur einen!« Martin habe selber wiederholt eingeräumt, größere Wunderkraft vor seiner Erhebung zum Bischof gehabt zu haben als nachher.

Gregor legt den Bewohnern seiner Bischofsstadt ein Bündel von ›Beweisen‹ für die Richtigkeit ihrer Ansicht in den Mund. Zunächst argumentieren sie wie jemand, der auf Einhaltung eines Vertrages pocht, in dem Dienstleistungen offenstehen: »So muß er denn noch als Toter erfüllen, was er für uns im Leben nicht geleistet hat.« Weiter: Gott habe ihn nun einmal »euch« genommen und »uns« gegeben. Und die alte Sitte: Es sei Gottes Wille, daß der Bischof dort sein Grab erhalte, wo er geweiht worden sei. Schließlich sollten die von Poitiers nicht so leichtfertig mit ver-

Der Tod des hl. Martin von Tours. Auf Asche und ein härenes Tuch –
Zeichen der Buße und Vergänglichkeit – gebettet, war Martin gestor-
ben. Hier wird er wie ein Kirchenfürst dargestellt; Jünger, die Martin
für die Nachfolge Jesu gewonnen hat, erweisen ihrem Meister letzte
Liebesdienste. Im oberen Teil, durch ein friesartiges Band abgesetzt,
geleiten Engel den Verstorbenen zum Himmel. – Fresko von Simone
Martini, um 1320/25.

meintlichen Rechten ihres Klosters umgehen, sei Martin doch zunächst in Mailand Mönch gewesen.

Über solcherlei Streit brach die Nacht herein. Die Leiche wurde bewacht; die von Tours standen auf der einen, die von Poitiers auf der anderen Seite. Diese hätten nach Meinung des Chronisten in der Frühe wohl den Leichnam in ihre Gewalt gebracht – wenn Gott nicht eingegriffen hätte. Der Allmächtige habe nicht gewollt, daß die von Tours ihren Schutzheiligen verlören. Um Mitternacht wurden die von Poitiers ausnahmslos vom Schlaf übermannt. Als ihre Konkurrenten das sahen, »ergriffen sie schnell die irdische Hülle des heiligen Leibes; einige warfen sie von dem Fenster herab, und andere fingen sie außen auf«. Glasmalereien in der Kirche von Candes halten das beherzte ›Mit-der-Gnade-Mitwirken‹ fest.

Man brachte den Leichnam auf ein Schiff und fuhr die Vienne hinunter, dann die Loire aufwärts in Richtung Tours, »unter vielen Psalmen und lauten Lobgesängen«. Davon wachten die Leute aus Poitiers auf; nichts hatten sie von dem Schatz, den sie zu bewachen glaubten; schmacherfüllt kehrten sie heim.

Ein halbes Jahrtausend später berichtet ein sächsischer Chronist[36]: Nach einem heiligmäßigen Leben starb 1010 Bischof Ansfrid von Utrecht in einem von ihm gegründeten Kloster bei Amersfoort. Daraufhin erschienen die Utrechter – zwar barfuß, aber bewaffnet – und baten unter Tränen und Gebeten, man möge ihnen in Gottes Namen ihren Hirten übergeben, damit sie ihn an der Stätte seines Wirkens als Bischof beisetzen könnten. Die Religiosen wollten ihn dagegen dort begraben, wo er nach dem Willen Gottes aus diesem Leben geschieden sei. Nach einem Wortwechsel stehen sich beide Parteien drohend gegenüber. Mancher, so meint Thietmar, hätte wohl bei dieser Auseinandersetzung sein Leben verloren, wenn nicht eine Äbtissin für den Augenblick vermittelt und die Utrechter später mit einer List den Leichnam in ihre Gewalt gebracht hätten.

Gut zweihundert Jahre später reiste der hl. Franziskus, schon stark geschwächt, von Bagnaia nach Assisi. Das Unternehmen bereitete den Bewohnern von Assisi größte Sorge; auf das Gerücht von seiner Krankheit hin kamen eilends »einige Ritter« aus Assisi zu jenem Ort, um ihn in ihre Heimatstadt geleiten zu können; sie fürchteten nämlich, daß – wenn er dort stürbe – »andere seinen überaus heiligen Körper hätten«.[37]

Wunder an der Bahre

An der Bahre derer, die man schon zu Lebzeiten als Heilige verehrt hatte, kam es zu Heilungen: Kranke genasen, Krüppel konnten wieder gehen. Solche Wunder erfuhren auch Menschen, die später zum Grabe wallten oder die aus der Ferne den oder die Verstorbene um Hilfe und Fürsprache bei Gott anflehten.

Schon unmittelbar nach ihrem Tod wirkte Hedwig von Schlesien Wunder an Angehörigen des Konvents, dessen Leben sie als Witwe geteilt hatte: Eine Schwester näherte sich mit einer stark geschwollenen Hand dem Leichnam; als sie das Bußgewand, in dem Hedwig aufgebahrt lag, berührte, war die Hand gesund. Eine andere von krankhaftem Durst geplagte Schwester fand Heilung dadurch, daß sie von dem Wasser trank, mit dem man den Leichnam gewaschen hatte.

Entnahme von Reliquien

Es lag nahe, was die Große Legende ungeniert festhält: »Die Schwestern des Klosters eilten bald mit sehnsüchtiger Freude herbei, und eine jede nahm sich von den Reliquien, was sie erlangen konnte. Etliche schnitten Nägel von den Fingern ab, andere von den Füßen, wieder andere Haare ihres Hauptes.«[38]

Über weitergehende ›Reliquienentnahmen‹ dürften Chronisten im Bestreben, Grenzen der Achtbarkeit zu wahren, nicht selten schweigend hinweggegangen sein. Abgeschnitten oder abgerissen wurden der aufgebahrten Elisabeth von Thüringen nicht nur Teile der um ihr Gesicht gewickelten Tücher, auch nicht nur Haare und Nägel; im Bestreben, kostbare Reliquien zu gewinnen, verstümmelte man ihr sogar Ohren und Brüste.[39]

Drittes Beispiel: Agnes von Böhmen, Gründerin eines Klarissenstifts in Prag, starb 1282 im Ruch der Heiligkeit. Eine Schwester ihres Konvents wollte der Aufgebahrten heimlich eine Reliquie entnehmen, um sie »zur Verehrung und zum Andenken aufzubewahren«. Als sie versuchte, den Nagel des großen Zehs abzuschneiden, begann der sofort stark zu bluten. »Dadurch erschreckt, wischte sie ihn mit einem Leinentüchlein ab, bis dies zu einem großen Teil mit Blut befleckt war, das später um der Verdienste der hervorragenden Jungfrau willen zur rettenden Arznei bei vielen Krankheiten wurde.«[40] Möglicherweise wirkten beim Abschneiden und Verstümmeln von Haaren, Nägeln und Brüsten vor- und außerchristliche Wachstums- oder Fruchtbarkeitskulte nach; in den Pyrenäen galten Haare und Nägel als Sitz des ›Glücks‹ des Verstorbenen.[41]

Vor weitgehenden Spekulationen kann ein Rückblick auf die Geschichte der Reliquienverehrung bewahren: Erstmals hatte Ambrosius Reliquien heben und im Jahre 386 in seine Mailänder Bischofskirche übertragen lassen.[42] Von hier bis zu Verstümmelung und Raub von Leichen ›Heiliger‹ war es oft nur ein kurzer Schritt.[43] Wie verbreitet das Delikt (Delikt aus heutiger Sicht!) des Diebstahls von Reliquien war, wird auch daran deutlich, daß dieses Thema Stoff für ein ganzes Buch lieferte.[44]

Beispielhaft sei hier die Übertragung der Reliquien der Heiligen Marcellinus und Petrus[45] erwähnt, in der für die hagiographische Gattung des Translationsberichts typische Elemente erscheinen: Vision (die hier einem Diener zuteil wird); Auffindung, Hebung und Überführung der Reliquien (*inventio, elevatio, translatio*). Einhard, einflußreicher Berater Karls des Großen und Ludwigs des Frommen, möchte auf seinem Gutshof im Hessischen »echte Reliquien von Heiligen« haben. Er hört von einem römischen Diakon, daß die Gräber von Heiligen in Rom vernachlässigt werden. Nach seinerzeitigem Verständnis rechtfertigte das die folgende Nacht- und Nebelaktion. Auf Bitten Einhards ziehen dessen Notar und der Römer nach Italien. In Rom findet man glücklich das gesuchte Grab. Durch dreitägiges Fasten, Anrufung Gottes, Verehrung der beiden Märtyrer und ehrfürchtige Bergung der Gebeine stimmt man die himmlischen Mächte dem Unternehmen gnädig.

Die Römer, denen ein Schatz gestohlen werden soll, der »kostbarer ist als Gold« (*auro pretiosiorem thesaurum*), werden systematisch getäuscht: Man rekognosziert zunächst unauffällig, kommt in der Nacht und verwischt nach der Tat alle Spuren; nichts soll am Grab darauf hindeuten, daß die sterblichen Überreste b e i d e r Heiliger entfernt worden sind. Nach kurzem Zögern hatte der Notar nämlich gemeint, es sei Unrecht, wenn Petrus – Leidensgefährte und Grabgenosse des Marcellinus – allein dort bliebe! Umsichtig wird der Abtransport organisiert...

Von der Echtheit[46] der Reliquien, auf die es dem Auftraggeber ankam, zeugten – mehr noch als die Stelle des Begräbnisses und eine Marmortafel mit den Namen der beiden Heiligen im Grab – Wunder. Das letzte Stück der Übertragung geriet zu einem wahren Volksfest. In Erwartung von Almosen und Heilung fanden sich Scharen von Armen und Kranken ein: Blinde, Lahme, Taube, Stumme; fast alle Arten von Krankheiten (*pene omnia infirmitatum genera*) wurden geheilt. Es ist verständlich, daß der Ort, an den Einhard nach weiteren, Kindern zuteil gewordenen Visionen im Jahre 828 die Reliquien überführen ließ, einen angemessenen Namen erhielt: Statt Obermühlheim heißt er seit dem 9. Jahrhundert Seligenstadt.

Das Wissen von der Strafbarkeit des eigenen Tuns vertrug sich bei Einhard und seinem Notar gut mit naiven Unschuldsbeteuerungen; liebevoll schildert Einhard Einzelheiten der Aktion. Der Erfolg und die späteren Wunder gaben ihm recht: Der das Grab deckende Stein ließ sich leicht heben; oft gehe das nicht, schreibt er – vor allem dann nicht, so darf man ergänzen, wenn der Heilige selber gegen eine Überführung ist. Einige Jahrhunderte später behauptet ein Pilgerführer, bestimmte Heilige – Jakobus d. Ä., Martin, Leonhard und Ägidius – könne man unmöglich aus ihren Sarkophagen entfernen, da sie an ihren jeweiligen Ruhestätten bleiben wollten.[47] Der Autor räumt zwar ein, der Heilige könne auch andernorts verehrt werden und seine Wunderkraft unter Beweis stellen; doch solle sich schämen, wer behaupte, fern von den angestammten Ruhestätten die sterbliche Hülle eines dieser Heiligen zu besitzen.

Die zahlreich überlieferten Berichte von Wundern (Mirakel) bei der Überführung von Reliquien und am Grab von Heiligen bilden eine erstrangige Quelle auch für die Medizingeschichte; denn sie zeigen, wie die entsprechenden Erzählungen der Bibel und Berichte von wunderbaren Heilungen an Wallfahrtsorten heute, welche Krankheiten jeweils als unheilbar galten.

Im Mittelalter hat es Tausende von Reliquientranslationen gegeben, vor allem auf Kosten Roms. Altchristliche Begräbnisstätten wurden so vollständig ausgeräumt, daß neuzeitliche Archäologen in Rom »nur noch ein einziges unversehrtes Märtyrergrab fanden, das des hl. Hyacinthus«[48].

Reliquientranslationen, die wiederholt rechtmäßig erfolgten, dienten der Verklammerung der abendländischen Christenheit und des karolingischen Großreichs: 836 wurden Reliquien des hl. Liborius von Le Mans nach Paderborn überführt; sie banden das frisch bekehrte Sachsen an den Westen des Frankenreichs, in dem das Christentum schon tiefer verwurzelt war; mit der Übertragung verbanden beide Diözesen eine ewige Verbrüderung (*confraternitas*), an die man nach 1945 anknüpfte, lange vor dem deutsch-französischen Freundschaftsvertrag.

Geht man davon aus, daß auch Überzeugungen geschichtsbestimmende ›Fakten‹ sein können, dann schufen Reliquienübertragungen wiederholt politisch bedeutsame Tatsachen. Der sächsische Chronist Widukind erklärt den raschen Aufstieg des ostfränkischen Reichs folgendermaßen: Seit der Übertragung des hl. Vitus nach Korvey (836) sei es mit den Westfranken bergab, mit den Sachsen aber bergauf gegangen (*ex hoc res Francorum coeperunt minui, Saxonum vero crescere*).[49]

Tod in der Fremde: Entnahme von Herz und Eingeweiden

Starb jemand in der Fremde, wurde der Leichnam im allgemeinen gleich beigesetzt, unter Riten, wie sie am Sterbeort oder im Kreis der Begleiter üblich waren. Nach dem Tod von ›Großen‹ kam es oft an unterschiedlichen Orten zu Teilbestattungen. Die Eingeweide des 973 in Memleben gestorbenen Kaisers Otto I. wurden in der dortigen Marienkirche beigesetzt, die des 1002 bei Rom gestorbenen Kaisers Otto III. in der St. Afrakirche zu Augsburg und die des 1190 auf dem Kreuzzug ins Heilige Land verstorbenen Kaisers Friedrich I. Barbarossa in Tarsus (Eingeweide) bzw. im Dom von Antiochia (»Fleisch«).[50]

Nicht selten wurden einzelne Organe an besonders vornehmer Stätte beigesetzt, z. B. im Chor einer nahegelegenen Kirche. Das Herz des 1329 verstorbenen schottischen Königs Robert I., »the Bruce«, wurde in der Abtei von Melrose in Roxburgshire im Südosten Schottlands bestattet. Robert hatte in der Schlacht bei Bannockburn 1314 die Engländer geschlagen und die schottische Unabhängigkeit begründet. Da er eine zum Dank gelobte Pilgerfahrt ins Heilige Land nicht ausführen konnte, verfügte er, daß nach seinem Tod sein Herz nach Jerusalem übertragen werde. Der Bote fiel im Kampf gegen die Mauren in Spanien; das Herz wurde daraufhin nach Schottland zurückgebracht. Seitdem führt das Geschlecht der Douglas ein Herz im Wappen.[51]

Wie lebendig Traditionen sein können, wurde jüngst einmal mehr deutlich: Das Herz der 1989 verstorbenen ehemaligen Kaiserin Zita wurde im Kloster Muri (Schweiz), der frühen Familiengrablege der Dynastie, beigesetzt; dabei hatten die Habsburger vor mehr als einem halben Jahrtausend die Herrschaft über dieses Kloster verloren. Der Leichnam der Kaiserin wurde – wie der der meisten Habsburger – in der Gruft der Kapuzinerkirche in Wien bestattet.[52]

Wie gewöhnlich die Entnahme von Eingeweiden zumindest im Spätmittelalter war, zeigen bildliche Darstellungen der Personifizierung des Todes mit aufgeschlitztem Unterleib.

Zerlegen und Kochen der Leiche

1227 verstarb Ludwig IV. von Thüringen auf dem Weg ins Heilige Land in Süditalien. Der Landgraf wurde nach einem feierlichen Totenamt in kostbare feste Tücher gehüllt und einstweilen in Otranto beigesetzt; dann brachen seine Getreuen zum Kreuzzug auf. Nach der Rückkehr verfuhren sie, wie es offensichtlich üblich war, wenn ein Vornehmer in der Fremde verstorben war: Der Leichnam Ludwigs wurde ausgegraben, zerlegt und so lange gekocht, bis das Fleisch sich von den Knochen löste. Das weitere Vorgehen könnte sich nicht nur mit hygienischen Rücksichten erklären, sondern auch mit dualistischem Denken hinsichtlich des Wertes der Körperteile zu tun haben: Die Weichteile wurden gleich beigesetzt, die Gebeine in einen kostbaren, von einem Saumtier getragenen Schrein gelegt, der nachts in einer Kirche unter Gebeten bewacht wurde. Morgens feierte man eine Messe und spendete Opfergaben; dann zog der Trupp weiter der Heimat zu.

Der tote Landgraf wurde mit ähnlichem Gepränge eingeholt wie ein lebender Fürst: In Bamberg zogen Bischof, Priester, Mönche, Nonnen dem Zug entgegen. Unter Gebeten und Trauergesängen, begleitet vom düsteren Dröhnen der Glocken, wurde der Schrein in den Dom überführt und hier vor der Witwe geöffnet. Angesichts der bleichen Gebeine bekannte Elisabeth sich zu ihrer Liebe und zur Kreuzzugsfrömmigkeit ihrer Zeit: Gern würde sie auf alles verzichten und sogar betteln, wenn sie ihren Mann nur wieder hätte; doch will sie Gott den nicht neiden, der ausgezogen war, das Heilige Grab zu befreien.

Von Bamberg zog man weiter nach Reinhardsbrunn, dem Hauskloster der Landgrafen. Das letzte Wegstück gestalteten Familie und Getreue wieder zu einer feierlichen Prozession. Die Feierlichkeiten zur Beisetzung standen in alten christlichen Traditionen, wenn sie die Sorge um das Seelenheil des Verstorbenen mit der Sorge für das leibliche Wohl Bedürftiger verbanden: Meßfeiern, Gebete, nächtliche Psalmengesänge, Gaben an das Kloster und Almosen an die Armen ergänzten einander. Im Beisein der Witwe, der Mutter, der Brüder wurde Ludwig IV. in der Grablege seiner Familie bestattet.[53] Anders als manche adlige Familie hatten die Landgrafen von Thüringen die Residenz der Lebenden (die Wartburg) von der der Toten getrennt; doch beide verband das fortwährende, die Toten vergegenwärtigende, Gemeinschaft stiftende Gebet der Reinhardsbrunner Mönche.

Das Zerlegen und Kochen des Leichnams war nicht unumstritten. Jedenfalls polemisierte Papst Bonifaz VIII. im Jahre 1299 dagegen, daß »einige Gläubige« Leichen, um sie in ferne Länder überführen zu können, in Wasser kochen, zerteilen oder verbrennen; das sei ein »Mißbrauch«, vor der christliche Frömmigkeit schaudere. Der Papst sah sich genötigt, sein Verbot schon im folgenden Jahr mit fast denselben Worten zu wiederholen.[54]

Trotzdem war man weiterhin daran interessiert, wenigstens die Gebeine Vornehmer dort zu haben, wo man für den Verstorbenen meinte angemessen sorgen zu können. Wer hatte schon die Zeit, den natürlichen Verwesungsprozeß abzuwarten, zumal in unruhigen Zeiten und Gebieten? Im August 1313 war Kaiser Heinrich VII. auf dem Zug nach Neapel in Mittelitalien der Malaria erlegen; vor dem Tod hatte er noch angeordnet, sein Herz im Sarkophag seiner Gemahlin beizusetzen, die im Dezember 1311 verstorben und in Genua beigesetzt worden war. Um die Leiche vom Sterbeort Buonconvento über eine weite Strecke – vielleicht entschied man sich erst unterwegs für das reichstreue Pisa – überführen zu können, sahen die Getreuen sich gezwungen, das Fleisch des in der Sommerhitze rasch verwesenden Leichnams abzubrennen – dreizehn Jahre nach dem päpstlichen Verbot. Zeitgenössischen Quellen entspricht, was man sah, als 1921 eine Urne im Grabmal des Kaisers zu Pisa geöffnet wurde: Schenkelknochen und Rückenwirbel waren teilweise verkohlt.[55] Unterwegs hatte man also nicht mit dem ekelhaften Verwesungsgeruch zu kämpfen gehabt; zudem war die Last geringer, was den Trägern im August willkommen gewesen sein dürfte.

Der tote König als Heilsbringer

Pfingsten 1039 erkrankte Kaiser Konrad II. in Utrecht. Er ließ Bischöfe rufen, kommunizierte unter beiderlei Gestalten, verehrte ein heiliges Kreuz und die Reliquien von Heiligen, betete unter inbrünstigen Tränen und bekannte seine Sünden; nach letzten Ermahnungen nahm er Abschied von seinem Sohn, König Heinrich III., und der Kaiserin; dann verschied er. Die Eingeweide wurden an Ort und Stelle beigesetzt; der Sohn und Nachfolger vermachte dem Grabesort Grundbesitz und andere Geschenke.

Den in kostbare Gewänder gehüllten Leichnam geleiteten die Kaiserin und ihr Sohn über Köln, Mainz, Worms nach Speyer; der Verstorbene hatte die Speyerer Bischofskirche zu seiner Grablege bestimmt und ihren Neubau in den Jahren 1024 bis 1033 gefördert. Unterwegs schloß sich »alles Volk betend« dem Trauerzug an, dem auch der Bischof von Lausanne und »andere Burgunder« folgten. Der Leichnam wurde durch die Klöster der Orte geführt, die der Zug berührte; für das Heil der Seele des Verstorbenen wurden Gebete gesprochen und Almosen gespendet. Der Chronist lobt besonders König Heinrich: An allen Kirchenportalen und zuletzt bei der Beisetzung habe er den Leichnam des Vaters auf seine Schultern gehoben; »aufs sorgfältigste« habe der König an seinem toten Vater nicht nur alle Pflichten echter Kindesliebe erfüllt, sondern »auch die fromme Ehrfurcht des Gefolgsmanns gegenüber seinem Herrn«[56].

In ähnlich feierlichem Zug war Jahrzehnte früher der Vorvorgänger Konrads, Kaiser Otto III., von Italien nach Aachen überführt worden. Wenn man ihn unterwegs an bedeutenden Orten des Reiches aufbahrte, dann war das weit mehr als eine Geste der Pietät: Der Herrscher nahm symbolisch von seinem Reich Abschied, und ein letztes Mal gab er den durchzogenen Ländern Anteil an seinem ›Heil‹.[57]

Die Vorstellung vom Heil des Königs, der Glück vermittelt und Mensch, Tier und Feld Fruchtbarkeit schenkt, zieht sich durch das Mittelalter bis in die Neuzeit. Dieser Glaube zeigte sich

Überführung eines Verstorbenen und feierliches Totenamt. Der in Mittelitalien überraschend verstorbene Kaiser Heinrich VII. wird von seinen Getreuen nach Pisa getragen und in einer Kirche aufgebahrt, in der sich ein Bischof (an der Mitra erkennbar) und die Gemeinde zu einer kirchlichen Totenfeier versammelt haben; der Verstorbene ist in dem von Kerzen umstellten Sarg gegenwärtig. Die Schrift: »Reductio H(enrici) Imperatoris Pysis« (Die Rückführung Kaiser Heinrichs nach Pisa); »Exequie H(enrici) Imperatoris VII.« (Die kirchliche Totenfeier für Kaiser Heinrich VII.). In der oberen Bildhälfte sind die Getreuen Heinrichs als Krieger an ihren Helmen erkennbar, die sie in der Sommerhitze Italiens kaum getragen haben dürften.

· Reductio · h · Impatoris · pфis ·

· Exeqie · h · Impatoris · vij ·

eindrucksvoll nach dem Tod des 1106 in Lüttich in kirchlichem Bann verstorbenen Kaisers Heinrich IV., des Enkels Konrads II. Lütticher Bürger glaubten, gesegnet zu sein, wenn sie die Bahre des Toten nur berührten. »Einige scharrten auch die Erde vom Grabe mit ihren Händen weg und streuten sie über ihre Felder und durch die Häuser, zu deren Segnung, oder sie legten Saatkörner auf die Bahre, in der Meinung, damit, wenn sie sie mit anderen mischten, eine fruchtbare Ernte für sich zu erzielen.« Als Boten Heinrichs V. die Herausgabe der Leiche verlangten, weigerte man sich mit dem Argument, die Wegführung des verstorbenen Kaisers bedeute »Gefahr und Verödung der Stadt«[58].

Daß es sich hier nicht um einen Einzelfall handelt, zeigt ein Blick auf Skandinavien: Dort wurde die Leiche eines Königs zerlegt, damit die Stämme des Reiches Teil an seinem Segen hätten.[58] Auch hier galt also noch der tote Herrscher als Heilsbringer für seine Getreuen und das ganze Reich.

Bei der Überführung der Leiche eines Herrschers konnte es zum Streit um die sterbliche Hülle kommen. Nachdem Kaiser Otto III. im Jahre 1002 kinderlos verstorben war, ohne daß die Nachfolge geregelt gewesen wäre, wurde deutlich, welches ›Gewicht‹ der Tote für einen Bewerber um den Thron haben konnte. Zu den Großen, die sich Chancen auf die Krone ausrechnen durften, gehörte der Bayernherzog Heinrich. Als der Trauerkondukt in sein Land kam, brachte er die Leiche gegen den Widerstand des Geleits in seine Gewalt. Damit hatte er einen Trumpf in der Hand, über den seine Konkurrenten nicht verfügten. Wie adliges Geblüt, der Besitz von Staatssymbolen (Krone, Schwert, Zepter usf.) oder die Herrschaft über den Ort, an dem der König gewählt und/oder gekrönt werden sollte, konnte also die Gewalt über den verstorbenen König den Weg zur Krone bahnen.

Von kaiser Karls tod und von seiner begrebnus

»Auf sant Anderes aubent (am Abend vor dem Fest des hl. Andreas) im 1378 jar starb kaiser Karl zu Prag in siner aignen stat und ward begraben und besungen, als hernach geschriben stat.«

So beginnt eine Augsburger Chronik ihren farbigen Bericht von Feiern nach Kaiser Karls IV. Tod.[60] Die Reichsstädte nahmen Anteil am Schicksal ihres Herrschers; sie ließen sich Schilderungen von Tod und Begräbnis schicken, um sie in die Stadtchronik aufzunehmen. Erinnerung an den Verstorbenen verband sich mit Selbstdarstellung.

Der Chronist Burkhard Zink faßt das für ihn Wesentliche in die Worte »begraben und besungen«. Für das ›Besingen‹ sorgten Pfarreien und Klöster, elf Tage und Nächte lang; Höhepunkt und Abschluß bildete eine »selmess«, die der Erzbischof im Veitsdom feierte, assistiert von zwölf Bischöfen. Vorher hatte der Kaiser Abschied von der Stadt genommen, die seinerzeit ›Hauptstadt‹ des Reiches war. In diesen Tagen wurde allen die Herrschaft in Zeichen und Symbolen vor Augen geführt; Träger des Reiches – u. a. Bürger, Ritter, Adlige, Mönche – gaben dem Verstorbenen Geleit und gestalteten die Totenfeier zu einem Gesamtkunstwerk, mit dem sie sich zugleich selber feierten.

Der Chronist gibt die Wegstrecken an, auf denen jeweils dreißig schwarz gekleidete Prager die sterbliche Hülle trugen; es seien »die besten burger in der stat« gewesen. Zink überliefert Einzelheiten der Bahre (Länge, Breite, Höhe, Stoffart und -farbe) und des Baldachins über dem Verstorbenen, Zahl und Gewicht der Kerzen (am Grab z. B. hätten Tag und Nacht 500 Lichter gebrannt) sowie die Zusammensetzung des Gefolges (Schüler, Domherren, Mönche, Studenten, insgesamt »bei 7000«); er nennt mitgeführte Herrschaftszeichen (Kronen, Reichsapfel, Schwert, Zepter) und geht auf Kleidung und Schmuck des Aufgebahrten ein. Die Kaiserin, die Königin und andere vornehme Damen mit »bei 100 junkfrawen« in ihrem Gefolge sowie Bürgerinnen, ebenfalls schwarz gekleidet, fuhren in insgesamt 46 Wagen. Beritten waren Ritter und Adlige, »wol 500«. Fahnen, Wappen und Schilde symbolisierten Länder, über die der Kaiser geherrscht, und Rechte, die er innegehabt hatte. Siebzehn Tage nach seinem Tod wurde Kaiser Karl IV. schließlich beigesetzt, mit Herrschaftszeichen und in goldenem Gewand.

Wie Glieder des Reiches ihres verstorbenen Kaisers gedachten, zeigt ein Schreiben vom 1. Januar 1438 der Reichsstadt Nürnberg.[61] Ulrich, Abt der Zisterzienserabtei Heilsbronn bei Ansbach, möge am 6. und 7. Januar nach Nürnberg kommen und seinen Ornat mitbringen. Denn man wolle »nach unser gewonheit« mit Vigil- und Meßfeiern des Anfang Dezember 1437 verstorbenen Kaisers Sigmund gedenken; und dabei solle Abt Ulrich helfen, »got zu lob, seiner (des Kaisers) sele zu trost und dem heiligen reich zu eren«.

Ulrich hatte sich der gebieterisch klingenden Einladung – »und wöllet uns des nicht versagen noch awssen pleiben« (fernbleiben) – wohl nicht entziehen können oder wollen; jedenfalls erscheinen in den Nürnberger Stadtrechnungen im Zusammenhang mit »unsers allergnedigsten keysers Sigmund seligen opfer« Ausgaben in Höhe von 97 Pfund, 10 Schillingen und 8 Hellern. Nach altem Brauch hatte ein gemeinsames Mahl die liturgische Feier ergänzt; die Amtleute hatten genau festgehalten, was der Abt von Heilsbronn und andere Äbte, »die darcz geruffen und gebetten waren«, im einzelnen verzehrt hatten.

Grabplatten – eine Form des Gedächtnisses

Der Erinnerung an einen verstorbenen Herrscher dienten außer Gebeten, liturgischen Feiern und Mählern auch Platten (in Bronze, Stein, Marmor), die man auf das Grab bzw. Tafeln (oft aus Blei), die man in das Grab legte.[62] In die Grabplatte war anfangs vielleicht nur das Kreuz als Glaubensbekenntnis geritzt; im Laufe der Jahrhunderte kam zunächst eine Umrißzeichnung dazu, später eine halb-, dann vollplastische Figur mit Namen, Titeln, Herrschaftsdaten und Wappen; Titel und Insignien konnten auf höchste Ansprüche verweisen, z. B. die Bezeichnung *rex* (König) auf der Grabplatte Rudolfs von Schwaben im Merseburger Dom. Die bringt erstmals zusätzlich ein Bild des Verstorbenen mit Attributen seiner Herrschaft; man nimmt an, daß der Künstler

Ein Steinmetz arbeitet am Grabstein. Offensichtlich strebt der Künstler Porträtähnlichkeit an; vielleicht hat er wirklich den Verstorbenen so gesehen, wie der neben dem Grabstein Liegende dargestellt ist: ein gekrönter, älterer, bärtiger Mann, vornehm gekleidet, die Hände auf der Brust gekreuzt. Ergänzende Hinweise gibt der jugendlich wirkende Nachfolger, der mit seinem Gefolge den Steinmetzen in dessen Werkstatt besucht. – Aus der ›Weltchronik‹ des Rudolf von Ems, süddeutsch, 1430–1450.

Ähnlichkeit mit dem Abgebildeten angestrebt hat. Für die mittelalterliche Kunst war das insofern neu und in die Zukunft weisend, als man bis dahin (und noch später) eher den Typ des Königs, Bischofs, Mönchs, Kriegers usf. hatte darstellen wollen. An die Stelle der zunächst dürren biographischen Daten traten im Laufe der Zeit wahre Kurzbiographien.

Kaiser Konrad II. († 1039) wurde im Speyerer Dom beigesetzt; unter dem Kopf des Toten fand man eine Bleitafel mit einer sorgfältig eingeritzten Inschrift, beginnend mit dem Kreuz: AN-NO D(OMI)NIC(A)E INCARNAT(IONIS) (Im Jahr der Fleischwerdung des Herrn); es folgen Todesjahr, -monat und -tag, dann erst Name und Titel sowie die Angabe der Jahre, die er als König bzw. Kaiser geherrscht hatte. Der Kaiser starb *feliciter* (glücklich); (Teil-)Inhalte dieses Glücks werden ausdrücklich erwähnt: »Und sein Sohn Heinrich III. folgte ihm als König in der Königsherrschaft«; beim Begräbnis, dessen Tag ebenfalls genau angegeben wird, war dieser Sohn anwesend.

Die größte bekannte Bleitafel (62 × 40 cm) fand man im Grab der 1043 verstorbenen Kaiserin Gisela. Zu den ungewöhnlich genauen Daten- und Zahlenangaben auf der Tafel gehören das Geburtsdatum und die – auf Jahr, Monat und Tag berechnete – Zeit, die sie an der Seite ihres Gemahls, Konrads II., Kaiserin war. Die Tafel nennt sie »Mutter des überaus frommen Königs Heinrich III.«. Nachdem sie drei Jahre, acht Monate und zehn Tage dem Herrn in der Witwenschaft gedient habe, sei sie »aus den Mühsalen dieses Lebens glücklicher zum Herrn gewandert« (*ex huius vite laboribus ... felicius ad dominum migravit*) und vom Speyerer Bischof in Gegenwart ihres Sohnes bestattet worden.

Die Grabplatte des 1291 verstorbenen Königs Rudolf I. im Speyerer Dom zeigt den auf seinem Wappentier, dem Löwen, stehenden König in knöchellangem Gewand, auf der Brust ein Wappenschild mit dem Reichsadler, auf dem Haupt eine Krone, in den Händen Zepter und Reichsapfel. Die Umschrift nennt zunächst Namen und Herkunft (Rudolf von Habsburg), dann den Titel (König der Römer), die Jahre der Königsherrschaft, Todesjahr, -monat und -tag. Rudolf erscheint auf der Grabplatte als Lebender, kraftvoll und selbstbewußt.

Als Liegefiguren mit geradezu jugendlichen Zügen sind auch König Ruprecht von der Pfalz († 1410) und seine Gemahlin Elisabeth von Hohenzollern in der Heilig-Geist-Kirche zu Heidelberg dargestellt. Der König trägt Attribute seiner Herrschaft, die Königin hat die Hände auf der Brust zum Gebet gefaltet; so ruhen sie Seite an Seite, die Köpfe auf kostbare Kissen gebettet, während der Faltenwurf der Gewänder eher an stehende Personen denken läßt.

Anders sind in der Klosterkirche zu Alcobaza in Portugal zwei Sarkophage angeordnet: König Pedro I. († 1367) ruht im südlichen, Ines de Castro († 1355) im nördlichen Querschiff. Das wohl berühmteste Liebespaar der portugiesischen Geschichte wird sich, wenn die Posaune beim Jüngsten Gericht die Verstorbenen auferweckt, als erstes in die Augen schauen.[63]

Im Spätmittelalter wird es mancherorts Brauch, Beigesetzte nicht mehr als Lebende in der Blüte der Jahre – in Rüstung oder Ornat, gleichsam schlafend oder die Hände zum Gebet gefaltet –, auch nicht nur als Verstorbene darzustellen. Als erstes betont das Grabmal, das sich Kardinal La Grange († 1402) noch zu Lebzeiten in Avignon anfertigen ließ (etwa 1389–1397), mit naturalistischer Eindringlichkeit die Vergänglichkeit alles Seins: Man sieht einen verwesenden Leichnam, den Würmer, Kröten und anderes Getier, das bewußt ekelhaft dargestellt ist, verzehren. Dem entspricht die Grabschrift: »Der Welt sind wir zum Schauspiel geworden, auf daß Große und Kleine an uns klar sehen, in welchen Zustand wir versetzt werden – ausnahmslos, ohne Ansehen des Standes, Geschlechtes oder Alters. Warum also, Erbärmlicher, bist du so stolz? Denn Asche bist du, und zu einem stinkenden Leichnam, zu Nahrung der Würmer, zu Asche wirst du wieder werden – so wie wir.«[64]

Herrschergrablegen

Oft sollte das Material Macht und Reichtum des Beigesetzten spiegeln. Das Grab des 1197 gestorbenen Kaisers Heinrich VI. in Palermo braucht Vergleiche mit antiken Vorbildern nicht zu scheuen: Wanne und gewölbter Deckel des Porphyrsarkophags sind aus jeweils einem Block gefertigt.

Schon im Jahr seiner Königskrönung (1215) hatte der spätere Kaiser Friedrich II. sich mit der Anlage einer Grabstätte für sich und seine Vorfahren beschäftigt. Sein aus Porphyr gearbeiteter Sarkophag steht im Dom zu Palermo: Die Wanne ruht auf vier Stützen; diese sind als Löwen ausgebildet – der König im Reich der Tiere sollte den verstorbenen König und Kaiser tragen. Der dachartig gefertigte Baldachindeckel zeigt auf jeder Seite drei große Medaillons mit Halbfiguren: Auf der einen Seite den Pantokrator zwischen den Evangelistensymbolen Löwe und Adler, auf der anderen Maria zwischen Engel und Stier. Der im Bann gestorbene, von seinen Feinden als Antichrist geschmähte Kaiser bekannte noch auf diese Weise seinen Glauben. Den Sarkophag überwölbt ein von sechs Säulen getragener Baldachin.

Trotz Beraubung und Entnahme einzelner Teile haben sich Beigaben in Herrschergräbern erhalten, oder sie wurden in neuerer Zeit zuverlässig beschrieben. Bei einem Umbau des Doms zu Palermo wurden im Jahre 1781 Kaisergräber geöffnet. Seinerzeit fertigte F. Daniele einen ausführlichen Bericht an, ergänzt durch eine Zeichnung des im Grab liegenden Friedrich. Man sieht den Kaiser mit mumifiziertem Gesicht, in vornehme Gewänder gekleidet; zu den kostbaren Beigaben gehörten ein Schwert, das der Tote mit der rechten Hand berührte, und eine mit Edelsteinen reich besetzte Krone.

Im Jahre 1165 ließ Friedrich I. Barbarossa seinen Vorgänger Karl den Großen heiligsprechen.[65] Zwar führte ein Gegenpapst (Paschasius III.) die Kanonisation durch, doch konnte man die Gebeine des Verblichenen nun ähnlich wie die Reliquien von Märtyrern und Bekennern verehren. Man barg sie in dem erhaltenen Karlsschrein, den Friedrich II. zwei Tage nach seiner Krönung 1215 schloß. Auf dem Schrein sind außer Szenen aus der Karlslegende (u. a. zum Rolandslied) sechzehn deutsche Kaiser und Könige dargestellt, von Karl dem Großen bis zu Friedrich II.

Wie schon erwähnt, wurden wiederholt Kirchen als Grablegen geplant und ausgeführt.[66] Am berühmtesten dürfte das Grabmal Theoderichs des Großen († 526) in Ravenna sein; immer wieder hat man gefragt, ob Theoderich in erster Linie ein Mausoleum oder eine Kirche bauen wollte.[67] Kirchen, in denen mehrere Herrscher beigesetzt waren, wurden zu heiligen Stätten besonderer Art: Das Königsheil der hier Ruhenden wurde gleichsam kumuliert und überhöht: In Gestalt von Brot und Wein sowie in seinem Wort galt Christus selber in der Liturgiefeier als gegenwärtig; als anwesend erfuhr man aber auch hier beigesetzte Heilige, bei denen die Beter Schutz und Fürbitte suchten.

Königsgrablegen wie die in Aachen, Krakau, Pavia, Saint-Denis, Speyer, Westminster, Wien bildeten Bezugspunkte nicht nur für die jeweilige Dynastie; sie trugen entscheidend dazu bei, daß ein Bewußtsein transpersonaler Herrschaft und damit Kontinuitäten im Leben der Völker entstanden. In Frankreich und England entwickelte sich wohl auch deshalb schon recht früh ein Staatsbewußtsein, weil die Königsgrablegen von St. Denis und Westminster den Rang der benachbarten ›Hauptstadt‹ erhöhten. Im Deutschen Reich fehlte eine vergleichbare Herrschernekropole; deutsche Könige und Kaiser fanden ihre letzte Ruhe in Kirchen zwischen Palermo, Aachen und Prag. Anders im Habsburgerreich: Der Aufstieg Wiens zur unbestrittenen Hauptstadt dürfte sich nicht zuletzt damit erklären, daß die sterblichen Überreste der Herrscher und ihrer Gemahlinnen hier beigesetzt wurden: Die Augustinerkirche birgt die Herzgruft, die Kapuzinerkirche die Kaisergruft der Habsburger.

Fürstliche Begräbnisse für kirchliche Würdenträger

Zum Begräbnis des Martin von Tours strömte nach dem Bericht seines Biographen eine gewaltige Menschenmenge zusammen[68]: Mit »himmlischen Weisen« begleiteten Bauern und Städter, Jungfrauen und besonders die von Martin für den Dienst Gottes gewonnenen Mönche den Entschlafenen. Was sind, so fragt sein Biograph, im Vergleich dazu schon die Siegeszüge heidnischer Herrscher, denen Besiegte vorauslaufen mußten? Jene werden nach ihren Triumphen in den finsteren Höllenrachen gerissen; Martins Leib dagegen sei geleitet worden von denen, die unter seiner Führung – als Asketen – die Welt besiegt hätten. Hier wird Konkurrenzdenken deutlich. Für Sulpicius Severus war es keine Frage, daß Martin den höheren Triumph feierte, auch wenn ›nur‹ arme Nonnen und Mönche seiner Leiche folgten.

Viele Kleriker sind schlicht begraben worden – wobei subtile Formen der Bescheidenheit zu Superlativen stilisiert werden konnten.[69] Mancher wäre nicht Kirchenf ü r s t gewesen, hätte er (oder seine Umgebung!) nicht auch für ein prunkvolles Begräbnis gesorgt. Im 18. Jahrhundert wurden zeitgenössische Quellen zum Trauergeleit für Erzbischof Anno von Köln, zu Lebzeiten mit seiner Stadt arg zerstritten, zu einem plastischen Bild verdichtet; der Bericht wirkt wie ein fernes Echo auf die Worte des Sulpicius Severus vom Trauergeleit für Martin von Tours. Fast eine Woche lang (vom 4. bis 11. November 1075) sei der »entseelte« Leichnam Annos von einer Kölner Kirche zur anderen getragen worden; am ersten Tag wurde er, mit bischöflichen Gewändern bekleidet und mit größtem Gepränge, in Anwesenheit des Bischofs von Minden und der »Fürnemsten« der Geistlichkeit, begleitet von allen Welt- und Ordensgeistlichen, »einer unzahlbaren Menge des nachfolgenden Volks beyderley Geschlechts«, aller Stände und Altersstufen, unter dem Geläut der Glocken, »nicht wie eine Leich eines Verstorbenen, sondern wie ein Obsieger in einem triumphirlichen Einzug in die hohe Dohm-Kirch getragen, und in Mitte derselben unter eine herabhangend kostbare, und mit vielen Lichtern gezierte Cron ehererbietig niedergesetzt«[70].

Es muß offenbleiben, ob dem Chronisten bewußt war, wie sehr dieses Geleit in antiken Traditionen stand: Die Leiche des Kaisers Augustus war auf ihrem Transport von Nola nach Rom während der Marschpausen in der Basilika oder dem Haupttempel der berührten Städte niedergelegt worden.[71] Die Kirche hatte das Gepränge imperialer Festlichkeiten nicht nur nachgeahmt, sondern überhöht.

Sic transit gloria mundi: Leichenschändung bei Päpsten

Ins 11. Jahrhundert reicht vielleicht der Brauch zurück, bei der Krönung des Papstes dreimal auf einer Stange ein Büschel Werg anzuzünden, das zu nichts verbrennt, und dabei dreimal zu sprechen: *Sancte pater, sic transit gloria mundi* (Heiliger Vater, so vergeht die Herrlichkeit der Welt).[72] In dem Augenblick, da der Papst als Stellvertreter Christi weit über weltliche Herrscher emporgehoben wurde, was auch die spätestens seit dem 14. Jahrhundert getragene dreifache Krone veranschaulichte, wurde ihm dreimal unüberhörbar die Vergänglichkeit weltlichen Ruhms in

Erinnerung gerufen. Die drastische Geste wird manchen Papst daran erinnert haben, wie man mit seinem Vorgänger umgegangen war. Große durften nur bedingt mit dem rechnen, was unter Christen üblich sein sollte: von seinen Getreuen noch auf dem Sterbelager geehrt und dann würdig beigesetzt zu werden.

Im Sommer 1216 berichtet Jakob von Vitry, zum Bischof von Akkon im Heiligen Land ernannt und unterwegs in seine Diözese, von dem, was er in der Stadt Perugia gesehen hat: »Dort fand ich den Papst Innozenz verstorben, aber noch nicht beigesetzt; nachts hatte man ihn der kostbaren Kleider beraubt, in denen er begraben werden sollte.« Seinen Leichnam habe man »fast nackt und stinkend« in der Kirche liegenlassen. »Ich aber bin in die Kirche gegangen und habe mit eigenen Augen gesehen, wie kurz und wie eitel die trügerische Herrlichkeit dieser Welt ist.«

Der Chronist spricht nicht von irgendeinem, sondern von dem wohl größten und mächtigsten Papst des Mittelalters. Fast mutet es wie eine sich selbst erfüllende Prophezeiung an, was der spätere Papst Innozenz III. als Kardinal Lothar über die Erbärmlichkeit menschlichen Daseins geschrieben hatte; die Worte hätten Künstlern, die im Spätmittelalter die Vergänglichkeit alles Irdischen am Bild des von Würmern zerfressenen Leichnams aufzeigten, als Vorlage dienen können: »Wozu also sollen Reichtümer nützlich sein? zu was erlesene Speisen? zu was hohe Ämter? Reichtümer befreien nicht vom Tod, Speisen schirmen nicht gegen die Würmer ab, Ehrungen bewahren nicht vor Verwesungsgestank. Wer gerade noch ruhmreich auf dem Thron saß, liegt nun verachtet im Grab; wer gerade noch geschmückt in der Königshalle glänzte, liegt nun nackt und geringgeschätzt im Grab; wer sich gerade noch an erlesenen Speisen ergötzte, den verzehren nun Würmer in seinem Grab.«[73]

Ist der Bericht des Jakob von Vitry vielleicht als stilisiertes ›Memento mori‹ zu verstehen, als Rückblende auf frühere Äußerungen des verstorbenen Papstes? Vor solchen Deutungen bewahren andere Quellenzeugnisse, aus denen unmißverständlich hervorgeht, daß nicht nur einmal, sondern im Laufe der Jahrhunderte immer wieder die Leiche des gerade verstorbenen Papstes beraubt worden ist, gelegentlich mit geradezu atemberaubender Geschwindigkeit: Kaum habe man 1484 Sixtus IV. zur Einbalsamierung in einen anderen Raum gebracht, sei aus dem Sterbezimmer alles verschwunden gewesen (*Omnia... unico momento, ut ita dicam, sublata sunt*). Dabei kann offenbleiben, ob dieser sich bereichern wollte und jener vielleicht ›nur‹ an einer Reliquie oder einem Erinnerungsstück interessiert war.

Der pietätlose Umgang mit der sterblichen Hülle Innozenz' III. und Sixtus' IV. war nicht die Ausnahme; denn wiederholt mußte verboten werden, den Leichnam hoher Kirchenfürsten zu berauben. Und in den Quellen erscheint solche Untat wie etwas Alltägliches: Die Ausdrucksweise *consuetudo* (Gewohnheit) oder *sicut solebant facere* (wie sie – die Römer – zu tun pflegten) deutet fast schon auf ein Gewohnheitsrecht. Juristen verneinten die Frage, ob man einen Verstorbenen überhaupt berauben könne. Für die Existenz des Brauchs sprechen auch Aussagen, daß Getreue, die der Papst aus seiner Heimat mitgebracht hatte und die also nicht zum römischen ›Establishment‹ gehörten, dank rechtzeitiger Vorkehrungen solche Schändung gelegentlich vereitelten.

Päpste durften auch nicht damit rechnen, daß man ihnen unter Gebeten die Totenwache halten würde. Von dem 1254 in Neapel verstorbenen Papst Innozenz IV. heißt es, sein Leichnam habe »auf Stroh gelegen, nackt und von allen verlassen, wie das üblich ist bei den römischen Päpsten (*sicut mos est Romanorum pontificum*), wenn sie den letzten Tag beschließen«. Um den 1314 verstorbenen Papst Clemens V. hatte man immerhin Kerzen aufgestellt; nachts fielen sie um, und ein Teil des Leichnams verbrannte; dazu wäre es kaum gekommen, wenn jemand am Lager des Toten gewacht hätte. Julius II., einer der mächtigsten Renaissancepäpste, erinnerte sich in einem Gespräch kurz vor seinem Tod (1513): Er habe verstorbene Päpste gesehen, verlassen und beraubt; schimpflich sei es für die hohe Majestät des Papsttums, wie sie dagelegen hätten: »unwürdig, ja nackt mit entblößter Scham«.

Nicht jedem Papst war es vergönnt, im Grab Ruhe zu finden. Im Januar 897 trat in Rom eine Synode zusammen, um unter dem Vorsitz von Papst Stephan VI. über dessen Vorgänger, den im April 896 verstorbenen Papst Formosus, Gericht zu halten.[74]

Dessen Leiche hatte Stephan aus ihrem Sarg holen, vor die Synode bringen, mit dem päpstlichen Ornat bekleiden und auf den Papstthron setzen lassen. Wie einem Lebenden wurde Formosus nun der Prozeß gemacht, mit Anklägern und einem Verteidiger. Formosus wurde für abgesetzt und die von ihm erteilten Weihen sowie alle seine Amtshandlungen für ungültig erklärt. Die Degradierung fand sichtbaren Ausdruck: Man nahm dem Toten die päpstlichen Gewänder bis auf ein Hemd und bekleidete ihn wie einen Laien; man hackte ihm zwei Finger der rechten Hand ab – wohl als Zeichen dafür, daß der Abgesetzte niemals rechtmäßig den päpstlichen Segen habe erteilen und Weihen durchführen können; wie einen unwürdigen Eindringling schleifte man den verstümmelten und entehrten Körper aus der Kirche; statt ihn in einer Papstgruft beizusetzen, verscharrte man ihn am Friedhof der in Rom verstorbenen Pilger. Nicht genug damit: Später ließ Stephan VI. den Leichnam des Formosus nochmals aus dem Grabe reißen und im Tiber versenken; der Fluß trieb die Leiche an Land, wo ein Mönch sie fand und heimlich bestattete. Der Initiator der makabren Versammlung, die als ›Leichensynode‹ in die Geschichte eingegangen ist, wurde ein halbes Jahr später von den Römern gefangengenommen, abgesetzt und im Kerker erdrosselt. Zeitgenossen werteten das Ende Papst Stephans VI. als wohlverdiente Strafe für seine Verbrechen.

Ein toter König wird von den Seinen verlassen

Die Beraubung Verstorbener – bei Päpsten zeitweise mehr oder weniger üblich – war bei Königen wohl eher die Ausnahme. Ein herausragendes Beispiel bietet jedoch immerhin eine Gestalt wie Wilhelm der Eroberer († 1087), zunächst Herzog der Normandie, dann König von England.

Als Ärzten und Umstehenden klar wurde, daß der König tot war, benahmen sie sich wie von Sinnen. Nachts hatte er doch weder gestöhnt noch geröchelt! »Die Vornehmen aus seiner Umgebung bestiegen ihre Pferde und ritten heim, um ihr Eigentum zu schützen. Als die Diener sahen, wie ihre Herren sich verhielten, rafften sie Waffen, Geschirr, Kleidung, Leinen und allen königlichen Hausrat an sich; den Leichnam des Königs ließen sie fast nackt in der Halle des Hauses liegen und flohen von dannen.« Wie Raubvögel hätten alle soviel wie möglich von der königlichen Habe an sich gerissen und sich mit der Beute aus dem Staub gemacht.[75] Der Chronist sieht in solchem Schauspiel ein beschämendes Beispiel für die ›Treue‹ dieser Welt. Kaum sei der gerechte Richter gefallen, da erhebe die Gottlosigkeit (*impietas*) schamlos ihr Haupt; als ersten beraube man den, der den Raub geahndet habe.

In panischer Angst reagierten auch die Bürger von Rouen auf die Nachricht vom Tod ihres Herzogs; wie beim Anmarsch eines Feindes brachten sie kostbare Habe in Sicherheit. Als erste gewannen Kleriker und Mönche ihre Fassung zurück; festlich gewandet, zogen sie mit Kreuzen und Weihrauchfässern vor die Stadt; in der Kirche St. Gervasius empfahlen sie nach christlichem Brauch die Seele des Königs Gott. Nun ergriff Erzbischof Wilhelm von Rouen die Initiative: Er ließ den König nach Caen überführen, wo er in der von ihm selber gestifteten St.-Stephans-Basilika beigesetzt werden sollte.

Der Chronist kann sich einen weiteren Seitenhieb nicht verkneifen: Brüder und Verwandte des Königs seien fortgewesen, und all seine Diener hätten ihn »wie einen Barbaren« schimpflich im Stich gelassen. Man habe nicht einen aus dem königlichen Gefolge gefunden, der für den Toten und das Begräbnis gesorgt hätte. Schließlich habe ein gewisser Ritter sich erbarmt und – bewogen von natürlicher Güte, der Liebe zu Gott und dem Stolz auf seinen Stamm – auf eigene Kosten alles Nötige veranlaßt.

Unter Weinen und Beten holten in Caen Abt und Mönche, Laien und Kleriker die sterbliche Hülle des Königs in feierlicher Prozession ein. Plötzlich eine Feuersbrunst: Alles läuft durcheinander, dann fort zum Löschen. Nur die Mönche bringen den begonnenen Gottesdienst zu Ende; Psalmen singend, geleiten sie den Leichnam in die Klosterkirche. Hier hat sich zur Messe für den Toten versammelt, was im Reiche Wilhelms Rang und Namen hat; stolz zählt Ordericus die anwesenden Bischöfe und Äbte auf. Mittlerweile hat man den Sarkophag in die Grube gesenkt;

angesichts des auf einer Bahre liegenden Verstorbenen hält Bischof Gislebert von Evreux die Leichenrede, die er unter das Leitwort der Hochherzigkeit (*magnificentia*) stellt. Unter Verzicht auf die wörtliche Rede begnügt der Chronist sich mit Stichworten: In der langen, dabei fesselnden Ansprache seien Person und Werk des Verstorbenen gepriesen worden: Wilhelm habe das Reich gemehrt, für Friede und Gerechtigkeit gesorgt, Diebe und Räuber in die Schranken gewiesen, Kleriker, Mönche und überhaupt alle Schutzlosen mit fester Hand beschützt. Im Wortlaut folgt dann die zum Schluß an das schluchzende Volk gerichtete Aufforderung: Da kein Sterblicher in diesem Leben ohne Sünde leben könne, sei auch der verstorbene Fürst auf fürbittendes Gebet angewiesen; diejenigen, gegen die Wilhelm sich vergangen habe, möchten ihm gütig verzeihen.

Auf die letzten Worte des Bischofs hin kam es am offenen Grab zum Eklat. Aus der Menge der Umstehenden trat ein gewisser Askelin vor; so laut, daß alle es hören konnten, klagte er den Verstorbenen an: Das Land, auf dem man stehe, habe seinem Vater gehört; »jener Mann, für den ihr hier betet, hat es zu Zeiten, da er noch Herzog der Normandie war, meinem Vater gewaltsam entrissen.« Wilhelm habe es abgelehnt, für das Unrecht Genugtuung zu leisten; mit Gewalt habe er hier eine Kirche gegründet. Beim Namen Gottes verbot Askelin, den Leichnam des Räubers (*corpus raptoris*) mit seiner Erde zu bedecken und in seinem ererbten Grund und Boden beizusetzen!

Bischöfe und andere Große waren konsterniert. Als Zeugen die Aussage bestätigten, suchte man möglichst schnell den Frieden wiederherzustellen: Mit freundlichen Worten und dem Versprechen einer hohen Entschädigung wurde der Kläger besänftigt; der Vertrag wurde rasch erfüllt, um das Seelenheil des großen Herrn nicht zu gefährden.

Doch vorher gab es ein weiteres Mißgeschick. Als man die sterbliche Hülle des Königs hinabsenken wollte, zeigte es sich, daß die Steinmetzen nachlässig gearbeitet hatten: Der Sarkophag war zu schmal und zu kurz. Man versuchte, den Leichnam gewaltsam in die Höhlung zu pressen; da platzte der dicke Leib auf, und ein unerträglicher Gestank hüllte die Umstehenden ein.

Weihrauch und andere aromatische Stoffe, reichlich in die Räucherpfannen gelegt, kamen gegen den ekelerregenden Dunst nicht an. Die Priester sputeten sich, die Begräbnisfeier abzuschließen; Angst trieb sie heim.

Ordericus lenkt abschließend den Blick auf sich selbst: Sorgfältig habe er erforscht und wahrheitsgetreu aufgezeichnet, wie Gottes Wille sich in den letzten Tagen des Herzogs gezeigt habe. Wie eine Vorwegnahme der Worte des späteren Papstes Innozenz III. von der Erbärmlichkeit menschlichen Daseins klingt, was Ordericus vom Ende des großen Herrschers schreibt: Einst mächtig und kriegerisch, von vielen Völkern gefürchtet, lag er auf dem Boden: Nackt und von den Seinen, die ihm alles verdankten, im Stich gelassen. Der über so viele Städte, Burgen und Dörfer geherrscht hatte, dem fehlte nach seinem Tod ein Stückchen freien Landes für das eigene Grab. Ordericus beschwört den Leser, sich nicht vergänglichen Werten des Fleisches hinzugeben. In Anlehnung an Jesaja (40, 6f.) schreibt er: »Alles Fleisch, es ist wie Gras, und all sein Ruhm wie die Blüte des Grases. Das Gras verdorrt, und seine Blüte welkt; doch das Wort des Herrn bleibt ewig.«

Leichenredner und Biographen

Die von Ordericus knapp referierte Ansprache angesichts der Leiche gehörte zum Abschiedszeremoniell: Das Werk des Verstorbenen war nun abgeschlossen; man wußte, daß der Verblichene vor dem Richterstuhl Gottes stand, vor dem Gutes und Böses offenkundig wurden. Solches Wissen erlaubte, Licht- und Schattenseiten aufzuzeigen; mancher Redner sah sich allerdings hin- und hergerissen zwischen den Geboten der Wahrhaftigkeit, der Klugheit und des Taktes. Man hatte nämlich die Rache der Verwandten zu fürchten, die meinen konnten, die Ehre der Familie sei beschmutzt worden.

Die schriftlich festgehaltene, oft nur fiktive Leichenrede sollte darüber hinaus Verdienste des Verstorbenen vor dem Vergessen bewahren und das künftige Geschichtsbild prägen. Ordericus konnte es sich leisten, Wilhelms Taten nur stichwortartig zu referieren; denn er hatte dem König eine lange Abschiedsrede in den Mund gelegt, in der dieser Rechtfertigung mit Vermächtnis verbunden und sich selber ein Erinnerungsmal gesetzt hatte. Ordericus ging noch weiter: Einen großen Teil seines Werkes widmete er der Person und dem Werk Wilhelms des Eroberers. Das siebte von dreizehn Büchern schließt er mit dem Tod des Königs ab; ähnlich gliederten viele Chronisten ihr Werk.

Andere Autoren widmeten einer einzigen Person eine eigene Schrift. Etwa zwanzig Jahre nach dem Tod Karls des Großen schrieb Einhard, ein Adliger aus der nächsten Umgebung des Kaisers, dessen Leben auf. Einhard wollte den Verstorbenen in der Erinnerung der Nachfahren weiterleben lassen und dem Freund und Gönner seine Dankbarkeit bekunden.[76]

Ein Recht auf Raub?

Ausgeplündert wurden nach ihrem Tod auch Bischöfe und Kardinäle.[77] Im allgemeinen rügen Chronisten solches Tun, lassen jedoch durchscheinen, daß es sich nach Meinung von Zeitgenossen weniger um ein Delikt als um einen Brauch, wenn nicht ein Gewohnheitsrecht gehandelt habe; den Beteiligten scheint das Bewußtsein, unrecht zu tun, oft gefehlt zu haben.

Rechtshistoriker haben den Begriff ›Spolienrecht‹ geprägt, abgeleitet von lateinisch *spoliare* (den erschlagenen Feind entkleiden). Kann es in einer weitgehend christlich geprägten Gesellschaft das Recht geben, andere auszuplündern?[78] Im Krieg mochte ein Sieger mild erscheinen, der dem Besiegten ›nur‹ die Habe und nicht das Leben nahm. Aber darüber hinaus?

Seit der ausgehenden Antike sind Verbote von Konzilien überliefert, aus denen hervorgeht, was landauf, landab üblich war: Die Habe eines verstorbenen Bischofs wurde geraubt. Aber wem gehörte dessen Hinterlassenschaft? Erbberechtigte Kinder hatte er nicht, da er keine gültige Ehe eingehen konnte. Die Vorstellung, nach dem Tod des Bischofs bzw. Papstes sei dessen Gut herrenlos, war verlockend; in diesem Fall wurde aus Raub und Plünderung ein Spolienrecht. Im Laufe der Kirchengeschichte meldeten verschiedene Institutionen Ansprüche an: In der ausgehenden Antike der Klerus, dann auch andere Bewohner der Stadt; im Frühmittelalter der Lehnsherr, seit dem 13. Jahrhundert der Papst. Nicht nur Macht entschied darüber, ob und wieweit solche Forderungen sich durchsetzen ließen.

Verwickelte Fragen warf eine Sedisvakanz auf, die Zeit, in der nach dem Tod des Amtsinhabers der päpstliche oder bischöfliche Stuhl unbesetzt war. Nach Meinung spätmittelalterlicher Autoritäten war der Papst allein Stellvertreter Christi, Nachfolger Petri, Inhaber der Allgewalt; niemand konnte ihn während einer Sedisvakanz vertreten, auch nicht das Kardinalskollegium. Diesem waren nur beschränkte Rechte für besonders dringende Notfälle eingeräumt (selbstverständlich mußte der routinemäßige Verwaltungsbetrieb nach dem Tod eines Papstes weitergehen). Wenn es häufiger zur Beraubung von Papst- als von Königsleichen gekommen ist, dann auch deshalb, weil jede Sedisvakanz ein Machtvakuum schuf.

Von wenigen Ausnahmen abgesehen, bildeten im mittelalterlichen Deutschen Reich Bischöfe und Äbte die sogenannte Reichskirche, die unter dem Schutz des Reiches stand und diesem zu Diensten und Leistungen verpflichtet war. Infolgedessen wollte der König bestimmen, wer Abt eines Reichsklosters, wer Bischof eines Reichsbistums wurde. Nach dem Tod von Reichsabt oder Reichsbischof war dessen persönliche bewegliche Habe – so wertvoll sie im Einzelfall sein mochte – oft weniger attraktiv als die mit dem Amt verbundenen Einkünfte, die der König während der Sedisvakanz für das Reich beanspruchte. Mancher Herrscher hat die Neubesetzung eines Bistums oder einer Abtei lange hinausgezögert, um für diese Zeit in den Genuß der Einnahmen zu kommen; auf das Leben des Konvents bzw. der Diözese hat sich das meist nachteilig ausgewirkt.

Wenn der König gestorben ist, besteht
das Reich weiter

Ein Bericht wie der von der Beraubung der Leiche König Wilhelm des Eroberers bleibt auch deshalb Ausnahme, weil man im weltlichen Bereich schon früh die Vorstellung von der Unsterblichkeit des Amtes ausgebildet hat: Der einzelne König stirbt; das Amt jedoch besteht fort.[79] Allerdings mußte ein solches Denken gegen den Widerstand interessierter Kreise auch durchgesetzt werden, wie ein in die Rechts- und Verfassungsgeschichte eingegangener Fall zeigen mag.

Bis auf die Grundmauern zerstörten die Bewohner von Pavia nach dem Tod Kaiser Heinrichs II. die altehrwürdige, unbefestigte Königspfalz in ihrer Stadt; künftig sollte kein König mehr auf den Gedanken kommen, hier ein solches Gebäude zu errichten. Von Konrad II., dem Nachfolger Heinrichs II., zur Rede gestellt, verteidigten sich Abgesandte aus Pavia folgendermaßen: Wen sie denn gekränkt hätten?! Ihrem Kaiser hätten sie treu bis an sein Lebensende gedient. »Da wir nach dessen Tod keinen König mehr hatten, können wir nicht dafür belangt werden, das Haus unseres Königs zerstört zu haben.« Der König räumte ein, er wisse, daß sie das Haus ihres Königs nicht zerstört hätten, da sie zu jener Zeit keinen König gehabt hätten. Doch könnten sie nicht leugnen, einen Königspalast abgerissen zu haben. Und dann fuhr Konrad fort: »Wenn der König gestorben ist, besteht das Reich weiter, wie das Schiff bleibt, dessen Steuermann gefallen ist!«[80] Bei der Pfalz habe es sich um ein staatliches, nicht um ein privates Gebäude gehandelt; »es unterstand fremdem Recht, nicht eurem. Wer aber Gewalt gegen fremdes Gut übt, ist dem König straffällig. Da ihr offenkundig gewaltsam in fremdes Gut eingedrungen seid, seid ihr dem König strafbar.« Die Gesandten gaben noch nicht auf; sie versuchten, sich zu rechtfertigen, mußten jedoch schließlich unverrichteter Dinge abziehen.

Im Laufe der folgenden Jahrhunderte bildeten Rechtsgelehrte immer genauer die Lehre von der Unveräußerlichkeit des Gutes aus, das einem Herrscher gehörte: Eigentum des Kaisers, Königs, Herzogs oder sonstigen Machthabers sollte dem Nachfolger zufallen, unabhängig davon, wie er in das Amt gekommen war. Auch hier gab es Ausnahmen, vor allem im Fall eines Wechsels der Dynastie: Gut, das der Herrscher als sogenanntes ›Hausgut‹ eingebracht und auf das er sich während seiner Amtszeit wie Reichsgut gestützt hatte, sollte an das ›Haus‹ zurückfallen, dem der Vorgänger angehört hatte. Da die deutschen Könige oft unter Mangel an Einkünften litten, waren sie versucht, vom Vorgänger als ›Hausgut‹ eingebrachte Vermögenswerte in ›Reichsgut‹ zu überführen.

Trauer und Trost

War ein Wüstling, ein Verbrecher, ein unmenschlicher Despot gestorben, herrschte mindestens Genugtuung. Selbstverständlich war Trauer auch nach dem Verscheiden ehrenwerter Päpste und eines großen Königs nicht. Wenn im Zusammenhang mit Todesfällen eher selten von Jubel die Rede ist, dann wohl deshalb, weil es den Chronisten als schicklich galt, Schmerz und Trauer zu bekunden.

Kirchliche Autoritäten hatten ein gespaltenes Verhältnis zur Trauer: Als besondere Gabe galten Tränen, wenn sie dem Sünder erlaubten, Zerknirschung über seine Verfehlungen zu wecken; doch heftige Trauer war verpönt. Da der Tod der Eingang in das ›eigentliche‹ Leben sei, bestehe eher Anlaß zur Freude. Rigoristen verlangten, das natürliche Gefühl des Schmerzes zu sublimieren. Menschen, denen das gelang, setzten sich dem Vorwurf aus, sie freuten sich über den Verlust eines lieben Angehörigen.

Der Bericht vom Leichenzug Martins von Tours faßt den Zwiespalt in Worte, in dem Hinterbliebene sich nicht nur nach dem Heimgang eines als heilig verehrten Menschen sahen. Auch »der Chor der Jungfrauen« erwies dem Verstorbenen die Ehre: »Aus Scham enthielten sie sich des Weinens, doch unter welch heiliger Freude verbargen sie ihren Schmerz! Der Glaube verbot ihnen zu schluchzen; doch die Liebe entriß ihnen Seufzer. Sie bekundeten heiliges Frohlocken über seinen Ruhm und fromme Trauer über seinen Tod.«[81]

Wenn Sulpicius Severus voll Mitgefühl auf die Hinterbliebenen blickt, nimmt er das Gebot der Nächstenliebe ernst. Dabei knüpft er an Traditionen an: Da sogar biblische Vorbilder und Heilige über Tote geweint hatten, durften das Menschen seiner Zeit auch. Niemand mußte seinen Schmerz verinnerlichen; bis ins 19. Jahrhundert bekundeten Frauen und Männer hör- und sichtbar ihre Trauer. Mittelalterliche Quellen sprechen von Seufzen und Klagen, Schluchzen und Weinen. Wie Werke der bildenden Künste zeigen, äußerte sich Trauer in Worten und Gesten, die eine (Zer)Störung der Ordnung spiegelten: Man weinte, rang die Hände, zerriß die Kleider, zerkratzte Wangen und Brust; Frauen lösten ihr Haar, Männer verhüllten das Haupt, ließen Haar und Bart wachsen. Man legte besondere Kleidung an, in Farben, die an bleiche Gebeine erinnerten, oder in Schwarz; schwarze Stoffe waren teuer, Schwarz als Trauerfarbe setzte sich erst seit dem Spätmittelalter durch.

Trauer war nicht nur Ausdruck persönlichen Gefühls, sondern ein von der jeweiligen Zeit, sozialen Schicht, Religion geprägter Ritus. Aus der Antike stammte der Brauch, professionelle, also bezahlte Klageweiber zu engagieren. In Sevilla bestellten christliche und jüdische Familien für die Totenklage (die traditionelle *qinah* der Juden) jüdische und muslimische Frauen.[82]

Boleslaw I. Chrobry, König von Polen, soll nach seinem Tod (1025) mit Staatstrauer geehrt worden sein: Ein Jahr lang habe man von öffentlichen Gastmählern abgesehen; Adlige hätten keine Festkleidung angelegt, in den Schenken habe man weder Klatsch noch Musik gehört, auf den Straßen weder den Gesang von Mädchen noch fröhliche Stimmen.[83] Der Bericht ist stilisiert; doch zeigt er, daß nach Meinung des Chronisten ein Trauerjahr angemessen sein konnte.

Zwiespältiges Echo löste der Tod eines ›Großen‹ in Zeiten äußeren Krieges oder innerer Zerrissenheit aus. In der Vita Heinrichs IV. wird berichtet, auf die Nachricht vom Tod des Kaisers hätten die Feinde so gejubelt, »daß die Rufe der Glückwünschenden kaum mehr enden wollten«. Dann blickt der Biograph auf die Umgebung des Verstorbenen: »Aber nicht minder heftig war die Trauer an der Bahre des Kaisers. Fürsten trauerten, das Volk wehklagte«; überall habe man Seufzen und Klagen gehört. Zur Bestattung des Kaisers seien Witwen, Waisen und Arme des Landes herbeigeströmt. Wie über einen verstorbenen Vater hätten sie geweint, den Leichnam mit Tränen genetzt, die freigebigen Hände des Verstorbenen geküßt. »Man konnte sie kaum davon abbringen, den entseelten Leib zu umarmen, ja man konnte ihn kaum bestatten. Sie wichen auch nicht von seinem Grabe, sie harrten bei ihm in Nachtwachen, Tränen und Gebeten aus, und klagend erzählten sie und im Erzählen klagten sie, welche Werke der Barmherzigkeit er an ihnen getan.«[84]

Das Gefühl des Schmerzes über einen herben Verlust mußte nicht verdrängt werden; Trauer fand sicht- und hörbaren Ausdruck. Tränen, Wehklagen, Seufzen dienen der seelischen Entlastung. Wer Gutes von einem Toten erfahren hat, zeigt Dankbarkeit durch persönliches Erscheinen an der Bahre; liebevolle Gesten schließen das Berühren des Verstorbenen ein. Der Biograph Heinrichs IV. legt widerstreitende Gefühle unter den Trauernden offen: Die Umarmung war ein Akt der Besitzergreifung; mit dem Kuß der Hände ehrte man den Toten und nahm gleichzeitig von ihm Abschied. Nachtwachen und Gebete waren Zeichen der Treue und des Glaubens an ein Weiterleben nach dem Tod. Der letzte Satz leitet zum Lob des Toten über.[85]

Der Verlust eines Menschen schmerzte auch deshalb, weil er oft mit Angst vor der Zukunft verbunden war. Wer wußte, wie der ›Neue‹ sich verhalten würde? Würde er großzügig darüber hinwegsehen, daß man ihn bekämpft oder den Vorgänger vor ihm gewarnt hatte? Nach dem Tod eines Elternteils rechneten Kinder mit einem Stiefvater oder einer Stiefmutter; dieselbe Bezeichnung verwendeten Konvente, wenn eine beliebte Äbtissin oder ein väterlicher Abt gestorben war.

Verwandte, Nachbarn, Gildebrüder kamen, um in die Totenklage einzustimmen. Wer sein Beileid aussprach, zeigte damit, daß auch er einen Verlust erlitten hatte. Der Besucher bot Hilfe an: Ratschläge gegenüber Menschen, die im wahrsten Sinne des Wortes ›kopflos‹ geworden waren; Unterstützung für verwaiste Kinder; vielleicht gab er den Trauernden Gelegenheit, ihr ›Herz auszuschütten‹. Mit Gesprächen verkürzte man die ersten Tage nach dem Sterbefall, in denen ein schier überwältigender Schmerz die Angehörigen bedrohen kann. Man bemühte sich vielleicht auch um ein Stück Wiedergutmachung: Was man dem Verstorbenen nicht mehr hatte sagen können, mochte die Hinterbliebenen trösten. Die sahen sich obendrein wenigstens einmal im Mittelpunkt. Der Besuch mochte auch dazu dienen, alte Freundschaften zu beleben – mit den Angehörigen des Verstorbenen und/oder anderen Trauergästen. Beim Beileidsbesuch lobte man den Verstorbenen, wie es die Menschen an der Bahre Heinrichs IV. taten; man nahm den Hinterbliebenen ein etwa vorhandenes Gefühl, sie sollten mit dem Verlust bestraft werden.

Trauer erlaubte den Angehörigen, sich von dem Verstorbenen zu lösen. Wunden, die der Tod gerissen hatte, sollten vernarben und schließlich vielleicht heilen. Man wußte, daß Trauer im Laufe der Zeit in Wehmut, dann in Gelassenheit übergehen kann. Wenn man in der Kirche nach drei, sieben und dreißig Tagen sowie nach einem Jahr und später nur noch am Jahrestag namentlich des Verstorbenen gedachte, so spiegelte auch diese Staffelung ein schrittweises Abschiednehmen.

Beileidsbriefe

»Ich bin tiefbetrübt Deinetwegen und nehme teil an Deinem Unglück und möchte Dir zur Seite stehen.« Diese Worte schrieb Enea Silvio Piccolomini, der Humanist und spätere Papst Pius II., im Jahre 1448 dem Freund Kaspar Schlick, dem führenden kaiserlichen Ratgeber und Staatsmann, zum Tod von dessen Gemahlin. Gebildete, die nicht an der Bahre weinen konnten, schrieben – wie man es in der vorchristlichen Antike getan hatte – einen Kondolenzbrief; in diesem zeigten sie, daß sie den Schmerz der Hinterbliebenen teilten. Da solche Briefe vieles von dem in Worte fassen, was andere Quellen nur in allgemeinen Wendungen andeuten, seien ausgewählte Kondolenzschreiben betrachtet: Der Kirchenvater Hieronymus kondolierte Theodora zum Tod ihres geliebten Gatten; Kaiser Friedrich II. suchte wiederholt Väter zu trösten, deren Söhne in seinem Dienst gefallen waren.[86]

Piccolomini bekennt sich zu den Pflichten des Freundes: »Werden doch die Menschen oft durch den Hingang von Gattinnen, Söhnen, Eltern und anderen Verwandten schwer getroffen, und wenn sie nicht durch Wort oder Brief von Freundesseite getröstet würden, so stürben wohl viele im Übermaß des Schmerzes.«

Der Briefschreiber ist bestürzt, traurig; er gesteht seinen Schmerz und seine Tränen; das Herz krampfe sich ihm zusammen; da er mit-leide, bedürfe auch er des Trostes. Der Freund solle sein Mitgefühl als Heilmittel annehmen; er könne sich auf seine Hilfe verlassen.

Friedrich II. betont, gerechtem Schmerz dürfe man nicht wehren; wer glaube, Tränen verdrängen zu können, vergrößere die Trauer. Verständnis für fremdes Leid hindert den Kaiser nicht, den Vater an die Tugenden des Maßhaltens und der Geduld zu erinnern. Piccolomini verweist auf Heilmittel: Der Verwitwete habe die Pflicht, sich der Erziehung seiner Söhne zu widmen; und: Er solle sich auf Gott verlassen.

In fast allen Briefen begegnen harte Anklagen gegen den Tod: Mitleidlos und grausam reiße er Brüder auseinander, löse zarteste Bande, zerstöre eine glückliche Ehe, störe die Ordnung: Der Adressat beweine den Sohn, dabei habe dieser doch einst seinen Vater betrauern sollen. Friedrich II., der das schreibt, verweist einen Vater darauf, daß sein Sohn ihm zwei Enkel hinterlassen habe, in denen er Trost finde. Piccolomini ist zuversichtlich, daß sein Freund die Verlorenen – Frau und Kind waren im Wochenbett gestorben – bald wiedersehen und der Tod einst erdrosselt werde.[87]

Trösten sollte auch der Hinweis darauf, daß der Verstorbene nun in einer besseren Welt lebe; von dort aus helfe er, indem er Tag und Nacht bei Gott Fürbitte für die Lebenden einlege; er werde auferstehen, um mit Christus zu herrschen. Solche Zuversicht begründete Hieronymus mit den Verdiensten, die der Verstorbene sich als Stütze der Armen und des Glaubens erworben habe.

Friedrich II. preist einen jungen Mann, der in seinen Diensten gefallen ist, als gerecht, freigebig, treu und erfahren, tapfer und gesittet. Das Wissen, der Sohn habe königliche Tugenden gezeigt, mochte den Schmerz des Vaters über den herben Verlust zunächst steigern; doch langfristig konnte ein solches Lob tröstlich wirken. Nach Meinung des späteren Papstes Pius II. verkörperte die Gemahlin des Kaspar Schlick das Frauenideal der höfischen Welt: Sie sei klug, demütig, vornehm, schön und sittsam gewesen, und sittsam seien auch ihre Kinder.»Es gibt keinen, der die Größe Deines Verlustes so einzusehen vermöchte wie ich. Ich wußte, daß Deine Frau unter den Sittsamen die Sittsamste, unter den Klugen die Klügste, unter den Demütigen die Demütigste war, obwohl von hoher Geburt: Freude, Erquickung, Ehre fandst du in ihr, hattest mit ihr einen Tisch, einen Geldbeutel, ein Bett. . . . ich kann nicht anders, als mit Dir Schmerz empfinden.«

Piccolomini versucht, seinen Freund zu trösten: Er hält den für glücklich, der die Gattin »nicht durch örtliche Trennung, nicht durch Trug, nicht durch Menschenhand, sondern durch göttlichen Willen« verliere; doch macht er gleich eine Einschränkung: »Glücklicher freilich, wen bis ins Greisenalter eine sittsame, fruchtbare und liebe Gattin begleitete.«

Dann argumentiert er ähnlich wie einige Jahrzehnte früher Johannes von Tepl in ›Der Ackermann und der Tod‹, von dem noch zu sprechen ist. Eine liebe Gattin sei kein Besitz, den man für immer beanspruchen könne, sondern nur geliehen. Seine Frau sei »in die himmlische Heimat aufgenommen, wo sie Dich noch viel leuchtender, noch viel schöner, als sie hier war, erwartet«. Tag und Nacht bitte sie Gott, die Schritte ihres Mannes zu lenken und ihn in den Himmel zu führen zu immerwährendem Glück.

Piccolomini kannte seinen Freund wohl so gut, daß er es sich leisten konnte, den herben Verlust und andere Schicksalsschläge, die Kaspar Schlick jüngst habe hinnehmen müssen, als Heimsuchungen zu deuten, durch die Gott ihm seine Nähe zeigen wolle.

Ort der Toten

Der Schlußwunsch des *Dies irae* ist in die europäischen Sprachen eingegangen: Die Toten haben bis auf den heutigen Tag einen – oft strafrechtlich geschützten – Anspruch darauf, an einer ihnen vorbehaltenen Stätte in Frieden ›ruhen‹ zu können.[1]

Friedhof und cimetière, Gottesacker und camposanto

Der Gemeinschaft der Toten ist in den meisten Kulturen ein eigener Ort vorbehalten, ›Friedhof‹ im Deutschen, *cimetière* im Französischen, ›Nekropole‹ (Stadt der Toten) im Griechischen genannt.

Friedhof bezeichnet einen umfriedeten, unter erhöhten Rechtsschutz gestellten Raum; *cimetière* geht über das lateinische *coemeterium* auf griechisch *koimeterion* zurück, abgeleitet von *koimasthai*, schlafen. Griechen und Römer sahen im Friedhof also den Ort, an dem die Toten schlafen. Diese Vorstellung kam der christlichen Lehre von der Unsterblichkeit der Seele und der Auferstehung der Toten entgegen; damit könnte zusammenhängen, daß dieses Wort sich nicht nur in den romanischen Sprachen, sondern auch im Englischen (*cemetery*; neben *churchyard*) durchgesetzt hat.

Außerhalb der Wohnbezirke liegende Gräberfelder wurden, zumal in Süd- und Südostdeutschland, ›Gottesacker‹ genannt, entsprechend italienisch *camposanto* (heiliges Feld).[2] In diesen Bezeichnungen leben biblische Aussagen weiter, z. B. das Gleichnis vom Weizenkorn: Wenn es nicht in die Erde falle und sterbe, bleibe es allein; »wenn es aber stirbt, bringt es reiche Frucht« (Joh 12, 24); an dieses Gleichnis knüpft Paulus an: »Gesät wird ein irdischer Leib, auferweckt ein überirdischer Leib« (1 Kor 15, 44).

In vorchristlicher Zeit: Beisetzung
außerhalb der Städte

Friedhöfe liegen noch heute oft im Kernbezirk alter Siedlungen, und man sieht ihnen nicht an, daß sie auf unterschiedliche Wurzeln zurückgehen: Vorchristliche Gräberfelder von Griechen und Römern, Germanen und Slawen; Grab eines einzelnen Heroen oder Heiligen; planmäßige Anlage, meist bei einer Kirche.

Im 4. vorchristlichen Jahrhundert hatte das römische Zwölftafelgesetz kategorisch bestimmt: Einen toten Menschen sollt ihr in der Stadt weder begraben noch verbrennen. Das Verbot wurde später mehrfach wiederholt, was offensichtlich nötig war. Tote sollten außerhalb der Städte beigesetzt werden; darin waren sich die Kaiser Hadrian, Diokletian, Justinian – die ersten beiden ›Heiden‹, der letzte Christ – einig.[3] Zur Zeit Justinians war die Entwicklung längst über das Verbot hinweggegangen, das aber erst um das Jahr 800 vom (oströmischen) Kaiser Leo förmlich außer Kraft gesetzt wurde.

Leichenbestattung in christlicher Sicht

In den vorchristlichen Kulturen des Mittelmeerraums galt es – wie unter Germanen und Slawen – als schimpflich, nach dem Tod unbestattet liegenzubleiben; das Alte Testament hatte sogar Verbrechern und Feinden das Recht auf ein Begräbnis zuerkannt, nicht anders Sophokles in der ›Antigone‹.

Manche Christen hatten sich von solchen Vorstellungen gelöst. Natürlich wußten sie, daß der tote Jesus in ein neues Grab gelegt worden war, daß Jüngerinnen den Leichnam hatten einbalsamieren wollen. Doch verehrten sie gerade die als Heilige, die nach ihrem Martyrium vielleicht gar Vögeln und Hunden zum Fraß vorgeworfen worden waren. Die Tatsache der Bestattung oder Nichtbestattung war für das Jenseits also ohne Bedeutung; der von manchen Christen vor dem Tod geäußerte Wunsch, nicht bestattet zu werden, konnte als Ausdruck der Demut gedeutet werden, auch als Zeichen dafür, daß der Betreffende fest von der

Auferstehung der Toten überzeugt war. Noch Augustinus erklärte in seiner großen Verteidigungsschrift ›Vom Gottesstaat‹ (nach 410), Pflege des Leichnams, Besorgung des Begräbnisses und Bestattungsfeierlichkeiten seien »mehr ein Trost der Lebenden als Dienst an den Toten«. Den Christen sei nämlich verheißen, daß in einem Augenblick »ihr Fleisch und alle Glieder wiederhergestellt und erneuert sein werden, hervorgeholt nicht nur aus der Erde, sondern auch aus dem geheimsten Schoß aller andern Elemente, in die sich die zerfallenen Leichen aufgelöst haben mögen!«[4]

Doch setzten sich solche Anschauungen nicht gegen tradierte vor- und außerchristliche Vorstellungen durch. Es schien einfacher, mit Gebeten und guten Werken für Verstorbene zu sorgen, wenn man wußte, wo diese ruhten. Und schon seit der ausgehenden Antike machte sich eine zunehmende Unduldsamkeit breit: Die christlichen Gemeinden strebten danach, ihren verstorbenen Glaubensgenossen bestimmte Plätze vorzubehalten. Man meinte, die Gräber könnten verunreinigt, die hier bestatteten Gläubigen vielleicht gar an der Auferstehung gehindert werden, wenn sie in der Nachbarschaft von ›Heiden‹ ruhten. Solche Vorstellungen haben sich bis in die Neuzeit gehalten, wie ›katholische‹ und ›evangelische‹ Friedhöfe seit der Kirchenspaltung im 16. Jahrhundert zeigen; ausgeschlossen waren nicht nur Angehörige der anderen Konfession, sondern weiterhin alle, die nach der herrschenden Lehre ihr Heil verwirkt hatten: Juden, Verbrecher, Selbstmörder, Häretiker, ungetaufte Kinder.

Begräbnis ›bei den Heiligen‹

Die Christen übernahmen Bräuche, wie sie im Römischen Reich üblich waren. War jemand gestorben, wurde er außerhalb der Stadt begraben, sofern nicht Platzmangel oder Verfolgung zur Bestattung in einer Katakombe zwang. Lagen die Gräber in der Nähe von Ausfallstraßen – in Rom z. B. beiderseits der Via Appia, in Arles/Rhône in dem ausgedehnten Gräberfeld der Alyscamps (*Elysii campi*)[5] –, konnte man sie leicht aufsuchen. Verbreitet war ein Besuch des Grabes am dritten, siebten oder neunten, dreißigsten oder vierzigsten Tag sowie am Jahrestag des Todes; vielerorts haben diese Gedenktage heute noch Bedeutung.

Mit der sogenannten konstantinischen Wende wurde das Christentum zunächst vom Staat geduldet (›Toleranzedikt‹ von Mailand, 313), dann gefördert und 391 von Theodosius zur alleinigen Reichsreligion erhoben. Das hatte weitreichende Folgen auch für die Sorge um die Toten. Viele wollten ›bei den Heiligen‹ bestattet sein, um den an diesem Ort verehrten Glaubenszeugen als mächtigen Fürsprecher im Jenseits zu haben. So wurde um das Jahr 400 in Regensburg einer Frau ein Grabstein mit folgender Inschrift gesetzt: »Zum seligen Gedenken an Sarmanna, die in Frieden ruht, in Christus, Anfang und Ende, vereint mit den Martyrern«.[6] Auf das erste Wort folgen die griechischen Buchstaben Alpha und Omega; sie rahmen das Christogramm ein, die kreuzförmig ineinander verschränkten griechischen Anfangsbuchstaben des Wortes ›Christoi‹, Chi und Rho.[7] Es handelt sich hier also um die dreifache Anrufung und Vergegenwärtigung Christi; denn das Wort »Ich bin das Alpha und das Omega, der Anfang und das Ende« (Offb 21, 6) wurde auf Christus bezogen.

Über den Gräbern der Märtyrer baute man sogenannte Coemeterialbasiliken; hier feierte die Gemeinde ihren Gottesdienst, in dem sie besonders der an diesem Ort ruhenden Glaubenszeugen gedachte.

In unmittelbarer Nähe von Heiligen wollten viele Menschen nicht erst nach ihrem Tode ruhen, sondern schon während ihres irdischen Daseins leben. So kam es, daß Coemeterialkirchen außerhalb der Stadtmauern zu Kernen neu entstehender Siedlungen wurden, die später als Vororte in Rom und Toulouse, Arles, Köln und Trier aufgingen; auf modernen Stadtplänen sind sie oft noch zu erkennen. Gelegentlich wurde die alte Siedlung ganz aufgegeben zugunsten des begehrten neuen Wohnplatzes – z. B. am Niederrhein: Der Ortsname Xanten geht zurück auf *ad sanctos* (bei den Heiligen).[8]

Im Jahre 563 erlaubte eine in Braga (im heutigen Portugal) zusammengetretene Synode, Tote außerhalb von Kirchen, d. h. innerhalb von Städten beizusetzen. Die von den Christen geübte Art der Bestattung lief also darauf hinaus, die für den antiken

Mittelmeerraum charakteristische Trennung der Bereiche der Lebenden und Toten aufzuheben.[9]

Beisetzung innerhalb der Kirche

Als Heilige wurden später auch Männer und Frauen verehrt, die vorbildlich ihren Glauben bekannt oder bemerkenswerte Werke der Nächstenliebe, der Buße oder Askese getan hatten. War über ihrem Grab eine Kirche oder Kapelle gebaut, so hatte das Verlangen, nach dem Tod dem Heiligen so nah wie möglich zu sein, weitreichende Folgen: Wenn es eben ging, wollten Kleriker und Laien innerhalb des Gotteshauses beigesetzt werden, wie Beschlüsse kirchlicher Versammlungen zeigen. Im 7. Jahrhundert verfügte eine Synode in Nantes: »In der Kirche soll grundsätzlich niemand bestattet werden, allenfalls in der Vorhalle (*in atrio*), in der Säulenhalle (*in porticu*) oder außerhalb der Kirche.«[10]

Doch die Menschen ließen sich von solchen Verboten ebensowenig beeindrucken wie früher, als die Obrigkeit Begräbnisse innerhalb der Stadt untersagt hatte. Als erste setzten Bischöfe und Äbte sich über die von ihnen selbst erlassenen Verbote hinweg. Königen, Herzögen und anderen Würdenträgern konnte man ein Begräbnis in der Kirche nicht verweigern, wenn sie diese als Grablege geplant und gebaut oder finanziert hatten. Weitere Ausnahmen machte man für Mönche und Priester, dann auch für Laien, die sich um die Kirche verdient gemacht oder als besonders fromm gegolten hatten. Und wer nahm – wenn es um einen standesgemäßen Begräbnisplatz ging – für sich nicht in Anspruch, fromm gewesen zu sein? Im 12. Jahrhundert wurden dann alle Laien zum Begräbnis in der Kirche zugelassen, sofern der Verstorbene oder seine Familie es gewünscht hatte. Als besonders attraktiv geltende Kirchen – z. B. die Peterskirche in Rom – konnten jetzt natürlich erst recht nicht mehr alle aufnehmen, die hier beigesetzt werden wollten. Neuerliche Regelungen wurden nötig; angesichts der ständigen Finanzmisere der Kirche ist es verständlich, daß in späteren Jahrhunderten davor gewarnt werden mußte, Wohlhabende (*ditiores*) zu bevorzugen.

Das Ringen ging auch in der Neuzeit weiter, wie Gräber innerhalb von Kirchen zeigen. Das Recht der katholischen Kirche erlaubt derzeit nur, den Papst, Kardinäle und Diözesanbischöfe innerhalb ›ihrer‹ jeweiligen Kirche beizusetzen.[11]

Gräberfelder der Völkerwanderungszeit

Bevor sie ins Römische Reich eindrangen, lebten Germanen und Slawen, Hunnen und Awaren nicht in Städten, die durch Recht und Mauer vom Umland geschieden waren, sondern in lockeren ländlichen Siedlungen. Damit waren die Bereiche der Lebenden und Verstorbenen weniger klar geschieden als bei Griechen und Römern. Oft kann man nur von Gräberfeldern auf eine Siedlung schließen; denn aus Holz, Flechtwerk und Lehm gebaute Behausungen haben keine Spuren im Gelände hinterlassen – von den mit modernen naturwissenschaftlichen Methoden nachweisbaren Resten hier einmal abgesehen.

Vergleicht man die Germanenrechte untereinander und mit dem archäologischen Befund, so erscheint die Epoche der Völkerwanderung als uneinheitlich, als Zeit des Übergangs und der Gegensätze; unvermittelt stehen christliche und ›heidnische‹ Elemente nebeneinander.

Germanen und Slawen bestatteten die Toten nach Regeln, die sich von Stamm zu Stamm unterschieden und mancherlei ›Moden‹ unterworfen waren. Meist wurden die Toten in Gräberfeldern beigesetzt, wie es früher und später üblich war. Und nicht anders als heute spiegelt ein Gräberfeld der Völkerwanderungszeit die soziale Gliederung der Lebenden: Menschen, die sich durch Ansehen, Macht, Wohlstand, Gefolge von ihrer Umgebung abhoben, später Adlige genannt, gaben ihren Verstorbenen ein üppigeres Begräbnis; das Grab zeichnet sich durch Eigentümlichkeiten aus, die sich der ›kleine Mann‹ nicht leisten konnte: Oft liegt es abseits des allgemeinen Gräberfeldes; manchmal wird es von einem – bis in die Gegenwart sichtbaren – Grabhügel überwölbt; etwaige Grabbeigaben sind kostbarer.

Bodenfunde sind deshalb so wertvoll, weil aus der Zeit des Frühmittelalters für die außerhalb des Römischen Reiches gelegenen Räume nur wenige schriftliche Quellen überliefert sind. Für die Zeit vom späten 5. bis zum frühen 8. Jahrhundert bilden in Südwestdeutschland – um ein Beispiel zu nennen – die Reihengräber der Alemannen die wichtigste Quelle zur älteren Landesgeschichte.

Die Lage bemerkenswerter Einzelgräber oder ganzer Grabfelder weist auf die kontinuierliche oder unterbrochene Besiedlung eines Landstrichs hin; Archäologen schließen – in Zusammenarbeit auch mit Gerichtsmedizinern – von den Gebeinen auf Alter, Größe und Geschlecht, auf Gesundheitszustand und Krankheiten des Beigesetzten, auch auf das Können von Ärzten.[12]

Grabbeigaben

Wertvolle wie einfache Grabbeigaben zeigen, daß die Hinterbliebenen von einem Leben nach dem Tod überzeugt waren. Sie legten ins Grab, was dem Verstorbenen ein ›standesgemäßes‹ Leben im Jenseits garantieren sollte.

Von Gräbern und Grabbeigaben kann man, unter Berücksichtigung anderer Umstände, auf handwerkliches Können, Landwirtschaft und Gewerbe, Handel und Verkehr, Verhältnis der Geschlechter zueinander, Recht und religiöse Vorstellungen, Stellung des Verstorbenen in der Gesellschaft schließen.

Etwa zum Verhältnis der Geschlechter: Werden Männer und Frauen gemeinsam beigesetzt? Sind die Beigaben in ihren Gräbern in etwa gleich wertvoll? Gibt es Anzeichen dafür, daß die Witwe sich getötet hat oder getötet wurde, um zusammen mit ihrem Mann beigesetzt zu werden?

In den Gräbern von Frauen fand man oft Ringe, Ketten, Gewandschließen, ferner Geräte für Tisch und Haushalt (Messer; Trinkgefäße, Krüge und Kannen aus Ton und Glas; Spindel) sowie zur Körperpflege (Spiegel, Kamm, Haarnadel und -pinzette).[13] Schmuck legte man auch Männern ins Grab, oft zusätzlich zu dem für ihr Handwerk typischen Werkzeug (z. B. Geräte, wie Gold- und Feinschmiede[14] sie benutzten), Münzen, vor allem aber Waffen.[15]

Auch nach Einführung des Christentums wurden Verstorbenen gelegentlich Pferde mit ins Grab gegeben. Sollte der Krieger standesgemäß in Walhalla einreiten können? Oder wollte man die herausgehobene gesellschaftliche Stellung des Verstorbenen und seiner Sippe unterstreichen? Angesichts des Fehlens ergänzender schriftlicher Quellen müssen solche Fragen nicht selten unbeantwortet bleiben.

Gräber und Grabbeigaben zeugen auch vom jahrhundertelangen Prozeß der Christianisierung. Christen bevorzugten die Erdbestattung; sie betteten ihre Toten auf dem Rücken liegend, das Gesicht zum Himmel und nach dem im Osten gedachten Jerusalem gewendet, wo einst der Weltenrichter erscheinen sollte.

Grabbeigaben tragen nun christliche Symbole oder Inschriften. Die Worte *Vivas in Deo* (Mögest du leben in Gott)[16] drücken die Überzeugung von einem Leben nach dem Tode aus; die Hoffnung auf die ewige Seligkeit spricht aus Grabbeigaben, die mit dem Kreuz bezeichnet oder in Form des Kreuzes gearbeitet sind. In Gräbern der ersten Hälfte des 7. Jahrhunderts fand man sogenannte Goldblattkreuze: Aus dünner Metallfolie geschnitten oder durch kreuzförmige Verbindung zweier Metallstreifen entstanden, wurden sie wohlhabenden Toten mit ins Grab gelegt. Da sie meist keine weiteren Gebrauchsspuren aufweisen, nimmt man an, daß sie eigens zur Bestattung angefertigt und nicht schon zu Lebzeiten getragen wurden. Kleine Löcher an den Rändern machen es wahrscheinlich, daß sie auf Stoff – vielleicht einen leichten Schleier – genäht waren, den man Verstorbenen über das Gesicht legte. Solche Kreuze können als Bekenntnis zum christlichen Glauben gelten. Nördlich wie südlich der Alpen gefunden, verweisen sie auf ein Alemannen und Langobarden gemeinsames Brauchtum.[17]

Hätte mit der Christianisierung der Brauch von Grabbeigaben aufgehört, wären unsere Museen und Ausstellungen ärmer, wüßten wir weniger über Kunst und Kultur, Alltag und Fest im

Mittelalter. Zum einen wurden viele Menschen nicht nur mit dem sprichwörtlichen Totenhemd, das keine Taschen hat, bekleidet. Vielmehr legte man im Römischen Reich verstorbenen Würdenträgern nach Waschung und Einbalsamierung ihre Amtstracht an, anderen die für ihren jeweiligen Stand typische Kleidung.[18]

Bei Ausgrabungen wurde 1950 aus dem Sarkophag Erzbischof Ruodberts von Trier (931–956) unter anderem ein goldener Kelch geborgen, der früheste erhaltene Grabkelch. Die Deutung gibt Rätsel auf: Handelt es sich um ein Gerät, wie Priester und Bischöfe es auf Reisen mit sich führten? Oder um einen ›Reisekelch‹ im übertragenen Sinne? Wollte der Bischof im Jenseits gleichsam einen ›Ausweis‹ bei sich haben, um vor dem göttlichen Richter seine Tätigkeit bezeugen zu können?[19] Beide Deutungen müssen einander nicht ausschließen.

Weltliche Machthaber wurden im Frühmittelalter mit Zeichen ihrer Herrschaft und Teilen ihres Schatzes bestattet. Ein sogenanntes ›Fürsten-‹ oder ›Prunkgrab‹ wurde 1653 bei Tournai im heutigen Belgien entdeckt.[20] Dank eines goldenen Siegelrings mit dem Brustbild des Königs und der seitenverkehrten Inschrift »Childirici regis« konnte man den Bestatteten identifizieren; es handelte sich um den in schriftlichen Quellen bezeugten, im Jahre 482 verstorbenen König Childerich I., den Vater König Chlodwigs I. (482–511).

Ein großer Teil des (natürlich nicht wissenschaftlich bearbeiteten) Fundes wurde im 19. Jahrhundert gestohlen und ist seitdem verschollen. Doch scheint folgendes festzustehen: Vom königlichen Rang des in einem Holzsarg Bestatteten zeugen außer dem Siegelring vornehme purpurfarbene Gewänder, eine goldene römische Mantelfibel mit christlichen Kreuzen, ein am Gelenk der Schwerthand getragener goldener Ring, ein goldener Stierkopf (möglicherweise als sippenbezogenes Amulett zu deuten) und reichverzierte Goldzikaden, über deren Bedeutung man sich noch nicht klar ist; dazu kommen Waffen und Münzen. Gräber wie das Childerichs dürften in der Folgezeit vorbildlich geworden sein für die Grabausstattung germanischer Herrscher.

Seit dem 8. Jahrhundert wurden Grabbeigaben bescheidener – zunächst im Frankenreich, ein bis zwei Jahrhunderte später auch in England und in Skandinavien; das heißt nicht, daß man auf sie verzichtet hätte. Weltlichen und kirchlichen Machthabern wurden weiterhin Zeichen ihrer Herrschaft ins Grab gelegt. Karl der Große soll *cultu regio* beigesetzt worden sein; was »mit königlichem Schmuck« heißt, erläutert eine andere Quelle: »Gekrönt mit einer goldenen, edelsteinverzierten Krone, mit dem Zepter und einem Schwert aus reinstem Gold«[21]. Erhalten haben sich die schlichten, aus weniger wertvollem Metall hergestellten Grabkronen Kaiser Konrads II. und seiner Gemahlin Gisela.[22]

Pilger brachten aus Santiago de Compostela die Muschel[23], aus anderen Wallfahrtsorten ein aus Metall gegossenes Zeichen, aus Jerusalem einen Palmzweig mit; naturgemäß hat nur festes Material die Jahrhunderte überdauert. Das Pilgerzeichen diente als Beweis der Reise zu Lebzeiten und als Hilfe für die Reise ins Jenseits: Mit ins Grab gelegt, erinnerte es daran, daß der Verstorbene einst eine oft mühsame und kostspielige Reise zu Ehren des Heiligen unternommen hatte; dieser sollte sich als Fürsprecher für den sündigen Wallfahrer bei Gott einsetzen.

Grabraub

Hinterbliebene sahen sich in einem Konflikt: Das Grab sollte erkennbar sein und – etwa durch den aufgeschütteten Hügel – noch künftige Generationen beeindrucken; andererseits sollten Räuber abgeschreckt werden. Seit den Zeiten der Pharaonen wurden Gebote, die Ruhe der Verstorbenen zu achten, durch scharfe Strafen für Grabraub verstärkt. Das Alemannenrecht bedrohte, um ein Beispiel zu nennen, den Grabräuber mit 80 Schilling, den Totschläger nur mit 40 bzw. 50 Schilling Buße (wenn das Opfer ein Eisen- bzw. ein Goldschmied war).[24] Auch auf ›göttliche‹ Strafen wurde gern verwiesen: Der Legende nach töteten Stechmücken Diebe, die 1286 das Grab des hl. Narcissus in Gerona schändeten.[25]

Wenn man noch unversehrte oder nur teilweise ausgeraubte Gräber findet, so könnte das mehrere Gründe haben. Die Schutzbestimmungen mochten wirklich abschrecken; der Glaube, der

Verstorbene werde sich rächen, war verbreitet und wurde gepflegt; Arbeiter waren nach Abschluß des Werks erschlagen
worden... Zudem brauchte ein einzelner lange, um sich mit
einfachem Werkzeug bis an die Grabkammer vorzuarbeiten; nicht
einmal in einem Hügelgrab konnte man mit wertvollen Beigaben
rechnen noch sicher sein, als erster zu kommen.

Oft wurde das Grab sorgfältig getarnt; der Sage nach bestattete
man den westgotischen Heerführer Alarich I. (†410) im Bett des
umgeleiteten Flusses Busento bei Cosenza.[26] Die Leute Kaiser
Ottos III. fanden erst nach langem Suchen im Jahre 1000 das Grab
Karls des Großen im Aachener Münster, das man wohl vor dem
Eintreffen der Normannen 882 unkenntlich gemacht hatte; nach
einer späteren Quelle hatte man das Grab im Hinblick auf äußere
und innere Feinde an verborgener Stelle angelegt.[27]

›Grabraub‹ ist nicht leicht zu definieren; das zeigt die Öffnung
der Gräber von Heiligen und Herrschern. Kaiser Otto III. schnitt
dem wie lebend aussehenden Karl dem Großen die Nägel ab und
zog aus dem Mund einen Zahn; er nahm »das goldene Kreuz,
welches dem Leichnam am Halse hing, nebst einem Teil der
Kleider, die noch unverwest waren, und legte das übrige mit
großer Ehrfurcht zurück«.[28] Deshalb tadelten den Kaiser schon
Zeitgenossen: Von Verehrung (*ammiratio*) verleitet, habe er gegen kirchliche und göttliche Gebote verstoßen, rügen die Hildes-
heimer Annalen zum Jahr 1000. Wegen dieser »üblen Tat« (*faci-
nus*) habe er, wie bald darauf klargeworden sei, die »Strafe« (*ulcio*)
des ewigen Richters zu spüren bekommen; gemeint ist offensichtlich sein Tod im Jahre 1002. Die Aachener Überlieferung geht
über die Graböffnung mit Schweigen hinweg; ein Christ tat so
etwas nicht. – Das Grab Karls des Großen wurde im Jahre 1000
wieder unkenntlich gemacht; Kaiser Friedrich Barbarossa hatte
1165 Mühe, es zu finden.[29]

Herrschergräber haben immer wieder die Neugier, Verehrung
und Begehrlichkeit der Menschen gereizt. Noch zu Ende des
17. Jahrhunderts wurden die Königsgräber im Speyerer Dom von
der Soldateska König Ludwigs XIV. von Frankreich geschändet.
Manches Fürstengrab wahrt bis heute sein Geheimnis, obwohl
den Archäologen modernste Technik zur Verfügung steht.

Im Zug der Landnahme eigneten germanische Große sich weite, von Leuten minderen Rechts bearbeitete Ländereien an. Nach der Christianisierung ließen sie wie Großgrundbesitzer im ehemals Römischen Reich auf eigene Kosten sogenannte Eigenkirchen bauen und ausstatten; diese sind wahrscheinlich oft über dem Grab eines als Heroen verehrten Ahnen[30] oder des Stifters der Kirche errichtet worden. Der Eigenkirchenherr bezahlte einen Priester, den er vielleicht aus dem Kreis seiner Hörigen ausgewählt hatte und der von ihm abhängig blieb; diesem oblag die Sorge für die Seelen der Lebenden und der Toten.

Seit etwa 700 wurden im alemannischen Raum die Toten nicht mehr in Reihengräbern bestattet; vielmehr wurden Herr und Herrin sowie deren Kinder nun in der Kirche, Angehörige der Familie im weiteren Sinn (Gesinde, Hörige) im Hof der Kirche beigesetzt. Der genaue Ort des einzelnen Grabes – in oder nahe bei der Kirche, nahe beim Altar – erlaubt oft Rückschlüsse auf die Stellung, die der Verstorbene in der Gesellschaft eingenommen hatte.

Mancher Eigenkirche wurden im Laufe der Jahrhunderte Rechte verliehen, wie sie Pfarrkirchen auszeichnen: Die Taufe von Kindern, die Einsegnung von Ehen und das Begräbnis von Verstorbenen gehörten zu den Vorrechten des Pfarrers. Umfaßte eine Pfarre ein weites Gebiet, aus dem später Gemeinden ›abgepfarrt‹ wurden, so spricht man von ›Urpfarreien‹. Auf ehemalige Urpfarreien können Ortsnamen auf ›Kirch-‹, ›-kirchen‹ hinweisen, z. B. Kirchzarten, Pfarrkirchen, Dünkirchen/Dunkerque. Namen erinnern an weite Wege zum Friedhof: Der alte ›Totenweg‹ im Hegau, unweit des Kantons Schaffhausen, verweist darauf, daß Bewohner aus Ehingen ihre Verstorbenen einst zu der etwa fünf Kilometer entfernten Pfarrkirche St. Martin in Engen brachten.[31]

Kirchliches Begräbnis – ein Mittel
der Disziplinierung

Seit dem Frühmittelalter wurde das Begräbnis auch als Instrument sozialer Disziplinierung eingesetzt. Während der jahrzehntelangen Kämpfe gegen die (schließlich zwangsweise bekehrten) Sachsen bestimmte Karl der Große: Wer »nach heidnischem Brauch« den Leichnam eines Verstorbenen verbrennt, soll die Todesstrafe erleiden. Die Leichen christlicher Sachsen sollen zu den Friedhöfen der Kirche überführt werden – die damit als gegeben vorausgesetzt werden – und nicht zu den »(Grab-)Hügeln der Heiden«.[32]

Wer alten Stammesbräuchen treu blieb, verletzte das Reichsgesetz und stellte sich außerhalb der Gemeinschaft derer, die durch das Band des Friedens geeint waren; er wurde friedlos. Sachsen, die die Anordnungen Karls beachteten, bekannten sich damit auch zum neuen Glauben; vielen Stammesangehörigen mögen sie wie Verräter an Brauch und Glauben der Väter erschienen sein.

In den folgenden tausend Jahren nötigte die Kirche ihre Gläubigen zu Wohlverhalten auch mit der Drohung, ihnen oder ihren Angehörigen ein kirchliches Begräbnis zu verweigern. Wer nicht auf dem Friedhof beigesetzt werden durfte, kam nicht in den Genuß der Gebete, die am Sterbelager, in der Kirche und am offenen Grab gesprochen wurden; bestenfalls wurde er jenseits der Friedhofsmauer begraben, vielleicht auch nur auf den Schindanger geworfen.

Planmäßige Anlage von Kirchen
und Friedhöfen

Im Zuge des Landesausbaus wurden Dörfer und Städte gegründet; schon im Planungsstadium gliederte man im allgemeinen einen besonderen Platz aus für die Pfarrkirche und den Friedhof. Längst nicht jede Kirche hatte die Rechte einer Pfarrei; die Bewohner mancher Stadt gehörten oft noch lange zu einer vor den Stadtmauern gelegenen Pfarrkirche; daran erinnert die Redewendung ›Die Kirche im Dorfe lassen‹. In Städten hatten die Pfarreien und die als Personalpfarreien verstandenen Klöster und Spitäler im allgemeinen jeweils einen eigenen Friedhof. So zählte man im spätmittelalterlichen Avignon 21 christliche und einen Judenfriedhof.[33]

Auf den meisten ›gewachsenen‹ Friedhöfen wurde nie ein ›Heiliger‹ beigesetzt; trotzdem wurde auch der Friedhof einer Landpfarrei im Laufe der Jahrhunderte zu einer geheiligten Stätte: Durch die Segnung des Grabes mit jeder Bestattung, durch den Glauben der Menschen, daß die hier Ruhenden zu Auferstehung und ewiger Seligkeit berufen seien; durch Überzeugungen von Wesen und Recht des Friedhofs. Daneben war jedoch auch die Friedhofsweihe schon früh bekannt.

Friedhofsweihe

Im 6. Jahrhundert wurden Nonnen gebeten, die verstorbene Königin Radegunde in ihrem Kloster in Poitiers beizusetzen. Die Klosterfrauen erkundigten sich: »Was sollen wir machen, wenn der Bischof der Stadt nicht rechtzeitig erscheint? Denn der Ort, an dem die Königin beigesetzt werden soll, ist noch nicht durch den Segen des Priesters geweiht.«[34] Die Anfrage zeigt, daß man in Gallien zu dieser Zeit eine Friedhofsweihe kannte.

Das ›Pontificale‹ aus dem 10. Jahrhundert enthält auch Gebete, die der Bischof bei der Weihe eines Friedhofs spricht.[35] Zunächst werden die sieben Bußpsalmen gesungen; dann stellt man vier brennende Kerzen so auf Leuchter, daß sie die Enden eines den Friedhof überspannenden Kreuzes zu bilden scheinen. Daraufhin besprengt der Bischof den Friedhof mit Weihwasser und spricht ein Glaubensbekenntnis. Er bittet Gott, gnädig diesen Friedhof, in dem die Leiber seiner Diener und Dienerinnen nach der Mühsal des irdischen Lebens ruhen sollen, zu heiligen, zu reinigen und zu segnen. Gott, der in seinem großen Erbarmen den auf ihn Vertrauenden die Vergebung der Sünden gewährt habe, möge denen, die hier die Posaune des ersten Erzengels erwarten, fortwährend Trost (*consolationem perpetuam*) schenken und ihnen – nach der Wiedervereinigung von Seele und Leib – die ewige Glückseligkeit gewähren.

Ähnliche Gebete wurden gesprochen, wenn jemand an einem Ort begraben werden mußte, an dem es keinen christlichen Friedhof gab. Bevor der Verstorbene hinabgelassen wurde, sollte das einzelne Grab – die Bezeichnung ›kleine Wohnung‹ (*habitaculum*) verweist einmal mehr auf die Überzeugung vom Weiterleben nach dem Tod – gesegnet werden.[36] Auch auf andere Weise konnte ein Platz geweiht werden: Der Legende nach ließ Kaiserin Helena vom Kalvarienberg in Jerusalem Erde nach Rom zum Camposanto Teutonico bringen.[37]

Schon die Evangelien erwähnen ›böse‹, ›unreine‹ Geister. Heidnische Götter hatte Augustinus als Dämonen bezeichnet; grundsätzlich bestritten wurde also nicht deren Existenz, sondern deren Gutsein. Für den Gläubigen bedeuteten sie nach Ansicht mittelalterlicher Autoren eine Gefahr. Die Quellen erzählen von schaurigen Erlebnissen mit bösen Geistern, die – aller Weihe zum Trotz – ihr Unwesen auch auf dem Friedhof trieben, wo sie besonders nachts Lebende und Verstorbene beunruhigten.

Der Friedhof: Nur für Getaufte...

Einschränkungen bringt das letzte Gebet: Vom Begräbnis auf dem christlichen Friedhof sollten Ungetaufte ausgeschlossen sein. Im 10. Jahrhundert, als das erwähnte Buch mit Gebeten für den Bischof zusammengestellt wurde, dürften in Mitteleuropa praktisch alle Erwachsenen getauft gewesen sein; Juden hatten eigene Friedhöfe. Die Einschränkung richtete sich daher in erster Linie gegen Kinder, die gestorben waren, bevor ihre Eltern sie hatten zur Taufe bringen können. Noch in der Neuzeit wurden solche Kinder auf der ›Unschuldigen Gottesacker‹ begraben, etwa unter der Dachtraufe der Kirche. Hier oder an der Kirchhofsmauer wurden auch verstorbene Wöchnerinnen beigesetzt. Das vom Kirchendach herabfließende Wasser sollte die einen gleichsam taufen, die anderen reinigen.[38]

Mancherorts wurden ungetaufte Kinder außerhalb der Mauern des Friedhofs bestattet, aber noch in dessen unmittelbarer Nähe. Da es schimpflich war, dort einen Angehörigen ruhen zu haben, versuchte man – etwa bei einer schwierigen Geburt –, das Kind noch im Mutterleib zu taufen.[39] Mirakel berichten von totgeborenen Kindern, die auf das Flehen der Eltern wunderbarerweise zum Leben erweckt, getauft und dann eines seligen Todes gestorben seien.[40] Hinter solchen Erzählungen stand der Wunsch, das Kind möge in den Genuß eines Begräbnisses kommen, wie es sich für Christen geziemte.

... und für wahrhaft Christgläubige

Die zweite Einschränkung: Der Friedhof sollte denen vorbehalten bleiben, die zeitlebens am katholischen Glauben festgehalten hatten (*perseverantes fuerint*). Mit einem christlichen Begräbnis konnte also nicht rechnen, wer auf dem Sterbebett Zweifel hatte aufkommen lassen, etwa dadurch, daß er sich geweigert hatte zu beichten. Von geweihter Erde fernzuhalten waren selbstverständlich auch die, die aus der kirchlichen Gemeinschaft ausgeschlossen waren: Häretiker und Gebannte. Zur ersten Gruppe gehörten im 12./13. Jahrhundert die Albigenser, die im Süden Frankreichs vielerorts die Mehrheit der Bewohner stellten.

Gebannt war Kaiser Heinrich IV., als er am 7. August 1106 in Lüttich starb. Die nach Speyer überführte Leiche wurde daher zunächst nicht im Dom, sondern in der – nicht geweihten, an den Dom angrenzenden – Afrakapelle beigesetzt; mit pietätvollem Verhalten hätten die Hinterbliebenen sich selber die Strafe der Exkommunikation zugezogen. Jahre später erpreßte Heinrich V. vom Papst die Erlaubnis, seinen Vater in geweihter Erde zu begraben: Am 7. August 1111, dem fünften Jahrestag seines Todes, wurde Heinrich IV. mit großem Gepränge und kirchlichen Ehren im Dom, dessen Bau er nachdrücklich gefördert hatte, zur letzten Ruhe gebettet.

Nach dem Tod konnte man nicht nur von Schuld losgesprochen, sondern auch schuldig gesprochen werden – z. B. vom rechten Glauben abgewichen zu sein. Der große englische Philosoph, Theologe und Reformer Wyclif war schon zu Lebzeiten und erst recht nach seinem Tod (1384) auf Kritik gestoßen;

manche seiner Lehren waren auf Synoden in England wie in Rom verurteilt worden.[41] Einzelne seiner Werke wurden daraufhin in Oxford und Prag – in Böhmen hatte er zahlreiche Anhänger – verbrannt. Mehr als dreißig Jahre nach seinem Tod wurden seine Lehren auf dem Konzil von Konstanz 1415 nochmals verurteilt; das Konzil ordnete an, seine Gebeine auszugraben und zu verbrennen, so wie man hier Jan Hus, der sich auf Wyclif berufen hatte, verbrannte. Ein früherer Gefährte Wyclifs, nun Bischof von Lincoln, lehnte dieses Ansinnen ab. Doch damit gab sich die durch Wyclif und Hus verunsicherte Kirche nicht zufrieden; nach strengen Mahnungen Papst Martins V. wurde der Erlaß 1428, dreiundvierzig Jahre nach dem Tod Wyclifs, ausgeführt.[42]

Die Exhumierung Wyclifs war kein Einzelfall. Noch der Codex Juris Canonici, das von 1917 bis 1983 gültige Recht der katholischen Kirche, ging davon aus, daß ein Friedhof durch die Beisetzung eines Ungläubigen[43] oder eines Exkommunizierten verunreinigt werde. Zur Entsühnung (*reconciliatio*) sollte »der Leichnam des zu Meidenden, der entgegen dem Kirchenrecht an heiliger Stätte sein Grab gefunden« hatte, exhumiert werden, »wenn das ohne ernsten Nachteil geschehen könne«.[44]

Vom kirchlichen Begräbnis ausgeschlossen waren selbstverständlich auch Selbstmörder; nach christlicher Lehre hatten sie sich angemaßt, was Gott als dem Herrn über Leben und Tod vorbehalten sein sollte: Den Zeitpunkt des Todes zu bestimmen.

Würdiges Begräbnis, Ruhe für die Toten?

In einem Dorf wurden die Verstorbenen vielleicht in Einzelgräbern beigesetzt; damit durften in der Stadt allenfalls Wohlhabende rechnen. Die Leichen Armer wurden in einen großen Graben gepackt und mit etwas Erde bedeckt. Wieso sollte auch jemand, der zu Lebzeiten kaum Platz zum Wohnen gehabt hatte, ein eigenes Grab erhalten?! Hier ragte eine Hand aus der Erde heraus, dort ein Fuß; veränderte dieser seine Lage, weil die Leichen sich ›setzten‹, war der Grund gelegt für Schauermären vom ›lebenden‹ Leichnam.

Deshalb erließ man wiederholt Vorschriften zur Tiefe des Grabes: Das Erdreich sollte den Leichnam mindestens eine Elle hoch bedecken; andernorts mußten Erwachsene und Kinder so tief unter die Erde zu liegen kommen, wie sie groß waren.[45]

War der Graben voll, wurde vielleicht mehr Erde über die Leichen geschüttet; der Aushub des nächsten Lochs bot sich dazu an. In Seuchenzeiten wurden auch reiche Verstorbene in Massengräber außerhalb der Siedlung abgeladen; von einem würdigen Begräbnis konnte keine Rede sein.

Im Zuge vorbeugender Seuchenbekämpfung trennte man seit dem Spätmittelalter die Bereiche der Lebenden und der Toten, zunächst nur in ›Pest‹zeiten: Abseits vom Siedlungskern legte man neue Friedhöfe an und verbot später die Belegung des Friedhofs innerhalb der Siedlung.

Die Friedhöfe wurden ›eingefriedet‹, damit herumstreunende Tiere die Leichen nicht aus den ›Gräbern‹ zerren, auffressen und die Gebeine verstreuen konnten; für Zaun oder Mauer galten Mindesthöhen. Abbildungen zeigen am Friedhofseingang sogenannte Beinbrecher, eiserne Roste, die Huftiere fernhielten; für Hund, Katze und Fuchs bildeten sie wohl kaum ein Hindernis.

Die Gräberfelder innerstädtischer Friedhöfe wurden immer wieder neu belegt. Im Idealfall barg man nach der vollständigen Verwesung des Fleisches Schädel und Beinknochen; aufgeschichtet in einem ›Beinhaus‹, das oft an die Friedhofsmauer gebaut war, boten sie einen gespenstischen Anblick. Trotz solcher ›Verlagerung‹ wuchsen die Friedhöfe immer mehr in die Höhe. Der mitten in Paris gelegene ›Cimetière aux S. Innocents‹ (Friedhof zu den Unschuldigen Kindern) hat von 1186 bis zum Ende des 18. Jahrhunderts aus zweiundzwanzig Pariser Pfarreien nach Schätzungen sieben Millionen (!) Leichen aufgenommen; der Boden ist im Laufe der Zeit um etwa acht Fuß (2,5 Meter) über die Umgebung gestiegen. Obwohl die Polizei schon 1720 die Sperrung gefordert hatte, wurden hier bis zum Vorabend der Französischen Revolution Menschen bestattet.[46] Aufgehoben wurde der ›Cimetière aux S. Innocents‹ erst im Jahre 1785; bis 1814 wurden die Gebeine von mehreren Millionen Verstorbener in den seit römischer Zeit als Steinbruch genutzten ›Katakomben‹ des Mont Rouge, unweit der

Place Denfert-Rochereau, gestapelt; dort kann man sie noch heute besichtigen.[47]

Bei einer Einzelbestattung mochten Wohlhabende sich wohl einen Sarg leisten. Der war aus Brettern gezimmert oder aus einem Baumstamm gehauen; in den Quellen begegnet der (ausgehöhlte) ›Baum‹ oft im Sinn von ›Sarg‹. Arme, nicht selten auch Reiche, wurden in einem wiederverwendbaren, der Gemeinde gehörenden Sarg oder auf einem Totenbrett zum Friedhof getragen.[48] Dort übergab man dann die sterbliche Hülle, die oft nur in ein Leichentuch gehüllt war, der Erde.

Bei felsigem Boden schlug man einige wenige ›Gräber‹ in den Stein; die Arbeit war mühevoll und Werkzeug kostbar. Wie man noch heute neben der ehemaligen Abteikirche von Montmajour in der Provence sieht, entsprach die Höhlung möglichst genau den durchschnittlichen Körpermaßen, mit einer kleinen ›Apsis‹ für den Kopf. Später wird man auch hier die Gebeine im Beinhaus aufgeschichtet haben, um Platz für jüngst Verstorbene zu gewinnen.

Vornehme ließen sich seit dem 2. nachchristlichen Jahrhundert häufiger in Sarkophagen beisetzen. Diese waren mit Blumengirlanden, Kränzen, einem letzten Gruß geschmückt[49], später auch mit Bildern, die Jesus als guten Hirten, die Apostel, das Kreuz als Symbol der Erlösung und überhaupt Darstellungen zeigen, die auf das Leben nach dem Tod verweisen. Fließend waren die Übergänge vom einfachen Sarkophag zu einer hausartig gebauten Familiengrablege in der Kirche oder auf dem Friedhof.

Einen Sarkophag konnte man mehrfach benutzen; Körperflüssigkeit floß durch Öffnungen im Boden ab, so daß der Leichnam mumifizierte und später gegebenenfalls in einem Erdgrab bestattet werden konnte. Dieses Umbetten lief jedoch auf eine Störung der Totenruhe hinaus. Zwar verhielt man sich jahrhundertelang auf Friedhöfen erstaunlich unbefangen; doch hatten viele Menschen ein Gespür für Pflichten der Lebenden und Rechte der Toten. Die Öffnung des Grabes Karls des Großen hatte, wie wir gesehen haben, auch Kritik ausgelöst; ein geschärftes Gewissen konnte erst recht nicht billigen, daß aus einem Grab Gebeine entfernt wurden, um Platz für einen anderen Verstorbenen zu schaffen.

Thietmar, 1009 bis 1018 Bischof von Merseburg, bekennt sich und dem Leser in seiner Chronik manche Schuld. Durch Simonie, ein zu dieser Zeit schon verpöntes, wenn auch häufiges Vergehen, hatte er die Leitung einer Mönchsgemeinschaft gewonnen. Als Propst von Walbeck wurde er nun um einen Gefallen gebeten: Es handelte sich um nichts weniger als das Grab seines Vorgängers, des »ehrwürdigen Willigis«; in diesem wollte sein Bruder seine jüngst verstorbene Frau, Thietmars Schwägerin, beisetzen. Zunächst habe er abgelehnt, schreibt Thietmar; schließlich dem Drängen seines Bruders nachgebend, habe er Recht und fromme Scheu beiseite geschoben; »so beging ich Elender einen Frevel; hätte ich es doch unterlassen! Ich, ein Christ, habe durch Schändung von Grab und Gebeinen meines Mitbruders etwas verübt, was schon bei den Heiden als ruchlos galt.«

Thietmar bekam den Unwillen des Himmels und seines Vorgängers zu spüren: Einen im Grab gefundenen silbernen Kelch wollte er Armen als Almosen zukommen lassen. Zwar wünschte die Kirche, daß man Bedürftigen helfe, anstatt Verstorbenen kostbare Gaben ins Grab zu legen. Doch durfte man mit dem Gut des Amtsvorgängers, sozusagen auf dessen Kosten, Gutes tun? Der Kelch war später spurlos verschwunden; sicher hatte Willigis sein Eigen an sich genommen. Eine solche Vermutung entsprach den Vorstellungen des Merseburger Bischofs vom Weiterleben und -wirken Verstorbener.

Einige Zeit später erkannte Thietmar an einer Krankheit, daß er sich auch an Gott versündigt hatte. Nach seiner Genesung machte er eine Pilgerfahrt nach Köln. Eines Nachts hörte er großen Lärm; auf die Frage, was los sei, sprach eine Stimme: »Ich bin hier, Willigis; durch deine Schuld muß ich ruhelos umherirren.« Seitdem, schreibt Thietmar, müsse er »zitternd diese Schuld beklagen«.[50]

Mit der ›Ruhe‹ der Toten war es also nicht weit her; mit Ruhe konnte vielleicht am wenigsten rechnen, wer in einem vornehmen Grab beigesetzt war. Selbst wenn der Leichnam nicht beraubt wurde, bestand immer die Gefahr, daß er einem anderen Platz machen mußte und die sterblichen Überreste kurzerhand entfernt wurden – wie man es mit den Gebeinen Theoderichs in Ravenna gemacht hat und mit den Millionen, deren Schädel bestenfalls in Beinhäusern aufgeschichtet wurden.

Thietmars Bekenntnis wirft ein Schlaglicht auf den Wunsch ›Ruhe in Frieden‹. In erster Linie sollten nicht die Toten ihre Ruhe haben, sondern die Lebenden wollten in Ruhe gelassen werden; sie wollten in Sicherheit vor den unheimlichen Verstorbenen leben, deren Stimmen, deren Geister den Menschen überall, vorzugsweise im Schlaf und auf dem Friedhof, schrecken konnten. Der Bischof von Merseburg dürfte für zahllose Zeitgenossen und Spätere stehen. Thietmar hatte nicht das Vertrauen eines Augustinus, die Art der Bestattung sei unerheblich für das Weiterleben des Verstorbenen in Gott; sein Denken wird zumindest in diesem Punkt weniger von christlichen als von germanischen Vorstellungen bestimmt, nach denen Tote ruhelos umherirren, Lebende schrecken und sogar verderben konnten.[51]

Exhumierung konnte auch eine Ehre bedeuten; so sind die sterblichen Überreste Tausender von schimpflich hingerichteten Märtyrern im wörtlichen Sinn zur Ehre der Altäre erhoben worden. Mindestens ein Fall ist überliefert, in dem die Exhumierung das Verlangen nach Rache stillen sollte. König Alfonso IV. von Portugal hatte die Geliebte und spätere Ehefrau seines Sohnes Pedro im Jahre 1355 ermorden lassen. 1357 bestieg Pedro den Thron. Er ließ den Mördern bei lebendigem Leib das Herz aus der Brust reißen. Dann soll er angeordnet haben, den einbalsamierten Leichnam der Gattin mit allen Insignien königlicher Würde – Krone, Purpurmantel und Schmuck – zu bekleiden und auf den Königsthron zu setzen. In einer gespenstischen Szene sollen der Adel des Landes und die Cortes der Toten gehuldigt und ihre starre Hand geküßt haben. In feierlichem Zug sei die Verstorbene daraufhin zur Beisetzung in das Zisterzienserkloster Alcobaza geleitet worden, wo sie – wie schon erwähnt – noch heute ruht.[52]

Kirche und Friedhof als Stätten des Asyls. Seit alters her bot die Kirche Verfolgten – hier einer Frau – Schutz vor ihren Häschern; bis in die Neuzeit erstreckte sich das Asylrecht auch auf Friedhöfe. Der Kirchenbezirk ist durch eine Mauer eingefriedet; ein Rost im Eingang, der sogenannte Beinbrecher, soll Huftiere am Betreten des Friedhofes hindern. Rechts vom Kirchenportal sind in einem Beinhaus Schädel aufgestapelt – Memento mori für die Lebenden. Im Hintergrund sieht man eine Gruppe auf dem Weg zum Galgen, an dem Gehᴧnkte baumeln; anders als Pfarrkirche und Friedhof, lag die Richtstätte im allgemeinen außerhalb der Siedlung. Eine Frau, die Gräfin von Montfort, übt ihr Begnadigungsrecht aus, indem sie dem Henker zwei Verurteilte »ab der Hand« schneidet. – Aus der Luzerner Chronik des Diebold Schilling, 1513.

Der Friedhof: Ein Mehrzweckraum

Der Friedhof sollte nahe bei der Pfarrkirche liegen; er wurde deshalb auch ›Kirchhof‹ (englisch *churchyard*) genannt. Auf dem Gang zur Kirche und im ›Memento‹ der Messe wurde man sich der Gemeinschaft der Lebenden und Verstorbenen bewußt. Die räumliche Nähe von Siedlung und Friedhof begünstigte die Sorge für die Toten und für das Grab; beides verklammerte die Generationen und trug zur Ausbildung von Sippenbewußtsein bei.

Die Gemeinschaft der Toten war ähnlich gegliedert wie die der Lebenden: Hier Laien, dort Kleriker, und von diesen noch eigens abgesondert die Priester; getrennt waren Reiche und Arme, Erwachsene und Kinder, Ledige und Verheiratete. Im allgemeinen wurden diese gemeinsam bestattet; die eheliche Gemeinschaft galt über den Tod hinaus.

Friedhöfe hatten meist noch eine eigene, in besonderer Weise dem Totenkult gewidmete Kapelle. Oft war sie dem Schutz des hl. Michael, nicht selten auch dem des hl. Nikolaus [53] anvertraut. Man glaubte, Michael geleite die Seele nach dem Tod ins Paradies, schütze sie unterwegs vor Nachstellungen böser Geister und helfe ihr beim Jüngsten Gericht. Nikolaus, einer der beliebtesten Heiligen der griechischen wie der römischen Kirche, stand als wahrer Nothelfer Lebenden und Toten bei: Heiratsfähige arme Mädchen hatte er der Legende nach vor dem Schimpf bewahrt, durch Prostitution den Lebensunterhalt ihres Vaters und die eigene Aussteuer verdienen zu müssen; Studenten hatte er vom Tod erweckt. [54]

Als geweihte Stätte und Scharnier zwischen zwei Welten war der Friedhof in doppelter Hinsicht ›eingefriedet‹: Zaun oder Mauer hoben ihn von seiner Umgebung ab; zudem galt für ihn (fast) derselbe Friede wie für die Kirche; noch in der Neuzeit erstreckte sich das Asylrecht auch auf Friedhöfe. [55] Wer gelyncht zu werden drohte, sah sich zunächst einmal gerettet, wenn er einen Friedhof erreicht hatte. Nach der Legende verließen zuweilen sogar die Toten ihre Gräber, um einen zu Unrecht Verfolgten zu verteidigen. [56]

Wurden die Umfassungsmauern mit Eck- und Tortürmen verstärkt, bildete der Friedhof den wehrhaften Kern des Dorfes. Wer sich in unruhigen Zeiten hierhin zurückziehen wollte, traf schon im Frieden Vorkehrungen: An der Innenseite der Mauer legte man Räume, oft kleine Häuser an, in denen Bauern wertvolle Habe und Vorräte bargen; hier entstanden Einrichtungen der Gemeinde, z. B. Brauhaus und Backhaus.

Es war naheliegend, daß der Totengräber auf dem Friedhof wohnte. Was man diesem nicht verwehren wollte, konnte man anderen nicht verbieten: Wer während eines Krieges seine Behausung verloren und auf dem Friedhof Zuflucht gefunden hatte, war geneigt, sich hier auf Dauer einzurichten.

In dem Maße, wie Kirche und Friedhof zum vielbesuchten Kernbezirk der Siedlung wurden, wuchs ihre Bedeutung auch für die weltliche Gemeinde: Wenn Gerichtsverhandlungen vor dem Kirchenportal stattfanden – die Darstellung des Jüngsten Gerichts im Tympanon erinnerte die Richter an ihre Verantwortung –, wurde der Friedhof zu einer allgemeinen Versammlungsstätte. Hier wurden auch aufrüttelnde Predigten gehalten, Testamente verlesen, die Gemeinde berührende Anordnungen verkündet; in die Friedhofsmauern waren öffentliche Maße eingelassen.[57] Der Friedhof bildete schließlich einen geeigneten Treffpunkt für Verschwörer: Hier brannte vielerorts ein ewiges Licht, und den meisten Menschen grauste nach Einbruch der Dunkelheit vor diesem Platz wie vor einer unheimlichen Stätte.

Auch wirtschaftlich wurden Friedhöfe genutzt, etwa zur Anpflanzung von Obstbäumen, wie der St. Galler Klosterplan zeigt.[58] Wiederholt stritten Pfarrer und Gemeinde um das Recht, hier Vieh weiden zu lassen oder Gras mähen zu dürfen. Trotz kirchlicher Verbote fanden auf Friedhöfen Märkte und Ausstellungen statt. Noch Mitte des 18. Jahrhunderts wird in einem Erlaß »Herren, Pfarrern und allen anderen« eingeschärft, sie dürften auf Friedhöfen weder Tanzveranstaltungen noch Jahrmärkte dulden.[59]

Ein bezeichnendes Schlaglicht werfen schließlich auch Bestimmungen des von 1917 bis 1983 gültigen Römischen Kirchenrechts: Geweihte Friedhöfe konnten geschändet werden; die Entsühnung galt als geboten, wenn hier ein Mord verübt worden war. Eine andere Bestimmung wurde 1917 nicht in die Neufassung des Kirchenrechts übernommen. Im 13. Jahrhundert hatten die Päpste Gregor IX. und Bonifaz VIII. nicht nur Blutvergießen als Grund für die Entsühnung eines geweihten Friedhofs erklärt, sondern auch *effusio seminis*, den Erguß männlichen Samens.[60]

Judenfriedhöfe

Für Juden hatte der Friedhof eine noch größere Bedeutung als für Christen. Vor dem Bau einer Synagoge kaufte die Gemeinde Land zur Anlage eines Friedhofs. Die Lebenden mochten ihre Gebete in einem einfachem Raum sprechen, aus dem man gegebenenfalls auch in einen anderen ausweichen konnte; doch die Toten mußten eine feste Bleibe haben, für die charakteristische Bezeichnungen geprägt wurden: *Bet olmin* (Haus der Ewigkeit), *Bet ha-kewarot* (Haus der Gräber), *Chazar mawet* (Hof des Todes) und *Bet ha-chajjim* (Haus des ewigen Lebens).[61]

Manchmal hatte ein größerer Bezirk nur einen Friedhof; die Siedlung, zu der dieser gehörte, galt als Mittelpunkt des ganzen Bezirks, z. B. für die Rechtsprechung. Im Deutschen Reich bediente sich auch die weltliche Gewalt dieser Gliederung: Um die Juden wirksam kontrollieren und ihre Abgaben leichter eintreiben zu können, ließ König Ruprecht I. (1400–1410) die Juden in ›Friedhöfe‹ genannte Bezirke einteilen.

In Notzeiten suchten Juden den Friedhof auf, um die Toten zu bewegen, die Gnade Gottes zu erflehen. Dann wurden die Gräber, besonders die von Verwandten, zu Gebetsorten, wo die Besucher ihr Herz ausschütteten. Als die Juden 1492 aus Spanien vertrieben wurden, verbrachten viele von ihnen ihre letzten Stunden auf den Gräbern ihrer Vorfahren; die Tränen der Lebenden mischten sich mit dem Staub der Toten.

Verstorbene wurden oft so beigesetzt, daß ihr Gesicht in Richtung Jerusalem wies; andere scheinen zu ihrer Wirkungsstätte zu blicken. Grabsteine halten Name und Todesjahr fest; dazu kommen oft ein Segenswunsch und besondere Ereignisse im Leben des hier Ruhenden; die Angaben zur Person werden, wie Inschriften auf Gräbern von Christen, im Laufe der Jahrhunderte oft genauer. So mag es etwa heißen: »Dies ist der Gedenkstein unseres Meisters, Rabbi / Jakob b(en = Sohn) R(abbi) Jakar, der verschied / zum Garten Eden im Jahre 824 (= 1064) / der Zählung. Seine Seele sei in Eden.« Der Schlußwunsch mag auch lauten »Seine Ruhe sei in Ehren« oder »Seine Ruhe sei unter dem Baum des Lebens«.

Grabsteine aschkenasischer Gemeinden (in Mitteleuropa, besonders in Deutschland) stehen aufrecht, die der sephardischen Gemeinden (vom spanischen Judentum her geprägt) liegen flach auf der Erde. Der Brauch, Steinchen auf jüdische Grabsteine zu legen, wird unterschiedlich erklärt; die folgenden Deutungen schließen einander nicht aus: Erinnerung daran, daß man am Rande der Wüste die Toten mit Steinen gegen herumstreunende Tiere schützte, wenn es nicht möglich war, ein Erdgrab auszuheben; eine Art ›Visitenkarte‹, ein Zeichen der Verbundenheit des Besuchers mit dem Verstorbenen.

Der Tod – nicht Ziel, sondern Durchgang

Häufig wird das Sterben als letztes bewußtes Tun geschildert, wenn es etwa heißt, der Mensch habe seine Seele Gott zurückgegeben, er sei in die ewige Heimat gewandert. Jesus war verschieden mit den Worten »Herr, in deine Hände lege ich meinen Geist« (Lk 23, 46); Stephanus hatte unmittelbar vor seinem Tod den Himmel offen gesehen und war mit der Bitte gestorben: »Herr Jesus, nimm meinen Geist auf!« (Apg 7, 56. 59). Die Gewißheit, daß die Seele des Verstorbenen unmittelbar nach dem Tod in den Genuß der Seligkeit gekommen sei, spricht auch aus der Überlieferung vom Tod Mariens sowie aus Berichten vom Sterben der Märtyrer und der Bekenner der Frühzeit der Kirche.

Bilder zeigen, wie Jesus die Seele (*anima*) seiner Mutter in Gestalt einer kleinen Person aufnimmt; in anderen Darstellungen spannen Engel ein Tuch, auf dem sie die Seele zum Himmel führen. Künstler wandelten ein Motiv aus der Schöpfungsgeschichte ab: Wie Gott dem ersten Menschen das Leben eingehaucht hatte (Gen 2, 7), so hauche der Mensch im Tod den Odem des Lebens wieder aus – im Bild als Person gezeigt, die aus Mund oder Nase des Menschen entweicht. Doch ausschließlich harmonische Darstellungen vom Geschehen nach dem Tod waren nicht erlaubt; die den Christen heilige Überlieferung regte vielmehr zu dramatischen Berichten und Visionen an.

Credo ... iudicare vivos et mortuos

In erbitterten Auseinandersetzungen mit Anhängern abweichender Lehren definierten Theologen in den ersten nachchristlichen Jahrhunderten Fundamente des Glaubens. Das Glaubensbekenntnis des zweiten ökumenischen Konzils (Konstantinopel 381) gehört zu Grundbestand und Erbe der großen christlichen

Gemeinschaften. Der Gläubige bekennt hier, daß Christus in Herrlichkeit wiederkommen wird, um die Lebenden und die Toten zu richten; der Schlußsatz drückt die Erwartung aus, daß die Toten zu einem künftigen Leben wiederauferstehen werden.[1]

Solche Verheißungen entsprachen dem Verlangen nach ausgleichender Gerechtigkeit, wie es auch vorchristlichen Religionen des Mittelmeerraums bekannt war[2], wie es im Judentum[3] und im Islam[4] verbreitet war und im Christentum[5] weiterentwickelt wurde: Einst werden Böse bestraft, Gute belohnt werden. Dieser Glaube war geeignet, Hinterbliebene zu trösten: Wenn das Leben im Tod nicht endgültig genommen, sondern ›nur‹ verändert wurde, würde man den Verstorbenen einst wiedersehen; die ›Gerechten‹, das heißt diejenigen, die Gottes Gnade fänden, würden dann sogar zu einem ewigen Leben der Seligen wiederauferweckt werden.

Trösten konnte die Verheißung eines Gerichts und ewiger Seligkeit auch Beladene, die in ›diesem‹ Leben nichts als Mühsal erfahren hatten; zudem verwies sie Besitzende und Herrschende auf ihre Verantwortung. Der Glaube an die Auferstehung der Toten und das Jüngste Gericht entlastete schließlich die Hinterbliebenen: Die Verfügung über die Toten war ihnen entzogen und in die Hände Gottes gelegt.

Die so einfach anmutenden Sätze des Glaubensbekenntnisses ließen, wie die hinter ihnen stehenden biblischen Aussagen, Fragen offen: Was geschah mit den Seelen zwischen dem Tod und dem Jüngsten (d. h. Letzten) Gericht? Was mit Kindern, die vor ihrer Aufnahme in die Gemeinschaft der Christen gestorben waren? Solange keine verbindlichen Aussagen vorlagen, blieb Platz für Vermutungen. So meinte man etwa im Frühmittelalter, daß die Seele auch der zur Seligkeit Berufenen nach dem Tod und bis zum Jüngsten Gericht in einem Zwischenzustand bleibe, den man mit Begriffen wie Licht, Ruhe, Erfrischung umschrieb.[6]

Wenn es zu allen Zeiten Vorstellungen gab, die über das hinausgingen, was von kirchlichen Autoritäten gesagt, gebilligt oder zugelassen worden war, so hängt das mit den verbindlichen kirchlichen Lehraussagen zusammen: Sie hinken der Entwicklung hinterher und sind eher von der Auseinandersetzung mit ›Irrlehrern‹ als von der Sorge geprägt, Antwort auf brennende Fragen der Menschen zu geben.

Das dadurch entstehende Vakuum wurde nicht selten durch Visionen einzelner ausgefüllt, die sich darauf beriefen, Außerordentliches geschaut zu haben.[7] Häufig waren es Menschen ohne gelehrte Bildung; hier ein Bauer, dort ein Mönch, denen niemand Ungewöhnliches zugetraut hätte. Ihre Visionen, die sich gerade auch auf das Leben nach dem Tod beziehen, stehen in einer langen Tradition; zum einen der heiligen Schriften, allen voran der Geheimen Offenbarung und des Buchs Daniel, aber auch etwa den Visionen der Sibylle. Das kirchliche Lehramt stand ›privaten‹ Visionen skeptisch gegenüber; die Offenbarung galt mit dem Tod des letzten Apostels und der Abfassung der als kanonisch anerkannten heiligen Schriften als abgeschlossen. Trotzdem wurden Visionäre, unter ihnen zahlreiche Frauen (z. B. Hildegard von Bingen), kirchlich anerkannt, ohne daß das von ihnen Geschaute immer gebilligt worden wäre.

Das vierzehnte ökumenische Konzil, das sich im Jahre 1274 in Lyon versammelte, verkündete als Glauben der Christen: Die Seelen derer, die nach der Taufe nicht von Sünde befleckt oder die zu Lebzeiten oder nach dem Tod von Sünden gereinigt wurden, werden »bald in den Himmel aufgenommen«; die Seelen derer, die mit einer Todsünde sterben oder mit der Erbsünde verscheiden, steigen »bald in die Hölle« hinab, wo sie mit unterschiedlichen Qualen bestraft werden. Unabhängig davon werden am Jüngsten Tag a l l e Menschen mit ihren Körpern vor dem Gericht Christi erscheinen, wo sie Rechenschaft ablegen müssen über ihre Taten.[8] Was verstand man unter Himmel und Hölle? Wie stellte man sich das Gericht vor?

Die Vision eines einfachen Mönches

Das Konzil von Lyon bekräftigte eine im Abendland verbreitete Auffassung, die im 12. Jahrhundert erstmals systematisch zusammengefaßt worden war: Unmittelbar nach dem Tod müsse der Verstorbene sich einem besonderen Gericht stellen; in diesem werde die Entscheidung über das Geschick der Seele fallen: Aufnahme in den Himmel, Sturz in die Hölle oder Läuterung. Später, am Ende der Zeiten, würden alle Verstorbenen und dann noch Lebenden zu einem allgemeinen Gericht gerufen werden.

Gut ein halbes Jahrtausend vor dem Konzil von Lyon zeichnete im Jahre 716 der Angelsachse Winfrid die Vision eines Mönches aus dem Kloster Wenlock auf.[9] In diesem Jahr wurde Winfrid zum Abt seines Klosters Nursling (Südengland) gewählt; im selben Jahr machte er eine erste Missionsreise zu den Friesen. Zum Bischof geweiht, wirkte er später unter dem Namen Bonifatius (der hier weiterhin gebraucht werden soll) im Frankenreich; 754 wurde er als Missionar in Friesland erschlagen.

Bonifatius berichtet von Erlebnissen, die der ungenannte Mönch während einer Krankheit hatte. Der Visionär habe ihm und vertrauenswürdigen Mitbrüdern nach seiner Genesung von dem berichtet, was er gesehen und erfahren hatte. Die von Bonifatius wohl überarbeiteten Aussagen seien hier deshalb ausführlicher vorgestellt, weil sie ein frühes, besonders anschauliches Zeugnis von Jenseitsvorstellungen bilden; viele Elemente finden sich in späteren Visionen wieder.

Von der Last des Körpers befreit, überblickte der Visionär die ganze Erde und ihre Bewohner. Engel nahmen ihn in Empfang; sie hätten einen solchen Glanz verbreitet, daß er sie nicht habe anschauen können. Die Form ihres Gesangs – mit lieblichen Stimmen vorgetragen – stand in einem nicht aufgelösten, dem Visionär und dem Chronisten vielleicht nicht einmal bewußten Gegensatz zum Inhalt der Bitte (Ps 38, 2): »Herr, strafe mich nicht in deinem Zorn, und züchtige mich nicht in deinem Grimm!«

Rings um die Welt loderte ein gewaltiges Feuer, das dem Visionär nur deshalb nicht schadete, weil Engel ihn schützten. Er sah Seelen, die aus dem Körper wanderten. Ihretwegen entbrannte ein Streit zwischen Chören himmlischer Engel und Banden böser Geister. Die Dämonen hätten nämlich die Seelen der Verschiedenen angeklagt und deren Sündenlast zu vergrößern gesucht; dagegen seien die Engel bestrebt gewesen, die Seelen zu entschuldigen.[10]

Angegriffen sah sich auch der Visionär: Schandtaten, Sünden und Fehler, alle wie Personen mit je eigener Stimme begabt, schrien schrecklich gegen ihn. Auch Vergehen, die er seit Kindertagen zu beichten unterlassen, die er schlicht vergessen oder deren Sündhaftigkeit ihm nicht bewußt gewesen sei, traten ihm nun entgegen: »Ich bin deine Begierde, mit der du sehr oft unerlaubte und mit Gottes Geboten unvereinbare Dinge begehrt hast«, »ich bin der eitle Ruhm«; wieder andere stellten sich vor als die Lüge, das müßige Wort, der sündige Blick, Ungehorsam, Trägheit, Zerstreutheit, Schläfrigkeit, Müßiggang, Nachlässigkeit, Gleichgültigkeit – ein personifiziertes Sündenregister, das Einblick in Versuchungen eines Mönches im 8. Jahrhundert gewährt. Es kam noch schlimmer: Der Visionär sah einen Menschen, den er – bevor er Mönch geworden war – verwundet hatte und der noch am Leben war; er war herbeigeholt worden, um Zeugnis von dem Blutvergießen abzulegen.

Offensichtlich hatten die bösen Geister, die jeweils auch Ort und Zeit des Vergehens bezeugten, genau Buch geführt. Nachdem sie die Missetaten des Visionärs zusammengetragen und zusammengerechnet hatten (*cumulatis et conputatis sceleribus*), behaupteten sie, daß der sündige Mönch angesichts seiner erwiesenen Schuld ohne Zweifel ihnen überantwortet werden müsse.

Wie in jedem ordentlichen Gerichtsverfahren kommt jedoch auch die Gegenseite zu Wort: Mit lautem Geschrei – in dieser Hinsicht den Dämonen ähnlich – verkünden die »geringen Tugenden der Seele« des Mönches: »Ich bin der Gehorsam, den er geistlichen Oberen bewiesen hat«; »ich bin das Fasten«, das Gebet, die Dienstwilligkeit gegenüber Leidenden... Der Visionär hört und sieht, wie – ihn entschuldigend – jede einzelne Tugend gegen ihren Widersacher, die Sünde, anschreit, von Engeln unterstützt. Insgesamt hatte der Mönch, um dessen Seele es hier ging, den Eindruck, daß das von ihm gewirkte Gute seinen Verteidigern weit größer erschien, als er es geübt hatte. Demütige Selbsteinschätzung war geeignet, das von Tugenden und Engeln entwickelte insgesamt erfreuliche Bild zu rechtfertigen.

Der Visionär wurde auch Zeuge einer Gerichtsverhandlung gegen einen Abt. Dessen Seele habe überaus schön und wohlgestaltet ausgesehen; trotzdem hätten die bösen Geister sie an sich gerissen und behauptet, sie gehöre ihnen. Die Ankläger sahen sich plötzlich von einer großen Schar in die Schranken gewiesen: Der Abt sei ihr Oberhaupt und Lehrer gewesen; durch sein Vorbild habe er sie alle für Gott gewonnen. Die als Zeugen geladenen Seelen der Mönche maßten sich schon richterliche Befugnisse an, wenn sie erklärten: »Um diesen Preis ist er erlöst worden, und man sieht klar, daß er euch nicht gehört.«

Weiter sah der Visionär »eine grausige und unsagbare Menge von Schändlichkeiten« des zu dieser Zeit wohl noch lebenden Königs Ceolred von Mercien; der schauende Mönch erfuhr, daß die Dämonen dem König ewige Qualen in der Hölle in Aussicht stellten; er wurde Zeuge, wie sie ihn mit verschiedenen Marterwerkzeugen zerfleischten. Das Beispiel zeigt, wie sehr sich die Visionsliteratur dazu eignete, einzelne Personen und Mißstände anzuprangern.

Die Anlage der jenseitigen Welt

Vorher hatte der Mönch Einblick in den Aufbau der jenseitigen Welt erhalten. In der Tiefe sah er flammenspeiende Feuerschächte; unter Weinen und Klagen flogen unselige Menschen in Gestalt schwarzer Vögel durch die Flammen (*in similitudine nigrarum avium per flammam plorantes*); für Augenblicke klammerten sie sich an die Ränder der Schächte, in die sie dann mit einem Schrei wieder hinabfielen. Ein Engel erläutert: Die kurze Ruhepause zeige an, daß Gott am Tag des Gerichts diesen Seelen »Erfrischung von ihrer Strafe« (*refrigerium supplicii*) und »ewige Ruhe« (*requiem perpetuam*) gewähren werde.

Aus der Tiefe der Feuerschächte, gleichsam aus der untersten Hölle, hört der Mönch gräßliche Laute, die ihn erzittern lassen. Wieder erläutert sein Begleiter: »Das Stöhnen und Weinen, das du in der Tiefe hörst, rührt her von den Seelen, zu denen niemals das gütige Erbarmen des Herrn kommen wird; sondern ein unlöschbares Feuer wird sie ohne Ende peinigen.«

Ferner sieht er einen gräßlich anzuschauenden kochenden

Pechstrom. Über einen hölzernen Steg streben die »heiligen und ruhmreichen Seelen« nach der Gerichtsverhandlung zum jenseitigen Ufer. Die einen gehen festen Schrittes hinüber, andere straucheln und fallen in den Höllenstrom, in den sie unterschiedlich tief eintauchen; herrlich anzuschauen, steigen sie aus dem Pechstrom ans andere Ufer. Ein Engel erklärt: »Das sind die Seelen derer, die nach dem Hinscheiden aus dem sterblichen Leben der Züchtigung des erbarmenden Gottes bedurften, weil sie von einigen leichten Fehlern noch nicht ganz gereinigt waren« (*quibusdam levibus vitiis non omnino ad purum abolitis*).

Jenseits des Pechstroms erblickt der Visionär Mauern von staunenswerter Ausdehnung, unermeßlicher Höhe und blendendem Glanz. Wieder erläutert der Engel: »Das ist die heilige und berühmte Stadt, das himmlische Jerusalem, in dem die heiligen Seelen sich ewiger Wonnen erfreuen werden.«

Schließlich befahlen die Engel dem Visionär, in seinen Leib zurückzukehren und das Geschaute den demütig Fragenden zu offenbaren. Zur Beglaubigung seiner Aussagen solle er einer bestimmten Frau ihre Sünden aufzählen und sie auffordern, Gott durch Werke der Buße versöhnlich zu stimmen. Er selber solle die Sünden, die ihm die unreinen Geister vorgehalten haben, beichten und sühnen.

Die verschiedenen Teile der von Bonifatius festgehaltenen Vision sind nicht zu einem schlüssigen System zusammengefügt; doch bringt sie Einzelheiten, die in mittelalterlichen Jenseitsvorstellungen häufig begegnen und die jahrhundertelang das Denken und die Ängste der Menschen bestimmt haben.

Zwei Welten stehen sich gegenüber: Himmel und Hölle, gute Engel und böse Dämonen, Auserwählte und Verdammte. Die Engel strahlen, sie singen mit wohllautenden Stimmen; zu ihnen gehören die zur Seligkeit Berufenen. Die Dämonen sind schwarz; in ihrer Gewalt sind zwei Gruppen von Seelen: für immer die der Verdammten, die klagen, jammern, seufzen; für eine unterschiedlich lange Zeit die Seelen derer, die geläutert werden müssen.

In der von Bonifatius überlieferten Vision wird Engeln und Dämonen die Argumentation dadurch erleichtert, daß das Tun jeder Seele wie in einem Buch genau festgehalten ist.[11] Es bleibt offen, wer die Buchführung und die Abrechnung besorgt. Die wie selbstverständlich vorausgesetzte Rechenhaftigkeit (der Bericht benutzt das Verb *conputare*) entspricht Bußübungen, wie die iroschottische Kirche sie im Frühmittelalter praktizierte.

Mit dem offensichtlichen Fehlen eines Richters, der einen allseits anerkannten, rechtsgültigen Spruch fällt, könnte zusammenhängen, daß der Mönch von Wenlock noch n a c h der ›Abrechnung‹ Dämonen und Engel um die Seele kämpfen sah. Der Streit ist von Künstlern oft dargestellt und später wiederholt an den Rand des Sterbebetts vorverlegt worden. Humoristisch verklärt, begegnet die Auseinandersetzung noch bei Wilhelm Busch: Mit Schwert und Heugabel bewaffnet, kämpfen der Engel und der Teufel um die Seele der ›frommen‹ Helene.

Läuterung der Seele

Der Gewährsmann des Bonifatius schaute zwei Orte im Jenseits, an denen Seelen litten, die sich zu Lebzeiten schuldig gemacht hatten, ohne endgültig von der Seligkeit ausgeschlossen zu sein: Gräßliche Feuerschächte in der Tiefe der Welt und der dem himmlischen Jerusalem vorgelagerte Höllenstrom; dessen Name – *Tartareus flumen* – verweist auf vorchristliche Vorstellungen: Nach Homer stürzte Zeus Frevler gegen seine Obergewalt in einen tiefen, nie von der Sonne erhellten, von ehernen Pforten geschlossenen Abgrund.

Aus eigener Kraft kann der Visionär sich Feuerschächte und Höllenstrom nicht erklären. So wie Propheten des Alten Testaments und der Autor der Geheimen Offenbarung auf Hilfe bei der Deutung ihrer Gesichte angewiesen waren, so wie Dante sich später der kundigen Führung eines Vergil und einer Beatrice anvertrauen durfte, so geben Engel dem Mönch von Wenlock notwendige Erläuterungen.

In den Feuerschächten klagen und jammern unglückliche Seelen über ihre Pein; manche haben immerhin die Aussicht, nach einer individuell bemessenen Zeit der Läuterung in den Genuß der Seligkeit zu kommen. Der Läuterung dient ferner der Höllenstrom, in den hineinfällt, wer auf dem schmalen, zum himmlischen Jerusalem führenden Steg ausgleitet. Je nach dem Grad ungesühnter Schuld sinkt die unterschiedlich stark befleckte Seele mehr oder weniger tief ein; wer viel zu büßen hat, bekommt die kochende, klebrige Masse am ganzen Leib zu spüren; wer sich wenig hat zuschulden kommen lassen, muß die unmäßige Hitze ›nur‹ an seinen Füßen ertragen. Entscheidend ist zweierlei: Die Seelen werden nicht lange in dem brodelnden Sumpf festgehalten, sondern können ans jenseitige Ufer streben; und sie entsteigen dem Pechstrom weit reiner und schöner (*multo clarior speciosiorque*) als in dem Augenblick, da sie in ihn hineingefallen sind. Insgesamt gilt die Reinigung als nötig, damit die Seele Gott würdig dargebracht werden könne. Es ist dies eine der wenigen Gelegenheiten, in denen der Visionär von Gott spricht.

Von *purgatorium* (Fegefeuer) ist in der geschilderten Vision nicht die Rede, doch wird ausdrücklich gesagt, daß viele Seelen noch der Reinigung bedürften. Die Vorstellung von einem Fegefeuer, über dessen Lage, Aussehen, Wirkungsweise Theologen und Laien sich jahrhundertelang den Kopf zerbrochen haben[12], entsprach – wie die eines Gerichts – dem Verlangen nach ausgleichender Gerechtigkeit. Es galt, die im Grunde widersprüchlichen Forderungen nach Gerechtigkeit u n d Barmherzigkeit zu verwirklichen. Sollte jeder Sünder der ewigen Verdammnis anheimfallen? Auch der, der mit einer eher kleinen ungesühnten Schuld verstorben war? Auch der zur Buße zwar bereite, doch säumige Sünder, den der Tod überrascht hatte? Konnte ein liebender Gott dem Sünder die Gelegenheit versagen, nach seinem Tod mit einer zeitlich befristeten Strafe das verübte Böse zu sühnen?

Im Wort ›Fegefeuer‹ steckt ›fegen‹, nach mittelalterlicher Wortbedeutung ›reinigen, schönreiben‹ – durch kräftiges Scheuern[13] –, so wie der Schwertfeger durch Feilen, Bürsten und Polieren des Rohlings den Stahl zum Blinken brachte. Das lateinische Wort *purgatorium* und die von diesem abgeleiteten Wörter in den romanischen Sprachen sowie im Englischen lassen an die Gewinnung von reinem Metall denken, wozu das Mineral erhitzt werden muß. Paulus hatte gesagt, das Feuer werde prüfen, was das Werk eines jeden tauge (1 Kor 3, 13).

Verdammte. Wut, Schrecken, Verzweiflung spiegeln sich in den Ge-
sichtern. Anders als die meisten mittelalterlichen Künstler stellt Memling die Verdammten als schöne Menschen dar, mit wohlproportio-
nierten Leibern, gepflegten Haaren, edlem Aussehen. Zu ihrer
Schmach sind sie unbekleidet abgebildet. – Hans Memling, Altar des
Jüngsten Gerichts aus der Danziger Marienkirche, 1471–73.

Seit dem Hochmittelalter mehren sich kirchliche Stellungnahmen, die – in Auseinandersetzung mit anderslautenden Überzeugungen, z. B. der Albigenser – davon ausgehen, daß die Seele nach dem Tod gereinigt werden müsse (*purgari*).[14] Die Gläubigen können den ›armen Seelen‹, die im Fegefeuer leiden, mit Gebeten, Messen, Almosen und Fasten sowie anderen frommen Werken Gutes tun.[15] Dante läßt den 1266 im Gefecht gefallenen Manfred, einen Sohn Kaiser Friedrichs II., sagen: »Denn jene drüben können viel uns helfen« (Läuterungsberg 3, 145). Wer versprochene Hilfe unterläßt, sieht sich in Traum oder Vision von einer ›armen Seele‹ angeklagt: Wegen der Säumigkeit des Lebenden müsse sie nun mehr (oder länger) leiden.

Da man um Gefahren wußte, denen die Seele gleich nach dem Tod ausgesetzt war, empfahlen der Sterbende und die Hinterbliebenen sie dem Schutze Christi, der Gottesmutter, der Engel insgesamt oder des Erzengels Michael, Johannes des Täufers oder anderer Heiliger, zu denen der Sterbende ein besonderes Vertrauensverhältnis gehabt hatte.

Von daher war es nur ein Schritt zu dem Glauben, man müsse sich zu Lebzeiten den eigenen ›Schutzengel‹ gewogen machen, etwa durch besonderes Gebet; der würde nach dem Tod die Seele geleiten und – wenn sie während der Läuterung leiden müßte – trösten.

Die Hölle

Die von Bonifatius überlieferte Vision schließt einen Blick in den von Bösen bevölkerten Teil des Jenseits ein: Wer mit schwerer Schuld und unbußfertig starb, kam nach Meinung mittelalterlicher Theologen in die Hölle.[16] Deshalb seien Vorstellungen von der Hölle hier und nicht erst nach Darstellung des Jüngsten Gerichts erörtert.

Die Bibel sah in Hitze und Feuer bestimmende Elemente der Hölle.[17] Wenn die Seelen durch Einwirkung von Hitze geläutert bzw. gestraft werden sollten, lag es nahe, sich das Fegefeuer als eine Art Vorhof der Hölle vorzustellen. Diesen Glauben hat Thomas von Aquin gleichsam kanonisiert.[18] Bonifatius sah in den der Erdoberfläche nahen Teilen der Feuerschächte das Fegefeuer; hier büßten Seelen, die zur Seligkeit bestimmt waren, ihre Sünden ab. Die Tiefen der Feuerschächte bildeten die eigentliche Hölle.

Dem Glauben, im Erdmittelpunkt residiere der Höllenfürst, entsprach die Annahme, die Hölle sei um so finsterer, je mehr man sich von der Erdoberfläche entferne. Aber lief zunehmende Hitze nicht auf mehr Helligkeit hinaus? Licht war, als eine Eigenschaft Gottes, den Seligen vorbehalten. Die Verdammten sollten nicht einmal den Trost eines vom Feuer ausgehenden Schimmers erfahren. Der Geschichtstheologe und Bischof Otto von Freising († 1158) sieht hier keine Schwierigkeit: Gott habe dem von ihm geschaffenen Feuer gewisse Kräfte eingepflanzt; gegebenenfalls könne er sie ihm auch entziehen; so seien die Jünglinge im Feuerofen des Nebukadnezar unversehrt geblieben, ihre Fesseln jedoch verbrannt.[19]

Otto ist überzeugt, daß der Leib der Verdammten durch richtiges Feuer, ihre Seele durch Gewissensbisse gepeinigt wird.[20] Für die weitverbreitete Vorstellung, die Verdammten würden durch Hitze und Kälte gequält, beruft er sich auf ein Wort im Buch Ijob (24, 19): »Dürre und Hitze raffen das Schneewasser weg, die Unterwelt den Sünder.« Im Vergleich zu anderen Exegeten äußert er sich zurückhaltend: Das »scheine« auch der Herr im Evangelium zu meinen, wenn er sagt, »dort werden sie heulen und mit den Zähnen knirschen«[21]. Trocken bemerkt er dazu, »das Heulen pflegt von der Hitze, das Zähneklappern (*stridor dentium*) von der Kälte zu kommen«[22]. Unter Verzicht auf ein eigenes Urteil in dieser Frage meint er, »manche« Interpreten fügten diesen Leiden zur Steigerung des Elends noch weitere Pein hinzu nach dem Wort des Propheten: »Statt lieblichen Geruches wird Gestank herrschen.«[23] Andere nähmen ergänzend zu den drei Qualen – Hitze, Kälte und Gestank – sechs weitere an; den neun Ordnungen des himmlischen Hofes müßten ebenso viele Abteilungen derer entsprechen, die im höllischen Sklavenhaus gequält werden (*ordines totidem infernalis ergastuli*).

Das Beispiel gibt Einblick in Deutungsmuster mittelalterlicher Exegeten: Die Überzeugung, das Alte Testament weise auf das Neue voraus, gebot es, Worte des einen zum Verständnis des

anderen heranzuziehen. Deutlich werden ferner Eigengesetzlich-
keiten typologischen Denkens, die anderthalb Jahrhunderte später Dante weiter ausbildet: Da Himmel und Hölle als Gegensatz-
paar gedacht werden, müssen beide sich – gleichsam spiegelbild-
lich – bis in Einzelheiten entsprechen. Otto von Freising begnügt
sich damit, solche Meinungen zu erwähnen; vorsichtig meint er,
er wolle sich nicht in neugierigen Spekulationen verlieren, sondern lieber darauf achten, »daß wir sie nicht am eigenen Leib
erfahren müssen«.

Ewige Strafe für zeitliche Vergehen?

Drohten den Seelen im Fegefeuer im schlimmsten Falle Qualen
bis zum Jüngsten Tag, so den Verdammten Pein ohne Ende. Seit
der frühen Kirchengeschichte hatten Theologen gefragt: Ist der
Glaube, daß zeitliche Vergehen mit ewiger Strafe geahndet werden, vereinbar mit dem Gebot der Gerechtigkeit und dem Bild des
liebevollen Hirten, der dem irrenden Schaf nachgeht? Die Ver-
fechter e w i g e r Qualen hatten sich durchgesetzt, unter anderem
gegen Origenes, den größten Lehrer der frühen griechischen
Kirche (✝ um 254). Otto von Freising weicht der Frage nicht aus.[24]
Manche hätten aus eitlem Mitleid (*inani pietate*) bestritten, daß die
Sünder ewige Pein leiden müssen; in ihrem Irrtum hätten sie sich
auf tröstliche Psalmen- und Prophetenworte berufen.[25] Mit einer
für ihn eher ungewöhnlichen Härte erklärt er: »Wir dagegen
folgen der Richtschnur der katholischen Wahrheit und halten die
Strafe der Verworfenen für ewig (*reproborum penas eternas credi-
mus*) nach dem Zeugnis des Herrn selbst, der gesagt hat: ›Sie
werden in die ewige Pein gehen‹.«[26]
   Dieses Urteil ließ sich durch Schriftstellen ergänzen, z. B. die
Geheime Offenbarung (20, 14 f.): »Das ist der zweite Tod: der
Feuersee. Wer nicht im Buch des Lebens verzeichnet war, wurde
in den Feuersee geworfen.« Anderthalb Jahrhunderte später stellt
Dante an den Eingang zur Hölle die Worte: »Durch mich geht
man hinein zum ewigen Schmerze. ... Laßt jede Hoffnung, wenn
ihr eingetreten.«[27]

Wie sollte man sich das Schicksal der Kinder vorstellen, die ohne eigene Schuld ungetauft gestorben und also noch mit dem Makel der Erbsünde behaftet waren? Sollten auch sie in den tiefsten Höllenpfuhl hinabgestoßen werden? Otto von Freising referiert unterschiedliche Ansichten.[28] Nach Meinung mancher Autoren würden die Kinder »nur« in der Finsternis gehalten – wie die Väter des Alten Bundes; nach Meinung anderer würden sie mit einer richtigen, wenn auch milden Strafe belegt. Otto von Freising meint, der Ort, der der Läuterung der Seelen gedient habe, könnte nach dem Letzten Gericht den kleinen Kindern und den weniger Bösen zugewiesen werden; das würde auf eine Gliederung der Hölle hinauslaufen, mit abgestufter Peinigung – eine Vorstellung, die Dante dann unter Einbeziehung des theologischen Denkens seiner Zeit fortentwickelt.

Otto von Freising kann sich auch eine andere Lösung vorstellen: Gott könne die Seelen ungetaufter Kinder und »weniger Böser« im Feuer der Hölle unversehrt bewahren oder sie dort doch weniger leiden lassen. Doch will er sich nicht in Spekulationen verlieren: Da er zu dieser Frage noch keine autoritative Entscheidung vorgefunden habe, wolle er sie dem Urteil Gottes überlassen. Die eigentliche Hölle, das steht für ihn allerdings fest, sei ein finsterer, trostloser Ort; das Feuer »wird also Qualen aller Art bereiten, schlimmer, als man sagen, ja auch nur sich vorstellen kann, und es wird keinerlei Erquickung geben, die den Unglücklichen eine Erleichterung schaffen könnte«[29]. Damit atmet er erleichtert auf: »Endlich« habe er die mühselige Erörterung über das Ende der Bösen erledigt; nun wolle er sich dem Staate Christi zuwenden, auf dessen gnädigen Beistand vertrauend.[30]

Otto von Freising ist einer von vielen Autoren, die sich zur Hölle äußern. Zwar liegen schon aus dem Frühmittelalter päpstliche Verlautbarungen vor, nach denen die Ruchlosen mit dem »ewigen und unauslöschlichen Feuer« bestraft werden[31]; doch überwiegen zu dieser Zeit in den bildenden Künsten eher tröstliche Themen, z. B. Darstellungen des Guten Hirten.

Im Laufe des 11. und 12. Jahrhunderts begegnen immer häufiger schreckeneinflößende Darstellungen von Gericht und Hölle. Nach einem gewissen Abschluß der Erörterungen im Kreis der

Theologen erklärte das 13. ökumenische Konzil 1245 in Lyon: »Ganz ohne Zweifel wird, wer ohne Reue mit einer Todsünde stirbt, ständig durch die Flammen der ewigen Hölle gequält« (*aeternae gehennae ardoribus perpetuo cruciatur*).[32] In einem Brief an die Armenier differenziert Papst Johannes XXII. im Jahre 1321 die kirchliche Lehre in einem Punkt: Die Seelen derer, die mit einer Todsünde behaftet, und derer, die nur mit der Erbsünde sterben, müssen gleich nach dem Tod in die Hölle hinabsteigen, jedoch um in unterschiedlicher Weise und an unterschiedlichen Orten gestraft zu werden.[33]

Dieses Urteil gehört zum Glaubensbestand der katholischen Kirche, wie auch die Vorstellung von einem besonderen Ort für all die, die nur mit der Erbsünde behaftet verstorben sind.[34] Obwohl im Lauf der Jahrhunderte die Meinungen darüber schwankten, was unter ›Flammen der ewigen Hölle‹ und ›Todsünde‹ zu verstehen sei, wurde den Menschen bis ins 20. Jahrhundert auch für Nichtigkeiten ›die Hölle heiß gemacht‹.

Mittelalterliche Künstler, die die Vorstellungen von Theologen und Predigern in Bilder umsetzten, waren von der weisen Selbstbeschränkung eines Otto von Freising oft weit entfernt. Mußten sie sich bei der Beschreibung des Fegefeuers noch zurückhalten, so konnten sie bei der Schilderung der Hölle ihrer Phantasie die Zügel schießen lassen, wie die Skulpturen im Tympanon romanischer und gotischer Kirchen und später die Bilder eines Hieronymus Bosch zeigen. Bildhauer und Maler schwelgten in Qualen, die sie mitleidlos den in der Hölle Gepeinigten zudachten; kein Schmerz war ihnen groß genug. Zu Hitze und Kälte kommen bei Dante noch Ekel sowie wahnsinnig machender Juckreiz.

Die Verdammten wurden mit ausgesprochener Lust am Scheußlichen gezeichnet; das Böse und den Bösen stellte man sich in der Gestalt gefährlicher Tiere und Fabeltiere vor: Löwe, Schlange, mehrköpfiger geflügelter Drache; Otto von Freising zitiert die Vision vom verlassenen Babylon, in dem sich nach einem Wort des Propheten Jesaja (13, 21 f.) Wüstenhunde, Eulen, Strauße, Böcke, Hyänen und Schakale ein Stelldichein geben. Er deutet wilde Tiere, behaarte Wesen, Drachen, Sirenen, Eulen und geflügeltes Getier als schmutzige Horden unreiner Geister.[35]

In bildlichen Darstellungen der Hölle sieht man neben Gestalten mit menschlichem Gesicht gräßlich Entstellte. Die Proportionen der Körper, vor allem der Gesichter der Verworfenen, stehen in Widerspruch zu dem Schönheitsideal, an dem sich Künstler seit der griechisch-römischen Antike orientiert haben.

Das Bild des Teufels wurde von im Grunde widersprüchlichen Vorstellungen bestimmt: Als ein dem Menschen ähnliches Wesen konnte der Teufel deshalb dargestellt werden, weil er mit der biblischen Gestalt des Satans identifiziert wurde.[36] Im Bösen sah man das gerade Gegenteil Gottes[37]; deshalb galt es, den Teufel abstoßend darzustellen. Seit dem 10./11. Jahrhundert ließen sich die Künstler auch von Versen aus dem Buch Ijob über das Ungeheuer Leviathan inspirieren (41, 6. 10ff.): »Wer öffnet die Tore seines Mauls? Rings um seine Zähne lagert Schrecken... seine Augen sind wie des Frührots Wimpern. Aus seinem Maul fahren brennende Fackeln, feurige Funken schießen hervor. Rauch dampft aus seinen Nüstern wie aus kochendem, heißem Topf. Sein Atem entflammt glühende Kohlen, eine Flamme schlägt aus seinem Maul hervor... Erhebt es sich, erschrecken selbst die Starken... Sein Unteres sind Scherbenspitzen... Die Tiefe läßt es brodeln wie den Kessel... Auf Erden gibt es seinesgleichen nicht.«

Die Behausung Luzifers, des Höllenfürsten, wurde wie eine Burg dargestellt – Gegenstück zum himmlischen Jerusalem (Offb 21, 10–14). Gelegentlich ist das von Teufeln bewachte oder durch Schlösser und Riegel verbarrikadierte Gebäude in Räume gegliedert, in denen einzelne Strafen vollzogen und zur Schau gestellt werden.[38]

Die grandiose Vision einer vielfältig gegliederten Hölle hat Dante vorgelegt. Ruchlose Schurken leiden selbstverständlich schlimmer als die, die ohne eigenes Verschulden nicht zur Anschauung Gottes kommen konnten: Der erste Kreis der Hölle ist Weisen der Antike wie Sokrates, ferner den ungetauft verstorbenen Kindern zugewiesen; ihre Pein besteht vor allem darin, von der Schau Gottes ausgeschlossen zu sein. Im zweiten Kreis leiden die Wollüstigen (z. B. Kleopatra und Tristan), im dritten stehen die Schlemmer in eisigem Regen. Der vierte Kreis ist den Geizigen vorbehalten; unter ihnen sind viele Geistliche. In den fünften Kreis versetzt Dante die Zornigen, in den sechsten die Ketzer; hier zeigt er unter anderem Kaiser Friedrich II. in Flammengräben. Die letzten drei Kreise bilden die innere Hölle: Im siebten Kreis finden die Gewalttäter, Mörder (u. a. Attila) und Selbstmörder ihre Strafe; im achten Kreis sühnen Betrüger, Kuppler, Schmeichler, Wucherer, Verführer. Im neunten Kreis sind die Verräter in einem eisigen See bis zum Hals eingefroren; ihre Zähne klappern wie Storchenschnäbel (Hölle 32, 36).

Höllendarstellungen in Visionsschilderungen, Literatur und Kunst dürften sich wechselseitig beeinflußt haben. Dantes Schilderungen regten dazu an, in ausdruckskräftige Bilder umgesetzt zu werden: Gehörnte Teufel peitschen die Rücken der Verdammten (Hölle 18, 35 f.); Betrüger büßen in siedendem Pech, von Teufeln wie mit Bratspießen immer wieder untergetaucht (Hölle 21, 51 ff.); der Fürst der Hölle hat drei Gesichter [39] (analog zum dreifaltigen Gott): »In jedem Maul zermalmt er einen Sünder, mit seinen Zähnen, wie um Flachs zu brechen« (Hölle 34, 38 ff. 55). Von Judas dem Verräter heißt es: »Der Kopf ist drin, die Beine zappeln draußen« (Hölle 34, 63).

Menschen beiderlei Geschlechts und aller Stände läßt Dante in der Hölle büßen: Mönche, Bischöfe und Päpste, Könige und Kaiser. Dem entsprechen bildliche Darstellungen, die unter den Verdammten (und unter den Seligen!) Frauen und Männer zeigen, Nonnen und Mönche, Männer, die die Kaiserkrone, die Mitra oder die Tiara tragen. Dahinter steht die Überzeugung, daß vor Tod und Weltenrichter alle Menschen gleich sind.

»Man wird mit dem gestraft, womit man sündigt.« [40] Wiederholt wurden ›spiegelnde‹ Strafen dargestellt, die der Bibel und dem mittelalterlichen Recht vertraut waren: Einem Geizhals wird glühendes Gold eingeflößt; ein Schlemmer muß ekelerregende Tiere verzehren; Wollüstige verbindet eine Schlange, deren Schwanz sich um das Glied eines Mannes ringelt, während sich ihr Kopf in die Scham einer Frau bohrt.

»Und ich erwarte die Auferstehung der Toten«, bekennen Christen seit der Antike. Der Glaube an die Auferstehung Jesu von den Toten, Herzstück christlicher Lehre, war ähnlichen Zweifeln ausgesetzt wie die davon abgeleitete Zuversicht[41], die Verstorbenen würden einst zu neuem Leben auferweckt. Eine Aussage des 16. Konzils von Toledo (693) verweist auf Kontroversen: »Nicht in einem Luftgebilde oder im Schatten einer trügerischen Vision, wie eine verwerfliche Meinung sagt, sondern im Stoff wahren Fleisches, in dem wir jetzt sind und leben«, werden die Menschen auferstehen.[42]

Wie stellte man sich diese Auferstehung vor? Otto von Freising verweist auf Jesus. Der habe seine Jünger nach seiner Auferstehung aufgefordert, ihn anzufassen und zu begreifen: »Kein Geist hat Fleisch und Knochen, wie ihr es bei mir seht« (Lk 24, 39). Deshalb glauben die Christen, »daß wahre Körper im wahren Stoff des Fleisches auferstehen werden«[43].

Diesem Bekenntnis hatte Otto Worte aus dem Alten Testament über die Auferstehung der Toten vorangestellt, unter anderem ein Wort des Propheten Ezechiel (Ez 37, 6f.): »Ich spanne Sehnen über euch und umgebe euch mit Fleisch; ich überziehe euch mit Haut und bringe Geist in euch, dann werdet ihr lebendig.« Während der Prophet diese Worte sprach, rückten die Gebeine wirklich zusammen, Bein an Bein. Ezechiel soll ferner sagen (37, 12. 14): »So spricht Gott, der Herr: Ich öffne eure Gräber und hole euch, mein Volk, aus euren Gräbern herauf... Ich hauche euch meinen Geist ein, dann werdet ihr lebendig.« Was, so fragt Otto sich und den Leser, könne man über einen so geheimnisvollen Vorgang wohl Einsichtigeres sagen?

Werden Frauen als Männer auferstehen?

Für den Freisinger Bischof steht fest, daß die Leiber aller Menschen in den früheren Stoff ihres Lebens zurückkehren, mögen sie ertrunken oder verbrannt, von wilden Tieren gefressen oder zerstückelt über die Erde verstreut sein.[44] Manche meinten nun, Frauen würden nicht in weiblichem, sondern alle würden in männlichem Geschlecht auferstehen; denn Gott habe nur den Mann aus Erde geformt, das Weib dagegen aus dem Manne gebildet. Einmal mehr Zurückhaltung wahrend, stützt Otto sich ganz auf Augustinus, wenn er beide Geschlechter auferstehen läßt[45]: »Jene Leiber werden also von Fehlern befreit sein, ihre natürliche Beschaffenheit aber bleibt ihnen erhalten. Das weibliche Geschlecht aber ist kein Fehler, sondern eine natürliche Beschaffenheit. Denn die weiblichen Glieder werden nicht dem früheren Zweck angepaßt sein, sondern der neuen Schönheit, durch deren Anblick nicht die Begierde, die es nicht mehr gibt, erweckt, sondern Gottes Güte und Weisheit gepriesen werden soll.« Gott habe gleichermaßen den Mann und die Frau geschaffen; wenn er diese aus jenem geformt habe, so, um beider Einheit zu betonen. »Da er also beide Geschlechter geschaffen hat, wird er auch beide wiederherstellen.«

Nach Meinung Ottos werden die Auferstandenen auch einem gewissen Idealmaß entsprechen; für das hinter dieser Auffassung stehende Schönheitsideal beruft er sich ebenfalls auf Augustinus.[46] Da die Seligen ohne Fehl und Makel seien, werde der Schöpfer für einen harmonischen Ausgleich sorgen: Die Riesen würden nicht übergroß, die Zwerge nicht als Winzlinge und die Äthiopier nicht in ihrer »scheußlichen schwarzen Farbe« auferstehen. Nach weiteren Ausführungen zum Glanz des Auferstandenen schreibt er mit lakonischer Kürze: »So viel über die Gerechten; die Beschaffenheit der Verworfenen aber zu untersuchen ist überflüssig.«

Mißgestaltete und zu früh Geborene (*monstruosi, abortivi*) würden, sofern es sich um »vernunftbegabte und sterbliche Lebewesen« handle, ebenfalls auferstehen; nicht dagegen Affen und Gebilde, mit denen der Versucher die Menschen narre, z. B. Faune; deren Existenz wird damit eingeräumt.

Bildliche Darstellungen der Auferstehung

Die Ausführungen Ottos von Freising und die Bemerkungen des Augustinus zum Schönheitsideal lesen sich wie Anweisungen für Künstler, die das Thema ›Auferstehung der Toten‹ in Bilder umsetzen sollten. Malern und Bildhauern waren Gleichnisse der Bibel und Lehren der Kirche vertraut. Kirchliche und weltliche Auftraggeber werden ihre Vorstellungen, in die auch Überlegungen von Theologen wie Otto von Freising eingegangen sein dürften, mit dem Künstler besprochen, auf einzelne biblische Aussagen hingewiesen und Besonderheiten anhand von Skizzen erläutert haben.

Mit ausgesprochener Liebe zum Detail wurden immer wieder Szenen der Auferstehung festgehalten – vielleicht auch deshalb, weil die Künstler nur hier – und in Bildern vom Paradies – den menschlichen Körper unbekleidet darstellen durften. Manche Künstler zeigen ›Etappen‹ der Auferstehung an verschiedenen Personen. Wie von Ezechiel geschaut, entsteigen die Toten den Gräbern und nehmen mehr und mehr menschliche Züge an: Hier noch furchterregende Gerippe, dort die Knochen schon mit Sehnen überzogen, dann auch mit Fleisch und Haut bedeckt, schließlich die Körper von Männern und Frauen so schön, wie sie dem Künstler gelingen mochten. Übergangsformen von Skelett zum fertigen Körper sind im Tympanon über dem Hauptportal des Freiburger Münsters gut zu beobachten. Während es die meisten Künstler eilig haben, die Leiber der Seligen bekleidet darzustellen (z. B. in Autun), erlaubt der Freiburger Bildhauer ihnen, sich zunächst einmal in Ruhe anzukleiden. In der Renaissance wird der menschliche Körper auch in anatomischen Einzelheiten immer aufmerksamer ausgestaltet – wie die von Luca Signorelli (1441–1523) geschaffenen Bilder der Auferstandenen im Dom von Orvieto zeigen.[47]

Die in Konstantinopel versammelten Konzilsväter bekannten im Jahre 381 ausdrücklich auch ihren Glauben daran, daß Christus »einst mit Ruhm wiederkommen wird, um die Lebenden und die Toten zu richten«[48]. Das Gericht würde das Scharnier zwischen Zeit und Ewigkeit bilden; da es die Geschichte abschließen sollte, würden zu der Zeit noch Menschen leben. Die Jünger Jesu hatten damit gerechnet, dieses Gericht zu erleben. Doch alle waren entschlafen, ohne Zeugen des Weltenendes geworden zu sein.

In den folgenden fast zweitausend Jahren ist über das Jüngste Gericht ausgiebig spekuliert worden: Wann würde es über die Menschen hereinbrechen? Wo würden die Lebenden und Auferstandenen zusammengerufen werden? Obwohl Jesus selber gesagt hatte, niemand kenne die Stunde, nicht die Engel, nicht einmal der Sohn, sondern nur der Vater (Mt 24, 36), versuchten Menschen schon zu seinen Lebzeiten, den Schleier zu lüften, der über diesem Geheimnis lag. Später glaubte man, einzelnen Worten der Geheimen Offenbarung eine bestimmte Deutung unterlegen zu können: Der Satan würde für tausend Jahre in Ketten gelegt werden.[49] Doch tausend Jahre nach Geburt bzw. Tod und Himmelfahrt Jesu war nichts Außergewöhnliches geschehen.

Auf drängende Fragen der Jünger nach Zeichen für das Ende hatte Jesus Kriege und Bürgerkriege, Hungersnöte und Erdbeben genannt, doch gleich eingeschränkt, das alles sei erst der Anfang der Wehen. Zu den Zeichen sollten die Verfolgung der wahren Jünger wie das Auftreten falscher Propheten, überhandnehmende Mißachtung von Gottes Gesetz, Greuel an heiliger Stätte und unsägliche Not gehören (Mt 24, 3–13).

Dies und Schlimmeres erfuhren die Menschen mehr oder weniger in jeder Generation; doch die Welt hatte Bestand, obwohl die Bösen nach Gutdünken schalteten und die Guten litten. Wiederholt meldeten sich Menschen zu Wort, die in diesem Unheil oder jener Katastrophe Vorboten des Gerichts zu erkennen glaubten; angesichts der Bosheit der Menschen müsse die Welt zugrunde gehen; denn die Langmut des göttlichen Richters sei schon zu sehr auf die Probe gestellt.

»Dein Reich komme«

Zuversichtlich beten die Christen im ›Vater unser‹: »Dein Reich komme« (Mt 6, 10); die Geheime Offenbarung schließt mit dem sehnlichen Wunsch: »Komm, Herr Jesus!« (Offb 22, 20). Die Anhänger Jesu zeigen sich überzeugt, daß das Reich Gottes »nahe« ist (Lk 16, 8). Doch hatten sie sich gut in der Welt eingerichtet; davon zeugen bis heute solide, wie für die Ewigkeit gebaute Kirchen.

Angesichts solcher Liebe zur Welt und der Angst vor dem Grauen des Gerichts verwundert es nicht, daß die Menschen nichts taten, um Jesu Wiederkehr zu beschleunigen. Viele hielten es im Gegenteil für richtig, das Kommen des Weltenrichters hinauszuschieben, durch bewußte Erhaltung des Römischen Reiches, das das letzte sein sollte, und durch ein Leben in der Nachfolge Jesu. Mit Gebet, brüderlicher Liebe und asketischem Lebenszuschnitt meinten Mönche den Zorn Gottes besänftigen zu können.[50]

Spekulationen zum Ort der Wiederkunft Jesu stützten sich auf ein Wort des Propheten Joel (4, 1 f.): »In jenen Tagen ... versammle ich alle Völker und führe sie hinab zum Tal Joschafat.« Im Frühmittelalter sind Christen ins Heilige Land gepilgert, um in dem bei Jerusalem gelegenen Tal begraben zu werden und hier die Wiederkunft Jesu zu erwarten.

Das Geschehen des Jüngsten Gerichts ist oft dargestellt worden: Engel mit Posaunen stehen rechts und links vom Richtergott, oft zusätzlich an Kirchtürmen, wo sie in die vier Himmelsrichtungen blasen. Über Seligkeit oder Verdammnis soll das Verhalten gegenüber Hungrigen, Durstigen, Fremden, Nackten, Kranken, Gefangenen entscheiden (Mt 25, 31 ff.). Die Worte machen Spannungen deutlich, die Christen und der Kirche zu schaffen gemacht haben. Denn beim Letzten Gericht soll mit einer Elle gemessen werden, die gar nicht an den Artikeln des Glaubensbekenntnisses ausgerichtet ist; da »alle Völker« angesprochen werden, soll offensichtlich nicht einmal nach der Taufe und dem Bekenntnis zu Jesus gefragt werden.

Ergänzungen zum Weltgericht bringt die Geheime Offenba-

Seelenwaage. In der berühmten Darstellung der Auferstehung und des Jüngsten Gerichts an der Kathedrale von Autun wiegen Engel und Teufel die Seelen der Toten. Ein Teufel ist bestrebt, die Waage hinunterzudrücken, um die Seele in seine Gewalt zu bekommen; doch ein Engel wacht darüber, daß Recht und Gerechtigkeit gewahrt werden. Skulptur von Gislebert von Autun, um 1140.

rung.[51] Gott sitzt auf einem Thron, umgeben von Engeln, den Ältesten und vier Lebewesen. Engel blasen die Posaunen, und Unheil sucht die Menschen heim: Heuschrecken, Feuer, Rauch, Schwefel. Nach einem gewaltigen Kampf stürzen Michael und dessen Engel einen Drachen aus dem Himmel. Ein als Verkörperung alles Bösen hingestelltes »Tier« wird ewig »mit Feuer und Schwefel« sowie Rauch gequält. Vor dem Thron des Richters stehen Große und Kleine. Bücher werden aufgeschlagen, auch das Buch des Lebens. »Die Toten wurden nach ihren Werken gerichtet, nach dem, was in den Büchern aufgeschrieben war.« In den Feuersee wird geworfen, wer nicht im Buch des Lebens verzeichnet ist.

Manche Bilder der Geheimen Offenbarung beziehen sich ausdrücklich auf das Letzte Gericht; doch haben sich Künstler auch durch andere Visionen anregen lassen, etwa die vom Kampf zwischen Drachen und Engeln, der im allgemeinen auf die Zeit vor Erschaffung des Menschen bezogen wird. Die »vier Lebewesen« wurden gedeutet als Symbole der Evangelisten: Adler (Matthäus), Stier (Lukas), Löwe (Markus), Mensch (Johannes) umstehen oft den in einem mandelförmigen heiligen Bereich, der ›Mandorla‹, thronenden Weltenrichter. Dieser hat in vielen Darstellungen seine rechte Hand segnend erhoben; in der linken hält er ein Buch, das das Christentum als Religion kennzeichnet, die heilige Schriften kennt. In dem Buch konnte man auch das Register der Taten sehen, nach denen die Menschen gerichtet werden sollten.

Diese Szene wurde oft als Wägevorgang dargestellt: Ein Engel, vielleicht der Erzengel Michael, hält eine Waage[52]; in der einen Schale sitzt die Seele in Gestalt einer kleinen Person, in die andere sind deren Taten gelegt. Das Heil kann man nicht nur durch Werke der Barmherzigkeit gewinnen, wie ein die Schreibkultur preisendes Bild zeigt: Ein Engel legt in die eine Waagschale ein Buch, vielleicht die größte Leistung des Verstorbenen. Nicht selten machen sich in unmittelbarer Nähe der Engel ganz unbekümmert Teufel zu schaffen; sie versuchen mit unlauteren Mitteln, die eine Schale hinunterzudrücken, auf daß die Seele »zu leicht befunden« und ihnen überantwortet werde. Deshalb müssen die Engel auf der Hut sein, wie in der von Bonifatius überlieferten Vision.

Der Himmel

In der ›Ballade an Unsere Liebe Frau‹ läßt François Villon seine Mutter beten: »Ich bin eine kleine arme und alte Frau, die nichts weiß; nie las ich einen Buchstaben. Im Münster, dessen Pfarrkind ich bin, sehe ich das Paradies gemalt, mit Harfen und Lauten, und eine Hölle, wo die Verdammten gekocht werden. Das eine macht mir angst, das andere Freude und Wonne.«[53]

Hölle und Paradies lagen nah beieinander – im Gebet der Mutter Villons ebenso wie im Tympanon der Kirche. Überblickt man literarische und bildliche Darstellungen der jenseitigen Welt, so hat man den Eindruck, daß es den Künstlern leichtergefallen ist, ein Bild der Hölle als des Himmels zu entwerfen. Hier fehlt das dramatische Geschehen, es ›passiert‹ nichts. Auch Visionäre bekannten, ihnen fehlten die Worte, die Freuden des Paradieses angemessen zu schildern.

Das Neue Testament betont die Abwesenheit von Mangel, Not und Bösem: Im Himmel werde es Hunger, Durst und Hitze nicht mehr geben, auch keine Tränen, Tod, Trauer und Klage mehr, statt dessen Freude und Jubel (Offb 7, 16; 21, 4; 19, 7). Zwischen Aussagen über die »Wohnung Gottes unter den Menschen« und die »heilige Stadt Jerusalem« eingeschoben, bringt die Geheime Offenbarung Bemerkungen zum Los von Feiglingen und Treulosen, Befleckten, Mördern und Unzüchtigen, Zauberern, Götzendienern und Lügnern; im See von brennendem Schwefel werden sie den zweiten Tod erleiden (Offb 21, 3. 10. 8). Den Abmessungen des neuen Jerusalem widmet der Autor mehr Raum als den Freuden der Seligen (Offb 21, 15 ff.).

»Ewiges Vaterland«, Leben »mit Christus in Gemeinschaft der Engel«, »klare Schau des dreieinigen und einen Gottes«, so lauten lehramtliche Aussagen.[54] Otto von Freising zählt zu den Freuden des Paradieses, daß die Menschen nicht von unangenehmen Erinnerungen gepeinigt werden.[55] Wie später Dante, ergeht er sich in Überlegungen zur Gliederung des Paradieses: Ausgehend vom Gleichnis der Arbeiter im Weinberg, die – bei ungleicher Arbeitszeit – alle denselben Lohn erhielten (Mt 20, 1 ff.), meint er, im Himmel werde es zwar die e i n e Seligkeit geben, doch »je nach Art der Verdienste unterschiedliche Wohnungen«[56].

Die Seligkeit besteht nach Otto von Freising in der Schau Gottes (*visio Dei*); infolgedessen dürfen die Seligen feiern und schauen, lieben und preisen; diese Aussage steigert er gelegentlich zu den Superlativen »unermeßliche Süße« und »vollkommene Seligkeit«[57]. In einem Punkt weichen mittelalterliche Autoren vom Grundsatz strenger Symmetrie ab, von dem sie sich bei der Schilderung von Hölle und Himmel leiten lassen: Während die Verdammten in allen ihren Sinnen leiden, auch an ihren Geschlechtsorganen, gebe es die Freuden der Liebe im Paradies nicht; denn die Seligen kennen nach Meinung des Freisinger

Bischofs keine »Begierde« (*libido*), Ursache vieler Wirren[58] und nach Meinung mancher Theologen die Ursünde schlechthin.

Dante schildert das Paradies als den Ort des Lichtes und der Liebe, der Freude und der Wärme, der Harmonie und der Schönheit. Er stellt einzelne Seelen und ganze Gruppen vor, unter den Ungetauften z. B. Adam und die anderen Rechtschaffenen des Alten Bundes, die Christus durch seine Höllenfahrt befreit hatte.[59] Die unschuldigen Kinder, die Herodes hatte umbringen lassen, hatten die ›Bluttaufe‹ empfangen. Zu den Bewohnern des Paradieses gehörten selbstverständlich die Märtyrer, Bekenner und andere Heilige, aber auch im Fegefeuer Geläuterte. Papst Innozenz III. zeigt sich überzeugt, daß der barmherzige Gott, der niemanden verderben wolle, auch für ein Mittel zum Heil der täglich in großer Zahl (ungetauft) sterbenden Kinder sorge.[60]

Statt Freuden des Paradieses auszumalen, prangert Dante Mißstände seiner Zeit an – wie bei der Darstellung von Hölle und Fegefeuer. Hart gescholten werden die verweltlichte Kirche insgesamt, insbesondere die großen Mönchsorden und das Papsttum, einzelne Geistliche und Herrscher sowie seine Heimatstadt Florenz.

Dantes Vision erweckt den Eindruck, als seien die Seligen mit der Schau Gottes nicht ausgelastet, als meinten sie, sich intensiv Mißständen in Kirche und Welt widmen zu sollen. Mit dem Eingeständnis, auch hohe Bildkraft habe versagen müssen, schließt die Göttliche Komödie (Paradies 33, 142). Vielleicht hängt es mit solcher Sprachlosigkeit zusammen, daß auch bildenden Künstlern packendere Darstellungen der Hölle gelungen sind.

Vorzeitiger Tod

Asketen wie Martin von Tours waren nach einem langen Leben der irdischen Mühsal überdrüssig und sehnten sich nach der ewigen Seligkeit; es gab Menschen, die – krank, geschwächt, vereinsamt – den Tod herbeiwünschten. Doch trifft das Bild eines gleichsam harmonischen Todes nur einen Teil der Wirklichkeit. Für viele Menschen kam der Tod, nicht anders als heute, zur Unzeit.

Zu allen Zeiten hatte der vorzeitige Tod dieselben Ursachen: Krankheit, Unfall, Katastrophe, Mord, Hinrichtung, Krieg; doch ist er für unser Thema wichtig, weil bestimmte Todesursachen früheren Zeiten eigentümlich sind: verheerende Seuchen; Hinrichtungsformen, mit denen sich Vorstellungen von einem besonders schimpflichen Tod verbanden; Unfälle, die Schlaglichter auf Gefahren werfen, denen Menschen ausgesetzt waren. Deutlich werden ferner unterschiedliche Einstellungen zum Tod, ablesbar an der Einschätzung des Sterbens auf dem Schlachtfeld und auf dem Schafott. Schließlich ist die Rechtfertigung des Tötens aufgrund bestimmter ideologischer Vorstellungen zu betrachten; Widersprüche zwischen der christlichen Lehre und der Praxis des Kampfes werden besonders deutlich zur Zeit der Kreuzzüge. Berühmte Todesfälle einzelner und bestimmter Gruppen sollen interpretiert werden.

Unfälle und Katastrophen

Kinder waren besonders gefährdet, und zwar nicht nur durch sogenannte Kinderkrankheiten. Von der Mutter oder der Amme des leichteren Stillens und der Wärme wegen mit ins Bett genommen, erstickte manches Kind; der Verdacht vorsätzlicher Kindstötung war nicht immer von der Hand zu weisen.

Kaum hatten Kinder das Krabbelalter erreicht, drohten ihnen neue Gefahren, oft infolge unzulänglicher Aufsicht. Die Eltern mußten auf dem Feld, in Haus, Stall und Werkstatt hart arbeiten und hatten kaum Zeit, sich um ›unproduktive‹ Heranwachsende zu kümmern; nur wenig ältere Geschwister waren überfordert, wenn sie auf ein Kleinkind ›aufpassen‹ mußten.[1] So nimmt die Frau des Theoderich in Wiedenest, im Bergischen Land, ihr Kind mit zum Weiher; dort setzt sie es am Ufer ab, um die Wäsche zu holen. »Nach Kinderart knatschend«, kriecht der Sohn hierhin und dorthin und fällt ins Wasser. Als die Mutter ihn bei ihrer Rückkehr nicht sieht, fängt sie laut an zu klagen. Schließlich findet man das Kind leblos in einem fernen Weiher, in den die Strömung es getrieben hat. Dank eines Stoßgebets der Mutter zu Anno, dem als heilig verehrten verstorbenen Erzbischof von Köln, und vereinter Bitten von Eltern und Nachbarn gewinnt der Sohn das Leben zurück.[2] – Siburgis aus Siegburg war zum Hause ihrer Schwester gegangen; sie hatte ihr kaum einjähriges Kind daheim in einen um das offene Feuer gezogenen Graben gesetzt, damit es sich nicht an der Glut verletze. Plötzlich brach ein Henkel des über dem Feuer hängenden Kessels; das Wasser ergoß sich in den Graben und verbrühte das Kind. Mutter und Tante fanden das schon leblose Kind und erfüllten das Haus mit lautem Geschrei; dann flehten sie Anno um Hilfe an – mit Erfolg. Das Kind wurde vollständig gesund. Die Geschichte hatte ein Nachspiel. Einige Tage später hatte die Tante eine Vision: Ein Mann mit ehrwürdiger Miene, in geistlichem Gewand, drohte ihr, sie in einen finsteren und gräßlichen Sumpf zu werfen, »weil du das Wunder, das Christus durch seinen Diener Anno hat wirken wollen, bislang mit Schweigen unterdrückt hast«. Daraufhin eilten Tante, Mutter und Kind zum Grabe Annos und erklärten den versammelten Mönchen und dem Volk den Hergang der Sache, allen zur Freude.[3] Ein drittes und letztes Beispiel: Ein Junge hatte am Ostertag die Kommunion empfangen und verbrachte den ganzen Tag mit Spiel und kindlichem Herumtollen, sinnlos, wie betont wird. Abends zog er sich bei einem Sturz »nach dem Gericht Gottes« tödliche Verletzungen zu. Nach Anrufung Annos stand er auf, vollständig genesen.[4]

Derartige Berichte liegen zu Tausenden vor; ausgewertet sind sie erst zu einem kleinen Teil, obwohl sie wertvolle Angaben auch zur sogenannten Alltagsgeschichte enthalten.[5] Einige Angaben seien hervorgehoben. Sobald die Mutter das Unglück bemerkt, stimmt sie lautes Geschrei an, spontane Äußerung des Schmerzes und der Trauer. Anders als manche Forscher vermuten[6], liebten Eltern ihre Kinder und litten an deren Schmerz. Zärtliche, aufopferungsvolle Liebe von Eltern zu ihren Kindern ist keine ›Erfindung‹ der Neuzeit; das schließt Fälle von Gleichgültigkeit nicht aus, zumal in Krisenzeiten. Lautes Geschrei angesichts des Unglücks hatte noch eine andere Bedeutung: Wie eine vergewaltigte Frau gleich laut schreien, das ›Gerüfte‹ anstimmen mußte, wenn sie nicht den Verdacht des Einverständnisses aufkommen lassen wollte, so mußte ein Aufsichtspflichtiger sofort um Hilfe rufen, wenn ein Kind in Lebensgefahr schwebte; wer das nicht tat, konnte in den Verdacht der Kindstötung geraten.

Die in den Berichten genannten Kinder sind mit dem Leben davongekommen, dank des – nach Meinung von Zeitgenossen ›wunderbaren‹ – Eingreifens eines Heiligen. Das Außergewöhnliche findet seinen Niederschlag in den Quellen, nicht der tausendfache wirkliche Unfalltod von Kindern. Zwei weitere Einzelheiten in den Berichten: Verstorbene erscheinen den Menschen in einer Vision oder einem Traum; Tote treten mit Lebenden in ein Gespräch ein. Vertraut ist der Frau wohl auch der Inhalt der Vision: In einem »finsteren und gräßlichen Sumpf« muß nach dem Tod büßen, wer Schuld auf sich geladen hat. Der Mönch, der die Annomirakel aufgezeichnet hat, läßt auch einen Richtergott in Erscheinung treten, der nicht erst im Jenseits straft; altersgemäßes Spiel wird mit dem Tod geahndet. Diese Strenge spiegelt eine für die Zeit typische Verehrung der Kommunion: Die Eucharistie wurde so hoch geschätzt, daß sich kaum noch jemand für würdig hielt, sie zu empfangen. Eine Generation nach Aufzeichnung der Annomirakel setzte das vierte Laterankonzil 1215 fest, alle Christen müßten mindestens einmal im Jahr (an Ostern) die Kommunion empfangen.[7]

Mancher erfror im Gebirge; vielleicht wurden seine sterblichen Überreste später gefunden und auf einem Friedhof beigesetzt – ein

Werk der Barmherzigkeit. In Flüssen und Seen konnte man ertrinken, weil es nur wenige Brücken gab und die Fähren oft hoffnungslos überladen waren. Hunderte kamen um, wenn nach starken Regenfällen oder rascher Schneeschmelze harmlos scheinende Gewässer Tod und Verderben über die Uferbewohner brachten.

In den Niederlanden und den niedrig gelegenen, fruchtbaren Landstrichen Norddeutschlands sind im Laufe der Jahrhunderte Ungezählte elend ertrunken. Das Unheil benannte man nach dem jeweiligen Tagesheiligen: Julianenflut (1164), Marcellusflut (1219), Clemensflut (1334); diese und weitere Katastrophenfluten – 1362 (Große Mandränke), 1377 und 1509 – brachten den Einbruch des Jadebusens und des Dollarts sowie die Erweiterung der Leybucht. Die uns vertraute Küstenlinie ist neueren Datums. Da die Deiche im Mittelalter, wenn es sie denn gab, meist niedrig und schwach waren, führte fast jede Sturmflut zu einem Deichbruch.[8] Chronisten sind bei der Schilderung solcher Ereignisse oft recht wortkarg; so heißt es etwa, die Flut habe am 16. Februar 1164 in den Elbniederungen vieltausend Menschen verdorben (*vordarf ... vele dusent volkes*).[9]

Getrieben von Not, Abenteuerlust, aber auch von Anforderungen des Berufs haben Menschen im Mittelalter die Meere befahren; viele sind Opfer von Schiffbruch, Seeräubern – und Leichtsinn geworden. So ging im November 1120 der englische König Heinrich I. mit seinem Hofstaat an Bord einer Flotte, um von der Normandie nach England überzusetzen. Auf der wegen ihrer Ausstattung gerühmten ›Blanche-Nef‹ hatte sich der Thronfolger Wilhelm eingeschifft. Als die – möglicherweise betrunkene – Besatzung versuchte, andere Schiffe zu überholen, streifte das ›Weiße Schiff‹ einen Felsen und sank. Angeblich konnte sich von den dreihundert Menschen an Bord nur ein Fleischer aus Rouen retten. Zusammen mit vielen hochgestellten Persönlichkeiten fand der Thronfolger den Tod; da er der einzige legitime Sohn Heinrichs war, ergaben sich schwierige Nachfolgeprobleme.[10]

Viele Unfälle hätten sich durch rechtzeitige vorbeugende Maßnahmen vermeiden lassen. Abt Suger von St. Denis, zu seiner Zeit einer der mächtigsten Männer Frankreichs, hat einen aufschlußreichen Bericht von dem ›Betrieb‹ hinterlassen, der an hohen Festen in seinem Kloster herrschte. Wiederholt seien die Pilger, die vor allem die Dornenkrone Jesu verehren wollten, in solchen Massen herbeigeströmt, »daß unter der nach Tausenden zählenden Menge eingepfercht keiner auch nur den Fuß bewegen konnte, alle wie zu Stein gebannt standen und sich nur wunderten, noch schreien zu können«. Unerträglich sei das Gedränge für Frauen gewesen: »Eingekeilt zwischen starken Männern, wie in einer Presse, wurden sie in Todesangst ohnmächtig oder schrien schrecklich wie Gebärende.« Einige von ihnen, die elend niedergetreten waren, seien von entschlossenen Männern über die Köpfe der Leute emporgehoben worden; »viele aber gaben auch im Hofe der Brüder nur noch röchelnd zu aller Verzweiflung ihren Geist auf«. Selbst die Brüder, die der Menge die heiligen Reliquien zeigen wollten, hätten sich mehr als einmal genötigt gesehen, durch ein Fenster das Weite zu suchen. »Davon hörte ich, während ich als Knabe Schüler bei den Brüdern war, litt als Jüngling darunter und, Mann geworden, ging mein ganzes Sinnen darauf aus, hier zu bessern.«[11]

In diesem Fall hieß das, die Kirche so umzubauen, daß die Pilgerströme sich kanalisieren ließen. Der von Suger konzipierte Neubau ist bahnbrechend für eine Stilrichtung geworden, die man später ›Gotik‹ genannt hat. Suger verfaßte seinen Bericht wahrscheinlich 1144 oder 1145, nach der Weihe des Chors. Möglicherweise hat er übertrieben, um Widerstände zu überwinden; denn Bauherrn waren zu allen Zeiten erfinderisch, wenn es galt, kostspielige Vorhaben gegenüber Kritikern zu rechtfertigen. Statt konventionell zu argumentieren – etwa: Die kostbaren Reliquien brauchen ein angemessenes ›Haus‹ –, bringt Suger eine originelle Begründung: Leid und Tod von Frauen erzwangen den Neubau!

Fehlten Geld oder Initiative zu baulichen Veränderungen, war man geneigt, tödliche Unfälle wie Naturereignisse hinzunehmen. Mitte des 14. Jahrhunderts galt in Rom das Schweißtuch der Veronika als berühmteste Reliquie, die an jedem Sonn- und Feiertag in St. Peter gezeigt wurde. Wiederholt war der Andrang so groß, daß Pilger erstickten.[12]

Von unerschöpflicher Vielfalt sind die literarischen – und zuweilen auch historischen – Berichte vom Tod berühmter Liebender. Zerstörte der Tod eine große Liebe, war oft der Hinterbliebene nicht mehr fähig oder willens weiterzuleben. Königin Hemma und König Ludwig der Deutsche starben im Abstand weniger Tage, und man vermutet, daß die Nachricht vom Tod der geliebten Gemahlin den Lebenswillen Ludwigs (†876) gebrochen hat. Als Alda, die Gemahlin Rolands, den Tod ihres Gatten erfährt, ist sie durch nichts zu trösten. In einem kurzen Gebet fragt sie vorwurfsvoll Gott, warum er ihr den genommen habe, den er ihr zum Gatten gegeben habe; dann empfiehlt sie ihre Seele in die Hände Mariens, der Königin aller Engel. Sie erbleicht, sinkt hin und ist tot.[13]

Mord aus Eifersucht oder aus Rache sowie Selbstmord aus unerwiderter Liebe gehören zu den Grundmotiven großer Liebesdramen. Eines der berühmtesten ist das Epos von ›Tristan und Isolde‹.[14] Es sei hier näher betrachtet wegen der Variationen des Todesmotivs und als eine Art Gegengewicht zu den vielen ›frommen‹ Darstellungen vom Sterben; von der Kirche als Vermittlerin des Heils ist nicht die Rede.

Von einem vergifteten Schwert verwundet, ist Tristan dem Tod nahe; nur Isolde ›die Blonde‹ kann ihn retten. Doch das Schiff mit den ›weißen Segeln‹, das sie zu ihm bringen soll, gerät zunächst in eine Windstille, dann in einen Sturm. Isolde hadert mit Gott, sich und dem Schicksal, das sie an Tristan bindet: »Mein Tod bedeutet mir nichts; da Gott ihn will, nehme ich ihn an; aber, Liebster, wenn Ihr von ihm hört, werdet Ihr sterben, ich weiß es wohl.« Ihrer beider Liebe sei so groß, daß Tristan ohne sie nicht leben könne, noch sie ohne ihn. »Ich sehe Euren Tod vor mir, zur gleichen Zeit wie meinen Tod. Ach, Liebster, verfehlt habe ich das Ziel meiner Sehnsucht: In Euren Armen zu sterben, in Eurem Sarg beigesetzt zu werden.«

In einem Traum erfährt Isolde bald darauf, daß sie ihren Liebsten nicht mehr lebend wiedersehen wird. Tatsächlich stirbt Tristan, von seiner Gemahlin Isolde ›Weißhand‹ über die Farbe des Segels getäuscht. Über den Leichnam gebeugt, schreit Isolde ›Weißhand‹ wie von Sinnen wegen des Unheils, das sie angerichtet hat. Isolde ›die Blonde‹ gebietet ihr, Platz zu machen. »Ich habe mehr Recht als Ihr, ihn zu beweinen, glaubt mir. Ich habe ihn mehr geliebt.« Sie wendet sich nach Osten und betet zu Gott. Dann legt sie sich neben Tristan nieder, küßt ihm Mund und Gesicht und schmiegt sich eng an ihn. Leib an Leib, Mund an Mund, haucht sie ihre Seele aus.

Als König Mark vom Tod seiner Gemahlin und seines Lehnsmannes Tristan hört, läßt er die Liebenden in kostbare Sarkophage betten und bei einer Kapelle bestatten, rechts und links der Apsis. Nachts sprießt aus dem Grab Tristans eine grüne und belaubte Brombeerranke hervor; mit kräftigen Zweigen und wohlriechenden Blüten überspannt sie bald die Kapelle und senkt sich in das Grab Isoldes. Dreimal versucht man, den Trieb zu vernichten; vergeblich. Als König Mark von dem Wunder hört, verbietet er, den Trieb künftig nochmals abzuschneiden.

Tristan und Isolde hatten schwere Schuld auf sich geladen: Wie von dämonischer Gewalt getrieben, hatten sie Ehe und Treue gebrochen. Doch schließlich hatte Gott eingegriffen: Der die Gräber verbindende Blütenzweig symbolisiert den Triumph des Lebens über den Tod; mehr noch: Er zeigt, daß Gott den Liebenden verziehen hatte.

Opfertod

Menschenopfer waren vor- und außerchristlichen Religionen vertraut; das Christentum hat sie von Anfang an bekämpft – wenn auch in anderer Hinsicht befördert; man denke an die Rechtfertigung des Krieges sogar gegen Mitchristen sowie die Verfolgung von Hexen und Ketzern, wie noch zu zeigen ist.

Eine Sonderstellung nimmt das freiwillige Opfer des eigenen Lebens ein; es läßt sich sogar biblisch rechtfertigen: »Es gibt keine größere Liebe, als wenn einer sein Leben für seine Freunde hingibt« (Joh 15, 13). Ein solches Opfer brachten z. B. Menschen, die stellvertretend für andere ihre Freiheit, oft auch ihr Leben hingaben[15] oder die sich als Geiseln zur Verfügung stellten.

Den freiwilligen Opfertod eines Mädchens hat Hartmann von Aue Ende des 12. Jahrhunderts im ›Armen Heinrich‹ zu einer großen Parabel von Egoismus und Ergebung in Gottes Willen gestaltet.[16] Heinrich, ein vermögender Adliger, ist unheilbar an Aussatz erkrankt. Vergeblich hat er die ärztlichen Autoritäten seiner Zeit konsultiert; niemand kann ihm helfen. Retten könne ihn nur das freiwillig hingegebene Herzblut eines reinen, heiratsfähigen Mädchens. Im Mittelalter hat man wiederholt Aussätzigen unterstellt, sie hätten sich durch ein Bad im Blut geschlachteter Kinder von der gräßlichen Krankheit reinigen wollen; doch ist nie davon die Rede, dieses Blut sei freiwillig gespendet worden.

Die Tocher eines der Meier (Verwaltungsbeamten) des armen Heinrich ist bereit, ihr Leben zu opfern (V. 561–564):

> so bin ich zer arzenîe guot.
> ich bin ein maget und hân den muot,
> ê ich in sehe verderben,
> ich wil ê vür in sterben.

Niemand versteht sie; nach langen Disputationen räumen die Eltern ein, daß hier nicht ein Kind spreche, sondern aus des Kindes Mund der Heilige Geist. Heinrich und das Mädchen ziehen nach Salerno, das zu dieser Zeit seiner medizinischen Fakultät wegen im ganzen Abendland berühmt ist. Heinrich wird mit einem Arzt, der die barbarische ›Operation‹ durchführen will, handelseinig. Doch angesichts der Opferbereitschaft des unschuldigen Kindes wandelt sich sein Sinn im letzten Augenblick; er verzichtet auf das Opfer und will seine Krankheit als von Gott geschickt tragen. Das Mädchen ist verzweifelt, daß ihr die so nah geglaubte Himmelskrone entgehen soll; doch Heinrich läßt sich weder durch Klagen noch durch Vorwürfe von seinem Entschluß abbringen. Nun erst wird Gottes Gnade wirksam: Dem Wunder der Bekehrung folgt das der Genesung, und Heinrich heiratet das Mädchen, das ihm mit dem Opfer des eigenen Lebens einen qualvollen Tod ersparen wollte.

Auch Geschichten tatsächlicher Menschenopfer kannte man im Mittelalter. Den einzigartigen Augenzeugenbericht aus einer fernen Welt verdanken wir dem Araber Ahmed Ibn Fadlan (Fozlan). In der 932 verfaßten Reisebeschreibung schildert Fadlan Riten beim Begräbnis eines Häuptlings der Rus.[17] Der Autor schreibt, er habe sich Einzelheiten, die ihm unverständlich waren, von seinem Dolmetscher erklären lassen.

Die Vorbereitungen ziehen sich über etwa zehn Tage hin; in dieser Zeit wird unter anderem die Habe geteilt: Je ein Drittel für die Familie des Verstorbenen, für die Totenkleider sowie für den Nabid, ein berauschendes Getränk, das am Tag der Einäscherung in großen Mengen getrunken wird. Die Familie fragt Sklavinnen und Diener: »›Wer von euch will mit ihm zusammen sterben?‹ Dann antwortet einer von ihnen: ›Ich‹.« Der Betreffende sei durch sein Wort endgültig gebunden. Wie in den meisten Fällen meldet sich auch diesmal ein Mädchen. Zwei weitere Mädchen werden beauftragt, das Opfer zu bewachen und ständig zu begleiten.

Der Verstorbene wird aus seinem provisorischen Grab genommen und auf kostbare Kissen und Decken gebettet, die man auf einem großen, aus dem Fluß gezogenen Schiff ausgebreitet hat; über dem Toten, dem man vornehme Gewänder angelegt hat, wird ein Zelt errichtet. Neben ihm legt man seine Waffen sowie eine Mandoline, ferner Nabid, Früchte, Blumen, Brot, Fleisch, Zwiebeln nieder. Tiere werden geschlachtet und ins Schiff gelegt: ein in zwei Teile geschnittener Hund, das Fleisch von zwei Pferden, zwei in Stücke gehauene Kühe, ein Hahn und ein Huhn. Währenddessen tritt das todesbereite Mädchen in die Zelte der Großen, »und jeder einzelne Zeltherr verkehrt mit ihr und sagt: ›Sage deinem Herrn: Ich habe dies aus Liebe zu dir getan.‹«

An dem für die Leichenverbrennung vorgesehenen Tag tritt das Mädchen auf die Handflächen von Männern, die sie dreimal in die Höhe heben. Von oben aus ›sehe‹ das Mädchen seine Eltern, dann seine verstorbenen Verwandten; beim drittenmal sage sie: »Da sehe ich meinen Herrn im Paradies sitzen, und das Paradies ist schön und grün, und bei ihm sind Männer und Jünglinge; er ruft mich, so bringt mich zu ihm.«

Man führt das Mädchen zu dem Schiff, wo der »Todesengel, eine alte Hünin, dick und von grimmigem Aussehen«, letzte Vorbereitungen getroffen hat. Männer treten herbei, mit Schilden und Stäben. Das Mädchen leert einen Becher Nabid; mit Gesang nimmt sie Abschied von ihren Freundinnen. Sie leert einen zweiten Becher. Während sie noch singt, treibt der »Todesengel« zur Eile: Sie soll in das Zelt treten, wo ihr Herr liegt. Als das Mädchen zögert, faßt die Alte ihren Kopf und betritt mit ihr das Zelt. Das Weitere kann der Autor nur über seinen Dolmetscher oder von Augenzeugen in Erfahrung gebracht haben.

Die Männer schlagen nun die Schilde mit den Stäben, um das Geschrei des Mädchens zu übertönen. »Dann traten sechs Männer ins Zelt und begatteten sich mit dem Mädchen« – als »Pflicht der Kameradschaft«, wie eine andere Überlieferung erklärt. Darauf fordert man das Mädchen auf, sich an die Seite ihres toten Herrn zu legen; »zwei Männer faßten sie bei den Füßen und zwei bei den Händen. Darauf legte die Alte, die man den Todesengel nennt, ihr einen quergezogenen Strick um den Hals, reichte ihn den zwei Männern hin, um ihn an den beiden Enden zu ziehen. Dann trat die Alte hinzu und hatte dabei einen breitspitzigen Dolch und begann ihn zwischen ihre Rippen hineinzustecken und herauszuziehen, und die beiden Männer würgten sie mit dem Stricke, bis sie tot war.«

Der Bericht vom freiwilligen Opfer für einen Verstorbenen endet hier. Die Fortsetzung sei stark gerafft wiedergegeben als Ergänzung zum Thema ›Begräbnis von Großen‹. Das getötete Mädchen liegt neben ihrem »Mann«, wie es jetzt heißt. Um das Schiff stellt man Holz, das der nächste Verwandte des Verstorbenen anzündet; dann legen auch andere Leute Feuer. Von einem starken Wind angefacht, verzehren die Flammen Holz, Schiff, Zelt, Mann und Mädchen sowie die Grabbeigaben. Über der Asche schüttet man einen runden Hügel auf, überragt von einem Birkenbalken mit den Namen des Verstorbenen und des Königs von Rus. Daraufhin geht man weg.

Das geschieht an einem Freitagnachmittag, der sich dem Muslim als Tag des Gebets eingeprägt haben dürfte. Der Autor hat für islamische Leser geschrieben; damit könnte es sich erklären, daß das Mädchen in dem ›grünen‹ Paradies nur männliche Bewohner sieht. In den Bericht eingeflochten ist die Meinung eines der Umstehenden, der – nach Aussage des Dolmetschers – die Muslime als »dumm« verlacht: Ihre Liebsten sowie die am meisten verehrten Menschen geben sie kriechenden Tieren und Würmern zum Fraß! »Wir aber lassen ihn einen Augenblick brennen, und so tritt er in das Paradies sofort zur selben Stunde.«

Unmittelbar an der Tötung des Mädchens beteiligt sind außer der alten Frau zwei Männer, die würgen, und zwei weitere, die Hände und Füße halten. Zur Einäscherung der Toten tragen alle bei, die das Schiff aus dem Wasser ziehen, Holz sammeln, singen und musizieren, Opfertiere schlachten usf. Die abgestufte Beteiligung einiger weniger wie der ganzen Gemeinschaft an dem ›Begräbnis‹ darf man vielleicht als verbindendes Element zwischen den fremd anmutenden Bräuchen der Rus und Riten sehen, wie sie uns aus der christlich geprägten Welt vertraut sind.

Erfolge der christlichen Mission könnten sich auch damit erklären, daß das Christentum Menschenopfer an heidnische Götter grundsätzlich ablehnte. Thietmar von Merseburg hält die Erinnerung an Bräuche der Dänen vor der Christianisierung und der Slawen seiner Zeit fest.

Alle neun Jahre seien die Dänen an ihrem Hauptort Leire auf Seeland am 7. Januar zusammengekommen, »und brachten ihren Göttern 99 Menschen und ebenso viele Pferde, Hunde und Hähne (anstelle von Habichten) als blutiges Opfer dar; sie hielten es … für gewiß, daß diese ihnen Dienste bei den Unterirdischen leisten und sie nach begangenen Untaten gnädig stimmen könnten«. Thietmar lobt König Heinrich I. dafür, daß er einem so fluchwürdigen Brauch Einhalt geboten habe. »Ein Gott Vater genehmes Opfer bringt doch nur dar, wer Menschenblut schont; denn der Herr lehrt: ›Den Schuldlosen und Frommen sollst du nicht töten!‹ (Ex 23, 7).«[18]

Thietmar gibt auch einen kulturhistorisch wertvollen Bericht vom Kult der Liutizen; diese heidnischen Slawen siedelten zwischen Elbe und Oder, also nicht weit entfernt von Merseburg.

Slawen waren Thietmar verhaßt, erst recht, wenn sie den Sachsen nicht unterworfen und noch tief im Heidentum verwurzelt waren. Nach Thietmar suchten die Liutizen den unsagbaren Zorn ihrer Götzen durch Menschen- und Tierblut zu besänftigen.[19] Ausführlicher geht er auf diese Greuel vielleicht deshalb nicht ein, weil Kaiser Heinrich II. die heidnischen Liutizen als Verbündete gegen die christlichen Polen zu brauchen meinte. Die Liutizen haben also möglicherweise mit Wissen Heinrichs II., der später als Heiliger verehrt wurde, ihren Göttern Christen geopfert, wenn sie als Verbündete des Kaisers in den Krieg zogen.

Abtreibung und Kindstötung

Die Abtreibung, von frühen Konzilien dem Mord gleichgestellt, wurde später milder beurteilt, wenn sie vor dem 40. Schwangerschaftstag erfolgte; der Foetus galt bis zu dieser Zeit als noch nicht gebildet, belebt bzw. beseelt (*non formatus* bzw. *vivificatus* oder *animatus*). Trotz kirchlicher Verbote wurden in medizinischen Lehrbüchern Mittel und Geräte erwähnt, mit denen sich eine Abtreibung herbeiführen ließ. Ob man daraus auf eine (weit?)verbreitete Praxis schließen kann, muß offenbleiben.[20]

Die Isländer nahmen unter Bedingungen das Christentum an; u. a. behielten sie sich vor, weiterhin Kinder auszusetzen.[21] Auf Kindstötung lief hinaus, wenn die Mutter aus religiösen Gründen einem Kind die Nahrung verweigerte, wie die ›Perfecti‹, die Vollkommenen, bei den Katharern es ihren Gläubigen empfahlen. Auf den Rat, durch Spendung des *consolamentum* ihr schwerkrankes, erst zwei oder drei Monate altes Kind ›trösten‹ und dann verhungern zu lassen (*endura*), »auf daß es ein Engel werde«, erklärte eine Mutter: »Ich werde meinem Kind die Brust nicht verweigern, solange es noch lebt.«[22]

Über die Häufigkeit von Abtreibung und heimlicher Tötung des geborenen Kindes entschieden auch die Gesellschaft und deren Recht. Waren unehelich geborene Kinder und ledige Mütter akzeptiert, konnten Frauen ihre Kinder unbeschwerter austragen, als wenn sie mit Strafe und Diskriminierung zu rechnen hatten.

Unehelich Geborene sind in hohe Stellungen aufgestiegen, was auf weitverbreitete Toleranz schließen läßt. Zu den ›Bastarden‹, die Geschichte gemacht haben, gehören Karl Martell, der 732 die Araber besiegte, und Wilhelm, der 1066 England eroberte. Zu hohen kirchlichen Würden stieg ein ›Wildling‹ Karls des Großen auf: Drogo wurde (Erz)Bischof von Metz und einer der einflußreichsten Männer am Hofe Kaiser Ludwigs des Frommen.

Tötung von Alten

›Not kennt kein Gebot.‹ Nach dieser Maxime wurden seit vorchristlicher Zeit Alte und ›unnütze‹ Mitglieder der Gesellschaft ausgegrenzt und nicht selten dem Tod überantwortet. Auch deshalb stellten sich Recht und Religion in den Dienst Schwacher.

Ein Chronist berichtet, bei den Herulern hätten Kranke und gebrechliche Alte ihre Verwandten bitten müssen, sie zu töten. Das Zeugnis ist mit Vorsicht aufzunehmen, schildert Prokop die Heruler doch als »die allerschlechtesten Menschen, die es gibt«[23]. In Island wurde in offener Volksversammlung beschlossen, zur Zeit strenger Kälte und Hungersnot greise, lahme und sieche Menschen verhungern zu lassen. Spuren der Sitte, Alte und Kranke umzubringen, finden sich auch in Norddeutschland. Bei den alten Preußen soll der Vater blinde, schielende, verwachsene Kinder, der Sohn seine alten, schwachen Eltern getötet haben. In Mitteleuropa brachte die Einführung des Christentums offensichtlich einen Wandel. Jedenfalls berichten die Quellen nicht mehr davon, Kinder hätten ihre Eltern vorsätzlich getötet, um in Notzeiten das eigene Überleben zu sichern.

Die geschilderten Bräuche mögen, wenn sie denn wirklich bestanden, verständlich sein bei Völkern, die in Notzeiten für Schwache nicht sorgen konnten. In unserem Jahrhundert verfuhren Menschen nicht anders, wenn sie auf der Flucht – etwa im Winter 1944/45 in Ostdeutschland – Schwache am Wegesrand liegen ließen, um sich und die Kinder zu retten.

Unumstritten war der vorgezogene Erbfall.[24] Betagte Eltern wurden entmachtet und auf das ›Altenteil‹ gesetzt, ›als ob‹ sie

schon gestorben wären. Damit durften sie nur noch das Lebens-
notwendige beanspruchen (Nahrung, Wohnung, Feuer).

Kannibalismus

Von unterlassener Hilfeleistung sind Fälle zu unterscheiden, in
denen Menschen andere töteten, um sie zu verzehren. In heidnischen Gesellschaften kam das offensichtlich häufiger vor; jedenfalls droht Karl der Große in Sondergesetzen auch dem Sachsen
mit der Todesstrafe, der »vom Teufel in die Irre geführt nach
Brauch der Heiden glaubt, ein Mann oder eine Frau sei eine Hexe
und verzehre Menschen(fleisch), und diese deswegen verbrennt
oder ihr Fleisch zum Verzehr (anderen) reicht oder es selber
verspeist«[25].

Wiederholt schreiben Chronisten, bei der und der Belagerung
habe es Fälle von Kannibalismus gegeben. Die Unsicherheit mag
sich damit erklären, daß der Autor nicht dabei war und sich
sträubt, das Ungeheuerliche zu glauben. Kannibalismus galt als so
verwerflich, daß man ihn allenfalls seinen Feinden zutraute; der
Vorwurf des Kannibalismus gehört denn auch (erst?) seit mittelalterlichen Zeiten zu Stereotypen der Feindpropaganda. Nach Aussage des russischen Erzbischofs Peter vor dem Konzil von Lyon
(1245) aßen die Mongolen im Notfall auch Menschenfleisch.[26]

Soll man Berichte von Kannibalismus als Greuelmären abtun?
Hat das Christentum so tief gewirkt, daß ausgerechnet diese
Untat nicht (mehr) verübt wurde? Konkret: Mancher hat Vater
und Mutter gemeuchelt; darf man davon ausgehen, daß er in
äußerster Bedrängnis lieber starb als Menschenfleisch verzehrte?

Rodulf Glaber zog als Mönch unstet von einem Kloster zum
andern; zeitweise lebte er in Cluny. Er hatte ein offenes Ohr für
Gerüchte aller Art und entwarf in seinen ›Geschichten‹ ein Ge-
mälde der Zeit von 900 bis 1044, in dem echte Schrecken und für
ihn nicht weniger wirkliche Schauermären ineinander verwoben
sind. Die Not, die er aus dem Jahre 1033 überliefert, ähnelte den
Greueln, die dem Ende der Welt vorangehen sollten[27]: Viele
flohen vor dem Hunger in die Fremde; nachts wurden sie von

ihren Gast>freunden< erdrosselt, zerstückelt, gekocht und verschlungen (*menbratimque dividebantur igneque decocti vorabantur*). Nicht anders erging es Kindern, die man mit Obst oder einem Ei an einen abgelegenen Ort gelockt hatte. Vielerorts wurden Leichen ausgescharrt und verschlungen. Entsprechend dem »weitverbreiteten Brauch, Menschenfleisch zu essen«, verkaufte jemand gebratenes Menschenfleisch auf dem Markt von Tournus, als wäre es Fleisch von einem Tier. Nach seiner Verhaftung leugnete er sein Verbrechen nicht; er wurde gebunden und verbrannt. Ein anderer grub nachts das beschlagnahmte Fleisch aus, aß davon und wurde ebenfalls verbrannt.

In einem Wald der Gegend von Mâcon in Burgund, unweit von Cluny, habe ein wilder Mann gehaust, Vorübergehende umgebracht und verspeist. Eines Tages, schreibt Rodulf, habe ein Mann für sich und seine Frau um Obdach gebeten. Plötzlich habe er in der Hütte die Köpfe von Männern, Frauen und Kindern gesehen, wie sich später herausstellte insgesamt achtundvierzig. Er habe mit seiner Frau fliehen und die benachbarte Stadt alarmieren können. Den Übeltäter habe man zur Stadt geführt und verbrannt, »wie wir es mit eigenen Augen gesehen haben«.

Die Episode ähnelt ›Hänsel und Gretel‹. Solche Märchen können nach Entstehungszeit und -raum nicht eindeutig bestimmt werden; doch spiegeln sie kollektive Erfahrungen: Bis in die Zeit der Romantik galt der Wald als Feind, in dem wilde Tiere, Hexen und böse Menschen lauerten.

In der Hölle begegnet Dante auch dem Grafen Ugolino della Gherardesca, der am Schädel seines Gegners nagt. Ugolino war beschuldigt worden, seine Vaterstadt Pisa verraten zu haben; zur Strafe habe Erzbischof Ruggieri ihn mit seinen Söhnen einkerkern und verhungern lassen (1288/89). Der Vater berichtet: Als ihm die schändliche Absicht des Erzbischofs klargeworden sei, habe er vor Schmerz in die Hände gebissen. Die Kinder hätten das als Zeichen des Hungers gewertet und sich ihrem Vater spontan als Speise angeboten: Ihr Schmerz wäre kleiner, »wenn du von uns würdst essen, denn du schenktest / Dies arme Fleisch uns, du sollst es auch nehmen«. Eins nach dem andern sieht der Vater seine Kinder Hungers sterben; zwei Tage habe er sie nach ihrem

Tod gerufen. »Dann war der Hunger stärker als die Trauer.« Nach diesem Wort habe er, mit rollenden Augen, wieder den »armen Schädel« gegriffen und wie ein Hund den Knochen benagt (Hölle 33, 61 ff.).

Dante entrüstet sich nicht über den Grafen, der am Schädel seines Gegners nagt und rasenden Hunger an den Leichen der eigenen Kinder gestillt hat. Er geißelt die Sippenhaft: Auch wenn Pisa den Verrat habe bestrafen wollen, hätte es niemals die Kinder so quälen dürfen. Entsprechend geht die Opferbereitschaft der Kinder, die sich freiwillig als Speise darbieten, weit über das eingangs gebrachte Wort hinaus, in dem Jesus die Liebe dessen preist, der sein Leben hingibt für seine Freunde.

Gewaltsamer Tod: Strafrecht

Im Krönungsgottesdienst überreichte der Bischof dem König unter feierlichen Gebeten Zeichen der Herrschaft; dabei betonte er Aufgaben des Richters: »Empfange das Schwert, das dir auf göttliche Anordnung hin verliehen ist.« Mit ihm soll der König Gerechtigkeit üben, die Gewalt des Unrechts zerstören, die Kirche und ihre Gläubigen schützen, Falschgläubige ebenso wie die Feinde des Christentums ausrotten, Witwen und Waisen gütig umsorgen und verteidigen, »auf daß du ruhmreich und als hehrer Verteidiger der Gerechtigkeit verdienst, mit dem Heiland der Welt, dessen Bild du in deinem Namen trägst, ohne Ende zu herrschen«[1].

Das Gebet enthielt ein defensives (Schutz der Kirche und ihrer Gläubigen, der Witwen und Waisen) und ein offensives Programm (Vernichtung der Feinde des Glaubens). Weit entfernt war man von der Vorstellung eines ewigen Friedens. Den sollte der König sich gerade dadurch verdienen, daß er in der ihm zugewiesenen Zeit und in dem ihm anvertrauten Reich das Schwert recht gebrauchte; das konnte nur heißen: Wenn nötig, Übeltätern den Kopf abschlagen (lassen). Ein König, der das Recht schützte und das Unrecht bekämpfte, erwarb sich einen Platz in unmittelbarer Nähe Gottes; als *Christus Domini* (mit heiligem Öl ›Gesalbter des Herrn‹) führte er Christi Bild in seinem Namen und war berufen, mit Christus in Ewigkeit zu herrschen.

Vollstreckung von Leib- und Lebensstrafen. Zur Sühne der Missetat ▷ *und zur Abschreckung möglicher Übeltäter wurden Leib- und Lebensstrafen vollstreckt, oft öffentlich: Auspeitschen, Verstümmeln (z. B. durch Blendung oder Abhacken der Hand), Hängen, Enthaupten, Verbrennen und Rädern; ob die im Bildmittelpunkt dargestellte Strafe des Ausdärmens, die z. B. für Baumfrevel drohte, je vollstreckt wurde, ist ungewiß. – Holzschnitt aus Tengler, ›Layenspiegel‹, Mainz 1508.*

Der König war Garant des Rechts und, wo er weilte, oberster Richter. Andernorts übten Grafen in seinem Namen oder Fürsten kraft eigenen Rechts das Richteramt aus. In bildlichen Darstellungen sieht man den Grafen oft sitzend, das blanke Richtschwert griffbereit auf den Knien liegend.

Bei Erwähnung von Menschenopfern, die bei den Dänen in vorchristlicher Zeit üblich gewesen seien, zitiert Thietmar die Heilige Schrift: »Den Schuldlosen und Frommen darfst du nicht töten.«[2] Damit war umgekehrt das Recht der Gesellschaft anerkannt, Schuldige zum Tode zu verurteilen. Die beiläufige Erwähnung von zwei Schwertern im Evangelium (Lk 22, 38) wurde seit Papst Gelasius I. (492–496) zu einer Theorie ausgebaut, die die Herrschaft von Papst und König legitimierte; diesem sei das weltliche, dem Papst das geistliche Schwert verliehen. Seit dem Hochmittelalter beanspruchte das Papsttum gar die Gewalt über beide Schwerter; der Papst verleihe das weltliche weiter an den Kaiser, der es im Dienst der Kirche führen müsse.[3]

Die Strafe wurde unterschiedlich gerechtfertigt: Durch angemessene Sühne – im Fall schwerer Vergehen bedeutete das den Tod – sollte der Zorn Gottes besänftigt, die verletzte Ordnung und der gebrochene Friede wiederhergestellt werden. Die Strafdrohung sollte allen Menschen ein Leben in Frieden, in der Gnade Gottes und der Huld des Königs ermöglichen; sie sollte die abschrecken, die versucht wären, Unrecht zu tun; durch die Verurteilung weniger sollte die Menge in Schranken gewiesen werden.[4] Solche Maximen wurden im Frühmittelalter wiederholt verkündet; möglicherweise entsprach die Wirkung nur bedingt den Erwartungen, wie sie das um 740 erlassene Gesetz der Bajuwaren widerspiegelt: »Erlassen aber sind die Gesetze, damit aus Furcht vor ihnen die menschliche Bosheit im Zaume gehalten und die Unschuld unter den Ehrbaren gesichert, dagegen unter den Böswilligen durch die Furcht vor der Strafe die Gelegenheit, Schaden zu stiften, eingedämmt werden.«[5]

Das Strafrecht war erheblichen Wandlungen unterworfen. Je nach Zeit und Ort, sozialem Stand, Geschlecht und Alter des Täters wie des Opfers wurde ein Vergehen unterschiedlich geahndet. Auf Zeiten eines fast schon humanen Strafrechts im Frühmittelalter, in dem selbst zauberische Menschenfresserei im Rahmen der ›Kompositionsgerichtsbarkeit‹ mit einer Buße gesühnt werden konnte[6], folgten Epochen, in denen vordem als harmlos geltende Vergehen mit dem Tode bestraft wurden. Solche Verschiebungen erklären sich auch mit weitverbreiteter Mißachtung des menschlichen Lebens: Waren Gewalttaten mit ein paar Pfennigen zu büßen, kauften sich Übeltäter frei; Raub und Totschlag gingen weiter, als wäre nichts geschehen.

Das bedeutete eine Herausforderung für die Obrigkeit, die seit dem 12. Jahrhundert den schlimmsten Auswüchsen mit harten Leibesstrafen zu wehren suchte. Indessen verfügte sie über nur begrenzte Machtmittel, um Recht und Gerechtigkeit durchzusetzen; es gab (fast) keine allgemein verbindlichen Gesetze und erst ansatzweise ›den‹ Staat; es fehlte ein Gerichts- und Verwaltungsapparat, der dem Recht überall und gegen jedermann Respekt verschafft hätte. Das Strafrecht spielte denn auch eine große Rolle bei der Ausbildung von Territorialherrschaften.

Den Grundsatz ›gleiches Recht für alle‹ setzten früh Reichsstädte durch, die es sich leisten konnten, Standesrücksichten zu ignorieren. Ein aufmerksamer Beobachter schreibt 1434 von Basel: »Wer bestraft werden soll, dem hilft sein Geld nichts noch Bitten, noch die Menge seiner Angehörigen und Freunde, noch seine Macht im Staate: jedes Vergehen erheischt seine Strafe.«[7]

Im folgenden sind todeswürdige Vergehen und die Folgen der Delikte in einer Tabelle zusammengestellt. Taten, die den Tod eines Menschen zur Folge hatten, werden genauer betrachtet. Verzichtet wurde auf Vollständigkeit, Gliederung und ausführliche Erläuterungen – etwa nach Eigentums-, Sexual- und anderen Delikten sowie nach Ort und Zeit. Die alphabetische Reihung mag eine Vorstellung von der bunten Vielfalt früheren Strafrechts geben.[8]

Wohl jedes Delikt konnte zeitweise durch Vermögensbußen, Leibesstrafen, Landesverweis, eine Wallfahrt oder auf andere Weise gesühnt werden. Eine weitere Einschränkung: Manche Delikte waren unter der oben gewählten Bezeichnung dem Mittel-

Folgen der Vergehen	Enthaupten	Ertränken	Hängen	Lebendig begraben	Pfählen	Rädern	Sieden	Verbrennen	Vierteilen	Versenken im Moor
Todeswürdige Vergehen										
Aufruhr	×									
Betrug			×					×		
Bigamie	×	×								
Blutschande	×	×	×					×		
Brandstiftung	×		×				×	×		
Diebstahl	×	×	×	×						
Ehebruch	×					×		×		
Frauenraub	×									
Gotteslästerung	×	×						×	×	
Grenzzeichen verrücken	×			×						
Heimsuche	×					×				
Hexerei								×		
Hochverrat	×		×					×		
Ketzerei								×	×	
Kindsmord	×	×			×	×				
Maß- und Gewichtsvergehen	×		×					×		
Mord	×				×		×	×		
Münzvergehen			×					×	×	
Notzucht	×				×	×				
Raub	×		×				×	×		
Versuchter Selbstmord		×						×		
Totschlag	×		×							
Übertritt zum Judentum		×						×		
Verrat	×	×	×				×	×	×	
Widernatürliche Unzucht					×			×		×
Zauberei		×						×		

alter nicht bekannt und entziehen sich deshalb näherer Differenzierung. Viele Sexualdelikte wurden wohl nur auf Antrag verfolgt. Für dieselbe Tat wurden Frauen im allgemeinen schwerer bestraft als Männer; das dürfte sich auch damit erklären, daß nur Männer zu Gericht saßen.

Aufruhr und Hochverrat richteten sich gegen die Obrigkeit. Mancher wurde hart bestraft, der vom Herrscher abgefallen war oder gar mit dem Feind paktiert hatte. Doch größer scheint, zumindest im 9. und 10. Jahrhundert, die Zahl derer gewesen zu sein, die »in Gnaden wieder angenommen« wurden. Seit dem 11. Jahrhundert galt die Felonie, der bösartige Verrat am Lehnsherrn, als besonders verwerflich; das zeigt sich z. B. im Verfahren gegen Ganelon.[9] Dessen Verteidigung, er habe Rache und nicht Verrat geübt, läßt das Gericht nicht gelten. Dem übersteigerten Herrschaftsbewußtsein Friedrichs II. († 1250) entsprachen fürchterliche Leib- und Lebensstrafen für die, die angeblich oder wirklich einen Anschlag auf Person oder Herrschaft des Kaisers verübt hatten.[10] – Da Münzen das Bild des Herrschers trugen, lag es nahe, Münzvergehen wie Hochverrat zu ahnden.

Betrug, Falschspiel, Urkunden- und Warenfälschung, Verrücken von Grenzzeichen und ähnliches galten auch deshalb als verwerflich, weil sie heimlich erfolgten.

Bigamie dürfte unter Männern, die beruflich für längere Zeit an einem fremden Ort weilten, häufiger gewesen sein, als die Quellen ahnen lassen.

Blutschande war eine Frage der Definition: Geschlechtsverkehr mit der eigenen Tochter galt als todeswürdiges Verbrechen. Andererseits verstand die Kirche die ›nahe‹, eine Ehe ausschließende Verwandtschaft anders als das weltliche Recht. Wegen enger Bindungen zwischen den Familien hätten viele Ehen unter Adligen nach kirchlichem Recht als ungültig beurteilt werden müssen. Wiederholt diente das kirchliche Recht als Vorwand dafür, eine Ehe zu lösen – etwa wenn eine junge Frau mit reicher Mitgift lockte.

Brandstiftung verletzte, wie viele andere Delikte, die Ordnung auf mehrfache Weise, erst recht, wenn sie mit Raub verbunden war: Zum Vermögensschaden des einzelnen – das konnte auch ein

Kloster sein – kam die Störung des die Gemeinschaft schaffenden Friedens. Kaiser Friedrich I. erließ 1186 eine Verordnung eigens gegen die Brandstifter, deren Helfer und Helfershelfer.[11] Wie noch zu zeigen ist, entsprach dem Mehrfachdelikt oft eine mehrfache (Todes)Strafe.

Diebstahl, ein Pleonasmus, wurde je nach Wert der gestohlenen Sache bestraft. Wohlhabende und Arme waren an der Wahrung ihres Besitzes interessiert. Fahrende und liegende Habe (u. a. Vieh bzw. das Haus) unterlagen strengem Schutz. Der von König Friedrich I. 1152 erlassene Landfriede bedrohte den mit dem Strick, der im Wert von fünf Schilling (etwa der Gegenwert eines Schafs) oder mehr gestohlen hatte; lag der Wert des Gutes darunter, sollte der Dieb »mit Ruten und Zange geschunden und geschoren werden«[12]. Als besonders schlimm galten Einbruch- und Rückfall-, nächtlicher und vor allem Kirchendiebstahl; diesem wurde gelegentlich gleichgestellt Diebstahl in der Mühle oder in der Schmiede. Vergehen gegen Maß und Gewicht wurden oft wie Diebstahl geahndet.

Ehebruch. Betrachtet man nur die Verhältnisse in christianisierten Ländern, mag der Eindruck entstehen, als sei unter dem Einfluß christlicher Moralvorstellungen das Sexualrecht kriminalisiert worden, mitbedingt durch die heikle Lage, in der sich die durch das Gebot der Keuschheit bzw. der Ehelosigkeit gebundenen Mönche und Kleriker sahen. Ein Blick auf das Recht von Völkern vor ihrer Christianisierung macht es wahrscheinlich, daß man dort sexuelle Delikte oft wesentlich strenger ahndete. So soll man in Sachsen in der ersten Hälfte des 8. Jahrhunderts die ehebrecherische Frau gezwungen haben, sich durch Hängen selbst zu richten.[13] Zu Anfang des 11. Jahrhunderts soll bei noch nicht christianisierten Slawen Unzucht mit einer fremden Ehefrau in einer Weise gesühnt worden sein, die der Autor – ein Bischof mit viel Interesse für das Sexualleben deutscher und anderer Völker! – als »zwar roh, aber trotzdem zuweilen lobenswert« charakterisiert: Von der Frau ist hier nicht die Rede; man wird sie wohl gesteinigt oder ertränkt haben; vom Mann heißt es: »Man führt ihn auf die Marktbrücke, nagelt dort seinen Hodensack fest, legt dann ein scharfes Messer neben ihn und läßt ihm die harte

Wahl zwischen Tod und Verstümmelung.«[14] Später ahndete man Ehebruch unterschiedlich: Hier bestrafte man beide Ehebrecher nur bei frischer Tat, dort allein die Frau. Eine Basler Verordnung von 1457 sah vor, die ehebrecherische Frau zu verbannen, während der Mann mit einer Geldbuße davonkommen sollte.[15] Mittelalterliche Novellen dürften zuverlässige Zeugen ihrer Zeit sein; sie schildern nicht wenige Frauen, die – zumal wenn der Ehemann erheblich älter war als sie – mit einem anderen Mann zusammenlebten.

Auf Frauenraub – wie jeder Raub als schwere Störung des Friedens angesehen – stand im allgemeinen auch dann die Todesstrafe, wenn die Tat nicht mit Vergewaltigung verbunden war. In Friesland stellte man die Frau vor die Wahl: Entschied sie sich für den ›Räuber‹, war damit die Angelegenheit erledigt; ging sie zu ihrer Familie zurück, mußte der Täter eine hohe Buße entrichten.[16]

Gotteslästerung, die Schmähung von Heiligen, böse Schwüre und Flüche waren mit schweren Strafen belegt. Dahinter stand die Sorge, Gott könnte wegen einer Lästerung Verderben bringen, Land und Leute nicht mehr vor Krieg, Hunger und Pest schützen. – Ähnliches galt für Ketzerei und Verbreitung von (später auch nur: Glaube an) Irrlehren. Seit ihren Anfängen hat die Kirche Häretiker mit Ausschluß aus der Gemeinschaft der Rechtgläubigen bestraft. Das weltliche Recht übernahm solche Urteile später mit allen Folgen, die das für Leib und Leben haben konnte. Noch glimpflich kam 849 der Mönch Gottschalk davon: Auf einer Bischofssynode »entlarvt und überführt... wurde er öffentlich ausgepeitscht und mußte die Bücher mit seinen Behauptungen ins Feuer werfen«[17]. Spätestens seit dem 13. Jahrhundert wurde Ketzerei nach weltlichem Recht verfolgt; als todeswürdig galt dieses Delikt aus folgenden Gründen: Der Ketzer verfälsche die wahre Lehre und sei deshalb wie andere Fälscher zu bestrafen; oder: Er töte die Seele und müsse deshalb wie ein Mörder behandelt werden.

Heimsuche (schwerer Hausfriedensbruch) lag ursprünglich nur dann vor, wenn er mit einem Gefolge verübt wurde; er gehörte dann zu den Bandenvergehen.

Hexerei wurde in dem Maße strenger bestraft, wie das unterstellte (und unter der Folter ›gestandene‹!) Vergehen ungeheuerliche Züge annahm: Wer mit dem Teufel geschlechtlich verkehrte, Kinder opferte, Mensch und Tier Krankheiten und Gebrechen anhexte, mußte von der Erde vertilgt werden. Ähnliches galt für Zauberei.

Kindsmord, vor allem die heimliche Tötung eines Neugeborenen, wurde wie gemeiner Mord geahndet oder gar nicht verfolgt, wenn – wie im Falle des getöteten Kindes einer ledigen Mutter – kein Überlebender in seinen Rechten verletzt war. Ausgehend von der Beobachtung, daß karolingische Güterbeschreibungen auffällig mehr Männer als Frauen erwähnen, hat man geschlossen, daß Mädchen in Zeiten chronischen Nahrungsmangels möglicherweise gleich nach der Geburt getötet wurden.[18]

Über die Häufigkeit von heimlicher Tötung des geborenen Kindes und Abtreibung entschied auch die Gesellschaft und deren Recht. Waren ledige Mütter akzeptiert, konnten Frauen ihre Kinder unbeschwerter austragen, als wenn sie mit Strafe und Diskriminierung zu rechnen hatten. Unter den etwa 3000 Verbrechern, die im 14. Jahrhundert im ›Achtbuch‹ der Stadt Augsburg vermerkt wurden, war nur eine Kindsmörderin.[19]

Zwischen Mord und Totschlag wurde oft nicht unterschieden, wie noch die sprichwörtliche Verbindung beider Delikte im Deutschen zeigt. Mord galt als besonders schlimmer Frevel, wenn er an geschützten Personen (dem als ›heilig‹ geltenden König, Bischöfen und Priestern, grundsätzlich Waffenlosen, Boten fremder Mächte usf.), Orten (Kirche, Friedhof und andere Asylstätten) oder/und zu besonders befriedeten Zeiten verübt wurde (z. B. an hohen Feiertagen).

Dolch und Knüppel saßen locker; dem entsprach eine haarsträubende Mißachtung des Menschenlebens in allen Schichten der Bevölkerung. Mächtige gaben sich oft nur wenig Mühe, Verbrechen mit dem Schein des Rechts zu bemänteln. Bischof Gregor von Tours überliefert zahllose Gewalttaten des Frankenkönigs Chlodwig. Eines Tages wurde König Ragnachar, ein potentieller Konkurrent um die Macht, Chlodwig gebunden vorgeführt. »Wie konntest du«, sprach dieser, »so unser königliches

Geschlecht erniedrigen, daß du dich binden ließest? Ruhmvoller
wäre für dich der Tod gewesen!« Er schlug Ragnachar die Axt in
den Schädel und wandte sich dessen Bruder zu: »Wenn du deinem
Bruder beigestanden hättest, er wäre nicht gebunden worden.«
Auch den hieb er nieder.[20]

Von Gift ist häufig in den Quellen die Rede. Zu den vielen
(vermeintlichen?) Opfern heimlicher Giftanschläge zählen Benedikt von Nursia und Abaelard (beide überlebten), Kaiser Karl
(›der Dicke‹, † 877), Kaiser Heinricht VII. († 1313, gerüchteweise
von einem Dominikaner vergiftet) und Thomas von Aquin († 1274
im Alter von 47 Jahren, angeblich auf Anstiften Karls von Anjou
vergiftet).[21] Manchem dürften verdorbene Speisen[22] oder Geträn-
ke zum Verhängnis geworden sein, Heinrich VII. die Malaria.
Menschen aus Mittel- und Nordeuropa, denen Sprache und Bräuche des angeblich klassischen Giftmischerlandes nicht vertraut
waren, zeigten sich schnell überzeugt, daß Gift im Spiel sei, wenn
in Italien einer der Ihren nach kurzer Krankheit starb. Daher ist es
verständlich, daß Kaiser Friedrich II. all denen wie Mördern mit
der Todesstrafe droht, die schlechte und schädliche Heilmittel
sowie zum Tod führende Liebestränke und Speisen herstellen; die
Todesstrafe verfügt er auch für die, die Gift besitzen oder verkaufen, ohne dazu berechtigt zu sein.[23]

Wiederholt sind Herrscher Opfer ihrer Jagdleidenschaft geworden. Mancher Mordanschlag dürfte als Jagdunfall ›getarnt‹
worden sein.

»Wegen der Morde aber, die fast täglich in der Hausgenossen-
schaft von St. Peter wie bei wilden Tieren geschahen, weil häufig
wegen einer Nichtigkeit oder in Trunkenheit oder aus Übermut
einer wie wahnsinnig über den anderen so in Wut geriet, daß im
Verlauf eines Jahres 35 Knechte von St. Peter unschuldig von
Knechten dieser Kirche umgebracht wurden und die Mörder sich
dessen mehr gerühmt und gebrüstet haben, als daß sie etwa Reue
gezeigt hätten...« Angesichts solcher Frevel, die man zum größten Teil heute eher als Totschlag bezeichnen würde, beschloß der
Bischof von Worms auf den Rat seiner Getreuen 1024/25 ab-
schreckende Maßnahmen, zu denen Geldstrafen und Brandmar-
ken gehörten, nicht jedoch die Todesstrafe.[24] Unterm Krummstab

war gut leben; andernorts wurde Totschlag schon zu dieser Zeit mit dem Tode bestraft.

Totschlag. Eine Rauferei, in Bier- oder Weinlaune mutwillig vom Zaun gebrochen, Streit auf dem Feld um eine Kleinigkeit – und schon waren Tote zu beklagen. Indessen wurde Totschlag im allgemeinen milder bestraft als Mord. Der Totschläger durfte in Frankreich vierzig Tage nach der Tat nicht zur Kirche und nicht zur Kommunion gehen[25]; später begnadigte man den Täter oft zu Geldbuße, Verbannung oder Sühnewallfahrt.

Im Zusammenhang mit Totschlag sei die Sühne erwähnt, die nach alemannischem Recht erlegen mußte, wer bei einer Schwangeren durch Stoß oder Verletzung eine Fehlgeburt ausgelöst hatte: War das Geschlecht des Kindes noch nicht zu erkennen, sollten zwölf, sonst für eine männliche Leibesfrucht zwölf und für eine weibliche 24 (!) Schilling Buße erlegt werden.[26]

Notwehr war straffrei, auch wenn der Angreifer dabei den Tod fand. Allerdings mußte man umgehend die Tat bekanntmachen und alles für die Aufklärung Erforderliche tun.[27]

Wie alle vom Tod Überraschten hatten Ermordete und Erschlagene keine Gelegenheit mehr, sich angemessen auf den Tod vorzubereiten. Ohne Beichte, Kommunion und fürbittendes Gebet beim letzten Atemzug mußten sie vor den göttlichen Richter treten. Deshalb wurde der Schuldige oft zu einer weiteren Buße verurteilt: Am Tatort mußte er ein Sühnekreuz errichten, das Vorübergehende einlud, Gott um Gnade für die Seele des Opfers zu bitten.[28] Hochgestellte sahen sich selbstverständlich zu mehr verpflichtet. Manches Kloster wurde gegründet, um schwere Schuld zu sühnen. 1308 wurde der deutsche König Albrecht I. von Habsburg auf offenem Feld bei Windisch (Schweiz) von Männern unter Führung seines Neffen Johann niedergestochen. Am Ort des Frevels gründete die Witwe das Kloster Königsfelden; der Hauptaltar der Kirche kam genau über der Stelle zu stehen, an der der König den Tod gefunden hatte.[29]

Notzucht wurde zeitweise je nach Stand bestraft: Nach westgotischem Recht drohten dem Freien 100 Schläge und Verknechtung an die geschändete Frau, dem Knecht der Scheiterhaufen.[30] Nach dem Sachsenspiegel wurden auch etwa anwesende Tiere getötet;

Selbstmord des Judas. Nach dem Bericht des Evangelisten (Mt 27, 3–5) erhängte sich Judas, nachdem er Jesus verraten hatte. Obwohl Matthäus ausdrücklich sagt, die Tat habe Judas gereut, galt dieser als Prototyp des Selbstmörders und des – hier nackt dargestellten – Verworfenen; denn er hatte sich angemaßt, was Gott vorbehalten sein sollte: über das Ende des Lebens zu bestimmen. Die Teufel sollen Schrecken einflößen und abstoßen; wie Form und Größe von Mund und Ohren zeigen, stimmen bei ihnen die Proportionen nicht mit den Maßen überein, die dem Menschen als Abbild Gottes eigen sind. – Kapitell der Kathedrale von Autun, 12. Jahrhundert.

sie waren Zeugen des Verbrechens geworden und hatten nicht geholfen.[31]

Da Raub nicht heimlich erfolgte wie Diebstahl, galt er als das leichtere Vergehen; infolgedessen durfte ein Räuber mit dem ehrenhaften Schwert rechnen, während dem Dieb der schimpfliche Strick drohte. Besonders streng wurde Raub auf den (öffentlichen) Straßen des Königs bestraft.

Selbstmord wurde als Verbrechen verfolgt, weil der Täter in ein Recht Gottes (und den Arbeitsbereich des Henkers!) eingegriffen habe. Bestraft wurde die Leiche: In Köln mußte der Henker den Gehängten, der sich in seinem Haus das Leben genommen hatte, vom Strick abschneiden; er zog die Leiche u n t e r der Türschwelle hinaus, damit kein Fluch am Haus hängenbleibe; auf der entehrenden schwarzen Kohlenkarre fuhr er sie zum Galgen, wo er sie verscharrte. Ein Begräbnis in der Stadt, gar in geweihter Erde, kam nicht in Frage.[32]

Chronisten zeigen oft Verständnis für Menschen, die einem als unzumutbar betrachteten Schicksal entgehen wollten: Vornehme Frauen, die sich zur Zeit der Christenverfolgung in einen Abgrund oder ein Schwert stürzen aus Furcht vor Schändung, werden anerkannt wie andere, die schlimme Martern klaglos erdulden.[33] Voll Mitgefühl denkt Gregor von Tours an Menschen im Frankenreich, die sich eher erhängen, als daß sie – als Teil der Mitgift – eine fränkische Prinzessin an den Gotenhof nach Spanien begleiten. »Der Sohn wurde vom Vater, die Mutter von der Tochter gerissen, unter schrecklichen Wehklagen und Verwünschungen trennten sie sich.« Vornehme, die mitziehen mußten, machten ihr Testament mit der Maßgabe, es solle geöffnet werden, als wenn sie tot und begraben seien, sobald die Prinzessin die Grenze Spaniens überschritten habe.[34] – Peter von Vinea, einer der nächsten Vertrauten Friedrichs II., geriet in den Verdacht, in ein Mordkomplott gegen den Kaiser verwickelt zu sein; er wurde geblendet und tötete sich – eingedenk der furchtbaren Bestrafung anderer Verdächtiger – dadurch, daß er seinen Kopf an der Kerkermauer zerschmetterte.[35] Kollektiven Selbstmord verübten jüdische Gemeinden, wie wir noch sehen werden, die zur Zeit der Kreuzzüge und der Pest mit gräßlichen Martern rechnen mußten.

Als vorbildlich wird in der Malerei seit dem Spätmittelalter der Freitod Lukrezias dargestellt: Geschändet, stößt sie sich zum Beweis ihrer Unschuld den Dolch in die Brust.

Übertritt zum Judentum wurde ähnlich bewertet wie Gotteslästerung und Ketzerei. Schon der Geschlechtsverkehr mit einem Juden galt als Verleugnung des Christenglaubens, zuweilen als eine Art Bestialität (geschlechtlicher Mißbrauch von Tieren, Sodomie), die der Schwabenspiegel folgerichtig mit dem Feuertod bedrohte![36]

Widernatürliche Unzucht (Geschlechtsverkehr unter Männern sowie Bestialität), von den Germanen mit Versenken im Moor bestraft[37], wurde in christlicher Zeit wie schwere Vergehen gegen die Religion geahndet.

Zahllose weitere Gründe gab es, jemanden zu töten. Austrigilde, die Gemahlin König Gunthramns, wollte nicht allein sterben. Sie ließ ihren Mann schwören, gleich nach ihrem Tod die Ärzte mit dem Schwert hinzurichten, die ihren Tod beschleunigt hätten; »so wie ich nicht länger leben kann, sollen auch sie nicht mehr nach meinem Tode sich brüsten, sondern unsere Freunde und ihre sollen den gleichen Schmerz tragen«. Durch den Eid gebunden, erfüllte der König den ruchlosen Befehl. Der Chronist ist von vorbehaltloser Mißbilligung weit entfernt: Nach verständiger Meinung vieler sei das »nicht ohne Sünde« geschehen.[38]

In einem jahrzehntelangen, mit größter Erbitterung geführten Krieg unterwarf Karl der Große die Sachsen. Zu dieser Zeit sollte mit dem Tod bestraft werden, wer gewaltsam in eine Kirche eingedrungen oder eine Kirche in Brand gesteckt hatte; wer das Fasten gebrochen hatte, »um das Christentum verächtlich zu machen«; wer einen Bischof, Priester oder Diakon getötet hatte; wer das Fleisch männlicher oder weiblicher Hexen verzehrt hatte; wer Verstorbene eingeäschert hatte... Die Sondergesetze sollten die Einführung des Christentums durchsetzen; sie wurden 797 gemildert.[39]

Mit vielen wurde sehr kurzer Prozeß gemacht, wie Beispiele aus der Chronik Thietmars zeigen: Angehörige der Partei, die in einem gerichtlichen Zweikampf unterlegen war, werden gehängt. Unschuldige Geiseln, die die eine Partei als Garanten für Ver-

tragstreue hatte stellen müssen, werden bedenkenlos niedergemacht. Wegen der verwegenen Taten ihres Mannes, der entkommen war, wurde die ›Königin‹ einer Sarazenenbande enthauptet.
Unter dem Verdacht der Spionage im Grenzgebiet zwischen
Bayern und Mähren ergriffen, wurde Koloman aufgeknüpft; als
daraufhin der verdorrte Baum zu grünen begann, war der ›Beweis‹
erbracht, daß der harmlose Pilger als Märtyrer in die Ewigkeit
gegangen war.[40]

Die Blutrache war im Mittelalter weitgehend als Rechtseinrich-
tung anerkannt. Da sie den Frieden störte und eine über Generationen reichende Kettenreaktion auslöste, suchten weltliche und
kirchliche Obrigkeit sie einzudämmen. Sühnebestimmungen und
Asylrecht begünstigten die Aufnahme von Verhandlungen zwischen den auf den Tod verfeindeten Sippen.[41]

Hinrichtung

Bemerkenswerte Einzelheiten – wie sie sich aus der Tabelle zum
Strafrecht ergeben – seien zunächst hervorgehoben: Ein und
dasselbe Delikt wurde unterschiedlich bestraft; die Todesstrafe
wurde meist durch Enthaupten, Hängen, Rädern und/oder Verbrennen vollstreckt. Frauen wurden selten gehängt, eher ertränkt,
lebend begraben oder verbrannt. Manche Todesart sollte das
Delikt ›spiegeln‹: Wie dem Meineidigen die Zunge herausgerissen
oder die Schwurhand abgehauen werden konnte, wurde eine Frau
ertränkt, die ihr Kind auf diese Weise getötet hatte. Wieder einmal
müßten viele Aussagen nach Ort, Zeit, Geschlecht der Delinquenten differenziert werden. In mittelalterlichen Chroniken,
Romanen und Novellen begegnen weitere Arten der Hinrichtung;
aus ihnen spricht eine uns unverständliche Lust an den Qualen des
anderen.

Enthauptung galt als ehrenhaft. Ein zum Strang Verurteilter, der sich und seinen Nachfahren Schande ersparen wollte, bemühte sich um eine Gnade: War das Leben schon nicht zu retten, wollte man es lieber durch einen Schwerthieb verlieren als am Galgen. Umgekehrt wurden Raubritter, die angesichts ihres Standes grundsätzlich mit der Enthauptung rechnen durften, gelegentlich gehängt, in erster Linie wohl zur Abschreckung anderer.

In Abbildungen und Berichten – und zwar nicht nur von den letzten Augenblicken eines Märtyrers – fällt auf, wie gefaßt das Opfer den Schlag erwartet: Kniend, den Körper aufgerichtet, die Hände vielleicht nicht einmal gebunden; der Gehilfe des Scharfrichters braucht nicht tätig zu werden.

Enthauptet wurde am 29. Oktober 1268 in Neapel auf der späteren Piazza del Mercato der letzte Enkel Kaiser Friedrichs II., zusammen mit einigen Getreuen, auf Betreiben Karls von Anjou. Konradin war gerade sechzehneinhalb Jahre alt – strafmündig war man mit zwölf.[42] Die jugendliche Gestalt, die Umstände des ›Prozesses‹ und schließlich der Tod haben jahrhundertelang die Phantasie der Menschen beschäftigt und noch im 20. Jahrhundert deutsch-französische Animositäten geschürt.

Auf dem römischen Kapitol wurde am 29. August 1354 ein ehemaliger Johanniterprior hingerichtet[43]: Fra Monreale, den Zeitgenossen mit Caesar verglichen haben, war als Bandenführer zu einer der mächtigsten Figuren Italiens aufgestiegen. Seine bestens gerüsteten Männer hatte er gelegentlich sogar Venedig ausgeliehen. Ahnungslos war er in eine Falle getappt, die ihm Cola di Rienzo gestellt hatte, der selber bald darauf nicht fern von der Richtstätte einen schmählichen Tod finden sollte.

Monreale zeigt keine Reue über seine Frevel; ihn schaudert nur beim Gedanken an Folter und schimpfliche Todesart. Kostbar in braunen und goldverbrämten Samt gekleidet, blickt er voll Verachtung auf die Römer, die sich von einer Totenglocke auf das Kapitol haben rufen lassen. Mit Erleichterung vernimmt er, daß er durch das Schwert gerichtet werden soll. Er kniet vor dem Block nieder, steht aber mehrmals auf; endlich hat er die rechte Lage gefunden. Seinen Leibarzt hat er angewiesen, dem Henker die Stelle zu zeigen, wo der Streich treffen müsse. Mit dem ersten Schlag fällt das Haupt.

... das Wasser

Ertränkt wurden vornehmlich Frauen, z. B. für Kindsmord oder Diebstahl. Hände und Füße zusammengebunden, wurde das Opfer in ein Gewässer geworfen; gegebenenfalls drückte der Henker mit einer Gabel oder Stange den Delinquenten so lange unter Wasser, bis der Tod eintrat. Zur Strafverschärfung wurde das Opfer zusammen mit einem Hund und/oder mit Schlangen in einen Sack gesteckt und dann ins Wasser geworfen.[44]

Beinahe beiläufig wird erwähnt, König Lothar I. habe die Stadt Châlons erobert, in Brand stecken und etliche Adlige hinrichten lassen; die Schwester eines Gegners, eine Nonne, »ließ er in ein Faß stecken und in der Saône ertränken. Darauf zog er weiter nach Orléans«[45]. Ertränkt wurde auch, am 12. Oktober 1435, Agnes Bernauer. Der junge Herzog Albrecht III. von Bayern-München hatte sie als Bademagd in Augsburg kennengelernt und sich in sie verliebt. Das allein wäre kein Grund zur Katastrophe gewesen; für eine Liaison, auch wenn sie auf Dauer angelegt war, hatte man in Adelskreisen Verständnis. Als Herzog Albrecht sich jedoch mit Agnes vermählte, zwar heimlich, doch weit unter Stand, war das Maß des Tolerierbaren überschritten. Sein Vater, der regierende Herzog Ernst, sah durch die Verbindung die Erbfolge seiner Linie gefährdet. Er ließ Agnes, die man möglicherweise des Liebeszaubers beschuldigt hatte, bei Straubing in die Donau stürzen. Die Erinnerung an die Schönheit der jungen Frau und ihren unglücklichen Tod lebt im Volkslied weiter. Die ›Bernauer-Kapelle‹ auf dem St.-Peters-Friedhof in Straubing ist eine Sühnestiftung Herzog Ernsts; nicht zum ersten- und nicht zum letztenmal wurde ein politisch motiviertes Verbrechen später auf spektakuläre Weise ›gesühnt‹.[46]

Diebe wurden vorzugsweise gehenkt. Dazu genügten Baum und Strick. Fanden Enthauptete im allgemeinen ein ehrenvolles Begräbnis, Fra Monreale z. B. bei den Minoriten von Aracoeli, ließ man Gehängte oft monatelang am Galgen baumeln. Der Körper löste sich langsam auf und fiel gliedweise herab; das war Teil der Strafe, und Angehörigen war es verboten, den Leichnam heimlich vom Galgen zu nehmen. Die Gebeine wurden nicht auf dem Friedhof beigesetzt, sondern unter dem Galgen in Gruben verscharrt. Als man eine solche Grube 1471 in Augsburg öffnete, fand man die Schädel von 250 Gehenkten; 32 Diebe hingen noch am Galgen![47]

Die Strafe wurde auf verschiedene Weise vollstreckt: Der Tod trat rasch ein, wenn der Delinquent von der Leiter gestoßen wurde; war der Knoten des Stricks richtig gelegt, so brach er dem in die Schlinge Fallenden gleich das Genick. Qualvoll starb, wer langsam am Strick hochgezogen oder an den Füßen aufgehängt wurde, den Kopf nach unten; in diesem Fall konnte sich das Leiden über Tage hinziehen.

Wer zum Strang verurteilt war, mochte noch am Galgen eine letzte Ehrung erfahren, etwa dadurch, daß er an höherer Stelle als andere aufgeknüpft wurde.[48] Die Schmach wurde gesteigert, wenn der Delinquent zusammen mit Hunden gehenkt wurde; diese Strafverschärfung hat oft Juden getroffen.[49]

Mit knapper Not ist François Villon mehr als einmal dem Galgen entkommen. Er hat eine ergreifende ›Ballade der Gehenkten‹ hinterlassen; möglicherweise hat er sich selber schon unter den Opfern gesehen, die er Vorübergehende bitten läßt:[50]

> *Frères humains qui après nous vivez,*
> Ihr Menschenbrüder, die ihr nach uns lebt,
> Wollt nicht, daß euer Herz hart von uns denkt;
> Wenn ihr in Mitleid für uns Arme bebt,
> Gott eher Euch einst seine Gnade schenkt.
> Fünf, sechs erblickt ihr, die man hier gehenkt,
> Das Fleisch, dess' Nahrung uns zu sehr gefallen,

Ist längst verfault und von uns abgefallen.
Wir Knochen bald zu Asch und Staub verrotten,
Oh, wolle niemand unsres Leides spotten,
Doch bittet Gott, daß er verzeih uns allen.

Mit der letzten Bitte – *Mais priez Dieu que tous nous veuille absoudre* – enden alle Strophen. Die Gehenkten bitten die Vorbeigehenden um Nachsicht dafür, daß sie sie Brüder nennen. Sie sehen sich eher als Opfer, was geradezu modern anmutet: Ihnen fehlte, wie man ergänzen darf, die nötige Lebenstüchtigkeit, um sich in einer von Kriegen und Krisen zerrissenen Welt zurechtzufinden. Die Vorbeigehenden sollen Jesus und Maria anflehen, daß auch sie, die Gehenkten, in den Genuß der Gnade kommen und ihnen die Hölle erspart bleibe. Und: Man möge die Toten nicht noch verhöhnen (was also vorkam).

Der Regen wusch uns, hat uns abgespült,
Die Sonne trocknete uns schwarz und hart,
Elstern und Raben haben Augen ausgewühlt
Und weggerissen Brauen uns und Bart.
Nie gibt es eine Stunde, die uns Ruhe wahrt,
Hierhin, dorthin schwingt uns des Windes Wüten,
Zerhackt von Vogelbiß gleich Fingerhüten,
Wie's immer seinen Launen mag gefallen.

Schließlich greift Villon Bitten aus der ersten Strophe auf, läßt aber hier die Gehenkten selber vertrauensvoll Jesus bitten:

Fürst Jesu, dem sich alle Wesen neigen,
Gib uns der Hölle Herrschaft nicht zu eigen,
Daß wir ihr nicht für unsre Taten zahlen.
Hier muß, o Mensch, jedes Hohnwort schweigen,
Doch bittet Gott, daß er verzeih uns allen.

Lebend begraben

Lebend begraben wurden vorzugsweise Frauen, etwa für Mord; Männern widerfuhr dieses Schicksal z. B. als ›spiegelnde‹ Strafe für die Beseitigung oder Verrückung von Grenzzeichen; im Falle von Bestialität wurden sie zusammen mit dem mißbrauchten Tier begraben.[51] Gedungene und Verwandtenmörder steckte man mit dem Kopf nach unten in ein Erdloch, das der Henker dann zuschüttete; der Delinquent erstickte langsam.[52]

Bischof Gregor von Tours berichtet von einem Franken, der im letzten Viertel des 6. Jahrhunderts sein Unwesen trieb: Herzog Rauching habe in seinem Gesinde zwei junge Leute gehabt, die sich verliebt hätten, »wie dies häufig vorkommt«. Aus Angst vor ihrem Herrn, der kaum in eine Ehe der beiden Unfreien eingewilligt hätte, flohen diese in eine Kirche. Rauching verstellt sich und schwört vor dem Priester, die Hand auf den Altar gelegt: »Niemals sollen sie durch mich getrennt werden; ich will vielmehr dafür sorgen, daß sie verbunden bleiben.« Arglos gibt der Priester beide unter der Bedingung heraus, daß sie straflos bleiben. Kaum hat Rauching sie wieder in seiner Gewalt, läßt er ein Grab ausheben und einen Sarg anfertigen. Wie eine Tote läßt er das Mädchen hineinlegen und auf sie den Knecht; der Deckel wird geschlossen, die Grube mit Erde gefüllt und beide lebendig begraben. Sklaven gehörten zu den ›Sachen‹; vom Standpunkt des geltenden Rechts aus war das Verhalten Rauchings nicht zu beanstanden. »Ich habe meinen Schwur nicht verletzt, daß sie in Ewigkeit nicht getrennt werden sollen.« Als der Priester von der Ruchlosigkeit hört, läßt er das Grab öffnen; der Knecht lebt noch, das Mädchen ist erstickt.[53]

Pfählen

Kindsmord und Notzucht wurden gelegentlich durch Pfählen bestraft. Dazu bediente man sich offensichtlich nicht der aus der Antike bekannten Art, bei der das lebende Opfer senkrecht auf einen im Boden stehenden Pfahl gespießt wird; vielmehr wurde der Delinquent gefesselt in eine unter dem Galgen ausgehobene Grube gelegt.[54] Möglicherweise steckte man dem Opfer vorher noch ein Rohr in den Mund; es sollte diesem nicht etwa das Atmen, sondern der Seele auszufahren erlauben (Seelenloch). Nachdem die Grube zugeschüttet war, trieb man einen angespitzten Pfahl durch die Erde und das Opfer; damit sollten dessen Qualen verkürzt und seine Wiederkehr verhindert werden. Im Fall von Notzucht standen der geschändeten Frau die ersten Schläge auf den Pfahl zu; den Rest besorgte der Henker.

Rädern

Diese seit der germanischen Frühzeit und bis ins 18. Jahrhundert ›beliebte‹, schimpflichste und ehrloseste, ungemein schmerzhafte Strafe drohte bei gemeinem Mord, (Straßen)Raub und Majestätsverbrechen.[55] Beine und Arme des zunächst auf der Erde liegenden Delinquenten wurden an ausgesuchten Punkten derart unterstützt, daß sie zum größeren Teil frei lagen. Mit einem Rad, das neu sein und eine bestimmte Zahl von Speichen haben sollte, zerstieß der Henker die Glieder, unter Wahrung einer bestimmten Reihenfolge: Das Opfer sollte nicht ohnmächtig werden und nicht vorzeitig sterben. Denn nun folgte der zweite – und oft längere – Teil der Qualen: Der Übeltäter wurde auf das Rad geflochten, das heißt, die gebrochenen, oft nur noch von Fleisch und Sehnen zusammengehaltenen Gebeine wurden durch die Speichen des Rades gezogen und dort festgebunden. Dann wurde das Rad waagerecht auf einem hohen Pfahl befestigt; in dieser Lage wartete das Opfer darauf, daß der Tod es von seinen Qualen erlöste. Wie der Gehenkte, blieb der Geräderte oft monatelang auf dem Rad, Vögeln zum Fraß.

Als Gnadenerweis wurde das Opfer gelegentlich gleich mit dem ersten, gegen den Hals geführten Stoß getötet; oder es wurde zunächst enthauptet bzw. gehenkt; oder der Henker ersparte ihm – eventuell unbemerkt – durch einen Stich ins Herz weitere Qualen. Eine empfindliche Strafverschärfung bedeutete es, wenn

Vollstreckung von Todesstrafen. Im Vordergrund kniet der Verurteilte in Erwartung des tödlichen Schlages; ein Mönch hat ihn auf seinem
letzten Gang begleitet und verweist ihn zum Trost auf den Gekreuzigten, der auch für den Delinquenten gestorben ist. Dessen Hals ist
freigemacht, und der Henker vergewissert sich, wo der Hieb des
großen Richtschwertes treffen muß. Dem Opfer sind die Augen nicht
verbunden, auch verbirgt der Henker seine Identität nicht hinter
einer Maske, wie man es in der Entstehungszeit dieses Holzschnittes
erwarten dürfte. Im Hintergrund wird ein Geräderter hoch aufgerichtet; in dieser Lage erwartet das vielleicht noch lebende Opfer
einen langen, qualvollen Tod. Die Schimpflichkeit der Hinrichtung
wurde noch dadurch gesteigert, daß man den Geräderten nackt den
Blicken der Vorübergehenden aussetzte. – Holzschnitt aus der Bam-
berger Halsgerichtsordnung, 1507.

das Opfer zur Richtstätte geschleift wurde und der Henker ihm unterwegs an vorher bestimmten Plätzen mit glühenden Zangen Brust, Arme oder Hüften zerfleischte.

Sieden

Fälscher und Betrüger – und als solche konnten auch Ketzer gelten – mußten damit rechnen, in Wasser, Öl oder Wein gesotten zu werden. In vollem Ornat, wie bei einer Altar- oder Kirchenweihe, traten am 28. Juni 1474, dem Vorabend des Festes Peter und Paul, in Köln sieben Bischöfe zusammen. Auf dem Domhof degradierten sie einen Priester wegen vielfachen Betrugs und anderer Bosheiten; in manchen Jahren hatte er nicht gebeichtet und trotzdem die Messe gefeiert. Er starb ohne Beichte, in einem Kupferkessel zu Tode gesotten – »eine bewußte Vorwegnahme der Höllenstrafe«[56].

Schimpflichste Lebensstrafen blieben Klerikern also nicht erspart. Doch kraft ihres Standes genossen sie ein wertvolles Privileg: Mit ihnen durfte man nicht ›kurzen Prozeß‹ machen; als Angehörige des Klerus hatten sie das Recht, vor ein kirchliches Gericht gestellt zu werden. Damit waren sie vor dem Zugriff des Henkers zunächst einmal sicher. Erst wenn das kirchliche Gericht – zuweilen nach Durchlaufen mehrerer Instanzen und dem vergeblichen Appell an den Papst – den Delinquenten ›frei‹ gegeben hatte, konnte der weltliche Arm der Gerechtigkeit tätig werden.

Verbrennen

Rauchende Scheiterhaufen bestimmen das Bild, das sich viele Menschen vom Mittelalter machen; dabei dürften in der Neuzeit mehr Menschen dem Feuer überliefert worden sein – womit keine Verbrennung entschuldigt sei. Verbrannt wurden Menschen, die als Hexen, Ketzer, Zauberer ›überführt‹ waren, ferner Brandstifter und Fälscher, (weibliche) Totschläger, Verräter und andere. Für ein Delikt wurde die Strafe biblisch begründet: »Ein Mann, der einem Tier beiwohnt, wird mit dem Tod bestraft; auch das Tier sollt ihr töten« (Lev 20, 15). »Ein Mann, den man an einem Tag der Fastenzeit dabei ertappt hatte, wie er mit einer Stute Unzucht trieb, wurde nach dem Urteil der Franken lebendig verbrannt«, berichten aus dem Jahr 846 beiläufig fränkische Annalen.[57]

Wenn das Feuer den Täter und, wie im letzten Fall, in die Tat Verstrickte verzehrte, machte es den Erdboden wieder rein. Die Bosheit ging in Rauch auf und wurde fortgetragen; deshalb verbrannte man Hexen vorzugsweise auf Anhöhen, wo der Wind freien Zugang hatte. Die Asche wurde, da auch sie noch als gefährlich galt, in einen Bach oder Fluß geschüttet, der sie fortführen sollte. Dabei waren drei der vier Naturelemente an der Vertilgung des Bösewichts beteiligt: Feuer, Wind und Wasser.[58]

Wie das Epos von Tristan und Isolde zeigt, empfanden nicht alle den Feuertod als schlimmste Strafe.[59] Die schöne Isolde soll wegen Ehebruchs verbrannt werden; Aussätzige wollen das Schauspiel genießen; gräßlich entstellt, die Haut zerfressen, die Augen blutunterlaufen, die Augenlider geschwollen, auf Krücken hinkend, schaurig mit ihren Klappern die Gesunden warnend, bieten sie einen abstoßenden Anblick. Mit der für Aussätzige charakteristisch schrillen Stimme schreit Yvain, der ekelhafteste der Kranken, dem König zu: »Herr, du willst deine Frau auf diesen Holzstoß werfen lassen; da geschieht ihr recht! Doch der Schmerz wäre zu kurz. Rasch hat das Feuer sie verzehrt, bald der Wind ihre Asche verweht. Und wenn die Flamme zusammenfällt, ist ihre Pein auch schon beendet. Soll ich dir eine schlimmere Strafe für sie nennen? Sie würde leben, doch ehrlos, und sich ständig nach dem Tode sehnen! König, willst du das?«

Der König überlegt: Ein Leben, aber in Schande, und schlimmer als der Tod? Wer ihm zu einem solchen Ende raten könnte, der wäre seines Wohlwollens sicher. Yvain fährt also fort: »Schau, da hab' ich hundert Gefährten. Gib uns Isolde, sie soll uns allen gemeinsam gehören! Die Krankheit facht unsere Begierde an. Gib sie deinen Aussätzigen, und niemals soll eine Dame ein schlimmeres Ende erfahren haben. Sieh nur, wie die Lumpen an unseren eiternden Wunden kleben. Bei dir hatte sie ihre Freude an

weichen, pelzverbrämten Stoffen, an Geschmeide, an marmorge-
schmückten Sälen, bei dir genoß sie gute Weine, Ehren, Freuden.
Wenn sie den Hof deiner Aussätzigen sieht, wenn sie sich tief in
unsere armseligen Hütten bücken, wenn sie mit uns schlafen muß,
dann wird Isolde die Schöne, Isolde die Blonde ihre Schuld
erkennen, dann wird sie diesem schönen Feuer nachtrauern!«

Der König hört aufmerksam zu; er erhebt sich; lange steht er
unbeweglich da. Schließlich eilt er zur Königin und packt sie am
Handgelenk. Sie schreit: »Habt Mitleid, Herr, verbrennt mich
lieber, verbrennt mich!«

Zwar handelt es sich ›nur‹ um ein Epos, doch spiegelt es harte
Wirklichkeit: Aussätzige waren nicht nur ekelerregend, sie galten
als tot.[60] In einem Gottesdienst, dessen Liturgie sich an der Feier
für Verstorbene ausrichtete, wurden sie entlassen aus der Gemeinschaft der Gesunden; genausogut könnte man sagen: verstoßen
aus der Mitte der Menschen. Nach ihrem Tod wurde die Messe für
Märtyrer gefeiert. Über ihr erbärmliches Schicksal tröstete auch
nicht die Tatsache hinweg, daß man ihre außerhalb der Städte,
meist an Wegkreuzungen gelegenen Behausungen ›Gutleut‹häuser nannte, woran mancherorts noch der Name einer Straße
erinnert. In Krisenzeiten sind Aussätzige wiederholt als Sünden-
böcke verbrannt worden.[61]

Systematisch verfolgt und zu Tausenden verbrannt wurden
auch Ketzer, wie wir noch sehen werden. Einblick in das Denken
der Opfer geben Protokolle mit den Aussagen einfacher Menschen, die in den Verdacht der Ketzerei geraten waren: Jemand hat
beim Gang durch ein Pyrenäendorf das Gespräch zweier junger
Frauen mitgehört: »›Wie halten die Leute nur die Schmerzen aus,
wenn sie auf dem Scheiterhaufen verbrannt werden?‹ Und Alazais
antwortete: ›Sei doch nicht so dumm! Natürlich nimmt Gott die
Schmerzen auf sich.‹«[62]

Ketzerei war oft ein Vorwand für schnödes Gewinnstreben.
Die Templer, ein geistlicher Ritterorden, verfügten über große
politische und militärische Macht sowie reichen Besitz. 1307 ließ
der französische König Philipp IV. der Schöne sie vor Gericht
stellen und ihre Güter einziehen; das Verfahren sprach allen
Rechtsgrundsätzen Hohn. Unter grausigster Folter erpreßte man

von den meisten das Geständnis der Häresie, Blasphemie und Unzucht. 1314 wurde der letzte Großmeister der Templer, Jacques de Molay, in Paris verbrannt; im Angesicht des Todes beteuerte er feierlich die Unschuld des Ordens.[63]

Folgenreicher war die Verbrennung des Priesters und Gelehrten Jan Hus. Hus hatte, angeregt auch durch Schriften Wyclifs, Kritik an Mißständen in der Kirche geäußert; in Böhmen hatte er zahlreiche Anhänger gefunden. Er wurde aufgefordert, sich in Konstanz vor dem Konzil zu rechtfertigen. Ein Chronist faßte das Urteil des kirchlichen Gerichts folgendermaßen zusammen: »Der wär ain kätzer und ainer der gestraft solt werden umb sin boßhait.«[64] Hus wurde von Bischöfen degradiert und der weltlichen Macht übergeben mit der Bitte, ihn nicht zu töten. Auf derartig unverbindliche Äußerungen gestützt, konnte die Kirche weiterhin behaupten, sie schaudere vor Blut zurück; denn selbstverständlich wußten die Richter, daß sie, wenn sie auf ›Ketzerei‹ erkannten, ein Todesurteil besiegelten.

Hus wurde vor die Stadt geführt mit der Maßgabe, ihm nichts von seiner persönlichen Habe zu nehmen; bedauernd vermerkt der Chronist: »Und hatt doch zwen guot swartz rök an, von guotem tuoch und ain gürtel, der was ein klain beschlagen und zway bymesser in ainer schaid und ain lidrin sekel, da mocht wol ettwas inne sin.«

Man verhöhnte ihn dadurch, daß man ihm auf das Haupt eine weiße, der Mitra eines Bischofs nachgebildete »infel« setzte; darauf waren zwei Teufel gemalt, dazwischen die Worte: »Heresiarcha, das ist so vil geredt, als ain ertzbischof aller kätzer«. Fürsten und Herren in Rüstung, zahlreiche Krieger und Ratsdiener, einfache Männer und Frauen geben in so großer Zahl Geleit, daß eine Brücke unter dem Gewicht der Massen zusammenzubrechen droht.

Mit schlichten Worten bekennt Hus unterwegs seine Rechtgläubigkeit und bittet Jesus um Erbarmen. Als man zur Richtstätte kommt und Hus Feuer, Holz und Stroh sieht, fällt er dreimal auf die Knie und spricht mit lauter Stimme: *Jhesu Christe, fili dei vivi, qui passus es pro nobis, miserere mei* (Jesus Christus, Sohn des lebendigen Gottes, der du für uns gelitten hast, erbarme dich

Verbrennung von Jan Hus in Konstanz 1414. Das Konzil erklärte den tschechischen Theologen Jan Hus – dem man zuvor freies Geleit zugesichert hatte – zum Ketzer und lieferte ihn dem weltlichen Arm der Justiz aus; der vollstreckt das Urteil öffentlich durch Verbrennen. Zum Hohn hat man Hus eine mitraähnliche Kopfbedeckung mit der Aufschrift ›Heresyarcha‹ (Erzketzer) aufgesetzt. Hus' Gesichtsausdruck spiegelt die Schmerzen, die er erduldet; die Umstehenden blicken nachdenklich, gefaßt, kühl-distanziert oder auch amüsiert. – Aus der Konstanzer Konzilschronik des Ulrich von Richental.

meiner)! Man fragt, ob er beichten wolle. Der vom Konzil wie vom Ortsbischof eigens bevollmächtigte Priester will jedoch nur unter der Bedingung das Sündenbekenntnis entgegennehmen, daß Hus zunächst »dem ungeloben und der kätzery, darumb ir liden muoßend«, abschwört; sei Hus dazu nicht bereit, so wisse er ja, daß man einem Ketzer keinerlei »göttlich sach tuon sol, noch geben sol«. Im Vertrauen auf die Richtigkeit seines Weges antwortet Hus: »Es ist nit not, ich bin kain todsünder nit!«

Hus versucht, in deutscher Sprache zu predigen; der anwesende Vertreter des Königs duldet das nicht und befiehlt, ihn zu verbrennen. Der Henker stellt ihn auf einen Schemel und bindet ihn an ein aufrecht stehendes Brett; um ihn herum packt er Holz und Stroh, auf das er etwas Pech schüttet; dann legt er Feuer. »Do gehuob er sich mit schryen vast (sehr) übel und was bald verbrunnen.« Die Asche wird zusammengekehrt und in den Rhein geschüttet.

Der Legende nach legte eine alte Frau einen Strohhalm in die Flammen, als wollte sie zum Feuertod des ›Ketzers‹ beisteuern – so wie die ganze Gemeinschaft jemanden steinigte. Als Hus das Tun der Alten sah, habe er geseufzt: O sancta simplicitas (o heilige Einfalt)!

Das Konzil hatte Hus verbrennen lassen, doch war damit keins der Probleme gelöst, die hier verhandelt wurden; bestehende Spannungen verschärften sich. Die Folgen bekamen auch deshalb vor allem Deutsche zu spüren, weil der König des Deutschen Reiches sein Wort gebrochen hatte (die Zusage freien Geleits habe sich nur auf den Hinweg bezogen!): Hus' Anhänger verheerten jahrzehntelang Franken, Sachsen, Pommern, Mecklenburg. Das friedliche Zusammenleben von Deutschen und Tschechen in Böhmen, und besonders in Prag, zerbrach ein erstes Mal. Mit dem Namen Hus verbinden Tschechen bis auf den heutigen Tag die traumatische Erfahrung von Wortbruch und Gewalt an einem der Großen ihrer Geschichte.

Wenige Jahrzehnte nach Hus wurde am 30. Mai 1431 Jeanne d'Arc auf dem Altmarkt zu Rouen verbrannt. Das Hirtenmädchen hatte die Kräfte eines ausgebluteten Landes gebündelt und ihre Landsleute gegen die Engländer geführt. Jeanne la Pucelle (die Jungfrau), wie sie sich selber nannte, verkörperte neuzeitlich anmutende Grundsätze: Individualismus, Protestantismus und Nationalismus. Gestützt auf Offenbarungen, die nur ihr zuteil wurden (›Stimmen‹ ›ihrer‹ Heiligen), war Johanna von der Richtigkeit ihres Weges überzeugt; sie wollte sich nicht auf das Urteil der Kirche verlassen, noch sonst auf einen Menschen, sondern auf Gott allein. Auf ihrer Meinung beharrte sie auch gegenüber Bischöfen, Autoritäten ihrer Zeit, und appellierte an den Papst; sie erklärte, Gott habe Frankreich den Franzosen, England den Engländern gegeben; daher dürfe und müsse man die Engländer aus Frankreich vertreiben![65]

Als Jeanne den Engländern in die Hände fiel, wurde ihr der Prozeß gemacht. Einmal mehr lieferten Ketzerei und Hexerei den Vorwand dafür, einen politischen Gegner zu vernichten. Der Prozeß verlief nach Wunsch – bis Jeanne während der Urteilsverkündung unerwartet widerrief, aus Furcht vor dem Feuer, wie sie später einräumte. Daraufhin lautet das Urteil auf »Übung heilsamer Buße zu dauerndem Kerker beim Brot der Schmerzen und beim Wasser der Traurigkeit, damit du dort das Begangene beweinst und das Beweinte fürder nicht mehr begehst«.

Doch dann widerruft Jeanne ein zweites Mal; lieber will sie sterben, als weiterhin dem untreu sein, was ihr Heilige gebieten; ihr schaudert vor langer Haft, bewacht von geilen Rohlingen, deren Zudringlichkeiten sie sich bislang hat erwehren können. Als rückfällige Ketzerin wird Jeanne dem weltlichen Arm der Gerichtsbarkeit ausgeliefert; man bittet um Milde, »ohne Tötung und Verstümmelung der Glieder«.

Am Tag der Hinrichtung predigt Nicolas Midi, Doktor der Theologie, über ein Wort des Apostels Paulus: »Wenn darum ein Glied leidet, leiden alle Glieder mit« (1 Kor 12, 26). Dann verkündet Pierre, »durch Gottes Barmherzigkeit Bischof von Beauvais«, der das Verfahren geleitet hat, feierlich das Urteil: »Im Namen des Herrn. Amen. Wann immer der Irrglaube mit seinem verpestenden Gift ein Glied der Kirche ansteckt und in ein Glied des Satans verwandelt, so muß man mit brennendem Eifer verhindern, daß die gefährliche Ansteckung auch auf die anderen Teile des mystischen Leibes Christi übergreife.« Jeanne d'Arc wird als »Abtrünnige, Götzendienerin, Teufelsbeschwörerin … wie ein brandiges Glied aus der Einheit der Kirche ausgestoßen und von ihrem Leibe weggerissen, damit Ihr die anderen Glieder nicht ansteckt«.

Gleich darauf muß sie den Weg zum Richtplatz antreten; wie Zeugen später erklären, bricht sie in schmerzliches Stöhnen aus; zu Tränen gerührt sind selbst die Richter und der Kanzler des Königs von England. Viele bringen es nicht über sich, der Vollstreckung des Urteils zuzuschauen. Ein am Verfahren beteiligter Schreiber und Notar sagt später aus, er habe einen Monat lang gelitten; für sein Honorar habe er ein Meßbuch gekauft, »um ihrer zu gedenken und für ihr Seelenheil zu beten«.

Jeanne kniet demütig nieder und befiehlt ihre Seele Gott und den Heiligen. Sie bittet anwesende Priester, eine Messe für sie zu feiern, und um ein Kreuz. Als sie sieht, wie man die Reisigbündel anzündet, »begann sie mit lauter Stimme ›Jesus‹ zu rufen, und immer wieder, bis zu ihrem Tod, schrie sie: ›Jesus!‹« Die Asche wurde gesammelt und in die Seine geschüttet.

In Mittelalter und Neuzeit sind Tausende von Menschen verbrannt, aber nur wenige später rehabilitiert worden. Nach einem Revisionsverfahren wurde 1456 das frühere Urteil aufgehoben und Jeanne aller angeklagten Verbrechen für unschuldig erklärt; 1920 wurde sie heiliggesprochen.

Vierteilen

Wie beim Hängen und Rädern, zog man die Qualen auch beim Vierteilen bewußt in die Länge. Einen schweren Tod erlitt, wer bei lebendigem Leib in Stücke gerissen wurde.

Ein solches Schicksal widerfuhr 613 der Frankenkönigin Brunichild. Mit harter Hand hatte sie gegen fränkische und burgundische Große für ein mächtiges Königtum und die Einheit des Reiches gekämpft.[66] Schließlich bekam sie den Haß derer zu spüren, die sie gedemütigt und deren Angehörige sie hatte umbringen lassen. Drei Tage lang wurde sie Foltern ausgesetzt, dann auf einem Kamel durch das Heer geführt – eine in Byzanz übliche Art, Gegner zu entehren. Die Berichte von ihrem Ende weichen in Einzelheiten voneinander ab: Man habe sie mit den Haaren, einem Fuß und einem Arm an den Schwanz eines bösartigen Pferdes gebunden; »dabei wurde sie dann durch die Hufe und den rasenden Lauf in Stücke gerissen«. Nach einer anderen Version hat man sie an die Füße wilder Pferde gebunden, »ihre Gliedmaßen wurden zerrissen, und sie starb«. Ihre Gebeine habe man verbrannt.[67]

Vollstreckung mehrerer Todesstrafen

Häufig vollstreckte man an einem Übeltäter mehrere Strafen, meist für unterschiedliche, todeswürdige Vergehen; als Dieb konnte man zum Strang und als Fälscher zum Feuertod verurteilt werden. Die ›einfache‹ Hinrichtung hätte man bei einem Verbrecher, der sich unterschiedliche Delikte hatte zuschulden kommen lassen, als unbillig empfunden. Relativ glimpflich kam davon, wer geköpft und geviertelt werden sollte; in diesem Fall wurde der enthauptete Körper in vier Stücke gehauen. Kaiser Otto III. ließ Crescentius, der die Macht in Rom an sich gerissen hatte, enthaupten und an den Beinen aufhängen.[68]

Auf seinem Zug zur Kaiserkrönung verlor König Heinrich VII. Getreue und Zeit bei der Belagerung von Brescia 1311. Bei einem Ausfall fiel der Kapitan Theobaldo, der die Verteidigung leitete, den Kaiserlichen in die Hände. Als er aus der Haft die Bewohner der Stadt zur Festigkeit ermahnte, statt zu vermitteln, wie Heinrich hoffte, wurde ihm der Prozeß gemacht: Wegen Hochverrats zum Tode verurteilt, soll er in eine Kuhhaut eingenäht, lebend durchs Lager geschleift und aufgehängt werden. Da er für den Tod vieler Menschen verantwortlich sei, soll er enthauptet werden; wegen anderer Verbrechen sollen seine Eingeweide verbrannt und der Körper geviertelt werden; nicht genug damit, sollen die Glieder aufs Rad geflochten und zur Schau gestellt werden. Ein wenige Jahrzehnte später entstandener Bilderzyklus hält Einzelheiten fest – wirklichkeitsgetreu, wie andere Quellen bestätigen. Ein Bild zeigt Etappen der Hinrichtung: Nackt, was schon schimpflich war, steht Theobald an einen Pfahl gebunden; ein Henker verbrennt ihm mit einer glühenden Zange die Nase. In einer anderen Szene kniet Theobald, diesmal bekleidet, die Hände gefaltet, den Hals frei gemacht; der Henker holt gerade aus; von seinem Schwert tropft das Blut anderer, deren Köpfe auf der Erde liegen.

Schließlich sieht man vier aufgerichtete Räder, an die Hände und Füße des Hingerichteten befestigt sind, dazwischen, auf einen Spieß gesteckt und deshalb ebenfalls von weitem zu sehen, der Kopf Theobalds. Zur Rache ließen die Bewohner von Brescia ihre Gefangenen im Angesicht des königlichen Lagers aufhängen.[69]

Zum Tode verurteilt, zur Blendung begnadigt

Milde Machthaber ließen einen Gegner zum Tode verurteilen, dann jedoch begnadigen: Bei lebenslanger Klosterhaft hatte man im allgemeinen das Leben gerettet. Sollte der Verurteilte endgültig von der Macht ausgeschlossen werden, ging man weiter. Karlmann, ein Sohn König Karls des Kahlen und für die kirchliche Laufbahn bestimmt, hatte in den Wirren des ausgehenden 9. Jahrhunderts Getreue um sich geschart mit dem Ziel, weltliche Macht zu gewinnen. Seiner Vergehen wegen wurde er zum Tode verurteilt, »nach milderem Spruch, damit er Zeit und Gelegenheit habe, Buße zu tun, aber keine Möglichkeit, das Schlimmere, auf das er sann, zu begehen«, im Jahre 873 geblendet, »damit so die verderbliche Hoffnung der Friedensstörer auf ihn zunichte gemacht und die Kirche Gottes und die Christenheit in dem Reich außer den Anfeindungen der Heiden nicht auch noch durch verderbenbringende Zwietracht verstört würde«[70]. Meist starben die Geblendeten bald darauf. Zu denen, die den barbarischen Eingriff überlebten, gehörten Karlmann († 876) und – in der Dichtung – Shakespeares König Lear; erst nach dem Verlust des Augenlichts wird er sehend für Güte und Bosheit unter seinen Mitmenschen.

Ein Schauspiel, an dem sich jung und alt ergötzt

Hinrichtungen wurden seit dem Spätmittelalter oft wie Volksfeste ausgestaltet, zu denen Alte und Junge, Vornehme und Einfache, Kleriker und Laien zusammenströmten. Es erhöhte den Reiz, wenn der Delinquent mit›spielte‹, wenn er – wie Fra Monreale – als Hauptdarsteller den eigenen Tod in Szene setzte. Manche Städte sollen sich das Schauspiel einer Exekution gekauft haben.[71] Damit die Öffentlichkeit das Spektakel genau verfolgen konnte, ohne die Arbeit des Henkers zu behindern, war an der Richtstätte ein Gerüst errichtet, oft mit Tuch drapiert; es mußte den Handelnden ausreichend Platz bieten.

Wenn Glocken die Bevölkerung einluden, hatte der Delinquent gebeichtet und kommuniziert. Wie bei einer Prozession schritten, in kostbare Amtstracht gewandet, Honoratioren, Richter, Schöffen, Delinquent, Priester (oft ein Bettelmönch), Henker und Helfer feierlich zur Richtstätte.

Angesichts von Kerzen, die wie beim ›normalen‹ Sterben brannten, und des sichtbar aufgestellten Sarges verließen manchen Delinquenten die Kräfte, zumal wenn ihn Folter und Haft zermürbt hatten. Man mußte ihm dann die Stufen des Gerüstes hinaufhelfen. Dort warteten der Henker und dessen Helfer sowie öffentliche Zeugen; das Kruzifix in der Hand, ermahnte der Beichtiger (sofern diese Gunst nicht ausdrücklich versagt worden war) das Opfer zu Standhaftigkeit und würdevoller Haltung; der Anblick des Gekreuzigten sollte Trost spenden und an das Gericht erinnern, dem die Seele sich in wenigen Augenblicken zu stellen hätte: Noch war Zeit, ein Geständnis abzulegen, Anstifter und Mittäter zu nennen, zu Unrecht Verdächtigte zu entlasten.

Ein Trompetenstoß kündigte die Verlesung des Schuldspruchs an. Der Delinquent richtete einige Worte an die Versammelten, in denen er die Strafe als verdient auf sich nahm oder seine Unschuld beteuerte; er betonte seine Rechtgläubigkeit und bat die Anwesenden um Fürbitte bei Gott. Der Gehilfe entblößte den Nacken. Der Henker bat um Verzeihung für das, was er nun tun müsse. Der Verurteilte kniete nieder, neben ihm der Beichtiger. Der Henker, seit dem Spätmittelalter oft maskiert, führte den Schlag, der das Haupt vom Rumpf trennen sollte. Der Leichnam wurde in den bereitgestellten Sarg gelegt und auf dem Friedhof beerdigt.

War alles ›regel‹recht verlaufen und der Gerechtigkeit Genüge getan, konnte die Empörung über eine himmelschreiende Untat sich legen, konnten erregte Massen sich beruhigen, konnte die siegreiche Partei unbesorgt schlafen.

In Erläuterungen zum Sachsenspiegel heißt es, der Henker »mag die leut ohne sünd wol peinigen und tödten. Ja er thut daran ein Gottes werck, das er den sünder umb seiner sünde willen straffet. Dann damit wird Gottes zorn versunet.« Dem Scharfrichter wird zugerufen: »Sey gerecht, dann wirst du heilig genannt!«[72]

In Deutschland erwähnt erstmals das Augsburger Stadtbuch zum Jahr 1276 den Henker[73]; doch hat es wohl schon vorher ›Fachleute‹ für die Vollstreckung von Todesurteilen gegeben. Die Bezeichnung *carnifex* (Metzger)[74] lag insofern nahe, als der Henker sich mit dem Schlachten von Großvieh übte.

Handwerkliches Können war geradezu lebensnotwendig; die erwartungsvolle Menge war zu Beifall bereit, wenn der Kopf mit einem Schlag fiel; dieses ›Meisterstück‹ mußte bei einer Bewerbung nachgewiesen werden. Ein Stümper, der das Opfer mit Fehlschlägen quälte[75], mußte damit rechnen, von den Umstehenden gelyncht zu werden. Eine gewisse Professionalisierung ergab sich schon daraus, daß der Henker auch Folterungen leitete; dabei war er zu absoluter Verschwiegenheit verpflichtet.

Mancher Henker hat seines Amtes über Jahre gewaltet und an einem Tag auch einmal mehrere Urteile vollstreckt; den ›Rekord‹ dürfte 1444 der Scharfrichter von Bern aufgestellt haben, als er nacheinander 72 Mann der Züricher Besatzung von Greifensee enthauptete. In vielen alten Reichsstädten wurden Jahr um Jahr mehrere Menschen hingerichtet, in Frankfurt z. B. 135 in den Jahren 1366 bis 1400; in Memmingen 39 in der Zeit von 1615 bis 1683 – bemerkenswert wenige, wenn man daran denkt, daß zu dieser Zeit der Dreißigjährige Krieg Deutschland verheerte. In 69 Jahren (von 1456 bis 1525) wurden in Breslau 454 Menschen hingerichtet, darunter 251 durch Hängen, 103 durch Enthaupten, 25 durch Rädern, 39 durch Verbrennen, 31 durch Ertränken; drei wurden lebend begraben, zwei geviertelt.[76]

Der Henker wurde für seine Arbeit und seine Aufwendungen (z. B. für Leiter und Strick) wie andere städtische Bedienstete besoldet; zum Lohn konnten Naturalien, Brennholz, Nutzungsrechte an gemeindeeigenen Wiesen und Obstgärten kommen;

mancherorts wurde die einzelne Hinrichtung vergütet. Oft fiel dem Henker auch die Kleidung des Delinquenten zu, nicht jedoch automatisch dessen Barschaft. Viele Städte konnten sich einen eigenen Henker nicht leisten und liehen sich gegebenenfalls andernorts den Scharfrichter aus.

Gnade in letzter Minute

Bei Massenhinrichtungen durfte der Henker manchmal jedem zehnten Delinquenten das Leben schenken[77]; im Krieg kam es vor, daß ein oder mehrere Gefangene unter der Bedingung freigelassen wurden, daß sie an ihren Schicksalsgefährten das Urteil vollstreckten.

Noch in anderer Hinsicht räumte man zuweilen dem Henker ein begrenztes Begnadigungsrecht ein. Er konnte einer Frau seine Hand anbieten; doch manche zog den Tod einer Ehe vor, die sie aus der ›bürgerlichen‹ Gesellschaft ausschloß. Die hohe Einschätzung als Organ der göttlichen Weltordnung und der Rechtspflege hat nicht verhindert, daß der Scharfrichter später zu den unehrlichen Berufen gezählt wurde; man mied nicht nur ihn, sondern auch Frau und Kinder.

Auf Begnadigung konnte auch ein als Gottesurteil verstandener Unfall hinauslaufen: Riß beim Hängen der Strick[78], brach der Ast bzw. der Galgen, ging der Schwerthieb daneben, mochte der Delinquent begnadigt werden, etwa zur Verbannung auf Lebenszeit.

Fehde und Krieg

Im Laufe des Mittelalters sind Tausende von Männern gefallen; trotzdem dürfte diese Form des Todes kaum die häufigste Todesursache für Männer im wehrfähigen Alter gewesen sein; eher sorgte sie für ein gewisses Gegengewicht zur Übersterblichkeit der Frauen infolge von Komplikationen während der Schwangerschaft und im Kindbett.

Da es Staaten mit einem allseits anerkannten Gewaltmonopol nicht gab, mußten und durften einzelne, Gruppen und Reiche ihr Recht (oder was sie dafür hielten) auf eigene Faust verfolgen. Es verwundert daher nicht, daß in den Quellen so oft Fehden und Kriege erwähnt werden; sie zogen zahllose Menschen, die mit dem Streit direkt nichts zu tun hatten, im wahrsten Sinne des Wortes in Mitleidenschaft. Daß Krieg – nicht anders als Hunger und ›Pest‹ – wie ein Naturereignis erfahren wurde, zeigt die eingangs zitierte Allerheiligenlitanei.

Wer in den Krieg zog oder sich auf einen Zweikampf einließ, mußte mit dem Tod rechnen. Er bereitete sich oft entsprechend vor, bestellte sein Haus und nahm feierlich Abschied. Viele Krieger starben auf dem Weg zum Kampfplatz, an Hunger, Durst, Erschöpfung, Krankheit, Unfall. Wer schließlich zur Waffe griff, hatte von Jugend an gelernt, die natürliche Angst vor Verletzung und Tod zu überwinden; er wußte sich Idealen wie Tapferkeit und Treue verpflichtet. Epen, Lieder, Erzählungen hatten ihm Menschen als beispielhaft vorgestellt, die lieber ›ehrenvoll‹ gefallen waren, als sich der Feigheit bezichtigen zu lassen.

Für unser Thema ist der Krieg im Mittelalter auch aus einem anderen Grund wichtig. Neben die Idealisierung des Sterbens tritt die Rechtfertigung des Tötens im »gerechten Krieg« und den Kreuzzügen; diese sollten anfangs der Befreiung des Heiligen Grabes dienen und wurden schließlich zur rücksichtslosen Bekämpfung von ›Ketzern‹ pervertiert. Die Rechtfertigung des Krie-

ges und der Gewaltanwendung gegen Andersgläubige hat bis ins
20. Jahrhundert fortgewirkt.

Besser tot als besiegt

»Sehr gefällt es mir, wenn zur Osterzeit Blätter und Blumen
sprießen. Und gern lausche ich dem Zwitschern der Vögel im
Gehölz.« So beginnen Liebeslieder, doch es ist eine eigene Art von
Liebe, die Bertran de Born hier preist. Der Dichter gesteht seine
Freude beim Anblick von Zelten und Wimpeln; er jauchze, wenn
er Ritter sehe, gerüstet und in Schlachtordnung. Es mache ihm
Spaß zuzuschauen, wie Berittene Volk und Vieh vor sich her
treiben. Sein Herz poche, wenn er erlebe, wie feste Burgen
belagert werden und Palisaden splittern; wie Schilde in Stücke
gehauen werden; wie die Pferde der Toten und Verwundeten
zügellos dahingaloppieren. »Und wenn man erst in den Einzel-
kampf eingetreten ist! Jeder Mann von Stand denkt nur noch
daran, Schädel zu zerschmettern und Arme abzuhacken; denn
besser tot als besiegt. Offen gesagt: Was sind schon die Freuden
der Tafel und die Wonnen des Bettes im Vergleich zum Lärm des
Schlachtfeldes?! Ich jubele, wenn ... beidseits der Gräben Große
und Kleine ins Gras fallen, wenn ich schließlich die Toten sehe,
zwischen den Rippen zersplitterte, noch wimpelgeschmückte
Lanzen.« [1]

Bertran, um 1140 geboren und Anfang des 13. Jahrhunderts
gestorben, war Minnesänger, Haudegen und Intrigant. Jeder
Anlaß war ihm recht, Rache zu üben, das Lager zu wechseln und
Beute zu machen.[2] Skrupellos verfolgte er eigene Interessen und
verherrlichte den Krieg um seiner selbst willen. Von Dante in
denselben Höllenkreis wie Mohammed versetzt, muß Bertrand
seinen abgeschnittenen Schädel an den Haaren vor sich her tragen,
wie eine Laterne (Hölle 28, 134–142).

Die Germanen priesen den Krieger, der im Kampf den Tod fand. Der christlichen Lehre war solches Denken naturgemäß fremd. Doch seitdem das Christentum Staatsreligion geworden war, billigten Theologen den Krieg unter bestimmten Voraussetzungen. Er galt als gerecht, wenn er dem Schutz von Schwachen sowie der Verteidigung diente, wenn er das Recht (wieder)herstellen sollte. Für gerecht hielt Augustinus, einer der für das Mittelalter einflußreichsten Denker, auch Gewaltanwendung gegen Menschen, die vom rechten Glauben abgewichen waren; die Folgen solcher Lehren bekamen die Albigenser zu spüren, wie noch zu zeigen ist.

Im Zuge der Kirchenreform besann man sich im 10./11. Jahrhundert wieder auf Grundaussagen der christlichen Botschaft; man reagierte empfindlicher auf die menschenverachtende Haltung von Bandenführern und lokalen Potentaten, die zur Durchsetzung eigener Interessen bewaffnete Auseinandersetzungen vom Zaun brachen. Damit erklärt es sich, daß im ausgehenden 11. Jahrhundert Gottesfrieden, Mitte des 12. Jahrhunderts Landfrieden im Gebiet des Deutschen Reiches geboten wurden.[3] Der Gottesfrieden wurde für eine oder mehrere Diözesen verkündet; unter den besonderen Schutz der Kirche stellte er bestimmte Zeiten (die zweite Wochenhälfte von Donnerstag bis Sonntag, zusätzlich die Advents-, Fasten- und Pfingstzeit sowie zahlreiche Feste), Personengruppen (Frauen, Mönche, Bauern usw.) und Orte (Kirchen, Friedhöfe u. a.). Der Landfrieden schützte ebenfalls Personengruppen und Asylstätten, bezog sich aber auf das einem Herrscher zur Friedenswahrung anvertraute Land.

Wer die europäische Kriegerkaste kannte, konnte nicht im Ernst glauben, sie würde wegen eines gebotenen Gottesfriedens auf ihr blutiges Handwerk verzichten. Man zog auch dann in den Kampf, wenn die Christen sich an das Leiden und Sterben ihres Erlösers erinnerten, wenn sie Jesu Auferstehung und die Aussendung des Geistes feierten.

Zu der Zeit, da Gottesfrieden verkündet wurde, fand die Sehnsucht nach Frieden auch Eingang in die Liturgie der Messe: Die (drei- oder mehrfache) Anrufung des Lammes Gottes hatte man ursprünglich mit der Bitte *Miserere nobis* (Erbarme dich unser) abgeschlossen. Statt dessen folgt im 10. Jahrhundert vereinzelt, seit dem 11. Jahrhundert immer öfter auf die dritte Anrufung die Bitte *Dona nobis pacem* (Gib uns Frieden).[4]

Anlässe zum Kampf

Anlässe zu bewaffnetem Kampf boten sich mehr als genug; es genügte, wenn ein Waffenfähiger sich in seinem Recht oder seiner Ehre gekränkt sah. Die Chroniken sind voll von Berichten, aus denen der Abscheu der Schreiber – zur Waffenlosigkeit verpflichtete Mönche, später auch Bürger, die Streit als empfindliche Schädigung von Handel und Gewerbe erfahren – von dem spricht, was einen Bertran de Born jubeln ließ.

Kriege wurden vorwiegend gegen äußere Feinde geführt; die Fehde war Rittern und wehrhaften Gemeinschaften (d. h. auch Städten) erlaubt; sie stellte einen ordentlichen Rechtshandel dar, der mit Waffengewalt ausgetragen wurde unter Einhaltung bestimmter Normen (stichhaltiger Grund, Absage u. a.); man rächte wirkliches oder vermeintliches Unrecht durch Schädigung des Gegners.[5]

Auf Fehde und Krieg, Bewährungsproben für Führernaturen, bereitete man sich von frühester Jugend an systematisch vor durch die Jagd, später auch durch das Turnier; beide verbanden spielerische und ernste Momente. Im Turnier wurden viele verstümmelt oder getötet, weshalb die Kirche es wiederholt verboten und die Teilnahme mit der Exkommunikation bedroht hat; der Beliebtheit dieses ›Sports‹ bis in die Neuzeit hat das keinen Abbruch getan.

Es gab gleitende Übergänge zwischen dem Zweikampf mit blanker Waffe und dem Krieg; beide wurden noch im 12. Jahrhundert als Gottesurteil verstanden.[6] Wußte man kein anderes Mittel, Recht und Unrecht zu scheiden, traten zwei Männer in einen abgegrenzten, gleichsam heiligen Bezirk zum Kampf, oft auf Leben und Tod. Mußte der eine Kämpe aufgeben oder war er gefallen, hatte Gott entschieden; der Unterlegene wurde gelegentlich begnadigt, oft getötet.[7]

Die Opfer: Das wehrlose Volk

Wie Bertran zeigt, gehörte zu den ersten Opfern des Kampfes das Volk, für das er gerade eine Zeile übrig hat. Bauern, der überwiegende Teil der Bevölkerung, konnten sich kaum wehren; ihnen fehlten Training und Organisation, zudem waren sie an Hof und Feld gebunden; seit dem Hochmittelalter war ihnen ausdrücklich das Recht aberkannt, Lanze oder Schwert zu tragen.[8] In kriegerischen Zeiten suchten Bauern, sich und ihre Familien sowie das Vieh, den kostbarsten Teil der Fahrhabe, in Sicherheit zu bringen, im Wald, auf dem Friedhof oder in der nächsten Stadt.

Durch Wall und Graben, Tor und Turm war man in der Stadt besser geschützt als im Dorf. Doch bedroht waren auch Städter durch die schon eingangs skizzierte Politik der verbrannten Erde und natürlich bei Belagerungen. Wurde eine Stadt nach oft monatelangem Kampf erobert, oder waren die Belagerten derart geschwächt, daß sie sich ergeben mußten, so konnten die Eingeschlossenen sich über ihr Schicksal keine Illusionen machen. Je höher die Verluste des Angreifers gewesen waren, desto mehr verlangte ihn nach Rache; auf ›Gnade und Ungnade ergeben‹[9] hieß, daß Mädchen und Frauen der Vergewaltigung und der Ort einer mehrtägigen Plünderung, wenn nicht völliger Zerstörung anheimfielen. Oft wurden gleich alle Bewohner abgeschlachtet; ausgenommen waren gelegentlich kleine Kinder, etwa bis zum Alter von sieben Jahren.

Mancher zog unter diesen Umständen den Tod vor. Im Jahre 1250 hatten Muslime ein Kreuzfahrerheer eingeschlossen. Im Lager war auch die hochschwangere französische Königin Margareta; drei Tage vor der Niederkunft erfuhr sie, ihr Mann, König Ludwig IX., sei in Gefangenschaft geraten. Kurz vor der Geburt befahl sie einen achtzigjährigen Ritter ihres Gefolges zu sich. Die Königin fiel vor ihm auf die Knie und ließ ihn schwören, ihr eine Gnade zu erweisen, was der Alte tat. Sie fuhr dann fort: »Bei dem

Eid, den Ihr mir geschworen habt, bitte ich Euch, daß Ihr mir den Kopf abschneidet, wenn die Sarazenen diese Stadt nehmen, bevor sie mich packen.« Der Ritter antwortete: »Seid gewiß, daß ich das bereitwillig (*volentiers*) tun werde; denn auch ich hatte mir schon überlegt, daß ich Euch töten würde, bevor sie uns in ihre Gewalt bekommen hätten.« Die Königin schenkte bald darauf einem Sohn Jean das Leben; »man nannte ihn Tristan wegen des großen Schmerzes, unter dem er geboren war«[10].

Selten gelang es, die Belagerer gnädig zu stimmen. Bei der erfolgreichen Belagerung der Burg Schwanau 1333 – einem gefährlichen Räubernest in der Nähe Straßburgs – erreichte die Burgbesatzung in zähen Verhandlungen immerhin, daß sieben von ihnen mit dem Leben davonkamen, »und gobent die andern in den tot«. Diese – »48, etlich sprechent 53« – wurden enthauptet. Der Henker habe zwei der Opfer begnadigen dürfen (daß er sie »zuo zehenden nam«), und zwar ein harmloses »altes mennelin« und einen Stallbuben, der noch ein Kind gewesen sei.[11]

Selbstlos handelten die berühmten ›Bürger von Calais‹, die Rodin in einer Skulptur verewigt hat. Nach elfmonatiger Belagerung während des Hundertjährigen Krieges mußte die Stadt sich 1347 ergeben. Sechs Bürger lieferten sich freiwillig den Engländern zur Hinrichtung aus, auf daß diese den Bewohnern der Stadt das übliche Massaker ersparten.[12] Solche Opferbereitschaft war selten und ist deshalb in die Geschichte eingegangen. Der schwere Gang der Bürger von Calais endete glücklich: Die Engländer schonten Stadt und Geiseln.

Abschied

Wer in den Krieg zog, wußte, daß er sein Leben riskierte; entsprechend dramatisch verlief der Abschied. In ergreifenden Details, die oft an Szenen am Sterbebett erinnern, halten manche Quellen die Trauer der Angehörigen fest. Elisabeth von Thüringen fällt in Ohnmacht, als sie in der Kleidung ihres Mannes das Kreuz als Zeichen dafür findet, daß Ludwig die Teilnahme am Zug ins Heilige Land gelobt hat.[13] Ludwig IX. der Heilige erkrankte 1244 so schwer, daß eine der Frauen, die an seinem Lager wachten, ihn für tot erklärte und schon das Bettuch über sein Gesicht ziehen wollte. Eine weitere Frau, die auf der anderen Bettseite wachte, duldete das nicht und sagte, er habe »die Seele noch im Leibe«. Über dem Streit der Frauen wachte der König auf – zur größten Freude seiner Mutter. Ludwig verstand die unerwartet wiedererlangte Gesundheit als Wunder, für das er Gott angemessen danken wollte, durch das Versprechen eines Kreuzzugs. Als seine Mutter davon erfuhr, »führte sie so große Trauer, als wenn sie ihn tot gesehen hätte«[14].

Vor seinem Aufbruch zum Kreuzzug im Gefolge Ludwigs IX. traf Joinville letztwillige Verfügungen, nahm feierlich Abschied und bat jeden seiner Leute einzeln um Vergebung etwa erlittenen Unrechts: »Herr, ich ziehe übers Meer, und ich weiß nicht, ob ich zurückkommen werde. Tretet vor! Habe ich euch ein Unrecht getan, will ich es wiedergutmachen«[15].

Tod auf dem Schlachtfeld

Der Sieger dankte noch auf dem Schlachtfeld Gott und pries die (eigenen) Gefallenen; für das Entgegenkommen, die Toten bergen zu dürfen, ließ er die Unterlegenen oft teuer bezahlen. Waffen, Schmuck, wertvolle Kleider beanspruchte er selbstverständlich für sich, ganz gleich, ob er sie im Lager des Feindes oder auf den Leibern der Gefallenen fand. Nach Aussage eines Chronisten blieben Leichen auf dem Schlachtfeld liegen »nackt wie Kinder, wenn sie aus dem Schoß ihrer Mutter kommen«[16]. Herzog Karl der Kühne, einer der mächtigsten Fürsten des Spätmittelalters, fiel am 5. Januar 1477 bei der Belagerung von Nancy. Zwei Tage später wurde er in einer Gruppe von fünfzehn Leichen gefunden, die meisten völlig ausgeplündert und nackt. Die eine Gesichtshälfte Karls war im Eis eingefroren, die andere von Wölfen angenagt, das Gesicht vom Scheitel bis zum Kiefer durch den Schlag einer Hellebarde aufgerissen, der Körper von zwei Lanzenstichen durchbohrt.[17]

Ein Militärkaplan erteilte den Toten die Absolution (ergänzend zur Lossprechung vor der Schlacht) und hielt, wenn niemand sonst schreiben konnte, die Namen der Gefallenen fest. Angaben zur Höhe der (zumal gegnerischen) Verluste sind um so unglaubwürdiger, je mehr Nullen die Zahlen haben.

Gefallene wurden je nach Stand und Rang beigesetzt. Vor der Schlacht gibt man sich zuversichtlich, nach einem etwaigen Tod nicht den Vögeln zum Fraß zu dienen, sondern in geweihter Erde beigesetzt zu werden. Man schauderte bei dem Gedanken, in der Fremde verfaulen zu müssen.[18] Einfache Kämpfer wurden an Ort und Stelle in Massengräber geworfen; Vornehme ließ man in die nächste (Kloster)Kirche überführen und dort nach feierlichem Totenamt beisetzen – Herzog Leopold III. von Österreich und seine bei Sempach 1386 gefallenen Ritter z. B. in Königsfelden.[19] Manche Leiche wurde später – nicht selten nach einem Jahr – exhumiert und für das endgültige Begräbnis in die Heimat überführt; so verfuhr man mit den Gebeinen des Landgrafen Ludwig, während Kaiser Heinrich VII. in angemessener Weise im Dom zu Pisa seine letzte Ruhe fand. Über dem Grab (nicht nur der in einer Schlacht Gefallenen) wurde oft ein sogenannter Totenschild aufgehängt, wie man sie in der Elisabethkirche in Marburg noch sieht.

Gefangene erfuhren meistens am Abend der Schlacht die soziale Ungleichheit vor dem Tod; denn dann schritt man zur Selektion: Die namenlose Masse wurde niedergemacht; mit dem Leben kam davon, wer sich gegen klingende Münze freikaufen konnte.[20] Doch Rache ging im Einzelfall über Gewinnstreben. Am 4. Juli 1187 erlitt ein christliches Heer bei Hattin westlich des Sees von Genezareth eine Niederlage, wie die Kreuzfahrerstaaten sie bis dahin nicht erfahren hatten. Unter den Gefangenen der Muslime war Fürst Reinhold von Châtillon, der Mann, den der Sultan von Ägypten und Syrien am meisten haßte; »für keinen Reichtum, den man ihm geben konnte, wollte Saladin ihn länger leben lassen«. Denn Reinhold hatte jeden Waffenstillstand gebrochen, den er mit dem Sultan geschlossen hatte. Saladin ließ sich ein Schwert bringen, nahm es und schlug Reinhold mit eigener Hand den Kopf ab. »Dann befahl er, diesen durch alle Städte und Burgen zu schleifen. Und so geschah es.«[21]

Kreuzzüge

Gottes- und Landfrieden, kirchliche und staatliche Verbote erwiesen sich als wirkungslos im Kampf gegen Krieg und Fehde. Zeitweilige Entlastung brachte den Ländern der abendländischen Christenheit seit dem 11. Jahrhundert der Krieg gegen Heiden und Ungläubige, in dem die Freude an Abenteuer, das Streben nach Gewinn und die Lust am Gemetzel ein Ventil fanden.

Am leichtesten zu rechtfertigen war der Krieg, der der Verteidigung diente. Der sächsische Chronist Thietmar läßt 955, vor der Schlacht auf dem Lechfeld, König Otto I. bezeichnende Worte sprechen: Lieber wolle er sterben als weiter die schmachvollen Einfälle der Ungarn in das Reich ertragen. Otto habe seinen Kriegern vor dem Kampf ewigen Lohn verheißen, wenn sie fallen, die Freuden dieser Welt, wenn sie siegen würden.[22]

Die Erwartung ewigen Lohnes und zeitlicher Beute hat die Kreuzzugsbewegung gefördert, die das gesamte Abendland erfaßte. Ursprünglich hatte man nur Wallfahrer vor An- und Übergriffen von Banden schützen wollen, die im Heiligen Land die Wege unsicher machten. Bereits im ersten Kreuzzug wurde das Geleit für harmlose Pilger pervertiert zu einem Raub-, Mord- und Eroberungsfeldzug.

Massaker auf dem Weg ins Heilige Land

Schon auf dem Weg nach Jerusalem rotteten marodierende Haufen im Jahre 1096 jüdische Gemeinden in Rhein- und Donaustädten aus.[23] Gestützt auf ein Hilfsversprechen des Bischofs (»Wir werden mit euch sterben oder euch am Leben erhalten«), hohe Zahlungen und Empfehlungsschreiben an weitere jüdische Gemeinden zugunsten von Graf Emicho und dessen Leuten hoffte die jüdische Gemeinde in Mainz, mit dem Leben davonzukommen. Am 27. Mai drangen Emicho und sein Gefolge in die Stadt ein und erklärten, sie wollten jetzt das Blut des Gekreuzigten rächen.

Die Juden hatten sich in den Hof des Bischofs zurückgezogen; der Bericht des jüdischen Chronisten ist nicht frei von Widersprüchen. Die jüdischen Männer hätten sich »von Groß bis Klein« zum Kampf gerüstet, jedoch nicht verhindern können, daß der Feind die Tore einnahm. »In Gebetmäntel mit Schaufäden daran gehüllt« hätten sie sich dann in »den Willen ihres Schöpfers« gefügt und »in Liebe das himmlische Strafgericht« angenommen. Einer der Angesehensten, Rabbi Isac bar Mosche, »streckte zuerst seinen Hals hin, und sie hieben ihm den Kopf ab«.

Ein Teil der Gemeinde hatte sich in die Innenräume geflüchtet. Als sie »solche Tat der Gerechten« sahen, schrien sie, es sei das Beste, ihr Leben »zum Opfer zu bringen«. Die Frauen »gürteten mit Kraft ihre Lenden und schlachteten ihre Söhne und Töchter und dann sich selbst; viele Männer stärkten sich und schlachteten ihre Frauen, ihre Kinder und ihr Gesinde; die zarte und weichliche Mutter schlachtete ihr Lieblingskind; alle erhoben sich, Mann wie Frau, und schlachteten einer den anderen«.

Den ›christlichen‹ Siegern blieb kaum etwas zu tun: »Sie warfen die Erschlagenen nackt aus den Fenstern hinaus zur Erde, haufenweise, bis sie berghoch da lagen.« In vielen »war noch ein wenig Leben . . . Jene aber fügten ihnen dazu noch viele neue Schläge bei, bis sie sie zum zweiten Male ermordet hatten.«

Das Massaker, das die Kreuzfahrer nach der Einnahme von Jerusalem 1099 unter der Bevölkerung verübten – außer Muslimen und Juden gehörten zu ihr auch Christen –, ist oft geschildert worden. Beim Tempel Salomons wateten »die Unsrigen bis zu den Knöcheln im Blut«. Im Tempel ergriffen »unsere Pilger . . . eine große Zahl Männer und Frauen und töteten oder ließen leben, wie es ihnen gut schien«. Sie rafften Gold, Silber, Pferde und Maulesel an sich. »Dann, glücklich und vor Freude weinend, gingen die Unsrigen hin, um das Grab unseres Erlösers zu verehren.«[24]

Wenn ihr fallt, seid ihr heilige Märtyrer

Das Unheil kam nicht von ungefähr. Papst Urban II. hatte 1096 auf dem Konzil von Clermont mit dem Kreuzzug auch einen allgemeinen Gottesfrieden ausgerufen.[25] Später läßt der Geschichtsschreiber Fulcher von Chartres, der in Clermont dabeigewesen ist, den Papst sagen: »Jetzt sollen Streiter Christi (*Christi milites*) werden, die früher Räuber waren, jetzt mit Recht gegen die Barbaren kämpfen, die früher gegen Brüder und Verwandte fochten, jetzt ewigen Lohn erlangen, die früher für wenige Groschen Söldner waren, jetzt für doppelte Ehre kämpfen, die früher zum Schaden des Leibes und der Seele sich mühten.« Zwar hatte das Konzil von Clermont korrekt verkündet, daß eine Teilnahme am Kreuzzug nur zum Erlaß der kirchlichen Bußstrafen führe (z. B. zeitweiliger Ausschluß aus der Gemeinschaft); doch war der Weg nicht weit bis zum Versprechen, die Sünden selber seien erlassen. Bischof Ivo von Chartres, der mit seinen Schriften die öffentliche Meinung beeinflußt haben dürfte, erklärte, der Tod im Sarazenenkampf führe ins Himmelreich.

Solche Anschauungen popularisierte das Rolandslied; ob es Ergebnis der Kreuzzugsbegeisterung ist oder diese (mit)ausgelöst hat, mag dahingestellt bleiben. In dem Feldzug, den Karl der Große und sein Neffe Roland gegen Muslime in Nordspanien führen, wird der Gegner im wahrsten Sinne des Wortes verteufelt. Der Autor zieht alle Register der Feindpropaganda. Nicht Krieger stehen einander gegenüber, sondern Weltanschauungen und Religionen. Der Teufel hole die Seelen der Sarazenen gleich in die Hölle, während Engel die gefallenen Franken ins Paradies geleiten, wo sie sich zusammen mit den Unschuldigen Kindern der ewigen Seligkeit erfreuen.

Bezeichnend sind die Worte, mit denen Erzbischof Turpin – nach seinem Tod wird er in erster Linie als Krieger, dann erst als Prediger gewürdigt – seine Mitstreiter zu höchsten Leistungen anspornt (V. 1127 ff.): Sie müßten die Christenheit stützen und schützen. »Bekennt eure Schuld, bittet Gott um Erbarmen! Ich will euch (von euren Sünden) freisprechen, auf daß eure Seelen gerettet werden. Wenn ihr fallt, seid ihr heilige Märtyrer; eure Plätze werdet ihr im höchsten Paradies haben.« Die Franken sitzen ab und knien auf die Erde nieder; der Erzbischof segnet sie und trägt ihnen als Buße auf, mit den Schwertern dreinzuschlagen.[26]

Das vierte Lateran- und zwölfte ökumenische Konzil stellte 1215 den Kampf gegen ›Ketzer‹ dem Kampf gegen ›Ungläubige‹ und Heiden gleich: »Rechtgläubige, die das Zeichen des Kreuzes angelegt haben zur Ausrottung der Häretiker (*ad haereticorum exterminium*), sollen sich jener Nachlässe erfreuen und jenes heiligen Vorrechts, das den zum Schutz des Heiligen Landes Aufbrechenden eingeräumt wird.«[27]

Mit dem Aufruf zur Ausrottung der Häretiker setzten die Konzilsväter sich über Aussagen des Evangeliums hinweg, wie ein Rückblick zeigen soll. Jahrhundertelang hatte die Kirche das Gleichnis beherzigt, in dem Jesus geboten hatte, Weizen und Unkraut bis zur Ernte wachsen zu lassen, damit nicht etwa das eine mit dem anderen ausgerissen würde. Zur Zeit der Ernte wolle e r den Arbeitern sagen: »Sammelt zuerst das Unkraut und bindet es in Bündel, um es zu verbrennen; den Weizen aber bringt in meine Scheune« (Mt 13, 30). Die Jünger hatten das Gleichnis nicht verstanden; um Erläuterung gebeten, hatte Jesus ausdrücklich erklärt: »Die Ernte ist das Ende der Welt; die Arbeiter bei dieser Ernte sind die Engel« (Mt 13, 39). An anderer Stelle heißt es: »Wer nicht gegen uns ist, der ist für uns.«[28]

Der Apostel Paulus hatte unterschiedliche Meinungen bei der Deutung der Lehre Jesu als geradezu heilsnotwendig bezeichnet: »Denn es muß Parteiungen geben unter euch; nur so wird sichtbar, wer unter euch treu und zuverlässig ist« (1 Kor 11, 19) – *oportet et haereses esse*, hatten mittelalterliche Theologen gelesen.[29] Beim Nachdenken über das Jüngste Gericht zeigte sich noch Otto von Freising überzeugt, daß Gott allein »die Seinen« kenne.[30] Wenige Jahrzehnte später bestimmte ein entfernter Verwandter Ottos, Kaiser Friedrich II., Ketzer zum Feuertod[31] – wohl kaum ahnend, daß er selber nicht lange danach zum Ketzer erklärt würde.

Das Laterankonzil sanktionierte im Jahre 1215 Überzeugungen, von denen Papst und Krieger sich jüngst hatten leiten lassen: Seit 1209 wurde auf Betreiben von Papst Innozenz III. die Idee des heiligen Krieges erstmals im Abendland gegen Christen in die Praxis umgesetzt, im ›Kreuzzug‹ gegen die Albigenser. Er kostete Tausende unschuldiger Menschen das Leben.

Berüchtigt ist die Erstürmung von Béziers im Jahre 1209. In realistischer Einschätzung dessen, was drohte, hatte der Bischof der Stadt vorgeschlagen, den anrückenden Kreuzfahrern 222 Häretiker auszuliefern, die er in Listen erfaßt hatte. Darauf habe einer der Konsuln (Stadträte) geantwortet: »Wir beschönigen nichts: Wir sind hier alle Christen. Wir sehen unter uns nur Brüder. Wir beten gemeinsam. Wenn nötig, werden wir auch zusammen zu sterben wissen.«[32]

Von Menschen, die aus der Stadt geflohen waren, erfuhren die Belagerer, daß in Béziers Rechtgläubige und Häretiker miteinander lebten (*esse permixtos*). Über das weitere Vorgehen kam es deshalb unter den Kreuzfahrern zu Meinungsverschiedenheiten. Man wandte sich an den Abt von Cîteaux, der als geistlicher Berater das Unternehmen leitete: »Was sollen wir machen, Herr? Wir können zwischen den Guten und Bösen keinen Unterschied sehen.« Krieger und Abt hätten befürchtet, viele würden aus Angst vor dem Tod Rechtgläubigkeit heucheln und nach dem Abzug der Kreuzfahrer wieder zur Treulosigkeit (*perfidiam*) zurückkehren. Der Abt habe daher gesagt: »Macht sie nieder. Denn der Herr kennt die Seinen« (*Caedite eos. Novit enim Dominus qui sunt eius*).[33]

Zwei Fragen drängen sich auf, zum Hintergrund dieses Wortes und zur Glaubwürdigkeit dessen, der es überliefert. Der Abt von Cîteaux hatte aus Überlegungen des Apostels Paulus zum Verhalten gegenüber Irrlehrern zitiert (2 Tim 2, 14–21). Doch nicht auf das Wort »Der Herr kennt die Seinen« wollte der Abt hinaus, sondern auf die Ausrottung der Häretiker – sogar um den Preis, daß auch Rechtgläubige sterben müßten. Und da griff er auf eine berüchtigte Stelle im Alten Testament zurück, nach der Opponenten gegen Mose mit ihren Familien und kleinen Kindern vom Erdboden verschlungen und weitere 250 Männer vom Feuer gefressen wurden (Num 16). Hier hatte immerhin »der Herr« Mose, Aaron und deren Anhang geboten, sich abzusondern, damit nicht auch sie wegen der Sünde der Aufrührer hingerafft würden. Diese Geschichte wird dem Abt von Cîteaux ebenso vertraut gewesen sein wie der Brief an Timotheus. Die Art, wie er mit beiden umgeht, nannten Exegeten ›diabolisch‹; das Wort ›Teufel‹ geht über das lateinische *diabolus* auf griechisch *diaballain* zurück: (Wahres und Falsches) durcheinanderwerfen.

Man hat nach der Glaubwürdigkeit des Heisterbacher Mönchs gefragt, der dieses Wort überliefert.[34] Caesarius lebte weit weg vom Kriegsschauplatz, wichtiger noch: Er hat in seine ›Dialoge‹ Wunderbares und Märchenhaftes aufgenommen. Selbst wenn Abt Arnaud Amaury das Wort in dieser Form nicht gesprochen haben sollte – immerhin hatte er schon früh zur militärischen Bekämpfung der Albigenser geraten –, wird es dem Denken und Verhalten kirchlicher Kreise und der ›Kreuzritter‹ im Süden Frankreichs gerecht. Systematisch wollten sie Schrecken verbreiten[35] und ein furchtbares Exempel statuieren, auf daß keine Stadt mehr Widerstand zu leisten wage.

Während man in Béziers wie zu einem Totenamt die Glocken läutete, flüchteten schätzungsweise 7000 Menschen in die Kathedrale und in die Kirche der hl. Magdalena, deren Fest man an diesem Tag hätte feiern sollen. Das Asylrecht von Kirchen wurde nun ebensowenig respektiert wie am 10. Juli 1099 in Jerusalem. Alle wurden getötet – Kleriker, Frauen und Kinder, und nicht einer sei entkommen. »Nichts konnte sie retten, weder Kreuz noch Altar, noch Kruzifix.« Das Gemetzel sei auch noch mit dem Gefühl des Bedauerns darüber geschehen, den Opfern »nichts Schlimmeres antun zu können« (*no lor podo far pis*).

Der Autor des Liedes vom Kreuzzug gegen die Albigenser hat seinen Glauben an Gott nicht verloren; er schreibt: »Gott möge ihre Seelen, wenn es ihm gefällt, in sein Paradies aufnehmen« (*Dieux recepia las armas, si.l platz, en paradis!*). Der Nebensatz – »wenn es ihm gefällt« – könnte Zweifel an der göttlichen Liebe und Gerechtigkeit andeuten.

Die Große Pest

Über hunderttausend Menschen seien von März 1348 bis Juli 1349 in Florenz dem Leben entrissen worden, »während man vor diesem verheerenden Ereignis der Stadt vielleicht kaum so viele Einwohner zugeschrieben hätte«. Das hält Boccaccio wenige Monate nach dem großen Sterben fest.[1]

Zeugnisse zu den Jahren 1348 bis 1350 erwecken den Eindruck, als hätten die Zeitgenossen das Sterben nach seiner Art, der Zahl der Opfer und den Auswirkungen auf die Gesellschaft als etwas unerhört Neues erlebt. Die Pest prägte das Denken der Menschen um so nachhaltiger, als sie seit der Mitte des 14. Jahrhunderts in immer neuen ›Wellen‹ auftrat und Millionen hinwegraffte. Verhaltensweisen der Menschen gegenüber dem Grauen dieser sie so plötzlich heimsuchenden Seuche seien an charakteristischen Beispielen vorgeführt: Egoismus und Flucht in eine heile Welt bei Boccaccio; Verbrennen von Sündenböcken in Straßburg und anderen Städten; theatralisch wirkende Bußübungen von Geißlern; Versuche, in ›Totentänzen‹ das Grauen des großen Sterbens in Worte und Bilder zu fassen; schließlich die leidenschaftliche Anklage des Todes als Feind der Menschen im ›Ackermann‹.

Das Schicksal von Tausenden und das Geschehen von Monaten verdichtet Boccaccio in einem knappen Satz: Rüstige Männer, schöne Frauen, blühende Jünglinge aßen noch am Morgen mit Verwandten, Gespielen und Freunden, »um am Abend des gleichen Tages in einer andern Welt mit ihren Vorfahren das Nachtmahl zu halten!«

Zwar äußert Boccaccio Zweifel an der von ihm genannten Zahl. Hunderttausend Tote? Nach neueren Schätzungen hatte Florenz vor der Katastrophe etwa 51000 Einwohner.[2] Doch könnten davon in den wenigen Monaten, in denen die Pest hier grassierte, mehr als die Hälfte gestorben sein!

Manche Landstriche sollen ganz verschont geblieben sein; die

Gründe kennt man nicht, vielleicht schweigen auch nur die Quellen. Insgesamt dürfte die Seuche in zwei Jahren zwischen einem Achtel und zwei Dritteln der jeweiligen Bevölkerung hinweggerafft haben.[3]

Als eine der ältesten Geißeln der Menschheit hat der ›Schwarze Tod‹ in Europa bis ins 18. Jahrhundert in verheerenden Seuchenzügen seine Opfer gefordert.[4] Und noch heute finden sich Krankheitsherde in Nordost-, Südost- und Vorderasien, in Südrußland und Mittelafrika, werden vereinzelte Pestfälle in Hafenstädten, vor allem in Mittel- und Südamerika, beobachtet. Vor Einführung der Chemotherapie mußte man bei der Beulenpest mit einer Sterblichkeit von 30 bis 80 Prozent der Erkrankten, bei der Lungenpest mit praktisch 100 Prozent rechnen.

Boccaccio hat die Krankheitssymptome, vor allem aber die Auswirkungen der Pest auf das soziale Gefüge und die Haltung des einzelnen zu Sterben und Tod, aufmerksam beobachtet; das, was er (wahrscheinlich nicht in Florenz, sondern in Neapel) gesehen und gehört hat, hat er so anschaulich in Worte gefaßt, daß das ›Dekameron‹ ein Klassiker auch der Medizingeschichte geworden ist. So wie er die Florentiner schildert, werden sich Menschen auch andernorts in vergleichbarer Lage verhalten haben.

Zu allen Zeiten hat man Seuchen, Erdbeben und ähnliches Unheil als Geißel Gottes verstanden. Boccaccio nennt zwei mögliche Ursachen: Das Übel sei entstanden entweder durch »Einwirkung der Himmelskörper« oder als von Gott über den Menschen verhängte Strafe. An anderer Stelle heißt es, das große Sterben sei die Folge davon, »daß die Härte des Himmels und vielleicht (!) auch die der Menschen so groß war«. Boccaccio weist in die Neuzeit voraus, wenn er das traditionell-theologische Deutungsmuster auf den zweiten Platz verweist.

Boccaccio interessiert sich auch für den historischen Hintergrund: Die Seuche wurde aus dem Osten eingeschleppt, wo sie schon einige Jahre früher gewütet hatte. Anders als im Orient war nicht das Nasenbluten Vorzeichen des unvermeidlichen Todes; vielmehr bildeten sich bei Männern und Frauen in Leistengegend oder Achselhöhlen Geschwulste; bei dem einen waren sie so groß wie ein Apfel, bei dem anderen wie ein Ei. Später zeigten sich allenthalben schwarze und bräunliche Flecken, weshalb man vom ›Schwarzen Tod‹ sprach.

Hilflosigkeit –
trotz richtiger vorbeugender Maßnahmen

In Florenz ergriff man vorbeugende Maßnahmen; die Stadt wurde von Unrat gereinigt, und man verbot Kranken den Zutritt zu Gesunden; aus anderen Quellen wissen wir, daß der Papst in Avignon vor seinen Gemächern ständig offene Feuer brennen ließ – und überlebte. Mit solchen Vorkehrungen war man auf der richtigen Fährte. Wenn die Pest lange vor der Entdeckung der Erreger und der Entwicklung geeigneter Heilmittel aus Mitteleuropa verschwunden ist, dann sicher auch deshalb, weil man mehr als früher auf Sauberkeit achtete, weil man – zumal in Hafenstädten – Krankheitsverdächtige in Quarantäne hielt, gegebenenfalls vierzig (*quarante*) Tage lang; nur wenige ansteckende Krankheiten haben eine länger Inkubationszeit, u. a. die Lepra (Aussatz).

Einstweilen jedoch erwiesen sich alle Maßnahmen als wirkungslos; auch Ärzte mühten sich vergeblich. Fortschritte der naturwissenschaftlich ausgerichteten Medizin im 19. und 20. Jahrhundert sollten uns nicht den Blick dafür verstellen, daß es unter den Heilkundigen zu allen Zeiten hervorragende Diagnostiker und Therapeuten gegeben hat; ihnen fehlten jedoch, meist bis in unser Jahrhundert, angemessene Impfstoffe und Medikamente.

Auch jetzt beteten die Frommen demütig und veranstalteten feierliche Bittgänge. Als man später den Mechanismus der Krankheitsübertragung zu ahnen begann, verbot die Obrigkeit Prozessionen, die geeignet waren, Krankheitskeime weiter auszubreiten.

Das Ergebnis aller Mühen – Stadtreinigung, ärztliche Kunst, Gebete – war niederschmetternd. Wie Feuer brennbare Stoffe ergreift, so sei die Seuche von Kranken auf Gesunde übergesprungen: »Die wenigsten genasen, und fast alle starben innerhalb dreier Tage nach dem Erscheinen der beschriebenen Zeichen; der eine ein wenig früher, der andere etwas später.«

Kann man es Gesunden verdenken, daß sie am Leben bleiben wollten, Kranke mieden und sich aus der Gesellschaft zurückzogen? Manche schlossen sich mit Gleichgesinnten zusammen; durch ein maßvolles Leben wollten sie die Widerstandskraft des Körpers stärken und so dem Unheil wehren. Jede Ausschweifung meidend, delektierten andere sich an feinsten Speisen, ausgewählten Weinen und Musikdarbietungen. Wieder andere suchten auf jede Weise ihre Lust zu befriedigen; bei Essen und Trinken kannten sie weder Maß noch Ziel. Ihr Treiben tadelt Boccaccio als »viehisch«.

Einige suchten einen Mittelweg zwischen Askese und Genuß: Sie vertrauten auf Blumen, duftende Kräuter oder Gewürze, an denen sie oft rochen, »überzeugt, es sei besonders heilsam, durch solchen Duft das Gehirn zu erquicken; denn die ganze Luft schien von den Ausdünstungen der toten Körper, von den Krankheiten und Arzneien stinkend und beklemmend«.

Zu allen Zeiten sind Menschen vor ansteckenden Krankheiten geflohen. Manche verfuhren auch jetzt nach dem Motto: Schnell weit fort, und möglichst spät zurück! An Vorwänden fehlte es nicht: Dieser hatte schon längst Geschäftsfreunde besuchen wollen, jene vor Zeiten eine Wallfahrt gelobt; nun löste man das Versprechen ein. Auch auf diese Weise dürfte die Seuche weitergetragen worden sein, die sich mit schier atemberaubender Geschwindigkeit durch Europa fraß.

Boccaccio rügt die Fliehenden als egoistisch und letztlich kurzsichtig; »als ob der Zorn Gottes, der durch diese Seuche die Ruchlosigkeit der Menschen bestrafen wollte, sie nicht überall gleichmäßig erreichte, sondern nur diejenigen vernichtete, die sich innerhalb der Stadtmauern antreffen ließen«. Seine Entrüstung über Menschen »grausameren Sinnes« überzeugt nicht; zudem räumt er gleich ein, daß »sie vermutlich sicherer gingen«. Wie ernst er den Zorn Gottes nahm, zeigen die jungen Leute, die er bald darauf vorstellen wird: Sie entzogen sich mit offenkundigem Erfolg der göttlichen Zuchtrute.

Boccaccio deutet rechts- und besitzgeschichtliche Folgen an: Geschlechter blieben ohne Stammhalter, berühmte Reichtümer ohne Erben. Paläste und Hütten standen leer; hier schalteten nun zufällig vorbeikommende Fremde wie Eigentümer; mit den Bewohnern war das vormals blühende gesellschaftliche Leben erstorben. Dazu kamen Preissteigerungen, Umschichtung von Vermögen...

Schlimmer war anderes: »Das ehrwürdige Ansehen der göttlichen und menschlichen Gesetze war fast ganz gesunken und zerstört.« Private Diener und öffentliche Beamte waren krank oder tot, so daß jeder tat, wonach ihn gelüstete. Ohne Ansehen der Person waren Frauen bei Tag und Nacht den Zudringlichkeiten von Männern ausgeliefert. Unter dem Vorwand, was anderen nicht verwehrt werden könne, müsse auch ihnen freistehen, hatten Mönche und Nonnen »die Gesetze des Gehorsams über den Haufen geworfen, sich der Fleischeslust ergeben und sind in der Hoffnung, so dem Tode zu entgehen, ausschweifend und schamlos geworden«.

Die bösesten Folgen hatte aber wohl der Überlebenswille der Gesunden; ob sie nun maß- oder lustvoll lebten, sie mieden Begegnungen. Mitbürger gingen sich aus dem Weg, der Nachbar pflegte fast nie den Nachbarn; mit den Familienbanden zerbrachen soziale Verpflichtungen: Geschwister und oft sogar Ehepartner ließen einander im Stich, »ja, was das Schrecklichste ist und kaum glaublich scheint: Vater und Mutter weigerten sich, ihre Kinder zu besuchen und zu pflegen, als wären es nicht die ihrigen«.

Hier drohten Kranke zu verhungern, da sie ganz verlassen waren; dort starben Menschen, die wohl überlebt hätten, wenn sich jemand um sie gekümmert hätte. In der allgemeinen Entfremdung machten die Kranken widersprüchliche Erfahrungen. Wenige kamen in den Genuß des Mitleids zuverlässiger Freunde; viele lernten die Habsucht von Wärtern kennen.

Boccaccio schildert eindringlich, wie unerbittlich die Pest Menschen aller Stände heimsuchte; doch räumt er offen ein, daß Arme und Angehörige mittlerer Stände besonders übel dran waren. Da sie weder fliehen noch ganz einfache Dienste vergüten konnten, verschieden sie oft sogar auf offener Straße, bei Tag und Nacht.

Von Nachbarn, Verwandten und Freunden verlassen, schätzten Kranke sich glücklich, wenn jemand sich ihrer erbarmte; dabei habe sich ein bis dahin unerhörter Brauch eingebürgert: Einmal erkrankt, hätten nicht einmal vornehme, sittsame und schöne Damen Scheu gezeigt, sich von Männern, mochten diese jung oder alt sein, bedienen zu lassen »und vor ihnen ganz als ob es Frauenzimmer wären, ohne alle Scham jeden Teil ihres Körpers zu entblößen, sobald die Bedürfnisse der Krankheit es erforderten«. Boccaccio will nicht ausschließen, daß dieser Brauch bei Überlebenden später »einigen Mangel an Keuschheit« bewirkt habe.

Distanz statt Trauer – das anonyme Begräbnis

Boccaccio schreibt wahrscheinlich nur ein, zwei Jahre nach den Ereignissen. Offensichtlich waren die Konventionen so stark, daß schon bald nach Abklingen der Seuche frühere Bräuche wieder wie selbstverständlich geübt wurden.

Bei einem Trauerfall habe es »früher«, wie »heute« wieder, eine Trennung nach Geschlechtern gegeben: Frauen aus Nachbarschaft und Verwandtschaft kommen mit den nächsten Angehörigen zur Totenklage im Hause des Verstorbenen zusammen; währenddessen finden sich die männlichen Mitglieder der Familie und andere Bürger vor der Tür ein. Nach dem Eintreffen der Geistlichen – ihre Zahl entsprach dem Stand des Verstorbenen – formiert sich der Trauerzug. Männer, die dem Toten nahestanden, tragen die Leiche auf ihren Schultern zur Kirche; die übrigen schließen sich an, brennende Kerzen in den Händen.

Die Seuche habe neue Bräuche entstehen lassen. Die meisten Menschen seien gestorben, ohne daß »viele Frauen« zusammengekommen wären; »manche« hätten dieses Leben verlassen »ohne die Gegenwart eines einzigen Zeugen«; nur wenigen seien »mitleidige Klagen« und »bittere Tränen« ihrer Angehörigen zuteil geworden. Statt dessen habe man während der Pestmonate geselliges Lachen, Scherze und Gespött gehört. Boccaccio zeigt jedoch Verständnis, sogar für Frauen, die aus ihrer traditionellen Rolle ausgebrochen waren: die Verleugnung des Mitleids sieht er als eine Art Abwehrmaßnahme; auch Frauen hätten schlicht überleben wollen.

Der Zusammenbruch sozialer Bindungen zeigte sich auch an anderer Stelle: Starb jemand in einem Haus, so erfuhren die Nachbarn davon »erst durch den Gestank, der aus ihren faulenden Leichen aufstieg«. Mehr von der Angst vor Ansteckung getrieben als bewogen von Mitleid für die Verstorbenen, schleppten Nachbarn die Toten aus den Wohnungen auf die Straße. Achtbare Bürger waren nicht mehr bereit, die Leiche zur Kirche zu tragen; an die Stelle befreundeter Nachbarn traten sogenannte Pestknechte aus dem niederen Volk. Oft wurden mehrere Leichen auf ein einfaches Brett gepackt. Die Träger schlossen sich dem nächstbesten Trauerzug an; so kam es, daß Priester, die einen Toten begraben sollten, »nun deren sechs, acht und zuweilen noch mehr hatten«. Eilig trug man die Bahre in die nächstbeste Kirche und nicht in die, die der Verstorbene bestimmt hatte. Der Tote wurde in eine gerade offene Gruft gelegt; zu einer Ehrung des Verstorbenen war niemand mehr bereit.

Angesichts der gewaltigen Zahl von Leichen war es unmöglich, jedem Toten eine besondere Grabstätte in geweihter Erde einzuräumen. Man hob daher tiefe Gruben aus »und warf die neu Hinzukommenden in diese zu Hunderten«. Wie Waren in einem Schiff wurden die Leichen aufgehäuft; Schicht um Schicht wurden sie mit etwas Erde bedeckt, bis die Grube randvoll war. So weit sei es gekommen, daß man einem toten Menschen nicht mehr Aufmerksamkeit geschenkt habe als »jetzt« einer toten Ziege.

Pest und heile Welt auf dem Land

Im Anschluß an die beklemmende Schilderung von ›Beisetzungen‹ in Massengräbern schiebt Boccaccio einen Exkurs zum umliegenden Land ein. Auf verstreuten Höfen starben die Landleute mit ihren Angehörigen ohne ärztlichen Beistand, ohne Pflege, »nicht wie Menschen, sondern fast wie das Vieh«. Nicht anders als die Städter, hätten sie ausschweifend gelebt und sich nicht mehr um ihre Arbeit gekümmert. Was Generationen mühsam aufgebaut und gehegt hatten, habe nun verlassen gelegen. Das Vieh sei nach Gefallen auf den Feldern umhergelaufen, wo man das Getreide nicht geerntet habe.

Wirtschaftshistoriker haben solche Berichte auf andere Zeugnisse – Chroniken, Akten, Preisreihen u. ä. sowie archäologische Quellen – bezogen.[5] Danach stiegen die Preise für Brot und Wein (in der Landwirtschaft fehlten Arbeitskräfte), es sanken die Preise von Immobilien (das Angebot überstieg die Nachfrage), und Siedlungen wurden aufgegeben (Menschen zogen vom Land in die verödeten Städte). Der Befund ist nicht leicht zu deuten, da die Quellen sich selten zu dem Zeitpunkt äußern, von dem an ein bestimmter Platz nicht mehr bewohnt wurde.

Trotz der Schäden, die die Pest auch auf dem Land anrichtete, stellt Boccaccio in seinem ›Dekameron‹ die ›heile Welt‹ auf dem Land der vom Pesttod gezeichneten Stadt gegenüber. Der Kontrast zwischen dem verheerten Florenz und der Villa auf dem Land, in die sich zehn junge Damen und Herren, die Erzähler der hundert Novellen, geflüchtet haben, könnte nicht schroffer sein. Hier die sterbende Stadt, von Boccaccio in Traditionen des ›Sündenbabels‹ gesehen, dort das Land; es verkörpert das Leben und verbindet das Schöne und Gute in paradiesischer Harmonie; Freude, Lust und Vergnügen (»ohne die Grenzen des Erlaubten irgendwie zu überschreiten«), Gesang der Vögel, grüne Hügel und Ebenen, wogende Kornfelder, offener Himmel, frische Luft... Zwar sterben auch hier Landleute, doch sei der Eindruck wegen der geringeren Bevölkerungsdichte weniger niederdrük-kend gewesen.

Boccaccio hatte wenige Seiten vorher den Egoismus derer gerügt, die Kranke einem elenden Tod überließen. Er greift das Argument auf und kehrt es um: Pampinea, eine der sieben Damen, erklärt, »die Unsrigen« hätten sie durch Tod oder Flucht alleingelassen; niemand könne sie tadeln, »wohl aber können uns Schmerz, Leid und vielleicht der Tod treffen«, wenn sie sich nicht aufs Land flüchteten. Pampinea hat ihre wohlgesetzte Rede mit grundsätzlichen Erwägungen zur Liebe des eigenen Lebens eröffnet: Jeder habe das »natürliche Recht«, sein Leben nach Kräften zu pflegen, zu erhalten und zu verteidigen, solange dadurch Rechte anderer nicht verletzt werden. Der Egoismus, der aus diesen Worten spricht, war nicht neu; neu war vielmehr, daß er so offen vorgetragen wurde und andere, Liebe, Erbarmen, Selbstüberwindung preisende Äußerungen Boccaccios fast wie Pflichtübungen erscheinen läßt.

Sündenböcke: Massenmord an Juden

Drastische Schilderungen geben Zeugnis davon, wie die Pest Einstellungen der Menschen zum Tod und zum Mitmenschen sowie Bräuche verändert hat. Ein Straßburger Chronist erwähnt Begleiterscheinungen des Schwarzen Todes, von denen Boccaccio nicht spricht und die deshalb ausführlicher dargestellt seien. Etwa fünfzehn Jahre nach den Ereignissen erinnert sich Fritsche Closener an Einzelheiten[6]: Schwellungen an den genannten Körperteilen; hohe Ansteckungsgefahr (»dovon, in welches hüs daz sterben kam, do hort es selten uf mit eime«); rascher Tod; hohe Sterblichkeit (wenn auch relativ geringer als in anderen Städten); Anlage von Massengräbern bzw. neuen Friedhöfen; Verbot, Verstorbene über Nacht in den Häusern zu lassen und sie in einer Kirche zu begraben... Freiwillig habe niemand mehr den Toten Geleit geben wollen; »so schametent sich guote lüte« (so schämten sich die Vornehmen), daß »ungenoßen« (Menschen niederen Standes) sie zu Grabe tragen oder daß Knechte für diesen Dienst entlohnt werden sollten.

Nüchtern schreibt Closener: »Do man zalte 1349 jor, da wurdent die Juden zu Strosburg verbrant in irme kirchof uf eime hultzinen gerüste an sante Feltins tage (St. Valentin, 14. Februar), der vil des jores uf einen samesdag.« So sei man mit Juden auch in anderen Städten am Rhein verfahren. In »ettlichen« Städten habe man die Juden »mit urteil« in den Feuertod geschickt; in anderen hätten sie sich selbst verbrannt.[7] Wie zur Zeit der Kreuzzüge richteten sich auch bei Pestepidemien Aggressionen gegen einen imaginären ›inneren Feind‹, die Juden.

Closener berichtet von diesen Vorgängen, noch b e v o r er das Wüten der Pest in seiner Heimatstadt schildert. Dieser Verlauf der Ereignisse ist nicht nur aus Straßburg überliefert; er zeugt von dem Schrecken, den die Pest allenthalben verbreitet, und davon, daß die Angst vor dem Schwarzen Tod Hemmschwellen abgebaut hatte[8]: Juden wurden wiederholt noch vor der ›Ankunft‹ der Pest ausgerottet, meist durch Verbrennen, gelegentlich durch Rädern oder Begraben bei lebendigem Leibe, durch Ertränken oder Ersticken im Sumpf[9] – Todesstrafen also, mit denen besonders schwere Verbrechen geahndet wurden. Man legte ihnen Brunnen-

Verbrennung von Juden in Köln. Wiederholt wurden im Mittelalter Juden lebendig verbrannt, die man der Brunnenvergiftung, des Ritualmordes oder der Hostienschändung bezichtigte; andernorts legte man ihnen zur Last, ihre Vorfahren hätten Jesus kreuzigen lassen. – Holzschnitt von P. Wohlgemut aus der »Weltchronik« von Hartmann Schedel, Nürnberg 1493.

vergiftung zur Last, wie man sie früher und später der Hostienschändung und des Ritualmordes bezichtigte.

Die Stadthäupter fürchteten, die ganze Stadt könne ein Raub der Flammen werden, wenn man tatenlos zusehe, wie die Juden sich – um der aufgebrachten Menge nicht in die Hände zu fallen – in ihren eigenen Häusern selber verbrennen; zudem würde die Beute geringer. Daher trieb man sie zusammen, in Basel auf einer Rheininsel in einem eigens dafür hergerichteten Holzhaus. Diese Art der Ausrottung war für die Mörder vorteilhaft: Die Opfer waren schnell, vollständig und so gut wie restlos vernichtet.

In einem Nachtrag verweist Closener auf Spannungen zwischen dem aufgebrachten (aufgeputschten?) Volk und dem Rat. Dieser habe auf den von der Stadt besiegelten Schutzvertrag verwiesen und auf einem »rechten Urteil« mit Beweisen für Schuld bestanden. Zwar ›gestanden‹ einzelne Juden unter der Folter, jedoch nicht, Brunnen vergiftet zu haben. Trotzdem wurden sie verbrannt; Rücksicht auf den jüdischen Feiertag war nicht zu erwarten.

Nur wenige gingen so weit, den Massenmord als Gott wohlgefälliges Werk auszugeben: Zur Zeit des großen Sterbens forderte Friedrich II., Markgraf von Meißen und Landgraf von Thüringen, die Reichsstadt Nordhausen auf, ›ihre‹ Juden töten zu lassen, »gote zcu lobe und zcu ern (Ehren) unde der krystenheit zcu selikeyt«[10].

Von Widerstand der Juden ist nicht die Rede. Im allgemeinen nahmen sie das Opfer auf sich, mit dem sie den göttlichen Namen heiligen wollten (*Kiddusch ha-schem*); in Konstanz sollen sie teils tanzend, teils Psalmen singend, teils unter Tränen zur Stätte ihres Feuertodes gezogen sein.

Es ehrt die Chronisten, daß sie sich zu Motiven der Handelnden äußern. Nach Closener ist man in Straßburg sang- und klanglos vom Hauptanklagepunkt der Brunnenvergiftung im Zusammenhang mit der Pest abgerückt. Nur so ist zu erklären, daß man – wie schon während der Kreuzzüge – Juden das Leben ›schenkte‹, die sich taufen ließen. Closener schreibt, man habe gegen den Willen von Müttern und Vätern kleine Kinder »von dem für« (Feuer) genommen und getauft; in Basel verbrannte man nach Ankunft von Geißlern und Pest auch getaufte Juden.[11]

Die Christen waren daran interessiert, daß die Juden ihre Pfänder sowie Schuldbriefe herausgaben und daß Schulden, die sie bei ihnen hatten, als nichtig erklärt wurden. Das bei den Juden gefundene Barvermögen teilte der Rat unter die Handwerke auf, entsprechend deren Kopfzahl. Closener faßt in kargen Worten zusammen: Das materielle Gut war das Gift, das die Juden tötete. Noch offener äußert sich zwei Generationen nach den Ereignissen Königshofen, ein anderer Straßburger Chronist: Wären die Juden arm gewesen und hätten ihnen die Landesherren nichts geschuldet, »so werent sü nüt gebrant worden«[12].

Offensichtlich schlug nicht nur dem Chronisten das Gewissen angesichts des seinerzeitigen Frevels, sondern schon gleich nach dem Massaker manchem Nutznießer: Als das Gut der Juden geteilt war, hätten »etliche« Handwerker ihren Anteil an der Beute auf den Rat ihrer Beichtväter gespendet, unter anderem für »unser frowen werg«. Wer denkt daran, daß zur Finanzierung des Straßburger Münsters auch Gelder aus Judenpogromen gedient haben?

Geißlerzüge

Seit dem 13. Jahrhundert ist es wiederholt zu Geißlerzügen gekommen, in denen Menschen außerhalb kirchlicher Institutionen ihr Heil suchten.[13] Männer – später auch Frauen und Kinder – zogen durch die Lande, um öffentlich Buße zu tun, in Zweierreihen wie bei einer Prozession, von Fahnen-, Kreuz- und Kerzenträgern flankiert. Mitte des 14. Jahrhunderts löste die Pest einmal mehr Geißlerzüge aus. Sie sind in der Steiermark seit September 1348 belegt und bald darauf im ganzen Gebiet des Deutschen Reiches, in Polen und den Niederlanden, in Teilen Frankreichs und Englands nachweisbar; im Spätherbst 1349 versiegte die Bewegung fast so abrupt, wie sie entstanden war.

Nach Closener erreichte am 8. Juli 1349 ein Geißlerzug Straßburg; innerhalb des nächsten Vierteljahrs sollten weitere folgen.[14] Die Geißler waren als Bruderschaft organisiert; wer büßen wollte, mußte sich auf 33½ Tage – die Zahl der Lebensjahre Jesu – zur

Geißlerzug. Nach Ausbruch der Großen Pest im Abendland bildeten sich 1348 Geißlerbruderschaften, denen sich zahllose Menschen anschlossen. 33 Tage lang zogen sie prozessionsartig durch die Lande und flehten mit Gebet und Buße Gott um Milde an. In einem genau festgelegten Ritual schlug man mit Geißeln auf den nackten Oberkörper ein, bis dieser blutüberströmt war. – Miniatur aus der Chronik des Aegidius Li Muisis.

Teilnahme verpflichten. Es wechselten einander ab Prozessionen, Gebete (zu denen man sich oft auf die Erde warf, die Arme kreuzweise ausgebreitet), Auszüge unter Glockengeläut aufs freie Feld zu öffentlichem Bekenntnis der Sünden und öffentlichen Bußübungen: Mit Riemen, in die Nadeln geflochten waren, schlug man auf die nackte Haut ein, bis Brust und Rücken von Blut überströmt waren; dann sprach ein (Laien!)Meister die Büßer von ihren Sünden los.

Unbußfertigen wurde in Aussicht gestellt, der Teufel werde in sie alle »Swebel, bech und ouch die gallen« (Schwefel, Pech und Galle) gießen. Mit ewiger Höllenqual sahen sich Mörder, Straßenräuber und Wucherer bedroht, ferner die, die das Freitagsfasten brachen und den Sonntag schändeten.

Darauf verlas man einen langen Brief, den ein Engel vom Himmel gebracht habe und der die Menschen zur Umkehr mahnte; jüngst seien Vorzeichen eingetreten, wie sie dem Weltende vorausgehen sollten: Erdbeben und Krieg, Hunger und Durst, Plagen durch Käfer, Raupen, Mäuse, Heuschrecken, durch Dürre und Überschwemmung, Reif und Frost, Blitz und Hagel; von der Pest ist hier nicht die Rede. Auch der ›Himmelsbrief‹ fordert zu Buße, Sonntagsheiligung und Freitagsfasten auf. Ein Seitenhieb gilt den Juden, den »helleschen luten« (höllischen Leuten). Schreibkundige sehen sich wiederholt aufgefordert, für die Verbreitung des ›Briefes‹ zu sorgen. Unter Glockengeläut zog man wieder in die Stadt und zu weiterem Gebet ins Münster.

Closener äußert Zustimmung und Kritik: Angesichts der Büßer hätten Umstehende geweint, wie man es noch nie gesehen habe. Die Bürger hätten Geld gespendet zum Kauf von Fahnen und Kerzen. Doch hätten sich auch »bosewihte« (Bösewichter) unter die Büßer gemischt; Arbeitsscheue hätten sich mehrfach für 33½ Tage einem Zug angeschlossen, um – in gastfreundliche Häuser eingeladen – bequem zu leben; viele seien »böse« oder »böser als vorher« geworden; »etliche« seien rechtschaffen geblieben, »aber nüt vil«.

Kritisch fällt auch das Gesamturteil aus: Die Geißler wollten zu Umkehr und Buße auffordern; dann hätten die Menschen Aussicht, der Pestgefahr zu entrinnen. Eine Bitte in ihren langen Liedern und Gebeten lautet denn auch: »Nuo hebent uf die üwern hende (eure Hände), / Daz got dis große sterben wende! ... Jhesus, durch dine wunden rot / Behuet uns vor dem gehen tot« (jähen Tod)! Nach Meinung Closeners haben die Büßer ihr Ziel, die Pest fernzuhalten, nicht erreicht. Solange sie dagewesen seien, »die wile starb man ouch, und do die abegingent, do minret sich daz sterben ouch«. Möglicherweise haben Geißlerzüge die Ausbreitung der Pest sogar eher gefördert.

Die Lust am Grauen – spätmittelalterliche Totentänze

> Dochter jetz ist schon hie din Stund,
> Bleich wirt werden din roter Mund;
> Din Lyb, din Angsicht, din Har und Brüst
> Mus alles werden ein fuler Mist.

Mit drastischen Vergleichen erläutert der Maler Niklaus Manuel, genannt Deutsch (ca. 1484–1530), ein Fresko aus seinem Berner Totentanz-Zyklus.[1] Das Bild schockiert nicht weniger als die Verse: Der Tod, personifiziert als dürres Gerippe, küßt ein blühendes Mädchen, faßt mit den dürren Fingern der linken Hand nach ihrer linken Brust, während die rechte den Oberkörper weiter entblößt. Das Mädchen klagt: Greulich greife der Tod sie an, das Herz wolle ihr im Leib zergehen; dabei sei sie doch einem jungen Burschen versprochen!

Der Tod holt alle: Papst und Kaiser, König und Bischof. Im Laufe der Jahrzehnte kommen immer weitere Typen hinzu: Krämer und Krieger, Hure, Liebhaber und Jungfrau, Nonne und Königin, Wucherer und Bauer, Gelehrter und Student. Der um 1440 geschaffene Basler Totentanz nennt Christen, Juden und Heiden, die mittelalterliche Umschreibung für ›die ganze Menschheit‹.

Die folgenden zwei Vierzeiler und das ergänzende Bild stammen aus dem oberdeutschen Totentanz, der Mitte des 15. Jahrhunderts in Augsburg aufgezeichnet wurde; der Text könnte älter sein.[2] Der Tod herrscht einen Säugling an:

> Kreuch heran, du must hy tantzen lern,
> Weyne oder lache, ich hore dich gern.
> Hettistu den totten yn dem munde
> (und saugtest du an deiner Mutter Brust)
> Is hilft dich nicht an desir stunde.

Die große Gestalt des Todes hat einen Jungen am Arm gepackt und zieht ihn mit sich fort. Voll Grausen schluchzt das Kind:

> Owe, liebe muter meyn
> Eyn swartzer man zeut (zieht) mich do hyn.
> Wy wiltu (willst du) mich nu vorlan (verlassen)
> Nu mus ich tantzen und kan noch nicht gan.

Eine französische Holzschnittfolge zeigt das Kind noch in der Krippe. Zum Tanz werde es geführt, weil der Tod Macht über alle habe; seit der Stunde der Geburt sei jeder ihm ausgeliefert. *Fol est qui n'en a cognoissance* (Töricht ist, wer das nicht wahrhaben will). Hier und im oberdeutschen Totentanz bringt das Kind nur einen Laut hervor; der Dichter läßt es die Vergänglichkeit beklagen[3]:

> A a a, ich enkan noch nit sprechen,
> Hüde geborn, hüde müß ich auffbrechen.
> Wand (denn) keyne stuonde mag ich sicher syn.
> Wiewoll ich byn eyn kleynes kyndelyn.
> Dyß merckent alle gar eben:
> Ich han noch nyt leren leben.
> Und müß doch sterben also bald.
> Als woill stirbet das iuonge als das alde.

Jung und alt, reich und arm, hoch und niedrig müssen sich in ihr Schicksal fügen; Kardinal, Patriarch und Herzog betonen den Zwang, den der Tod ihnen antut. Da dieser den Guten wie den Frevler holt, wirkt er nicht einmal für ausgleichende Gerechtigkeit.

Wenige folgen klaglos. Ein Kartäuser führt sich vor Augen, daß er schon seit langem für die Welt tot ist[4]; deshalb hat er »weniger Lust zu leben«. Ein anderer Mönch begrüßt den Tod, der ihn befreie und erlöse. Wenig tröstlich ist, was der Tod einem Säugling eröffnet: *Petit enfant na gueres né / Au monde auras peu de plaisance... Qui plus vit plus a à souffrir* (Kleines Kind, kaum geboren, wirst in der Welt nur wenig Freude finden. Wer länger lebt, hat mehr zu leiden). Der Krüppel weiß um seine Verlassenheit. »Der Todt aber wil sein Freund syn / Er nimpt ihn mit dem

Reichen hin.« Als der Tod die Leine durchschneidet, an der ein Hündchen den Blinden führt, ist dieser nur noch einen Schritt vom offenen Grab entfernt; niemand schützt ihn mehr vor dem Fall in die Grube. Anders als die meisten beschließt der arme, blinde Alte sein Leben mit einem Preis des Schöpfers: »Gott sey g'lobt, daß hie ist die Stund.«

Erläuterungen sind unentbehrlich, damit der Betrachter das im wahrsten Sinne des Wortes oft holzschnittartige Bild versteht. Totentänze standen damit in langen Traditionen; über das in der Predigt gedeutete Bild wurden die Menschen zur Umkehr aufgerufen – wie es die Geißler mit ihren Bußübungen und der Verlesung des ›Himmelsbriefes‹ taten. Die Menschen sollten an ihren Tod, damit an das Heil ihrer Seele denken. Wenn Totentänze oft auf Friedhöfen bildlich dargestellt wurden – einer der berühmtesten 1424/25 *Aux Saints Innocents* (Zu den Unschuldigen Kindern) in Paris –, dann deshalb, weil dieser Ort mit Gräbern, Kreuzen und Beinhaus ohnehin ein ständiges *Memento mori* bildete. Da hier oft gepredigt wurde, ist es kein Zufall, wenn Worte eines Predigers den Totentanz eröffnen und abschließen.

Friedhof und Totentanz betonen die Gleichheit vor dem Tod. Der oberdeutsche Totentanz wendet sich an alle Menschen, Gerechte und Frevler:

> hye ligendt gebain groß vnnd klain
> Wellichs seyen man frawen oder knecht
> hye hat sich yederman zuo ligen recht
> Der arme bey dem reychen
> allso werden wir alle nachhin schleychen
> der knecht bey dem herren
> …
> wir müssen allesampt in die erde gar
> Vnd überheb sich nyemant seins adels oder gewallt
> seins reychtumbs oder seiner schön gestallt.

Der Totentanz bot damit Gelegenheit zur Gesellschaftskritik: Bischöfe und Äbte sahen sich an Pflichten und Gelübde erinnert, die Mächtigen daran, daß sie keinen Grund zu Hochmut, Überheblichkeit und Machtmißbrauch hätten. Vor Gottes Gericht zieht der Tod den Wucherer wie den Dieb, der bislang dem Strang entgangen ist; dem wird ein demütiges Gebet an den »lieben herrn Jesu Christ«, der auch für ihn den schmählichen Kreuzestod erlitten habe, in den Mund gelegt: Er möge »myr dyebe« aus aller Not helfen, vor allem, der Hölle zu entkommen; das Fegefeuer wolle er »gern lyden«.

> Ich bid umb gnad dye entphyng (empfing)
> Der schecher der an dyner rechten syten hyng.

Das Evangelium läßt offen, ob der einsichtige Schächer rechts oder links von Jesus gekreuzigt wurde (Lk 23, 32. 39–43); der Autor des Totentanzes versetzt ihn dagegen wie selbstverständlich auf die rechte Seite. Auch mit dem symbolischen Gehalt von ›rechts‹ und ›links‹ dürfte es sich erklären, daß in den Abbildungen der Tod links im Bild erscheint und sein Opfer zur ›schlechten‹ Seite zieht. Der Betrachter verband mit ›rechts‹ und ›links‹ Vorstellungen vom Jüngsten Gericht, wie es vielleicht im Tympanon über dem Eingang zur Kirche unweit des Totentanzes abgebildet war. Diese Art der Darstellung veranschaulichte die Lehre vom Tod als Übel (Gen 3, 19).

Der Tod erscheint regelmäßig als Gerippe, das manchmal mit mehr oder weniger Haut und Fleisch überzogen ist. Oft ist er nackt, manchmal bekleidet mit Lendentuch oder Schulterumhang. Der Unterleib ist im allgemeinen unbekleidet, eine Kröte verdeckt gelegentlich die Scham. Vielfach ist der Unterleib aufgeschnitten – entsprechend dem Brauch, der Leiche die Eingeweide zu entnehmen. Im Bauch, durch die Augenhöhlen und durch Gebeine winden sich oft Schlangen; sie erinnern an die Versuchung im Paradies und daran, daß der Tod als Lohn der Sünde gedeutet wurde. Die gewollt grausige, wenn nicht ekelhafte Darstellung rückt abstoßende Seiten des Sterbens ins Licht, stellt sie neben den ›schönen‹ Tod, wenn dieser auch in Bild und Wort häufiger gezeigt worden sein dürfte.

Im französischen Totentanz spricht nicht *la mort* (der Tod) die Menschen an; vielmehr wendet sich *le mort* (der Tote) an die Männer, entsprechend *la morte* an die Frauen. Mit solcher Unterscheidung könnte zusammenhängen, daß im Basler Totentanz eine Tote, deutlich erkennbar an Hängebrüsten, die Königin holt.[5]

Der Tod wird regelmäßig als Tänzer dargestellt, das Sterben entsprechend als Totentanz (französisch *danse macabre*).[6] Er spielt auf, und zwar nicht nur mit den für den Teufel typischen Instrumenten.[7] Darin lag eine Pervertierung der Ordnung – wie

Totentanz. Seit der Mitte des 14. Jahrhunderts sahen die Menschen sich immer wieder mit dem plötzlichen, massenhaften Tod durch die Pest konfrontiert. Ein neues Todesbewußtsein fand in Literatur und bildenden Künsten Ausdruck in Totentänzen: Tote spielen Toten zu einem Tanz auf, den die Lebenden nur als pervers, als gegen die göttliche Ordnung gerichtet verstehen konnten. – Holzschnitt von Michael Wolgemut aus der Schedelschen ›Weltchronik‹, Nürnberg 1493.

überhaupt in der Verbindung von Tanz und Tod. Denn Tanz wurde als Spiel, Bewegung um ihrer selbst willen, als Ausdruck von Liebe, Lebensfreude und Lebensgenuß erfahren. Seit der Antike hatte die Kirche Architektur, Malerei, Skulptur, Gesang usf. in den Dienst der Liturgie gestellt – doch gerade nicht den Tanz. Der bedeutete Werbung und zielte auf Liebesvereinigung ab; er war verpönt als Gelegenheit zur Sünde, galt als Ausdruck von Sittenverfall. Die Vorstellung, der Tod könne sogar Bischof und Nonne zum Tanz zwingen, betonte die Störung der Ordnung seit der Vertreibung aus dem Paradies.

Als künstlerische und literarische Gattung war der ›Totentanz‹ vor allem im Spätmittelalter beliebt. Er erlaubte, den Schrecken des Todes in Wort und Bild zu fassen und dadurch zu beherrschen. Von seiner Entstehungsgeschichte her läßt er sich auch als eine Art Bild- und Abwehrzauber gegen die Pest als die am meisten gefürchtete Ausprägung des Todes verstehen. Auf die Pest als (mit)auslösenden Faktor für Darstellungen des Totentanzes könnte die Tatsache verweisen, daß in den begleitenden Texten viele Menschen überrascht sind, daß der Tod so jäh erscheint; sie haben sich auf sein Kommen gar nicht einstellen können. Der in den Totentänzen dargestellte Tod und die Pest hatten das Überfallartige gemeinsam. Nicht von ungefähr wurde im Spätmittelalter auch der hl. Sebastian als Schutzpatron gegen die Pest verehrt: Wie dieser das Martyrium durch Beschießen mit Pfeilen erlitten hatte, so erfuhr man den Angriff der Pest.

Mehr noch als die Große Pest Mitte des 14. Jahrhunderts dürfte die Menschen erschüttert haben, daß diese Geißel wellenförmig wiederkehrte. Zu Tausenden fielen ihr Kinder und Menschen in der Blüte der Jahre zum Opfer. Die Menschen sahen sich daher mit ganz anderer Eindringlichkeit als im Hochmittelalter mit der Frage nach dem Sinn des Todes konfrontiert.

Ir Tot, euch sei verfluchet!

In unbändigem Zorn klagt ein Ackermann – stellvertretend für den Menschen, wie Gott ihn einst »aus Erde vom Ackerboden« geformt hat (Gen 2, 7) – den Tod des Mordes an seiner Frau an: »Grimmiger tilger aller leute, schedlicher echter aller werlte (schändlicher Ächter aller Wesen), freissamer (verderbenbringender) morder aller menschen, ihr Tot, euch sei verfluchet!«[1] Der Tod sucht sich zu rechtfertigen und geht zum Gegenangriff über. Mit Rede und Gegenrede ist das Gerichtsverfahren eröffnet. Das Streitgespräch weitet sich aus zu Fragen nach der Ordnung der Welt und dem Sinn von Tod und Leben. In 32 Kapiteln kommen abwechselnd beide Parteien zu Wort. Gott ist die dreiunddreißigste Rede vorbehalten; an der heiligen Zahl 33 hatten sich auch die Geißler ausgerichtet.

Der Autor, Johannes von Tepl – Notar und Leiter der Lateinschule in Saaz (Böhmen), später Stadtschreiber in Prag – lebte von etwa 1350 bis 1414 oder 1415.[2] Anlaß und Ziel des ›Ackermann‹, eines der eindrucksvollsten Denkmäler deutscher Literatur im Spätmittelalter, haben seit Generationen das Interesse der Forscher gefunden; doch »nahezu alle zentralen Deutungsprobleme sind bis heute umstritten«[3]. Man weiß weder, ob der Autor deutscher oder tschechischer Nationalität war, noch, ob der Tod der eigenen Frau Anlaß zu der leidenschaftlichen Anklage war und ob diese Frau Margareta hieß.

In echten und literarischen Streitgesprächen wurden seit der Antike verwickelte Fragen erörtert – z. B. im Bereich von Recht und Theologie. Mit sicherem Gespür für geradezu revolutionäre Züge kennzeichnet der Tod die Anklage gleich zu Anfang als »neu« und »unerhört« (2). Der Ackermann faßt vieles von dem in kühne Worte, was man früher nicht zu sagen, vielleicht nicht einmal zu denken wagte. Und dazu gehört die Empörung über den als Unrecht erfahrenen Tod eines anderen, hier der über alles geliebten Gattin. Indirekt richtet sich die Anklage gegen Gott als den Herrn über Leben und Tod.

In packender Rede und eindringlichen Bildern preist der Ackermann Frau und Ehe, Mensch und Schöpfung. Wüste Beschimpfungen wechseln mit zärtlichen Beteuerungen der Liebe und dem Ausdruck grenzenloser Trauer. Der Ackermann beläßt es nicht bei dem (später wiederholten) formelhaften Fluch; vielmehr soll alles nur erdenkbare Unglück über den Tod hereinbrechen: Der Haß Gottes, Angst, Not und Jammer, Leid, Betrübnis und Kummer sollen ihn nicht mehr loslassen, die belebte und unbelebte Schöpfung ihn auf ewig verwünschen; als gemeiner Mörder soll er geächtet, hingerichtet und der Hölle überantwortet werden! Über den unverschämten Bösewicht will er selber und sollen alle rechtschaffenen Menschen »Zeter« schreien mit gewundenen Händen. Zu ›Zetergeschrei‹ bzw. ›Gerüfte‹ war – wie wir gesehen haben – verpflichtet, wer Opfer und/oder Entdecker einer verwerflichen Tat geworden war. Erhobene Hände sind eine Klagegebärde.[4]

In seinem Richtspruch geht Gott nicht auf die vorgebrachten Argumente ein, sondern rügt beide Parteien; sie hätten sich als Besitz angemaßt, was ihnen nur geliehen sei: Der Ackermann klage, als ob die Frau »sein erbrecht« gewesen sei; der Tod rühme sich gewaltiger Herrschaft, »die er doch allein von uns zu lehen hat empfangen«. Jeder Mensch sei verpflichtet, »dem tode das leben, den leib der erden, die sele uns« zu geben. Immerhin hätten beide »wol gefochten«; dem Kläger weist Gott die Ehre, dem Tod den Sieg zu (33).

Die Spannung zwischen ›Sieg‹ und ›Ehre‹ bleibt ungelöst; angesichts des erbitterten Streits wirkt das Urteil unglaubwürdig. Denn die Trümpfe liegen fast alle in der Hand des Todes: Er gebietet über das Leben; niemand ist zu jung für ihn; jederzeit kann er über den Menschen herfallen, habe der doch mit der Geburt »den leikauf getrunken« (den Kauftrunk getan), daß er sterben müsse. Der Tod geht noch weiter: Er wandelt das alte Bild von Schlaf und Tod ab: »Anfanges geswistreit ist das ende« (20). In der Sicht des Ackermanns verbreitet der Tod nichts als Leid und Trauer, zerstört Glück und Ehe, macht Männer zu Witwern,

Kinder zu Waisen. Nicht einmal gerecht ist er, denn er geht ungleich vor: »schedelich, alt, siech, unnutze leute lesset er oft alhie, die guten und die nutzen zucket er alle hin« (15). Der Tod steckt diesen Vorwurf ein; seine »Sense« gehe halt ihren Weg; insgesamt bringe er der Welt »mer nutzes dann unnutzes« (16). Der Ackermann hakt nach: Die Sense haue »uneben«; mächtig rode sie Blumen aus, »die distel lesset sie steen; unkraut beleibet, die guten kreuter mussen verderben«. Er lasse mehr böse Leute als gute unversehrt (17).

Die erdrückende Übermacht des Todes zeigt sich auch in dem gönnerhaften Ton, mit dem er auf die Anklagen antwortet; seine Reden durchsetzt er mit Spott, Hohn, Ironie und Sarkasmus. Der herzergreifenden Trauer des Ackermanns begegnet er mit kühler Rationalität, manchmal geradezu aufreizend gefühllos. Der Klage des Ackermanns, der Tod habe seiner Freuden Hort, seiner Wonnen lichte Sommerblume (3), seinen »wunnereichen anger geodet« (15), hält er ungerührt seine Aufgabe entgegen: Er müsse »alle uberflussigkeit ausreuten und ausjeten«. Wo käme man hin, wenn Würmer und Fische, um von Mücken und Wölfen zu schweigen, sich ungehindert vermehren dürften?! »Es wurde fressen ein mensche das ander«, die Erde würde zu eng (8)!

Was der Ackermann überhaupt wolle? Seiner Frau sei ein Gefallen erwiesen: »Ir ist gutlich und genediglich geschehen: bei froliche[r] jugend, bei stolzem leibe, in besten lebetagen, in besten wirden, an bester zeit, mit ungekrenkten eren haben wir sie in unser genade (!) empfangen.« Die Weisen hätten sich doch gewünscht, in der Blüte der Jahre zu sterben (14). Nicht zu vergessen: Es gebe Frauen genug, der Ackermann werde schon eine neue finden. Ständig klagen und trauern? Töricht sei es, Sterbliche zu beweinen. »Laß ab! die lebendigen mit den lebendigen, die toten mit den toten!« So sei es doch bislang immer gewesen (8).

Hier nun weist der Ackermann den Tod in die Schranken: Gute Freunde denken aneinander, Raum und Zeit können sie nicht scheiden. Auch wenn die geliebte Frau leiblich tot sei, »in meiner gedechtnusse lebet sie mir doch immer« (23). Die Macht des Todes ist also begrenzt. Der Tod setzt dem sein Menschenbild entgegen, das einer leibfeindlichen Richtung mittelalterlichen

Denkens entspricht: Kotfaß, Wurmspeise, faules Aas, übelriechender Harnkrug usf., nichts anderes sei der Leib (24, ähnlich später zur Ehe, 28). Der Ackermann weiß auch darauf zu erwidern: Im Menschen, »gotes aller liebste creature ... aller hubschestes werk«, schmähe der Tod den Schöpfer (25)!

Gelegentlich läßt der Autor den Tod geradezu tröstliche Worte sprechen: Des Ackermanns Frau habe »dis kurze scheinende ellende« eingetauscht gegen Gottes Erbe: Freude, Leben, Ruhe ohne Ende. Trotz aller Gehässigkeit gönne er dem Ackermann, daß dessen Seele einst die himmlische Wohnung und ewige Freude mit seiner Frau teile; sein Leib möge mit dem ihren »bein bei beine alhie in der erden gruft« ruhen (14).

Solch konventionelle Vorstellungen erlauben dem Autor, dem Ackermann und dem Tod weit über die Tradition hinausweisende Gedanken in den Mund zu legen: Da ist einmal der hymnische Preis von Mensch, Frau und Ehe; dann das resignierende »Hin ist hin!« (5, wiederholt 13), ergänzt um die vorwurfsvolle Frage: »Wo sint sie hin, die auf erden wonten und mit gote redten, an i(h)m hulde, genade, auch reichtum erwurben?« (17). Die Antworten des Todes sind wenig tröstlich: Alle Menschen müssen »von wesen zu nichtwesen kumen« (10), »von ichte zu nichte mussen sie werden« (20). Als reiche das noch nicht, stellt der Autor das christliche Weltbild in Frage mit der Behauptung, alles Leben sei um des Sterbens willen geschaffen (22).

Keine Rede davon, das Leben werde nicht genommen, sondern ›nur‹ verändert. Es fehlt auch anderes, was man in einem solchen Streitgespräch erwarten könnte: Kirche und Sakramente, Versuchung, Teufel und Sünde, Fegefeuer und Gericht. Möglicherweise spiegelt sich darin das Denken von Wyclif und Hus.

Im Lauf des Streitgesprächs weicht die Anklage immer mehr der Klage; wiederholt und immer nachdrücklicher bittet der Ackermann um Rat, ja sogar um Trost. Der Tod rät ihm gütlich zu, sich vom Bösen abzuwenden; »suche den fride und tue i(h)n stete; uber alle irdische dinge habe lieb rein und lauter gewissen!« (32).

Nur scheinbar hat Gott das letzte Wort; denn es folgt ein 34. Kapitel. Es beginnt mit dem hymnischen Preis des Schöpfers

und der Schöpfung. In einem zärtlichen Gebet bittet der Ackermann für seine »allerliebste Frau«: Jesus möge ihren Geist, ihre
Seele empfangen, er möge ihr die ewige Ruhe schenken, sie mit
seinen Gnaden laben, sie unter den Schatten seiner Flügel nehmen, sie in seinem Reiche bei den ewigen seligen Geistern wohnen
lassen. Eine letzte herzergreifende Klage: »Mich rewet Margare-
tha, mein auserweltes weib« (Mich reut, mich schmerzt der
Verlust von Margarete). Dann fügt er sich endgültig in sein
Schicksal: Alle Schöpfung, die sich zu Gott bekennt, »helfe mir
aus herzengrunde seliglich mit innigkeit sprechen: amen!«

Die Form, die christliche Rechtgläubigkeit gebot, war gewahrt.
Doch hat der Autor es nicht dabei bewenden lassen, sich zum
Schluß einfach in den Willen Gottes zu fügen. Vielmehr wird das
ganze 34. Kapitel von stolzem Selbstbewußtsein überlagert. Fort-
laufend gelesen, ergeben die Anfangsbuchstaben der einzelnen
Abschnitte den Namen JOHANNES; die zwei weiteren Buchsta-
ben MA kann man als Kürzel für Margarete, aber auch als Sigle für
Magister Artium deuten, den akademischen Grad des Autors.

Johannes von Tepl bleibt sich bis zum Schluß treu: Der vom
Tod als »unerhört« eingeschätzten Klage gleich zu Anfang ent-
spricht die Bekundung des eigenen Werts zum Schluß. Doch hat
dieses Selbstbewußtsein seinen Preis: Von der vorbehaltlosen
Sicherheit eines Martin von Tours, der gewiß war, in den Schoß
Abrahams aufgenommen zu werden, kann keine Rede mehr sein.
Unüberhörbar sind kritische Aussagen wie »Hin ist hin« und die
Überzeugung, alle Wesen müßten zu Nichtwesen werden.

Das Nebeneinander von Heilsgewißheit und Zweifel kennzeichnet die folgenden Jahrhunderte bis in die Gegenwart.

Ausblick

An der Schwelle zur Neuzeit setzte Hieronymus Bosch mittelalterliche Vorstellungen in eindrucksvolle Bilder um. Der Schutzumschlag zeigt den Geizhals auf dem Sterbelager. Früher hat er mit der einen Hand den Rosenkranz gehalten und mit der anderen Goldstück um Goldstück aufgehäuft. Nun ist seine letzte Stunde gekommen; gleich wird ihn der Pfeil des Todes treffen. Ein Engel wacht; die eine Hand hat er vertraueneinflößend auf die Schulter seines Schutzbefohlenen gelegt, die andere flehentlich zu dem – im Bildausschnitt nicht sichtbaren – Gekreuzigten ausgestreckt; sein ängstlicher Gesichtsausdruck steht in auffallendem Gegensatz zu der forschen Gefaßtheit des Menschen: Der scheint sogar im Begriff zu sein, den Goldsack anzunehmen, den ein Teufel ihm reichen will; diese letzte Versuchung wird über Seligkeit und Verdammnis entscheiden.

Generationen von Forschern haben sich mit Hieronymus Bosch auseinandergesetzt; sie sind weit davon entfernt, alle Rätsel und Allegorien in dessen Werk gelöst zu haben. Was bedeutet z. B. der Dolch, der den Truhendeckel offenhält? Klebt Blut an den Schätzen? Und was hält der Teufel links im Bild hoch? Ein Schriftstück, das der Geizhals einem Armen abgepreßt hat? Der gequälte Gesichtsausdruck des Teufels würde eher zu einem Wort des Apostels Paulus passen: Christus »hat den Schuldschein, der gegen uns sprach, durchgestrichen und seine Forderungen, die uns anklagten, aufgehoben« (Kol 2, 14).

Dieses Bild mutet uns fremd und vertraut an, nicht anders als das, was mittelalterliche Quellen zu Sterben und Tod sagen. Wir verstehen, daß der kranke König Wilhelm aus dem Lärm der Stadt Rouen in die Ruhe eines Klosters fliehen wollte; kaum begreiflich ist uns jedoch das unbefangene Mit- und Nebeneinander von Lebenden und Toten. Es speiste sich aus der Überzeugung, daß das irdische Dasein nur Teil des Lebens und der Tod Durchgang zum ewigen Leben sei, daß die Christen über die Grenzen von Zeit und Raum eine Einheit bilden; diese Überzeugung ist heute für viele Menschen brüchig geworden.

Ungebrochen blieb über die Jahrhunderte das Verlangen, dem Tod nicht das letzte Wort zu lassen. Karl der Große verwies im Jahre 806 stolz auf seine drei Söhne; das mache die Sorge leichter, von einer »eitlen Nachwelt« vergessen zu werden. Um in der Erinnerung der Menschen weiterzuleben, stiftete der Bayernherzog Tassilo einen Kelch, der burgundische Kanzler Rolin ein Spital. Kaiser Friedrich II. äußerte in seinem Testament den Wunsch, »daß Wir noch zu leben scheinen, auch wenn Wir dem irdischen Leben entrückt sind«. Wer in Würzburg das Grab Walthers von der Vogelweide besucht oder in der Krypta des Doms zu Krakau das der Königin Jadwiga, sieht frische Blumen als Zeugen liebevoller Verehrung.

Die Beispiele decken Kontinuitäten auf und laden zu weiteren Vergleichen mit der Gegenwart ein. Vieles von dem, was auf den ersten Blick ›typisch mittelalterlich‹ anmutet, erweist sich bei genauerem Hinsehen als so lebendig, daß man den Wunsch, über den Tod hinaus weiterzuleben, wohl als eine anthropologische Konstante ansehen darf. Die Gewißheit, in Kindern und Kindeskindern weiterzuleben, spendet weiterhin vielen Menschen Trost. Und noch heute halten Vermächtnisse den Namen des Stifters über dessen Tod hinaus fest – wie Parkbänke und Einrichtungen zur Förderung von Kunst und Wissenschaft zeigen; ein Kaufmann legt Wert darauf, daß eine Firma nach einer Veräußerung den Namen ihres Gründers behält. Verstorbene Kultfiguren aus Film und Musik sind nach Überzeugung ihrer Anhänger lebendig; mancher ›Fan‹ glaubt, seinem Idol leibhaftig begegnet zu sein. Jahr um Jahr sind Millionen von Menschen unterwegs, um Heilige an Wallfahrtsorten um Hilfe anzuflehen, um die Gräber kommunistischer Potentaten oder großer demokratischer Staatsmänner zu ehren.

Nach dem Verständnis mittelalterlicher Menschen bedeutete die Nennung des Namens Vergegenwärtigung, also weit mehr als nur Erinnerung. Solches Denken ist uns fremd; in anderen Kulturkreisen soll es noch lebendig sein. Der Autor erinnert sich an eine Hörfunksendung zu den Opfern von ›Todesschwadronen‹ in Südamerika: Im Gottesdienst, so berichtete ein Zeuge, werden die spurlos Verschwundenen namentlich der Güte Gottes empfohlen; darauf antworte die Gemeinde mit einem laut gesprochenen »Presente!«, hier unter uns gegenwärtig.

Ein neues Todesbewußtsein breitete sich in Europa Mitte des 14. Jahrhunderts aus, bedingt durch das große Sterben infolge der Pest. Der schnelle, häßliche, tausendfache Tod erschütterte Menschen, zu deren Idealen ein würdevolles, durchgeistigtes Sterben gehörte. Eindringlicher als im Hochmittelalter stand man nun der Frage nach dem Sinn des Todes gegenüber. Was im Einzelfall erträglich sein mochte, daß Söhne vor ihren Vätern starben, war schwer zu begreifen, wenn sich solche Verkehrung der Ordnung massenhaft ereignete. Soziale Bindungen lockerten sich, der einzelne sah sich stärker auf sich selbst verwiesen; er bekundete ein größeres Selbstbewußtsein, das sich in der Neuzeit weiter ausprägen und zu dessen Begleiterscheinungen die trostlose Kargheit gehören sollte, der sich viele Sterbende heute gegenübersehen.

Daß Antworten der Institution Kirche im Spätmittelalter viele Menschen nicht mehr überzeugten, läßt sich dem ›Ackermann aus Böhmen‹ entnehmen. Totentänze und Grabmäler zeigen, daß man nun neue Wege ging, wenn man Tod und Tote darstellte: Verstorbene erscheinen nicht mehr wie Schlafende in der Blüte der Jahre, sondern abstoßend, in Verwesung begriffen, von ekelhaftem Getier zerfressen.

Der Glaube an die Auferstehung der Toten und das ewige Leben gehörte und gehört zum Kernbestand christlicher Überzeugungen. Doch weist manches darauf hin, daß dieser Glaube schon im Mittelalter stärkeren Zweifeln ausgesetzt war, als die Kirche wahrhaben wollte. Kaiser Friedrich II. z. B. wurde beschuldigt, er habe in der Heiligen Schrift nach ›Beweisen‹ suchen lassen, daß es nach dem Tode kein zweites Leben gebe; wer nicht auf dem Scheiterhaufen enden wollte, wies solche Vorwürfe weit von sich. Zweifel an der Auferstehung der Toten und dem ewigen Leben könnten auch aus anderen Gründen weiter verbreitet gewesen sein, als viele Quellen glauben machen: Einflußreiche Theologen gaben sich überzeugt, daß die Zahl der Verdammten, zu denen auch Zweifler gehörten, die der Seligen um ein Vielfaches übersteige. Nachdenklich macht auch der Erfolg des Buches ›Vom Trost der Philosophie‹, das zu den beliebtesten, häufig zitierten, kommentierten und übersetzten Büchern des Mittelalters zählt. Als sein Verfasser, der im Jahre 524 hingerichtete Boethius, sich auf den Tod vorbereiten mußte, suchte er nicht in den heiligen Schriften, den Akten der Märtyrer oder den Büchern der Kirchenväter Trost, sondern in der vorchristlichen Philosophie.

Solche Zuversicht wird nur wenigen Menschen geholfen haben, die Angst vor dem brutalen Ende ihres Daseins zu überwinden. Wesentlich mehr Menschen werden anderswo Hilfe gesucht haben. In Wort und Bild sahen sie sich auf Personen verwiesen, die ihnen seit Kindertagen vertraut waren und die einst selber den Tod erlitten hatten: Jesus und die Heiligen, die sich des ewigen Lebens erfreuten, hatten in kleineren Nöten des Lebens Trost gespendet; sie würden auch in der großen Not des Todes helfen. In solchem Glauben finden viele Menschen heute keinen Halt mehr; und offensichtlich fehlen – einstweilen zumindest – Überzeugungen, die den Menschen erlauben würden, ähnlich gefaßt dem Tod entgegenzusehen, wie es von mittelalterlichen Menschen überliefert ist.

Viele Menschen sterben heute vereinzelt, oft allein. Der soziale Tod ist dem physischen vorausgegangen, wenn der Sterbende die Erfahrung macht: Keiner kommt mehr zu mir, keiner interessiert sich mehr für mich. Und dann, in den letzten Tagen und Stunden, oft ein unmenschlich anmutendes Auseinanderklaffen: Auf der einen Seite größter Aufwand der sogenannten ›Apparatemedizin‹, auf der anderen Seite die Einsamkeit und Verlassenheit des Sterbenden.

Die meisten demokratisch verfaßten Staaten haben die Todesstrafe abgeschafft, und wo es sie noch gibt, wird sie im allgemeinen unter Ausschluß der Öffentlichkeit vollstreckt. Doch öffentlich ist der Tod auf der Straße, als Folge von Unfällen und Katastrophen. Nachrichtensendungen und Horrorfilme übertragen in Großaufnahme und Zeitlupe den Tod in jedes Wohnzimmer.

Antworten, die man im Mittelalter auf Herausforderungen des

Todes gesucht hat, können die lebhafte Diskussion unserer Tage um ein menschenwürdiges Sterben bereichern: Abbildungen zum Marientod und zum Leben in mittelalterlichen Spitälern zeigen, daß Menschen im Beisein derer starben, die ihr Leben geteilt hatten; das gilt sogar für öffentlich Hingerichtete. Wenn kein Arzt mehr helfen konnte, mußte der einzelne zwar seinen je eigenen Tod sterben; doch er war dabei nicht allein; vielmehr ließ man ihn gerade dann mitmenschliche Nähe spüren, wenn er seine Mitmenschen für immer verlassen mußte.

ANHANG

ANMERKUNGEN

Überlegungen beim Gang über einen Friedhof

[1] Hier und im folgenden ist ›heidnisch‹, ›Heide‹ wertneutral zu verstehen im Sinne von vor- oder außerchristlich.

[2] Vgl. ›Kirchenbücher‹, in: HRG 2 (1978), Sp. 748 (A. Erler); ›Matrikel‹, ebd. 3 (1984), Sp. 389–391 (D. Willoweit).

[3] Man denke an die Pyramiden, Stonehenge (die Absichten der Erbauer werden der Forschung wohl immer Rätsel aufgeben), das Grab des Theoderich in Ravenna, als Grablegen gegründete mittelalterliche Klöster und Dome, aus der Neuzeit das Lincoln Memorial, das Lenin-Mausoleum an der Kremlmauer, das Mao-Mausoleum am Platz des himmlischen Friedens (!) in Peking.

Der Rahmen: Zur Bevölkerungsgeschichte

[1] Lotharii Cardinalis: De miseria I, 9; S. 15 f.

[2] Statistisches Jahrbuch für die Bundesrepublik Deutschland, hg. vom Statistischen Bundesamt. Stuttgart 1989, S. 67.

[3] Das Folgende vor allem nach Russell: Die Bevölkerung Europas 500–1500, S. 13–43. – van Houtte: Die Bevölkerung, S. 14–24. – ›Bevölkerung‹ sowie ›Bevölkerungsverzeichnisse‹, in: LexMA 2 (1983), Sp. 10–21 bzw. 21 f. – Arnould: Les relevés.

[4] J. C. Russell, in: LexMA 2 (1983), Sp. 14.

[5] Summa Poetica, S. 7; ›Allerheiligenlitanei‹, in: LThK 1 (1957), Sp. 348 f. (Balth. Fischer).

[6] Fuhrmann, in: Deutsche Geschichte, Bd. I, S. 198.

[7] van Houtte: Die Bevölkerung, S. 21.

[8] Libellus... Annonis IV, 2; S. 202.

Vorkehrungen in der Blüte der Jahre

[1] Das Wort könnte auf Seneca zurückgehen: *Incertum est, quo te loco mors exspectet*; Walther: Lateinische Sprichwörter, Nr. 12179; vgl. auch Nr. 15117.

2 Vgl. ›Christophorus, hl.‹, in: HDA 2 (1927, ND 1987), Sp. 65–72 (Wrede), hier Sp. 69 f.

3 Brant: Narrenschiff, S. 224: »Nit fursehen den dot«.

4 ›Media vita in morte sumus‹, von Notger dem Stammler († 912) oder aus seinem Umkreis; deutsche Übersetzung (1524) in: Summa Poetica, S. 320 f.

5 Vgl. ›Kruzifixus‹, in: LCI 2 (1970), Sp. 677–695 (R. Haussherr).

6 Vogel/Elze Nr. XCIX, 71; Bd. II, S. 21.

7 Zum Totentanz s. S. 263. ff. Vgl. ›Drei Lebende und drei Tote‹, in: LexMA 3 (1986) Sp. 1390 f. (E. Heyse).

8 Vgl. Rudolf: Ars moriendi, S. 11–55: Die Kunst des heilsamen Lebens.

9 Zit. nach Oexle: Gegenwart der Toten, S. 27.

10 Vgl. Atlas zur Kirchengeschichte, Karten 34 A (Der Gebetsbund von Attigny [760–762]) und 34 B (Reichenauer Gebetsverbrüderungen mit geistlichen Gemeinschaften).

11 Vgl. ›Gebetsverbrüderungen‹, in: LexMA 4 (1989), Sp. 1161 (K. Schmid).

12 Bonifatius: Brief Nr. 106, an Abt Optatus von Montecassino (751); in: AQ Bd. IV b, S. 334/336.

13 Petrus Damiani, in: PL 145, Sp. 584–590; vgl. ›Von aller Gläubigen Seelen Gedächtnis‹, in: Legenda aurea, hier S. 839.

14 Vgl. ›Allerseelentag, I. Liturgiegeschichte‹, in: LThK 1 (1957), Sp. 349 (Hieronymus Frank).

15 Vgl. Reininghaus: Gesellengilden, S. 111 und vor allem S. 112–117: Memoria als konstituierender Faktor der Gesellengilden. – Borst: Lebensformen, S. 261 f. – Oexle: Mittelalterliche Gilden, S. 214. Gilden und Zünfte nahmen Aufgaben wahr, die im Judentum und in der römischen Antike eigenen Bestattungsvereinen zugefallen und in die vor allem Minderbemittelte eingetreten waren. Vgl. ›Bestattung‹, in: RAC 2 (1954) Sp. 194–219 (L. Koep, E. Stommel, J. Kollwitz), hier Sp. 198, 201, 208.

16 Vgl. ›Bruderschaft‹ und ›Camposanto Teutonico‹, in: LThK 2 (1958), Sp. 719–721 (F. Grass, G. Schreiber) bzw. Sp. 912 (A. Schuchert). – ›Gilde‹, in: HRG 1 (1971), Sp. 1687–1692 (H. Stradal).

17 MG DH IV Nr. 325, 1080 Oktober 14; S. 427.

18 Vita Heinrici IV. Imp., Kap. 4; in: AQ Bd. XII, S. 424.

19 Jungmann: Missarum Sollemnia Bd. II, S. 199–213, 295–308.

20 Memento etiam, Domine, famulorum famularumque tuarum N. et N., qui nos praecesserunt cum signo fidei, et dormiunt in somno pacis; Vogel/Elze Nr. XCIX, 258 und Nr. XCVII, 9; Bd. II, S. 68 f. bzw. Bd. I, S. 349.

21 MG Capit. I, Nr. 38: Capitula de examinandis ecclesiasticis (802), Kap. 3; S. 110.

22 Das Leben des Bischofs Meinwerk, Kap. 186; S. 106 f.

23 Vgl. Oexle: Gegenwart, S. 46 f.

24 Vgl. die Altarplatte von Reichenau-Niederzell.

[25] Ein Pilgerführer macht genaue Angaben zur Größe des Tuches, das den Altar des Apostels Jakobus decken oder die Vorderseite schmücken soll; vgl. Der Jakobsweg, S. 151.

[26] Der Schnewlin-Kelch aus dem Freiburger Münster, Mitte 14. Jh., trägt das Wappen der Familie Schnewlin und die Inschrift »D(IE)S(ER) KELICH KA(M) VO(N) IOH(ANN) S(CHNEWLIN) DE(M) GRESS(ER)«. Augustinermuseum Nr. 108; S. 107 mit Abb. 23.

[27] Volker Bierbrauer, in: Die Bajuwaren, S. 330–333, 417f.

[28] ›Beaune‹, in: LexMA 1 (1980), Sp. 1763 (J. Richard). – Der größte Teil ist heute als Museum der Öffentlichkeit zugänglich; in einem als Altersheim dienenden Gebäude wird nach wie vor der Wille des Stifters verwirklicht.

[29] Kerer: Statuta, S. 110f.

[30] Karl Schmid: Die Sorge der Salier um ihre Memoria, in: Memoria, S. 666–726, bes. S. 686–689.

[31] Große Legende, Kap. 2 und 8, 20; in: Das Leben der hl. Hedwig, S. 61 bzw. 127.

[32] Poeck: Laienbegräbnisse, bes. S. 76ff.

[33] ›Anno II.‹, ›Bernward‹ und ›Bonifatius‹ in: LexMA 1 (1980), Sp. 666f. (Th. Schieffer), Sp. 2012–2014 (F. Lotter) bzw. 2 (1983), Sp. 417–420 (J. Semmler); ›Willibrord‹, in: LThK 10 (1965), Sp. 1166 (Th. Schieffer).

[34] Vgl. ›Epitaphium, II. Lateinisches Mittelalter‹, in: LexMA 3 (1986), Sp. 2072f. (G. Bernt). – ›Grabinschrift, II (lateinisch)‹, in: RAC 12 (1983), Sp. 514–590 (Charles Pietri).

[35] Epitaph Abt Eigils von Fulda, von ihm selbst verfaßt, in: MGH Poetae Latini Bd. 2. Berlin 1884, S. 117.

[36] Ohler: Zur Seligkeit, S. 103. Zu Stellvertreter-Wallfahrten in Südostfrankreich vgl. Chiffoleau: Comptabilité, S. 290, 292.

[37] Vgl. ›Testament, I. Ancien Droit‹, in: DDC 7 (1965), Sp. 1190–1200 (Auguste Dumas).

[38] Vgl. Liermann: Stiftungsrecht, Bd. I, S. 107.

[39] DDC 7 (1965), Sp. 1191: *Testamentum est voluntatis nostrae justa sententia de eo quod quis post mortem suam fieri velit.*

[40] 4. Lateran- und 12. ökumenisches Konzil 1215, in: Hefele/Leclercq Bd. V/2, S. 1329, 1331.

[41] Zitiert nach Chiffoleau: Comptabilité, S. 75.

[42] So erstmals 385 n. C.; Nonn: Merowingische Testamente, S. 16.

[43] Die Konstitutionen Friedrichs II., Buch III, Titel 66f.; S. 330f.

[44] In Revaler Testamenten erscheinen häufig an erster Stelle Legate zugunsten des Baus von Wegen; vgl. Revaler Regesten Nr. 10 (21. 1. 1435) u. ö.

[45] Dagegen wird dieses Schriftwort betont in Zusammenhang mit der Sorge Kaiser Heinrichs IV. für die Armen; Vita Heinrici IV. Imp., Kap. 1; in: AQ Bd. XII, S. 410.

[46] Augustinus: Confessiones 9, 13; S. 482 f.

[47] Vgl. hierzu die Sammelwerke ›Memoria‹ und ›Gedächtnis‹ mit ihren thematisch weitgespannten Beiträgen.

[48] Betont von Oexle: Gegenwart, S. 22.

[49] Vita Heinrici IV. Imp., Kap. 13; in: AQ Bd. XII, S. 466.

[50] Zitiert nach Wollasch: Toten- und Armensorge, in: Gedächtnis, S. 15.

[51] Vgl. Horn/Born: The Plan of St. Gall, Bd. I, S. 127.

[52] Wollasch: Toten- und Armensorge, in: Gedächtnis, S. 23.

[53] *Hodie tibi vita non tollitur, sed mutatur in melius* (Heute wird dir das Leben nicht genommen, sondern zu einem Besseren verändert); zitiert nach Wollasch: Toten- und Armensorge, in: Gedächtnis, S. 11 mit Anm. 27.

[54] Lk 10, 20; Offb 5, 1 ff. Vgl. ›Buch des Lebens‹, in: LexMA 2 (1983), Sp. 813 f. (H. Kohlenberger).

Im Angesicht des Todes

[1] Vgl. ›Vorzeichen‹, in: HDA 8 (1937, ND 1987), Sp. 1730–1760 (Peukkert), bes. Sp. 1746 f.

[2] Große Legende, Kap. 8, 14; in: Das Leben der hl. Hedwig, S. 121.

[3] Das Leben der hl. Hildegard von Bingen III, 27; S. 120.

[4] Sulpice Sévère: Epistula 3, 11 ff.; S. 334–345, hier S. 338–342.

[5] La Chanson de Roland, V. 2259–2396. – Cuthberts Brief vom Tode Bedas, S. 580.

[6] Die Reichsannalen zum Jahr 768, in: AQ Bd. V, S. 22.

[7] Die Annalen von Fulda zum Jahre 855, in: AQ Bd. VII, S. 48.

[8] Wollasch: Die Wahl, S. 212 und 214.

[9] A. Schmidt, in: AQ Bd. XVI, Einleitung S. XXXIV.

[10] Vita Heinrici IV. Imp.; in: AQ Bd. XII, S. 464, Anm. 19.

[11] Helmold von Bosau: Slawenchronik, Kap. 95; in: AQ Bd. XIX, S. 333.

[12] Libellus ... Annonis III, 6; S. 149.

[13] Johannes von Tepl: Ackermann, Kap. 14; S. 22.

[14] Vgl. Ohler: Alltag, S. 18.

[15] ›Von Mariae Himmelfahrt‹, in: Legenda aurea, hier S. 583 f.

[16] Joinville: Histoire de Saint Louis, Kap. 145; S. 367–370.

[17] Joh 17, 11. 21 ff. – Sulpice Sévère: Epistula 3, 6; S. 336. – Martin Luther und die Reformation in Deutschland. Ausstellung zum 500. Geburtstag Martin Luthers (Kataloge des Germanischen Nationalmuseums). Frankfurt/M. 1983, S. 434.

[18] Vgl. ›Ars moriendi‹, in: LexMA 1 (1980), Sp. 1039–1044.

[19] Cuthberts Brief vom Tode Bedas, S. 584.

[20] Vita Eigilis, Kap. 25; S. 233.

[21] Cuthberts Brief vom Tode Bedas, S. 580.

[22] Große Legende, Kap. 9, 3; in: Das Leben der hl. Hedwig, S. 131.

[23] Vgl. Schreiner: Mönchtum, S. 299.

[24] ›Friedrich II.‹, in: LexMA 4 (1989), Sp. 933–938 (W. Koch), hier Sp. 938. – 700 Jahre später wollte Gerhart Hauptmann († 1946) nach seinem Tod in die Franziskanerkutte eingekleidet werden; nach: Ulrich Lauterbach: Die Lust an der Maskerade. FAZ 25. 5. 1985.

[25] Sulpice Sévère: Epistula 3, 15; S. 340/342. – Thomas von Celano, in: Franz von Assisi, S. 128.

[26] Vgl. Ohler: Zuflucht, S. 16 f.

[27] Zitiert nach Wollasch: Die Wahl, S. 213.

[28] Vogel/Elze Nr. XCIX; Bd. II, S. 16 f.

[29] Zit. nach Wollasch: Die Wahl, S. 211.

[30] Abaelard: Leidensgeschichte, S. 466–472, hier S. 472.

[31] Joinville: Histoire de Saint Louis, Kap. 70; S. 284 f. Vgl. ›Laienbeichte‹, in: LThK 6 (1961), Sp. 741 f. (Karl Rahner).

[32] Vogel/Elze Nr. XC; Bd. I, S. 315 f. Die Fluchformeln sind z. T. wörtlich Dtn 28, 15 entnommen, die in altorientalischen Reichen gebräuchliche Formeln aufgenommen haben. Zu den Folgen des Banns vgl. Plöchl: Geschichte des Kirchenrechts, Bd. 2, S. 329 f.; Eichmann: Lehrbuch des Kirchenrechts, S. 321, 382.

[33] So Ariès: Geschichte des Todes, S. 36.

[34] Von Päpsten bzw. Konzilien seit 1208 geboten; vgl. DS 794, 833, 860, 1324.

[35] Gerhard: Das Leben des hl. Ulrich, Bischof von Augsburg, Kap. 6; in: AQ Bd. 22, S. 82.

[36] Ohler: Elisabeth von Thüringen, S. 33.

[37] Große Legende, Kap. 7, 16; in: Das Leben der hl. Hedwig, S. 122 f.

[38] Vogel/Elze Nr. CXLIII: Ordo ad unguendum infirmum; Bd. II, S. 258–270. Vgl. ›Krankensalbung‹, in: LThK 6 (1961), Sp. 585–591 (mit umfangreichen Quellennachweisen).

[39] Vgl. Avril: La pastorale des mourants, S. 104.

[40] Vgl. Tellenbach: Die westliche Kirche, S. 77.

[41] Vgl. Stüber: Commendatio animae.

[42] Pss 6, 32, 38, 51, 102, 130, 143; vgl. ›Bußpsalmen; II. Liturgisch‹, in: LThK 2 (1958), Sp. 823 (Balthasar Fischer). – ›Bußpsalmen‹, in: RGG 1 (1957), Sp. 1538 f. (E. Hertzsch). Die Sieben galt als ›heilige‹ Zahl (sieben Tage, Sakramente, Tugenden usf.); noch weitere Psalmen waren geeignet, einen Sterbenden zu trösten.

[43] Joinville: Histoire de Saint Louis, Kap. 146; S. 370.

[44] ›Nothelfer‹, in: LThK 7 (1962), Sp. 1050 f. (G. Schreiber).

[45] Jean Massieu, Priester und Pfarrer in Rouen, im Rechtfertigungsprozeß 1450; in: Der Prozeß Jeanne d'Arc, S. 114.

[46] Sulpice Sévère: Epistula 3, 16; S. 342.

[47] Wollasch: Die Wahl, S. 212, im Anschluß an die im 12. Jahrhundert von dem Cluniazensermönch Gilo verfaßte Lebensbeschreibung Abt Hugos.

[48] Joinville: Histoire de Saint Louis, Kap. 146; S. 370.

[49] Vgl. Ohler: Alltag, S. 25.

[50] ›Handauflegung, (3) Consolamentum der Katharer‹, in: LexMA 4 (1989), Sp. 1894f. (E. Pásztor).

[51] Le Roy Ladurie: Montaillou, S. 18.

[52] Vgl. Scherer: Das Problem des Todes, S. 103, 110–119.

[53] Im Jahre 1935 von Georg Thurmair verfaßt; in: Gotteslob. Katholisches Gebet- und Gesangbuch. Hg. von den Bischöfen Deutschlands und Österreichs und der Bistümer Bozen-Brixen und Lüttich, Stuttgart 1975, Nr. 656.

[54] Diederich: Erzbischof Anno, S. 76f.

[55] Vgl. Ohler: Zuflucht, S. 3.

[56] Franz von Assisi: Legende und Laude, S. 285.

[57] *Tu, inquit, Domine, benedictus sis, qui me creasti.* In: Acta Sanctorum Aug. II, Paris, Rom 1867, S. 764 F.

[58] Antiphon ›In paradisum‹, in: Vogel/Elze Nr. CXLIX, 24; Bd. II, S. 286.

[59] Cuthberts Brief vom Tod Bedas, S. 584. Vgl. ›Beda venerabilis‹, in: RLGA 2 (1976), S. 129–132, hier S. 129.

[60] Thietmar: Chronik V, 42; in: AQ Bd. IX, S. 239. Die Geste war nicht ungewöhnlich. Der Hauch des Priesters dürfte schon im 10. Jh. zur Osterliturgie (bei der Weihe des Taufwassers) und zur Taufe (Anhauchen des Täuflings) gehört haben.

[61] Huizinga: Europäischer Humanismus, S. 165.

[62] Ecclesiastical History of Orderic Vitalis VII, 14f.; Bd. 4, S. 78–101. Vgl. Barlow: The Feudal Kingdom, S. 142.

Bruder des Schlafes

[1] Ohler: Elisabeth von Thüringen, S. 93.

[2] Vgl. ›Thanatos‹, in: Ausführliches Lexikon der griechischen und römischen Mythologie, hg. von W. H. Roscher, 5 (1916/1924), Sp. 481–527, hier Sp. 485. – ›Tod und Schlaf‹, in: Grimm: Deutsches Wörterbuch 21 (1935, ND 1984), Sp. 547.

[3] Mt 9, 24; Mk 5, 39; Lk 8, 52; Joh 11, 11; 1 Thess 4, 15.

[4] Vgl. Alulfi Expositio, Sp. 1368.

[5] ›Von den sieben Schläfern‹, in: Legenda aurea, S. 503–508, Zitat S. 507; vgl. ›Siebenschläfer‹, in: LThK 9 (1964), Sp. 737f. (J. Oswald).

[6] Struve: Die falschen Friedriche, S. 317.

[7] Johannes von Tepl: Der Ackermann, Kap. 16; S. 26.

[8] Ohler, Elisabeth von Thüringen, S. 46.

[9] *Suscipe, Domine, animam servi tui.* Dies und das Folgende nach Valous: Le monachisme, Bd. I, S. 296 f., sowie Wollasch: Die Wahl, S. 214.

[10] Vgl. Renate Kross: Grabbräuche – Grabbilder, in: Memoria, S. 285–353.

[11] Vgl. Johannes Belethus: Rationale, Sp. 164: Weihrauch wegen *fetorem corporis.*

[12] Dies nach der materialreichen Studie von Kyll: Tod, S. 30 f.

[13] Vgl. Chiffoleau: Comptabilité, S. 124, 144.

[14] Annales Bertiniani zum Jahre 869, in: AQ Bd. VI, S. 203.

[15] Jahrbücher... Otto III, S. 395 f.

[16] Einzelheiten bei Chiffoleau: Comptabilité, S. 134–138.

[17] Chiffoleau: Comptabilité, S. 246.

[18] FAZ Magazin Nr. 309, 4. 9. 1987.

[19] Die vollständige Inschrift: *Anno dom. M.CCCCXXVII., Mense Julio, fusa sum per Magistrum Joannem de Argentina. Nuntio festa, metum, nova quaedam, flebile lethum* (Im Jahre des Herrn 1427, im Monat Juli, bin ich gegossen worden von Meister Johannes aus Straßburg. Ich kündige an Freudiges, Schreckliches, Neuigkeiten aller Art, den beklagenswerten Tod); nach: Encyclopédie de l'Alsace 2 (1983), S. 1244.

[20] ›Missa pro defuncto‹, in: Vogel/Elze Nr. CLI; Bd. II, S. 307–309. Die Schriftzitate 2 Makk 12, 42–46; Joh 11, 11 ff.; Joh 5, 21–24; Joh 11, 25 f.

[21] Vgl. Fidel Rädle: ›Dies irae‹, in: Im Angesicht des Todes, Bd. I, S. 331–340. S. 331–333 die Sequenz Lateinisch/Deutsch. Zur Datierung S. 334 und S. 335, Anm. 13; die Zitate S. 334. Der Autor weiß sich diesem Beitrag verpflichtet.

[22] Payer: Le ›Dies irae‹, S. 56, Anm. 3.

[23] Entnommen dem christlichen ›Vorspann‹ zu einem apokryphen, nicht in den Kanon der heiligen Schriften aufgenommenen Werk (4 Esra 2, 34 f.). Vgl. Die Apokryphen... des Alten Testaments, S. 352, Anm. b.

[24] ›Missa pro defuncto‹, wie Anm. 20.

[25] Augustinus: Confessiones I, 1; S. 12/13.

[26] Berg, Rolle, Seemann: Der Archäologe, S. 98 ff.; Chiffoleau, Comptabilité, S. 121.

[27] Mt 25, 31–46.

[28] Benedicti Regula, Kap. 4, 14–19; S. 30.

[29] Magna Carta Libertatum, S. 18 f. bzw. 30.

[30] Vgl. ›Besthaupt‹ und ›Gewandfall‹, in: LexMA 1 (1980), Sp. 2071 f. (K. Schulz) bzw. 4 (1989), Sp. 1419 (K. Schulz).

[31] Sulpice Sévère: Epistula 3, 17; S. 342.

[32] Große Legende, Kap. 9, 3; in: Das Leben der hl. Hedwig, S. 131.

33 Das Leben der hl. Hildegard III, 27; S. 121.

34 La chanson de Roland, V. 1423–1437.

35 Gregor von Tours: Zehn Bücher Geschichten, I, 48; in: AQ Bd. II, S. 50ff.

36 Thietmar: Chronik IV, 37; in: AQ Bd. IX, S. 152f.

37 *timentes ne ibi moreretur et alii haberent sanctissimum corpus eius*; zit. nach Feld: Die Totengräber, S. 335, Anm. 52.

38 Große Legende, Kap. 9, 3–5; in: Das Leben der hl. Hedwig, S. 131–134.

39 Franke: Zur Geschichte, S. 167.

40 Polc: Agnes von Böhmen, S. 152.

41 Le Roy Ladurie: Montaillou, S. 63, 161.

42 ›Gervasius und Prothasius‹, in: LThK 4 (1960), Sp. 765 (B. Kötting).

43 Vgl. ›Leichenraub‹, in: HRG 2 (1978), Sp. 1818–1820 (A. Erler).

44 Vgl. Geary: Thefts of Relics, bes. S. 31ff., 51ff. und 143.

45 Einhard: Translatio.

46 Zur Problematik von ›Echtheit‹ vgl. das monumentale Sammelwerk ›Fälschungen im Mittelalter‹.

47 Der Jakobsweg, S. 113.

48 Nach ›Katakombenheilige‹, in: LThK 6 (1961), Sp. 24–26 (A. P. Frutaz), hier Sp. 24.

49 Widukind: Sachsengeschichte I, 34; in: AQ Bd. VIII, S. 66. Vgl. Joh 3, 30.

50 Thietmar: Chronik II, 43 und IV, 51; in: AQ Bd. IX, S. 86 bzw. 166. – ›Friedrich I.‹, in: LexMA 4 (1989), Sp. 931–933 (O. Engels), hier Sp. 931.

51 FAZ Magazin, 25. 3. 1988.

52 FAZ 15. 3. 1989, Nr. 63, S. 5; 16. 3. 1989, Nr. 64, S. 11.

53 Ohler: Elisabeth von Thüringen, S. 33, 63f.

54 *abusus ille, quo nunnulli fideles corpora in remotas terras transferenda aqua ferventissima decoqui, concidi vel exuri consueverunt, cum id a pietate christiana abhorreat*; Regesta pontificum Romanorum, Nr. 24.881 bzw. 24.914 (Wiederholung im Jahre 1300).

55 Kaiser Heinrichs Romfahrt, S. 84f., 120–125.

56 Wipo: Gesta Chuonradi, Kap. 39; in: AQ Bd. XI. S. 608f.

57 Jahrbücher ... Otto III., S. 394.

58 *periculum et desolationem civitatis*, in: Jahrbücher ... Heinrich IV., Bd. 6, S. 9f.

59 Vgl. ›Königsheil‹, in: HRG 2 (1978), Sp. 1040f. (A. Erler).

60 Chronik des Burkhard Zink, in: Die Chroniken der schwäbischen Städte 2, S. 22f. Zu den Niederlanden vgl. Hazard: Herbst, S. 64f.

61 Die Chroniken der fränkischen Städte, Nürnberg Bd. 2, S. 52f.

62 Das Folgende nach Schramm / Mütherich, Nr. 149f. (Konrad II., Gisela), 177 (Rudolf von Schwaben), 186 (Heinrich VI.), 215 (Friedrich II.), 195 (Karlsschrein); bzw. Schramm / Fillitz / Mütherich, Nr. 1 (Rudolf I.) und 77 (Ruprecht und Elisabeth).

[63] Strelocke: Portugal, S. 231, 249.

[64] Chiffoleau: Comptabilité, S. 174.

[65] Vgl. Petersohn: Saint-Denis.

[66] Für das Frühmittelalter vgl. Krüger, Königsgrabkirchen.

[67] Vgl. Das Grabmal Theoderichs, bes. S. 342.

[68] Sulpice Sévère: Epistula 3, 17; S. 342.

[69] Chiffoleau: Comptabilité, S. 142f.

[70] Vgl. zur Prozession mit dem Leichnam Annos vom 4.–11.12. 1075: Monumenta Annonis, S. 25 (Plan) und S. 41f. (Mauritius Mittler: Itinerarium mortui).

[71] Vgl. ›Bestattung‹, in: RAC 2 (1954), hier Sp. 200f. (E. Stommel).

[72] Dies und das Folgende nach Elze: Sic transit, hier S. 18.

[73] Lotharii Cardinalis: De miseria III, 4; S. 79f.

[74] Zimmermann: Papstabsetzungen, S. 56–59.

[75] Ecclesiastical History of Orderic Vitalis, VII, 16; Bd. 4, S. 102. Vgl. dazu Elze: Sic transit, S. 14, Anm. 47: »die einzige unbestreitbare Spoliierung eines toten Königs im Mittelalter, die ich kenne«.

[76] Vgl. ›Einhard‹, in: LexMA 3 (1986), Sp. 1737–1739 (J. Fleckenstein), hier Sp. 1738; Borst: Lebensformen, S. 121–125; Curtius: Europäische Literatur, S. 184–186 (Herrscherlob) und 423–425 (Scherz und Ernst im Herrscherlob).

[77] Elze: Sic transit, S. 7.

[78] Ebd., S. 9ff.

[79] *dignitas non moritur*; zitiert von Elze: Sic transit, S. 13, nach E. H. Kantorowicz: The King's Two Bodies. A Studie in Mediaeval Political Theology. 1957, S. 383ff.

[80] *Si rex periit, regnum remansit, sicut navis remanet, cuius gubernator cadit.* Wipo: Gesta Chuonradi II., Kap. 7; in: AQ Bd. XI, S. 560. Vgl. Helmut Beumann: Zur Entwicklung transpersonaler Staatsvorstellungen, in: Das Königtum, S. 185–224.

[81] Sulpice Sévère: Epistula 3, 19; S. 342/344.

[82] Metzger: Jüdisches Leben, S. 159.

[83] Chronicon Polonorum, in: MG SS 9 (1851), S. 435.

[84] Vita Heinrici IV. Imp., Kap. 13; in: AQ Bd. XII, S. 465.

[85] Vgl. hierzu Thiry: La Plainte funèbre.

[86] Hieronymus: Ausgewählte Briefe, Nr. 75: An Theodora in Spanien, zum Tode des Lucinus (398); S. 56–63. – Kaiser Friedrich II. in Quellen (hier aus den Jahren 1240–1248); S. 341–346. – Piccolomini: Briefe, Dichtungen, S. 205–210, Brief an Kaspar Schlick, 1448; das Zitat S. 206.

[87] Zitat? Man darf damit rechnen, daß einem so gebildeten Mann wie Piccolomini Worte der Propheten, die in Schriften des Neuen Testaments eingegangen sind, vor Augen standen und sich beim Schreiben zu einem

kühnen Bild verdichteten. Vgl. Jes 25, 8 (Er beseitigt den Tod für immer), Hos 13, 14 (Vom Tod sollte ich sie erlösen? Tod, wo sind deine Seuchen?), Offb 21, 4 (Der Tod wird nicht mehr sein, keine Trauer, keine Klage, keine Mühsal), 1 Kor 15, 54 f. (Verschlungen ist der Tod vom Sieg. Tod, wo ist dein Sieg? Tod, wo ist dein Stachel?) Vgl. ferner Testamentum Levi 18: »Er wird wegstellen das gegen Adam drohende Schwert und wird den Heiligen zu essen geben vom Baum des Lebens... Und Beliar wird von ihm gebunden werden.«

Ort der Toten

[1] Vgl. zu diesem Abschnitt ›Bestattung‹, in: RAC 2 (1954), Sp. 194–219 (L. Koep, E. Stommel, J. Kollwitz); ›Cimetière‹, in: DDC 3, 1942, Sp. 729–745 (Lucien Crouzil); ›Friedhof‹, ›Friedhofserde‹ in: HDA 3 (1931, ND 1987), Sp. 86–98 (Geiger); ›Friedhof‹ in HRG 1 (1971), Sp. 1297 f. (K. S. Kramer); ›Begräbnis‹, ›Begräbnissitten‹, ›Friedhof‹. ›Fürstengrab‹, ›Grab‹, ›-formen‹, ›-mal‹, ›-lege‹ in LexMA 1 (1980), Sp. 1804 bis 1808, 4 (1989), Sp. 923–930, 1038–1040, 1621–1628, 1628–1630; Bernhard Kötting: Die Tradition der Grabkirche, in: Memoria, S. 69–78; ›Geschichtswissenschaft und Archäologie‹; ›Die Bajuwaren‹; ›Germanen, Hunnen und Awaren‹.

[2] Vgl: ›Gottesacker‹, in: Grimm: Deutsches Wörterbuch 8 (1958, ND 1984), Sp. 1201–1203.

[3] DDC 3 (1942), Sp. 730.

[4] Augustinus: Vom Gottesstaat, Buch I, Kap. 12; S. 64 f.

[5] Vgl. ›Arles‹, in: LexMA 1, Sp. 953–958 (R. Kaiser), hier Sp. 954. – Deichmann: Einführung, S. 46 ff. – Kötting: Die Tradition der Grabkirche, in: Memoria, S. 69–78.

[6] Ratisbona Sacra Nr. 3, S. 13.

[7] ›Christusmonogramm‹, in: LCI 1 (1968), Sp. 456–458 (W. Kellner).

[8] Vgl. die Pläne in Westermanns Großer Atlas, S. 32 (V); ebd. 40 (V) und 78 (II): Trier bzw. Köln.

[9] Zur Verbindung des Grabes mit der Wohnstätte von Lebenden in der Spätantike vgl. ›Grabbau‹, in: RAC 12 (1983), hier Sp. 416 f. (Klaus Stähler).

[10] DDC 3 (1942) Sp. 730.

[11] Codex des kanonischen Rechts, Canon 1242.

[12] Vgl. Berg, Rolle, Seemann: Der Archäologe. – Die Bajuwaren M III. 5 ff.; S. 379 ff., beide mit zahlreichen, erläuterten Abbildungen zu künstlich deformierten Schädeln, angeborenen Anomalien, verheilten Verletzungen usf.

[13] Statt vieler anderer Nachweise sei hier der kulturübergreifende Ausstellungskatalog genannt: Germanen, Hunnen und Awaren, S. 22 f.: Die ostgermanischen Frauengräber.

[14] Vgl. Die Bajuwaren, M VIII, 8 f. und 15; S. 394, 396.

[15] Vgl. als Beispiel ›Attilazeitliche Kriegsgräber‹, in: Germanen, Hunnen und Awaren, S. 22 und passim.

[16] Ratisbona Sacra, Nr. 4; S. 13: Ein Fingerring mit dieser Inschrift.

[17] Vgl. ›Ratisbona Sacra‹, S. 22–24 (Alfred Reichenberger).

[18] Vgl. ›Grabbeigabe‹, in: RAC 12 (1983), Sp. 429–445 (Maria-Barbara von Stritzky).

[19] Ornamenta Ecclesiae, Bd. I, Nr. C 35; S. 454. Vgl. ›Kelch‹, in: LThK 6 (1961), Sp. 104–106 (V. H. Elbern), hier Sp. 104: Die Priestern und Bischöfen ins Grab gelegten Grabkelche waren in spät- und nachmittelalterlicher Zeit oft aus schlichtem Material (Zinn, Blei, Holz, Wachs) gefertigt.

[20] Vgl. ›Childerichgrab‹, in LexMA 2 (1983), Sp. 1819 f. (J. Werner).

[21] Beumann: Grab und Thron Karls, S. 9–38, hier S. 13 und 17 mit Anm. 66.

[22] Vgl. Decker-Hauff: Reichskrone, S. 629 f.

[23] Vgl. Geschichtswissenschaft und Archäologie, S. 569 f. und Tafel 1.

[24] ›Grabschändung‹, in: RAC 12 (1983), Sp. 617–622 (Georg Klingenberg). Pactus Legis Alamannorum 16 § 3, 11 § 1, 41 §§ 1 f., in: Leges Alamannorum, Bd. I, S. 106, 114, 144.

[25] Vgl. ›Narcissus und Felix von Gerona‹, in: LCI 8 (1976), Sp. 30 f. (G. Hartwagner).

[26] ›Alarich I.‹, in: LexMA 1 (1980), Sp. 271 (G. Wirth).

[27] Beumann: Grab und Thron Karls des Großen, S. 11 und 17.

[28] Ebd., S. 11.

[29] Ebd., S. 32.

[30] Vgl. ›Ahnengrab‹ in: HRG 1 (1971), Sp. 81 f. (A. Erler).

[31] Dobler: Burg und Herrschaft, S. 16.

[32] Capitulatio de partibus Saxoniae, Kap. 7 und 22; S. 69.

[33] Chiffoleau: Comptabilité, S. 157 f. mit Plan der Stadt.

[34] Nach ›Cimetière‹, in: DDC 3 (1942), Sp. 736.

[35] Vogel/Elze Nr. LIV; Bd. I, S. 192 f.

[36] Vogel/Elze Nr. LV; Bd. I, S. 193 f.

[37] ›Composanto Teutonico‹, in: LThK 2 (1958), Sp. 912 (A. Schuchert).

[38] ›Friedhof‹, in: HDA 3 (1931; ND 1987), Sp. 88–90 (Geiger), hier Sp. 88 und 90.

[39] Vgl. Plöchl: Geschichte des Kirchenrechts, Bd. IV, 1966, S. 52; ›Baptême en Occident‹, in: DDC 2 (1937), Sp. 110–174 (R. Torquebiau), hier Sp. 112, 131 ff.

[40] Vgl. Ohler: Nord- und Ostdeutsche, S. 160.

[41] Dies und das Folgende nach ›Wyclif‹, in: LThK 10 (1965), Sp. 1278–1281 (J. Crompton), hier Sp. 1278 f.

[42] Vgl. ›Leichenbestrafung‹, in: HRG 2 (1978), Sp. 1810–1814 (W. Brückner).

[43] Als ungläubig galt, wer freiwillig ungetauft blieb. DDC 3 (1942), Sp. 739.

[44] *Si fieri sine gravi incommodo exhumandum est*; Codex Iuris Canonici, can. 1242.

[45] Vgl. ›Grab‹, in: Grimm: Deutsches Wörterbuch 8 (1958, ND 1984), Sp. 1479.

[46] ›Cimetière‹, in: DDC 3 (1942), Sp. 731. Vgl. Villon: Dichtungen, S. 153/155: ›Das Beinhaus‹.

[47] Troller, Georg Stefan / Bohlmann, Marianne / Hartl, Barbara: Paris (dtv Merian Reiseführer). München 1981, S. 74 f. (Foto S. 74).

[48] ›Bestattung‹, in: RAC 2 (1954), Sp. 213 (J. Kollwitz).

[49] Ebd. Sp. 216 f. (J. Kollwitz).

[50] Thietmar: Chronik VI, 45 f.; in: AQ Bd. IX, S. 293.

[51] Vgl. die zahlreichen Nachweise zu ›Wiedergänger‹, in: HDA 10 (1942, ND 1987), S. 339.

[52] Strelocke: Portugal, S. 249.

[53] Vgl. Blaschke: Nikolaipatrozinium, S. 329, Nikolaikirchen als Gottesakkerkirchen.

[54] Legenda aurea, S. 26–34. Das Wunder der Auferweckung eingepökelter Studenten zum Leben ist u. a. im Freiburger Münster dargestellt.

[55] Dies und das Folgende nach ›Friedhof‹, in: HRG 1 (1971), Sp. 1297 f. (K.-S. Kramer); Chiffoleau: Comptabilité, S. 155–179.

[56] Legenda aurea, S. 846.

[57] Ariès: Geschichte des Todes, S. 83 f.

[58] Horn/Born: The Plan of St. Gall, Bd. 2, S. 210–212.

[59] Encyclopédie ou Dictionnaire raisonné… 3 (1753, ND New York, Stuttgart 1966), S. 453.

[60] ›Cimetière‹, in: DDC 3 (1942), Sp. 738.

[61] Dies und das Folgende nach ›Monumenta Judaica‹, B 67, 69, 71, 73 f., 76, sowie Metzger: Jüdisches Leben, S. 155.

Der Tod – nicht Ziel, sondern Durchgang

[1] DS 150.

[2] Vgl. ›Gericht Gottes, Religionsgeschichtlich‹, in: RGG 2 (1958), Sp. 1415–1417 (N. J. Hein).

[3] Ebd. Vgl. ferner ›Gericht, Letztes‹, in: LThK 4 (1960), Sp. 727–737.

[4] Koran 79, 42–45; 39, 68–75. Vgl. die knappe Zusammenfassung in Khoury: Einführung, S. 181–191.

[5] Zusammenstellung der einschlägigen Schriftstellen im Neuen Testament und knappe Würdigung in ›Gericht Gottes, III‹, in: RGG 2 (1958), Sp. 1419–1421 (H. Conzelmann); ›Gericht, Letztes G.‹, in: LThK 4 (1960), Sp. 729–731 (J. Schmid); ›Gericht, Jüngstes‹, in: LexMA 4 (1989), Sp. 1327 f. (L. Scheffczyk).

[6] Nach weiteren dogmatischen Festlegungen begegnen diese in Gebeten, die dem Verstorbenen ›Licht‹, ›Ruhe‹, ›Erfrischung‹ wünschen (*lux perpetua, requies aeterna, locus refrigerii et pacis* usf.). Vgl. Stüber: Refrigerium.

[7] Vgl. Dinzelbacher: Visionen, S. 28–56 zu Vision, Erscheinung u. ä. – ›Sibyllinen‹, in: LThK 9 (1964), Sp. 728 f. (J. Michl). – Christliche Sibyllen, hg. von Ursula Treu, in: Neutestamentliche Apokryphen, Bd. II, S. 591–619.

[8] DS 857 f.

[9] Bonifatius, Brief Nr. 10; in: AQ Bd. IV b, S. 30–43. Vgl. dazu Dinzelbacher: Visionen, S. 14, 31 f., 171, 237.

[10] In diesem Zusammenhang sei daran erinnert, wie unbefangen die Bibel Gott bzw. Jesus auf der einen, Satan bzw. unreine Geister auf der anderen Seite miteinander sprechen läßt; vgl. Ijob 1, 6 u. ö., Mt 4, 1–11 Par, 8, 29 Par.

[11] Zur Bedeutung des Buches für das Gericht vgl. Dan 7, 10 und Offb 20, 12; ferner Ps 69, 29; Offb 3, 5; 13, 8; 17, 8.

[12] Zur theologischen Entwicklung der Vorstellungen vom Fegefeuer und zum volkstümlichen Glauben vgl. ›Fegfeuer‹, in: LexMA 4 (1989), Sp. 328–331 (L. Scheffelczyk, B. Deneke).

[13] Grimm: Deutsches Wörterbuch 3 (1862, ND 1984), Sp. 1412.

[14] Das 14. Ökumenische Konzil von Lyon legte im Jahre 1274 fest: *animas poenis purgatoriis... post mortem purgari*; wortgleich wiederholt vom 17. Ökumenischen Konzil in Florenz 1439; DS 856 bzw. 1304.

[15] 2. Konzil von Lyon 1274, DS 856; vgl. ›Arme Seelen‹, in: LexMA 1 (1980), Sp. 971–973 (B. Deneke, L. Hödl). – Legenda aurea, S. 845.

[16] Deutsch ›Hölle‹ und englisch ›hel‹ gehen auf ›Hel‹ zurück: So wurden Person und Wohnsitz der Todesgöttin der germanischen Mythologie bezeichnet; Grimm: Deutsches Wörterbuch 10 (1877, ND 1984), Sp. 1745. Französisch *enfer* (italienisch *inferno*, spanisch *infierno*) gehen auf *infernus* zurück: ›unten befindlich‹, ›unterirdisch‹.

[17] Hier nur zwei Beispiele: »Ofen, in dem das Feuer brennt«, Mt 13, 42; »Feuersee«, Offb 20, 14 f.

[18] ›Fegfeuer‹, in: LexMA 4 (1989), Sp. 330 (B. Deneke).

[19] Otto von Freising: Chronik VIII 25, in: AQ Bd. XVI, S. 643.

[20] Ebd. VIII 21, im Anschluß an ein Wort Jesajas (66, 24) zu den Leichen der Aufrührer gegen Gott: »Der Wurm in ihnen wird nicht sterben, und das Feuer in ihnen wird niemals erlöschen. Ein Ekel sind sie für alle Welt.«

[21] Mt 8, 12; ähnlich 13, 42 und 22, 13.

[22] Otto von Freising: Chronik VIII 21; S. 635.

[23] Jes 3, 24. Der »See von brennendem Schwefel« (Offb 20, 10) schließt die Vorstellung von Gestank ein.

[24] Chronik VIII 22; S. 634 ff.

[25] Ps 77, 19; 31, 20; Jes 24, 22.

[26] Mt 25, 46. Otto von Freising stützt sein Verdikt auf weitere Worte aus Schriften des Neuen Testaments.

[27] *Per me si va nell' eterno dolore, ... Lasciate ogni speranza, voi ch'entrate!* Dantis... La Divina Commedia, S. 11.

[28] Otto von Freising: Chronik VIII 24; S. 640 ff.

[29] Ebd. VIII 25; S. 643.

[30] Ebd. VIII 26; S. 643.

[31] Papst Pelagius I bekennt 557 den Glauben, daß am Ende der Zeiten *iniquos... in poenis aeterni atque inextinguibilis ignis, ut sine fine ardeant, iustissimo iudicio traditurum*; DS 443; vgl. ebd. 342.

[32] DS 839. Diese Äußerung wurde wiederholt von Päpsten aufgegriffen; vgl. DS 926 und 1002. Zur Natur der Hölle, zu den Qualen, zu Hitze und unauslöschlichem Feuer vgl. die Belege in DS: Register D L6 b.

[33] *mox in infernum descendere, poenis tamen ac locis disparibus puniendas*; DS 926.

[34] Vgl. DS, Register L5: *Sors defuncti cum solo peccato originali: limbus.* Erst Jahrhunderte später ist in einem päpstlichen Dokument die Rede von »jenem Ort der Kinder, den die Gläubigen gemeinhin mit dem Namen des Saumes der Kinder bezeichnen« (*locum illum inferorum, quem limbi puerorum nomine fideles passim designant*); Papst Pius VI. im Jahre 1794, in: DS 2626. Die hier zusammengestellten Definitionen und Erklärungen erschienen mit kirchlicher Druckerlaubnis; nach Kenntnis des Autors hat das kirchliche Lehramt sie zu keiner Zeit zurückgenommen, so daß man sie auch heute noch als Grundbestand katholischer Lehre ansehen muß.

[35] Otto von Freising: Chronik VII 20; S. 629.

[36] Ijob 2, 1–7; Mt 4, 3–11.

[37] Dem Höllenfürsten Luzifer wurden – als Gegengestalt zu der Allmacht, Weisheit und Liebe verkörpernden Dreifaltigkeit – die Eigenschaften Ohnmacht, Unwissenheit und Haß zugeschrieben.

[38] Z. B. in S. Angelo in Formis bei Capua; vgl. ›Verdammnis (Hölle)‹, in Molsdorf: Christliche Symbolik, S. 116–119, hier S. 117. – ›Hölle‹, in: LCI 2 (1970), Sp. 313–321 (B. Brenk, A Brulhart).

[39] In Spätmittelalter und früher Neuzeit schwelgen Künstler in abstoßenden Visionen weiterer Teufels›gesichter‹ am vorderen und hinteren Unterleib.

[40] Weish 11, 16; zitiert von Otto von Freising: Chronik VIII 21; S. 633.

294

[41] Das Glaubensbekenntnis unterscheidet zwischen *credo* (ich glaube) und *expecto* (ich erwarte).

[42] DS 574; vgl. die im Register zu DS (D L7a) zusammengestellten Belege.

[43] Otto von Freising: Chronik VIII 27; S. 652.

[44] Vgl. Offb 20, 13: »Und das Meer gab die Toten heraus, die in ihm waren; und der Tod und die Urwelt gaben ihre Toten heraus, die in ihnen waren.«

[45] Augustinus: Vom Gottesstaat XXII 16f.; S. 794–797.

[46] Ebd. XXII 19; zitiert von Otto von Freising: Chronik VIII 12; S. 611: »Alle Schönheit des Leibes beruht auf der Harmonie seiner Teile in Verbindung mit einer gewissen Lieblichkeit der Farbe; wo aber die Harmonie der Teile fehlt, nehmen wir Anstoß entweder, weil ein Körperteil mißgestaltet oder weil er zu klein oder zu groß ist.«

[47] Schwarzweißabbildung u. a. in LThK 4 (1960), Tafeln ›Jüngstes Gericht‹, zwischen Sp. 728 und 729, hier Tafel III, Abb. 12.

[48] *et iterum venturus est cum gloria, iudicare vivos et mortuos*; DS 150.

[49] Offb 20, 7; erörtert von Otto von Freising: Chronik VIII 2; S. 589.

[50] Ebd. VII 21, 34; S. 539, 561.

[51] Offb 7, 1ff.; 8, 6ff.; 9, 3. 17; 12, 3ff.; 14, 10; 19, 20;, 20, 12. Auf das für die mittelalterliche Theologie wichtige Auftreten des Antichrist wird hier nicht eingegangen. Vgl. ›Antichrist‹, in: LexMA 1 (1980), Sp. 703–708 und die dort genannte Literatur.

[52] Eine der frühesten bildlichen Darstellungen findet sich im Tympanon von St. Lazare in Autun (Mitte 12. Jh.), nach Werckmeister: Die Auferstehung. Vgl. die Darstellung des Rogier van der Weyden im Hôtel Dieu in Beaune/Burgund; Abb. in LThK 4 (1960), nach Sp. 728, Tafel III, Abb. 14.

[53] Villon: Sämtliche Dichtungen, S. 88: *Femme je suis pauvrette et ancienne, / Qui rien ne sais, oncques lettre ne lus. / Au moutier vois dont suis paroissienne, / Paradis peint, où sont harpes et luts, / Et un enfer, où damnés sont bouillus. / L'un me fait peur, l'autre joie et liesse.*

[54] DS 839 (Papst Innozenz IV., 1254), 991 (Papst Johannes XXII, 1334), 1305 (Konzil von Florenz, 1439). Ähnliche Aussagen ließen sich in großer Zahl zusammentragen.

[55] Otto von Freising: Chronik VIII 28; S. 656.

[56] Ebd. VIII 29; S. 656: *pro qualitate meritorum diversas mansiones.* Otto knüpft hier an Jesus an, der von verschiedenen Wohnungen im Hause seines Vaters gesprochen hatte (Joh 14, 2). Auf dieses Wort haben sich – mit unterschiedlichem Erfolg – immer wieder Menschen gegen kirchliche Lehraussagen berufen, u. a. Voltaire im 18. Jahrhundert.

[57] Otto von Freising: Chronik VIII 26; S. 650: *inestimabilis dulcedo, perfecta beatitudo.*

[58] Ebd. VIII 11; S. 607.

[59] Vgl. Höllenfahrt Christi, hg. von Felix Scheidweiler, in: Neutestamentliche Apokryphen Bd. I, S. 414–418. ›Höllenabstieg Christi‹. Höllenfahrt Christi‹, in: LThK 5 (1960), Sp. 450–455 (A. Grillmeier, E. Lucchesi-Palli).

[60] DS 780.

Vorzeitiger Tod

[1] Vgl. zu Unfällen von Kindern bäuerlicher Familien Shahar: Die Frau, S. 211 ff.: Die Bäuerin als Mutter.

[2] Libellus... Annonis II, 53; S. 122/124.

[3] Ebd. II 48; S. 118/120.

[4] Ebd. III 6; S. 148.

[5] Vgl. Ohler: Alltag; Zuflucht; Nord- und Ostdeutsche.

[6] Vgl. z. B. Ariès: Geschichte der Kindheit, S. 92 ff.

[7] Jungmann: Missarum Sollemnia, Bd. II, S. 449.

[8] Geschichte Niedersachsens, Bd. 1, S. 131 und 347.

[9] Die Chroniken der niedersächsischen Städte. Lübeck, 1. Bd., S. 249.

[10] ›Blanche-Nef‹, in: LexMA 2 (1983), Sp. 261 f. (K. Schnith).

[11] Zitiert nach Jantzen: Gotik, S. 213 f.

[12] Gregorovius: Geschichte der Stadt Rom, Bd. 6, S. 311.

[13] Rolandslied... Konrad, V. 8685–8726.

[14] Le Roman de Tristan, S. 206–220.

[15] Vgl. ›Loskauf Gefangener‹, in: HRG 3 (1984), Sp. 48–55 (A. Erler). Zwei (in den Jahren 1198 und 1223/1318 gegründete) Orden sollen 900 000 bzw. 70 000 Gefangene aus der Haft befreit haben.

[16] Hartmann von Aue: Der arme Heinrich.

[17] Müller-Wille: Bestattung, S. 133–135.

[18] Thietmar: Chronik I 17; in: AQ Bd. 9, S. 21/23.

[19] Ebd. VI 25; S. 269.

[20] Vgl. ›Abortiva‹ und ›Abtreibung‹, in: LexMA 1 (1980), Sp. 50 (W. F. Daems) bzw. 65 (U. Weisser). – McNeill/Gamer: Medieval Handbooks, S. 225 sowie die im Register unter ›abortion‹ nachgewiesenen Zeugnisse.

[21] Tellenbach: Die westliche Kirche, S. 24.

[22] Le Roy Ladurie: Montaillou, S. 251.

[23] Prokop: Gotenkriege II 14; S. 311, 319.

[24] Grimm: Rechtsaltertümer Bd. I, S. 670–674.

[25] Capitulatio de partibus Saxoniae, S. 68 f. *Si quis a diabulo deceptus crediderit secundum morem paganorum, virum aliquem aut feminam strigam esse et homines commedere, et propter hoc ipsam incenderit vel carnem eius ad commedendum dederit vel ipsam commederit, capitali sententiae punietur.*

[26] Borst: Lebensformen, S. 19.

[27] Rodulfi Glabri Historiarum Libri... IV, 4; S. 188/190.

Gewaltsamer Tod: Strafrecht

[1] Die Liturgie der Herrscherweihe, hier: Gebete zur Krönung (9./10. Jh.), in: AQ Bd. XXXII, Nr. 11 a, S. 34–41, hier S. 38 ff.

[2] Ex 23, 7; Thietmar: Chronik I 17; in AQ Bd. IX, S. 22.

[3] Vgl. ›Zwei-Schwerter-Theorie‹, in: LThK Bd. 10 (1965), Sp. 1429 f. (F. Merzbacher).

[4] *ut paucorum condemnatione multitudo corrigatur*, heißt es in der Lex Burgundionum; nach His: Strafrecht, S. 74.

[5] Justiz in alter Zeit, S. 2.

[6] Irsigler/Lassotta, S. 148; *compositio* hat im mittelalterlichen Latein auch die Bedeutung ›Sühne(geld), Schadenersatz‹.

[7] Piccolomini in einem Brief an den Kardinallegaten Giuliano de'Cesarini vom Juli 1434, in: Piccolomini: Briefe, Nr. 4; S. 15–27, hier S. 24.

[8] Das Folgende nach Grimm: Rechtsaltertümer, Bd. II, S. 175 Verbrechen, S. 254–287 Todesstrafen, jeweils mit reichen Quellennachweisen. – Justiz in alter Zeit. – His: Strafrecht. – Künßberg: Rechtliche Volkskunde.

[9] La Chanson de Roland, V. 3735 ff.

[10] Einzelheiten in: Kaiser Friedrich II. in Briefen, S. 614.

[11] In AQ Bd. 32, Nr. 77; S. 308 ff.

[12] Ebd. Nr. 57, S. 223 (18).

[13] Bonifatius: Brief Nr. 73; in: AQ Bd. 4b, S. 218.

[14] Thietmar: Chronik VIII 2; in: AQ Bd. 9, S. 441.

[15] His: Strafrecht, S. 150.

[16] Grimm, Rechtsaltertümer, Bd. II, S. 175 ff. Vgl. ferner ›Entführung (*crimen raptus*)‹ bzw. ›Frauenraub (*raptus*)‹ in: HRG 1 (1971), Sp. 944 f. (R. Lieberwirth) bzw. 1210–1214 (E. Kaufmann).

[17] Annales Bertiniani zum Jahr 849, in: AQ Bd. 6, S. 75.

[18] Coleman: L'infanticide, S. 325; nach Besserung der materiellen Lage habe man mehr Mädchen groß werden lassen mit der Folge einer rasch zunehmenden Bevölkerung. Vgl. ›Kindestötung‹, in: HRG 2 (1978), Sp. 736–741 (W. Wächtershäuser).

[19] Justiz in alter Zeit, S. 299.

[20] Gregor von Tours: Frankengeschichte II, 42; in: AQ Bd. 2, S. 139.

[21] Zu Abaelard und Benedikt vgl. Abaelard: Die Leidensgeschichte, S. 76. – Zu Karl: Annales Bertiniani, in: AQ Bd. VI, S. 255. – Zu Heinrich VII.: LexMA 4 (1989) Sp. 2049 (H. Thomas). – Zu Thomas: Rudolf Baehr in den Anmerkungen zu Dante, Göttliche Komödie, S. 499. Vgl. ›Gift‹ und ›Antidota‹ in: LexMA 4 (1989), Sp. 1446 f. (F. J. Kuhlen) und 1 (1980), Sp. 708 (W. Schneider).

[22] Thietmar berichtet von Knechten in seinem Bistum, die nach dem Verzehr

giftiger Pilze gestorben seien; Chronik VIII, 29; in: AQ Bd. 9, S. 470. Mit Pilzgift dürften Pfeile und Speisen ›präpariert‹ worden sein.

[23] Kaiser Friedrich II. in Briefen, S. 97 bzw. 239.

[24] Das Hofrecht des Bischofs Burchard von Worms, in: AQ Bd. 32, Nr. 23, hier S. 101.

[25] MG Capit. I, Nr. 123, Kap. 10; S. 243.

[26] Leges Alemannorum, Kap. 91; S. 150f.

[27] His: Strafrecht, S. 35.

[28] Vgl. Justiz in alter Zeit, S. 145, mit zahlreichen Abb.; Künßberg: Rechtliche Volkskunde, S. 160, 177f.

[29] Speich/Schläpfer: Kirchen, S. 153.

[30] His: Strafrecht, S. 143.

[31] Der Sachsenspiegel in Bildern, S. 71.

[32] Irsigler/Lassotta, S. 235.

[33] Eusebius: Kirchengeschichte VIII 12, 3 f. und VIII 14, 17; S. 374 bzw. 381.

[34] Gregor von Tours: Frankengeschichte VI, 45; in: AQ Bd. 3, S. 79/81.

[35] Kaiser Friedrich II. in Briefen, S. 614.

[36] His: Strafrecht, S. 142.

[37] Ebd., S. 147.

[38] Gregor von Tours: Frankengeschichte V, 35; in: AQ Bd. 2, S. 344/346.

[39] Capitulatio de partibus Saxoniae, Kap. 3–7; S. 68ff.; Capitulare Saxonicum, 797; ebd. Nr. 27, S. 71f.

[40] Thietmar: Chronik II 38; S. 77 (Zweikampf). VII 41; S. 399 (Geiseln). VII 45; S. 403 (Sarazenenkönigin). VII 76; S. 439 (Koloman).

[41] Vgl. ›Blutrache‹, in: LexMA 2 (1983), Sp. 289f. (H. R. Hagemann).

[42] His: Strafrecht, S. 5.

[43] Das Folgende nach Gregorovius: Geschichte der Stadt Rom, Bd. 6, S. 345, 350f.

[44] Justiz in alter Zeit, S. 330.

[45] Annales Bertiniani zum Jahr 834; in: AQ Bd. 6, S. 25.

[46] ›Bernauer, Agnes‹, in: LexMA 1 (1980), Sp. 1980f. (G. Schwertl). – His: Strafrecht, S. 111.

[47] Justiz in alter Zeit, S. 328.

[48] Vgl. Notkeri Gesta Karoli II 12, in: AQ Bd. 7, S. 404. – Ähnlich verfuhr man gelegentlich beim Rädern, vgl. Irsigler/Lassotta, S. 262.

[49] Justiz in alter Zeit, S. 328f.

[50] Villon: Sämtliche Dichtungen, S. 230–233.

[51] His: Strafrecht, S. 148, 168.

[52] Baehr im Kommentar zu Dante: Göttliche Komödie, S. 450.

[53] Gregor von Tours: Frankengeschichte V 3; in: AQ Bd. 2, S. 283/285. Vgl. Hoffmann: Kirche und Sklaverei, S. 10f.

[54] Dies und das Folgende nach Justiz in alter Zeit, S. 331f.

[55] His: Strafrecht, S. 55 f.; Justiz in alter Zeit, S. 330.

[56] Irsigler/Lassotta, S. 254 f.

[57] Annales Bertiniani zum Jahre 846; in: AQ Bd. 6, S. 69.

[58] Justiz in alter Zeit, S. 331.

[59] Le Roman de Tristan et Iseut, S. 91. Vgl. Borst, S. 576 ff., mit vorzüglicher Einordnung in die mittelalterliche Gesellschaftsgeschichte.

[60] Irsigler/Lassotta, S. 74 ff. ›Aussatz‹, in: LexMA 1 (1980), Sp. 1249–1257, hier Sp. 1251 (C. Schott-Volm).

[61] Graus: Pest, S. 303 f. Biraben: La Peste, S. 57 ff.

[62] Le Roy Ladurie: Montaillou, S. 169.

[63] ›Templer‹, in: LThK 9 (1964), Sp. 1361 f. (K. Hofmann).

[64] Dies und das Folgende nach Ulrich von Richentals Chronik (1882), S. 80 f. Ulrich Richental: Chronik (Faksimiledruck), S. 57 f.

[65] ›Jeanne la Pucelle‹, in: LThK 5 (1960), Sp. 885–887 (P. Doncoeur). Der Prozeß Jeanne d'Arc, S. 89 (1. Urteil), 91 (Angst vor dem Feuer), 94 f. (Predigt und 2. Urteil), 208 (Stöhnen, Meßbuch), 200, 219, 221 (Mitleid, Kanzler des Königs), 223 (Jesus-Rufe), 214 (Asche in die Seine).

[66] ›Brunichild‹, in: LexMA 2 (1983), Sp. 761 f. (H. Grahn-Hoek). Von vier Streitrossen zerrissen wurde auch der Verräter Ganelon: La chanson de Roland, V. 3964 ff.

[67] Die vier Bücher der Chroniken des sogenannten Fredegar, neu üb. von Andreas Kusternig, hier IV 42; Das Buch von der Geschichte der Franken, neu üb. von Herbert Haupt, hier Kap. 40. In: AQ Bd. 4 a, S. 201 bzw. 361.

[68] Thietmar: Chronik IV 30; in: AQ Bd. 9, S. 147. Vgl. Der Tod des Crescentius, in: Jahrbücher … Otto III., S. 526–533.

[69] Kaiser Heinrichs Romfahrt, S. 76 f.

[70] Annales Bertiniani zum Jahr 873, in: AQ Bd. 6, S. 227. Vgl. K. F. Werner: Die Nachkommen Karls des Großen, in: Karlswerk IV (Das Nachleben), Genealogische Tafel.

[71] Dies und das Folgende nach Justiz in alter Zeit, S. 7, 327 f. – Irsigler/Lassotta, S. 239–245. – Hazard: Herbst, S. 25 ff.

[72] Zitiert nach Irsigler/Lassotta, S. 229. Vgl. ›Henker‹, in: HRG 2 (1978), Sp. 75–77 (H. Schuhmann). Der Brauch des ›Henkermahls‹ bildete sich wohl erst in der Neuzeit und nur in Deutschland aus; nach: Deutsches Rechtswörterbuch. Wörterbuch der älteren deutschen Rechtssprache 5 (1953–1960), Sp. 723. – HDA 3 (1930/31, ND 1987), Sp. 1747.

[73] Dies und das Folgende nach Justiz in alter Zeit, S. 280 ff.; Irsigler/Lassotta, S. 229 ff., 247 ff.

[74] Daneben Nachrichter (der nach dem Richter in Erscheinung tritt), Meister Hans, Meister Fix, Meister Stoffel, in Frankreich *maître des hautes œuvres* (wörtlich: Meister der hohen Werke, ein Hinweis auf die Höhe des

Galgens wie auf die Würde des Amtes); weitere Bezeichnungen bei Irsigler/Lassotta, S. 230.

[75] Z. B. bei der Hinrichtung von Maria Stuart, 1568.

[76] Justiz in alter Zeit, S. 286 f.

[77] Vgl. ›Gnade‹, in: HRG 1 (1971), Sp. 1714–1719.

[78] Vgl. Marschall: De laqueo rupto, S. 26–45.

Fehde und Krieg

[1] The Poems of Bertran, S. 338 ff. (Be.m plai lo gais temps de pascar).

[2] Vgl. ›Bertran de Born‹, in LexMA 1 (1980), Sp 2039 f. (C. Alvar).

[3] Vgl. AQ Bd. 32, Nr. 36: Der Gottesfriede im Erzbistum Köln, 1083; S. 140 ff., hier besonders Kap. 1, 2, 8, 12, 16, S. 140, 144, 146. – Nr. 57: Der Landfriede König Friedrichs I., 1152, S. 214–223.

[4] Jungmann: Missarum Sollemnia, Bd. II, S. 420 f.

[5] Vgl. ›Fehde, Fehdewesen‹, in: LexMA 4 (1989), Sp. 331–334 (A. Boockmann).

[6] Vgl. ›Gottesurteil‹, II. Mittelalter, in: TRE 14 (1985), Sp. 102–105 (Hans-Wolfgang Strätz).

[7] La Chanson de Roland, V. 3958 (Tod durch Hängen).

[8] Vgl. Der Landfriede König Friedrichs I., 1152, Kap. 12; in: AQ Bd. 32, S. 214 ff., hier S. 220 f.

[9] Der Ausdruck kam im 15. Jh. auf; HRG 1 (1971), Sp. 1716.

[10] Joinville: Histoire de Saint Louis, Kap. 78; S. 294 f.

[11] Fritsche (Friedrich) Closeners Chronik, 1362, in: Die Chroniken der oberrheinischen Städte. Straßburg, Bd. 1, S. 99.

[12] ›Calais‹, in: LexMA 2 (1983), Sp. 1386–1388 (M. Rouche), hier Sp. 1387.

[13] Vgl. Ohler: Elisabeth von Thüringen, S. 32 f.

[14] Joinville: Histoire de Saint Louis, Kap. 24; S. 230.

[15] Ebd., Kap. 25 und 27 f.; S. 231, 233 f.

[16] Contamine: La vie quotidienne, S. 252.

[17] Klaus Schelle: Burgund zwischen Lilienbanner und Reichsadler. Stuttgart 1977, S. 227.

[18] Rolandslied... Konrad, V. 6052, 6047 (*in gesegente chirichhoue*); die Leichen der ›Ungläubigen‹ will man den Raben zum Fraß lassen (V. 3894, ähnlich V. 4061, 4239); *in dem ellende vulen unde erstinchen*, V. 1887 f.

[19] Speich/Schläpfer, S. 153.

[20] Bloch: Société féodale, S. 414.

[21] Mayer: Kreuzzüge, S. 128. Das Zitat aus dem Werk des Herakles nach: Kreuzzüge in Augenzeugenberichten, S. 206 f.

[22] Nach Thietmar: Chronik II 9; in: AQ Bd. 9, S. 43. Vgl. Anton Weiler: Die

Christenheit und die anderen. Die mittelalterliche Lehre vom heiligen und gerechten Krieg, in: Concilium 24 (1988), S. 500–506.

[23] Über die Judenverfolgung in Mainz (1096). Aus dem Bericht des Salomo bar Simeon, in: Juden im Mittelalter, S. 68–70.

[24] Anonymus, in: die Kreuzzüge in Augenzeugenberichten, S. 100f.

[25] Dies und das Folgende nach Erdmann: Entstehung, bes. S. 313, 316f., 264 (Rolandslied).

[26] La Chanson de Roland, V. 1127–1138; V. 1522f. zur Verheißung eines Platzes gleich neben den unschuldigen Kindern für die Haudegen.

[27] Hefele/Leclercq: Histoire des Conciles, Bd. V/2, Paris 1913, S. 1329/1331.

[28] Mk 9, 40. Wie so oft, findet sich auch die genau entgegengesetzte Meinung: »Wer nicht für mich ist, der ist gegen mich« (Mt 12, 30). Es kommt darauf an, den Sinn des jeweiligen Wortes aus dem Zusammenhang zu erschließen.

[29] Vgl. Grundmann: Oportet et haereses esse.

[30] Otto von Freising: Chronik, Vorwort zu VIII; in: AQ Bd. 16, S. 582.

[31] Die Konstitutionen Friedrichs II., Buch I, Titel 1; S. 4–8. Vgl. dazu Dilcher: Die sizilische Gesetzgebung, S. 73f.

[32] Guillaume de Puylaurens, nach Dupuy: Histoire, S. 142.

[33] Caesarii Heisterbacensis… Dialogus, Distinctio Quinta, Kap. 21; S. 302.

[34] Vgl. Roquebert: L'Epopée cathare, S. 258–261.

[35] La chanson de la croisade albigeoise, S. 57ff. Vgl. ›Albigenserkrieg‹, in LexMA 1 (1980), Sp. 305f. (Y. Dossat). – ›Albigeois (Croisé contre les)‹, in: Encyclopaedia Universalis 1 (1985), S. 640–642 (Jacques Le Goff).

Die Große Pest

[1] Boccaccio: Das Dekameron, Vorrede zum 1. Tag, S. 9–23. – Zu Boccaccio und dessen Werk vgl. LexMA 2 (1983), Sp. 298–301 (F. Bruni), hier vor allem Sp. 299f.

[2] Raith: Florenz, S. 24.

[3] Borst: Lebensformen, S. 118; Biraben: Les hommes et la peste, S. 156–184. Zum Vergleich: Im Zweiten Weltkrieg könnte der Anteil der Kriegstoten in besonders hart getroffenen Ländern 17% in Polen, 12% in der Sowjetunion und 8% in Deutschland erreicht haben.

[4] K. Wurm und A. M. Walter: Pest, in: Lehrbuch der Inneren Medizin, hg. von Ludwig Heilmeyer. Berlin usf. 1955, S. 210f. – Biraben: Les hommes et la peste, S. 7–21. – ›Epidemien‹, in: LexMA 3 (1986), Sp. 2055–2059.

[5] Vgl. Bulst: Der Schwarze Tod. – Europa 1400. – Delumeau: Angst, S. 140–199.

[6] Fritsche (Friedrich) Closeners Chronik, 1362, in: Die Chroniken der oberrheinischen Städte, Straßburg, 1, S. 120f.

[7] Ebd. S. 104, Nachtrag S. 127f., 130.

[8] Vgl. hierzu Graus: Pest, S. 170 ff., mit einer Fülle zeitgenössischer Quellen.

[9] Die Chronik des Matthias von Neuenburg, S. 266.

[10] Dies und das Folgende nach Graus: Pest, S. 217, 258 f.

[11] Ebd., S. 170.

[12] Chronik des Jacob Twinger von Königshofen. 1400 (1414), in: Die Chroniken der oberrheinischen Städte, Straßburg, 2. Bd., S. 764.

[13] Vgl. ›Flagellanten‹, in: LexMA 4 (1989), Sp. 509–512 (E. Pásztor, N. Bulst).

[14] Fritsche Closeners Chronik, S. 105–120.

Die Lust am Grauen – spätmittelalterliche Totentänze

[1] Dies und das Folgende nach Der Tanzende Tod, S. 18 f., 346 f.

[2] Ebd. S. 276, 328 f.

[3] Ebd. 102 f., 158 f.

[4] Vgl. ›Klostertod‹, in: HRG 2 (1978), Sp. 891–893 (A. Erler).

[5] Der Tanzende Tod, S. 206.

[6] Zu Deutungen von ›macabre‹ vgl. Kaiser in: Der Tanzende Tod, S. 53 f.

[7] Vgl. hierzu Der Tanzende Tod, S. 60–62.

»ir Tot, euch sei verfluchet!«

[1] Johannes von Tepl: Ackermann, Kap. 1. Nachweise künftig durch Angabe des Kapitels, in Klammern in den Text eingefügt.

[2] Zu Autor und Werk vgl. ›Johannes von Tepl‹, in: Die deutsche Literatur des Mittelalters. Verfasserlexikon. 2. Aufl., Bd. 4 (1983), Sp. 763–774 (Gerhard Hahn).

[3] Ebd. Sp. 767.

[4] Vgl. ›Gerüfte‹, in: HRG 1 (1971), Sp. 1584–1587 (G. Buchda). – ›Gebärden‹, ebd., Sp. 1411–1419 (R. Schmidt-Wiegand), hier Sp. 1414.

BILDNACHWEIS

LITERATURVERZEICHNIS

Abkürzungen und Siglen

AKG	Archiv für Kulturgeschichte
AQ	Ausgewählte Quellen
DA	Deutsches Archiv für die Erforschung des Mittelalters
DDC	Dictionnaire de Droit Canonique
DS	Denzinger/Schönmetzer
FMSt	Frühmittelalterliche Studien
HRG	Handwörterbuch zur deutschen Rechtsgeschichte
HuC	Heilige der ungeteilten Christenheit
Jbb. DG	Jahrbücher der Deutschen Geschichte
LexMA	Lexikon des Mittelalters
LCI	Lexikon der christlichen Ikonographie
LThK	Lexikon für Theologie und Kirche
MGH	Monumenta Germaniae Historica
MMS	Münstersche Mittelalter-Schriften
Par	Parallelstellen im Neuen Testament
PL	Migne: Patrologia Latina
RGG	Die Religion in Geschichte und Gegenwart, 3. Auflage
RLGA	Reallexikon der Germanischen Altertumskunde
Typ.	Sources Typologie des Sources du Moyen Age occidental
VuF	Vorträge und Forschungen

Abkürzungen der biblischen Bücher (Gen, Mt usf.) nach der Einheitsübersetzung der Bibel.

Quellen

Abaelard. Die Leidensgeschichte und der Briefwechsel mit Heloisa. Üb. und hg. von Eberhart Brost. Heidelberg ²1954.

Die Altarplatte von Reichenau-Niederzell. Hg. von Dieter Geuenich, Renate Neumüllers-Klauser und Karl Schmid (MGH Libri Memoriales et Necrologia, Nova Series, I). Hannover 1983.

Alulfi Expositio super epistolam B. Pauli Apostoli ad Thessalonicenses, in: PL 79, Sp. 1365–1368.

Die Apokryphen und Pseudepigraphen des Alten Testaments, üb. und hg. von E. Kautzsch. Bd. 2, Tübingen 1900, ND Darmstadt 1962.

Augustinus: Confessiones. Bekenntnisse. Lateinisch und deutsch. Eingeleitet, üb. und erläutert von Joseph Bernhart. München ⁴1980.

Aurelius Augustinus: Vom Gottesstaat, üb. von Wilhelm Thimme, Zürich 1955.

Ausgewählte Quellen zur deutschen Geschichte des Mittelalters. Freiherr-vom-Stein-Gedächtnisausgabe. Hg. von Rudolf Buchner. Darmstadt.

Bd. 2 und 3: Gregor von Tours: Zehn Bücher Geschichten (aufgrund der Übersetzung W. Giesebrechts, neu bearb. von Rudolf Buchner). 1955/1956.

Bd. 4a: Quellen zur Geschichte des 7. und 8. Jahrhunderts. Hg. von Herwig Wolfram. 1982.

Bd. 4b: Briefe des Bonifatius, neu bearb. von Reinhold Rau. 1968.

Bd. 5–7: Quellen zur karolingischen Reichsgeschichte. Hg. von Reinhold Rau. 1. Teil 1955, ND 1980; 2. Teil 1958, ND 1980; 3. Teil 1960, ND 1982.

Bd. 8: Quellen zur Geschichte der sächsischen Kaiserzeit, neu bearb. von Albert Bauer und Reinhold Rau. 1971.

Bd. 9: Thietmar von Merseburg: Chronik. Neu üb. und erläutert von Werner Trillmich. 1957.

Bd. 11: Quellen des 9. und 11. Jahrhunderts zur Geschichte der Hamburgischen Kirche und des Reiches (u. a. Wipo: Gesta Chuonradis II. Imperatoris), neu üb. von Werner Trillmich. 1968.

Bd. 12: Quellen zur Geschichte Kaiser Heinrichs IV. (u. a. Das Leben Kaiser Heinrichs IV.), üb. von Irene Schmale-Ott. 1968.

Bd. 19: Helmold von Bosau: Slawenchronik. Neu üb. und erläutert von Heinz Stoob. 1963.

Bd. 22: Lebensbeschreibungen einiger Bischöfe des 10.–12. Jahrhunderts, üb. von Hatto Kallfelz. 1973.

Bd. 32: Quellen zur deutschen Verfassungs-, Wirtschafts- und Sozialgeschichte bis 1250. Ausgewählt und üb. von Lorenz Weinrich. 1977.

Belethus, Johannes: Rationale Divinorum Officiorum, in: PL 202, Sp. 9–166.

Benedicti Regula. Hg. Rudolf Hanslik (Corpus Scriptorum Ecclesiasticorum Latinorum, 75). Wien 1960.

Die Bibel. Altes und Neues Tesament. Einheitsübersetzung. Stuttgart 1980.

Boccaccio: Das Dekameron. Üb. von Karl Witte, durchgesehen von Helmut Bode. München [19]1979.

Brant, Sebastian: Das Narrenschiff. Faksimile der Erstausgabe von 1494, hg. von Franz Schultz (Jahresgabe der Gesellschaft für Elsässische Literatur, 1). Straßburg 1913.

Caesarii Heisterbacensis monachi... Dialogus Miraculorum, Bd. I., Köln Brüssel 1851, ND Ridgewood, N. J. 1966.

Capitulare Saxonicum (797) in: MG Capitularia Regum Francorum, Bd. I, hg. von Alfred Boretius. Hannover 1883, ND 1984, Nr. 27.

Capitulatio de partibus Saxoniae (c. 775/790), ebd. Nr. 26.

La chanson de la croisade albigeoise, éditée et traduite du provençal par

Eugène Martin-Chabot, Bd. I: La Chanson de Guillaume de Tudèle (Les classiques de l'histoire de France au Moyen Age, 13), Paris 1931.

La chanson de Roland. Edition bilingue, hg. von Yves Bonnefoy. Paris 1968.

Die Chronik des Matthias von Neuenburg, hg. von Adolf Hofmeister (MGH SS rer. germ. NS 4). Berlin 1924–1940, ND 1984.

Die Chroniken der deutschen Städte vom 14. bis ins 16. Jahrhundert:
Bd. 2: Die Chroniken der fränkischen Städte, Nürnberg, 2.
Bd. Leipzig 1864, ND Göttingen 1961.
Bd. 5: Die Chroniken der schwäbischen Städte, Augsburg, 2.
Bd. Leipzig 1866, ND 1965.
Bde. 8 und 9: Die Chroniken der oberrheinischen Städte, Straßburg, 1. Bd. Fritsche (Friedrich) Closeners Chronik, 1362; 2. Bd. Chronik des Jacob Twinger von Königshofen, 1400 (1414). Leipzig 1870, ND Göttingen 1961.
Bd. 19: Die Chroniken der niedersächsischen Städte, Lübeck, 1. Bd. Leipzig 1884, ND Göttingen 1967.

Der Cid. Das altspanische Heldenlied. Aus dem Altspanischen üb. und mit einem Nachwort versehen von Fred Eggarter. Bremen 1968.

Codex Iuris Canonici (1917). Benedicti Papae XV auctoritate promulgatus. Rom 1965.

Codex des Kanonischen Rechtes. Hg. im Auftrag der Deutschen und der Berliner Bischofskonferenz (...). Lat.-deutsche Ausgabe. Kevelaer 1983.

Cuthberts Brief vom Tode Bedas, in: Bede's Ecclesiastical History of the English People, ed. by Bertram Colgrave and R. A. B. Mynors. Oxford 1969, S. 579–587.

Dante Alighieri: Die göttliche Komödie, üb. von Hermann Gmelin. Stuttgart 1954.

Dantis Alagherii Opera Omnia, I: La Divina Commedia. Leipzig 1921.

Denzinger, Henricus/Schönmetzer, Adolfus: Enchiridion symbolorum, definitionum et declarationum de rebus fidei et morum. 32. Auflage besorgt von Karl Rahner. Freiburg i. Br. usf. 1963.

The Ecclesiastical History of Orderic Vitalis, ed. and translated by Marjorie Chibnall. Vol. IV (Bücher VII und VIII). Oxford 1973.

Einhard: Translatio et miracula sanctorum Marcellini et Petri, hg. von G. Waitz, in: MG SS 15/1 Hannover 1887, S. 238–264.

Eusebius von Caesarea: Kirchengeschichte. Hg. und eingeleitet (in deutscher Übersetzung) von Heinrich Kraft. Darmstadt 1967.

Franz von Assisi: Legende und Laude, hg. von Otto Karrer. Zürich 1945 u. ö.

Grimm, Jacob: Deutsche Rechtsaltertümer: 4. Auflage besorgt von Andreas Heusler und Rudolf Hübner. 2 Bde. Leipzig 1899.

Hartmann von Aue: Der arme Heinrich. Mit einer Nacherzählung der Brüder Grimm. Hg. von Friedrich Neumann. Stuttgart 1964.

Hefele, Carl Joseph/Leclercq, H.: Histoire des conciles. Paris 1907–1952, ND Hildesheim 1973.

Hieronymus: Ausgewählte Briefe, üb. von Ludwig Schade (Bibliothek der Kirchenväter, II/18). München 1937.

Der Jakobsweg. Mit einem mittelalterlichen Pilgerführer unterwegs nach Santiago de Compostela. Ausgewählt, eingeleitet, üb. und kommentiert von Klaus Herbers. Tübingen 1986.

Johannes von Tepl: Der Ackermann und der Tod, Text und Übertragung. Übertragung, Anmerkungen und Nachwort von Felix Genzmer. Stuttgart 1984.

Joinville: Histoire de Saint Louis, in: Historiens et Chroniqueurs du Moyen Age, éd. par Albert Pauphilet (Bibliothèque de la Pleiade, 48). Paris 1952.

Juden im Mittelalter, eingeleitet und zusammengestellt von Dieter Berg und Horst Steur (Historische Texte, Mittelalter, Heft 17). Göttingen 1976.

Kaiser Heinrichs Romfahrt. Die Bilderchronik von Kaiser Heinrich VII. und Kurfürst Balduin von Luxemburg, 1308–1313. Mit einer Einleitung und Erläuterungen hg. von Franz-Josef Heyen. München 1978.

Kerer, Johannes: Statuta Collegii Sapientiae. Satzungen des Collegium Sapientiae zu Freiburg im Breisgau 1497. Faksimile-Ausgabe. Hg. von Josef Hermann Beckmann. Lateinischer Text besorgt und ins Deutsche üb. von Robert Feser. Lindau und Konstanz 1957.

Die Konstitutionen Friedrichs II. von Hohenstaufen für sein Königreich Sizilien. Hg. und üb. von Hermann Conrad, Thea von der Lieck-Buyken und Wolfgang Wagner (Studien und Quellen zur Welt Kaiser Friedrichs II., 2). Bd. I. Köln, Wien 1973.

Die Kreuzzüge in Augenzeugenberichten. Hg. und eingeleitet von Régine Pernoud, üb. von Hagen Thürnau. Düsseldorf 1961, München 1972.

Das Leben der heiligen Hedwig. Üb. von Konrad und Franz Metzger, eingeleitet von Walter Nigg (HuC). Düsseldorf 1967.

Das Leben der heiligen Hildegard, verfaßt von den Mönchen Gottfried und Theoderich; in: Das Leben der heiligen Hildegard von Bingen, hg. von Adelgundis Fuhrkötter OSB (HuC). Düsseldorf 1968.

Die Legenda aurea des Jacobus de Voragine, aus dem Lateinischen üb. von Richard Benz. Heidelberg 1955 u. ö.

Leges Alamannorum, hg. von Karl August Eckhardt. Bd. I (Germanenrechte, NF II, 5): Pactus Legis Alamannorum. Göttingen etc. 1958.

Leges Alamannorum, in: MG Legum Sectio I, Bd. V/I. Hannover 1888.

Libellus de Translatione Sancti Annonis Archiepiscopi et miracula Sancti Annonis (mit deutscher Übersetzung), hg. von Mauritius Mittler OSB (Siegburger Studien III–V). Siegburg 1966–1968.

Lotharii Cardinalis (Innocentii III): De miseria humanae conditionis, ed. Michele Maccarrone. Lucani 1955.

Magna Carta Libertatum von 1215. Lateinisch-Deutsch-Englisch (von 1534). Bearb. von Hans Wagner (Quellen zur Neueren Geschichte, hg. vom Historischen Seminar der Universität Bern, Heft 16). Bern 1951.

Medieval Handbooks of Penance. A translation of the principal libri poenitentiales and selections from related documents, by John T. McNeill and Helena M. Gamer. New York 1979.

Müller-Wille, Michael: Bestattung im Boot. Studien zu einer nordeuropäischen Grabsitte, in: Offa 25/26 (1968/69), S. 133–135, Bericht des Ahmed Ibn Fadlan (Fozlan) von einer Häuptlingsbestattung der Rus 922, verfaßt 932.

Neutestamentliche Apokryphen in deutscher Übersetzung, hg. von Wilhelm Schneemelcher. 2 Bde. Tübingen ⁵1987 und 1989.

Piccolomini, Enea Silvio: Briefe, Dichtungen. Aus dem Lateinischen von Max Mell und Ursula Abel, Nachwort von Gerhart Bürck. München 1966.

The Poems of the Troubadour Bertran de Born, ed. by William D. Paden, Tilde Sankovitch, and Patricia H. Stäblein. Berkeley, Los Angeles, London 1986.

Prokop: Gotenkriege, griechisch-deutsch, hg. von Otto Veh. München 1966.

Der Prozeß Jeanne d'Arc. Akten und Protokolle. 1431–1456. München 1963.

Regesta pontificum Romanorum, hg. von August Potthast, Bd. II. Berlin 1875.

Revaler Regesten, Bd. III: Testamente Revaler Bürger und Einwohner aus den Jahren 1369 bis 1851, hg. von Roland Seeberg-Elverfeldt (Veröffentlichungen der Niedersächsischen Archivverwaltung, 35). Göttingen 1975.

Rodulfi Glabri Historiarum Libri Quinque, ed. and translated by John France. Oxford 1989.

Le Roman de Tristan et Iseut. Renouvelé par Joseph Bédier. Paris o. J. (1946).

Sulpice Sévère: Vie de Saint Martin, Bd. I. Introduction, texte et traduction par Jacques Fontaine (Sources chrétiennes, 133). Paris 1967.

Summa Poetica. Griechische und lateinische Lyrik von der christlichen Antike bis zum Humanismus. Hg. von Carl Fischer. München 1967.

Der Tanzende Tod. Mittelalterliche Totentänze. Hg., üb. und kommentiert von Gert Kaiser. Frankfurt/M. 1982.

Ulrich von Richental: Chronik des Constanzer Concils 1414 bis 1418, hg. von Michael Richard Buck. Stuttgart 1882, ND Hildesheim 1962.

Ulrich Richental: Chronik des Konstanzer Konzils. 1414–1418. Faksimiledruck. Konstanz 1965.

Die Urkunden Heinrichs IV., 2. Teil. MG Diplomata VI. Weimar 1959.

Villon, François: Sämtliche Dichtungen. Französisch, mit deutscher Übertragung von Walther Küchler. Heidelberg 1956.

Vita Eigilis Abbatis Fuldensis auctore Candido, hg. von G. Waitz, in: MG SS XV, 1. Hannover 1887, S. 221–233.

Vogel, Cyrille/Elze, Reinhard: Le Pontifical Romano-Germanique du Dixième Siècle. 3 Bde. (StT, Bd. 227). Rom/Vatikan 1963/1972.

Walther, Hans: Lateinische Sprichwörter und Sentenzen des Mittelalters in alphabetischer Anordnung. Bd. II/2. Göttingen 1964.

Sekundärliteratur

Ariès, Philippe: Geschichte des Todes: München 1980 (dtv 4407: München 1982).

Ders.: Bilder zur Geschichte des Todes (Images de l'homme devant la mort, Paris 1983). München 1984.

Arnould, Maurice Aurélien: Les relevés de feux (Typ. sources, 18). Turnhout 1976.

Atlas zur Kirchengeschichte. Die christlichen Kirchen in Geschichte und Gegenwart, hg. von Hubert Jedin, Kenneth Scott Latourette, Jochen Martin, bearb. von Jochen Martin. Aktualisierte Neuausgabe Freiburg i. Br. etc. 1987.

Augustinermuseum Freiburg. Kunstepochen der Stadt Freiburg. Ausstellung zur 850-Jahrfeier. Hg. von den Städtischen Museen. Freiburg i. Br. 1970.

Avril, Joseph: La pastorale des malades et des mourants aux XIIe et XIIIe siècles, in: Braet/Verbeke: Death..., S. 88–107.

Barlow, Frank: The Feudal Kingdom of England, 1042–1216. London ^{2}1961.

Berg, Steffen/Rolle, Renate/Seemann, Henning: Der Archäologe und der Tod. Archäologie und Gerichtsmedizin. München, Luzern 1981.

Beumann, Helmut: Grab und Thron Karls des Großen zu Aachen, in: Karl der Große. Lebenswerk und Nachleben. Hg. von Wolfgang Braunfels, Bd. IV: Das Nachleben. Düsseldorf ^{2}1967.

Biraben, Jean-Noël: Les hommes et la peste en France et dans les pays européens et méditerranéens, 2 Bde. (Civilisations et Sociétés, 35/36). Paris 1975/76.

Blaschke, Karlheinz: Nikolaipatrozinium und städtische Frühgeschichte. In: Zeitschrift der Savigny-Stiftung für Rechtsgeschichte 84, Kanonistische Abteilung 53 (1967) S. 273–337.

Bloch, Marc: La société féodale. 1939, ND Paris 1968; deutsch: Die Feudalgesellschaft. Frankfurt/M., Berlin, Wien 1982.

Borst, Arno: Lebensformen im Mittelalter. Frankfurt/M., Berlin 1973 u. ö.

Braet, Hermann/Verbeke, Werner (Hg.): Death in the Middle Ages (Mediaevalia Lovaniensia, I/9). Löwen 1983.

Bulst, Neithard: Der Schwarze Tod. Demographische, wirtschafts- und kulturgeschichtliche Aspekte der Pestkatastrophe 1347–1352. Bilanz der neueren Forschung. In: Saeculum 30 (1979) S. 45–67.

Chiffoleau, Jacques: La comptabilité de l'au-delà. Les hommes, la mort et la religion dans la région d'Avignon à la fin du moyen âge (vers 1320 – vers 1480) (Collection de l'Ecole Française de Rome, 47). Rom 1980.

Coleman, Emily R.: L'infanticide dans le Haut Moyen Age. In: Annales E.S.C. 29 (1974), S. 315–335.

Contamine, Philippe: La vie quotidienne pendant la guerre de cent ans. France et Angleterre (XIVᵉ s.). Paris 1976.

Decker-Hauff, Hansmartin (in Zusammenarbeit mit Percy Ernst Schramm): Die ›Reichskrone‹, angefertigt für Kaiser Otto I., in: Percy Ernst Schramm: Herrschaftszeichen und Staatssymbolik. Beiträge zu ihrer Geschichte vom dritten bis zum sechzehnten Jahrhundert (Schriften der MGH, 13/II). Bd. II, Stuttgart 1955.

Delumeau, Jean: Angst im Abendland. Die Geschichte kollektiver Ängste im Europa des 14. bis 18. Jahrhunderts. 2 Bde. Reinbek 1985.

Determinanten der Bevölkerungsentwicklung im Mittelalter. Hg. von Bernd Herrmann und Rolf Sprandel (Acta humaniora). Weinheim 1987.

Dictionnaire de Droit Canonique. Paris 1935–1965.

Diederich, Toni: Erzbischof Anno als Stadtherr von Köln. In: Siegburger Vorträge zum Anno-Jahr 1983, hg. von Mauritius Mittler OSB (Siegburger Studien XVI). Siegburg 1984, S. 75–94.

Dilcher, Hermann: Die sizilische Gesetzgebung Kaiser Friedrichs II. Quellen der Constitutionen von Melfi und ihrer Novellen (Studien und Quellen zur Welt Kaiser Friedrichs II., 3). Köln, Wien 1975.

Dinzelbacher, Peter: Visionen und Visionsliteratur im Mittelalter (Monographien zur Geschichte des Mittelalters, 23). Stuttgart 1981.

Dobler, Eberhard: Burg und Herrschaft Hohenkrähen im Hegau. Sigmaringen 1986.

Dupuy, André: Histoire chronologique de la civilisation occitane, Bd. I (Des origines à 1599). Millau 1980.

Elze, Reinhard: Sic transit gloria mundi. Zum Tode des Papstes im Mittelalter. In: DA 34 (1978) S. 1–18.

Erdmann, Carl: Die Entstehung des Kreuzzugsgedankens. Stuttgart 1935, ND Darmstadt 1965.

Europa 1400. Die Krise des Spätmittelalters. Hg. von Ferdinand Seibt und Winfried Eberhard. Stuttgart 1984.

Europäische Wirtschaftsgeschichte (The Fontana Economic History of Europe, hg. von Carlo M. Cipolla). Deutsche Ausgabe von Knut Borchardt. Bd. 1: Mittelalter, Stuttgart, New York 1978.

Fälschungen im Mittelalter. Internationaler Kongreß der MGH. München, 16.–19. 9. 1986 (MGH, Schriften 33/I–V). Hannover 1988.

Feld, Helmut: Die Totengräber des heiligen Franziskus von Assisi. In: AKG 68 (1986), S. 319–350.

Franke, Thomas: Zur Geschichte der Elisabethreliquien im Mittelalter und in der frühen Neuzeit, in: Sankt Elisabeth. Fürstin, Dienerin, Heilige. Aufsätze, Dokumentation, Katalog; Ausstellung zum 750. Todestag der hl. Elisabeth, Marburg, Landgrafenschloß und Elisabethkirche, 19. November 1981 – 6. Januar 1982. Hg. von der Philipps-Universität Marburg in Verbindung mit dem Hessischen Landesamt für geschichtliche Landeskunde. Sigmaringen 1981, S. 167–179.

Geary, Patrick J.: Furta Sacra. Thefts of Relics in the central Middle Ages. Princeton N. J. 1978.

Gedächtnis, das Gemeinschaft stiftet. Hg. von Karl Schmid (Schriftenreihe der Kath. Akademie der Erzdiözese Freiburg). München, Zürich 1985.

Germanen, Hunnen und Awaren. Schätze der Völkerwanderungszeit. Germanisches Nationalmuseum Nürnberg. Nürnberg 1987.

Geschichte Niedersachsens, hg. von Hans Patze. Bd. 1: Grundlagen und frühes Mittelalter (Veröffentlichungen der Historischen Kommission für Niedersachsen und Bremen, 36). Hildesheim 1977.

Geschichtswissenschaft und Archäologie. Untersuchungen zur Siedlungs-, Wirtschafts- und Kirchengeschichte. Hg. von Herbert Jankuhn und Reinhard Wenskus (VuF, 22). Sigmaringen 1979.

Das Grabmal Theoderichs zu Ravenna, untersucht und gedeutet von Robert Heidenreich und Heinz Johannes, unter Mitarbeit von Christian Johannes und Dieter Johannes. Wiesbaden 1971.

Graus, Frantisek: Pest – Geißler – Judenmorde. Das 14. Jahrhundert als Krisenzeit (Veröffentlichungen des Max-Planck-Instituts für Geschichte, 86), Göttingen 1987.

Gregorovius, Ferdinand: Geschichte der Stadt Rom im Mittelalter, vom V. bis XVI. Jahrhundert. Stuttgart [3]1875–1881.

Grimm, Jacob: Deutsche Rechtsaltertümer. 4. Auflage besorgt von Andreas Heusler und Rudolf Hübner. Bd. I, Leipzig 1899.

Grimm, Jacob und Wilhelm: Deutsches Wörterbuch. 1854–1971, ND München (dtv) 1984.

Grundmann, Herbert: Oportet et haereses esse. Das Problem der Ketzerei im Spiegel mittelalterlicher Bibelexegese. In: AKG 45 (1963) S. 129–164.

Handwörterbuch des deutschen Aberglaubens. Hg. von Hanns Bächtold-Stäubli. 1927–1942, ND Berlin, New York 1987.

Handwörterbuch zur deutschen Rechtsgeschichte. Berlin 1 ff., 1971 ff.

Heinzelmann, Martin: Translationsberichte und andere Quellen des Reliquienkultes (Typ. sources, 33). Turnhout 1979.

His, Rudolf: Geschichte des deutschen Strafrechts bis zur Karolina. 1928, ND München 1967.

Hoffmann, Hartmut: Kirche und Sklaverei im frühen Mittelalter, in: DA 42 (1986) S. 1–24.

Horn, Walter / Born, Ernest: The Plan of St. Gall. A Study of the Architecture and Economy of, and Life in a Paradigmatic Carolingian Monastery. 3 Bde. Berkeley etc. 1979.

Huizinga, Johan: Herbst des Mittelalters. Studien über Lebens- und Geistesformen des 14. und 15. Jahrhunderts in Frankreich und in den Niederlanden. Hg. von Kurt Köster. Stuttgart ⁸1961.

Ders.: Europäischer Humanismus. Erasmus. Hamburg 1958.

Im Angesicht des Todes. Ein interdisziplinäres Kompendium. Hg. von Hansjakob Becker, Bernhard Einig und Peter-Otto Ullrich. St. Ottilien 1987.

Jahrbücher des Deutschen Reiches unter Heinrich IV. und Heinrich V., von Gerold Meyer von Knonau. Bd. 6 (Jbb. DG, 12/6). Berlin 1907, ND 1965.

Jahrbücher des Deutschen Reiches unter Otto II. und Otto III., Bd. 2: Otto III. (983–1002) von Mathilde Uhlirz (Jbb. DG, 8/2). Berlin 1954.

Jantzen, Hans: Die Gotik des Abendlandes. Idee und Wandel. Köln 1962.

Jungmann S.J., Josef Andreas: Missarum Sollemnia. Eine genetische Erklärung der römischen Messe. 2 Bde., Freiburg i. Br. usf. ⁵1962.

Justiz in alter Zeit (Schriftenreihe des mittelalterlichen Kriminalmuseums Rothenburg ob der Tauber, 6) Rothenburg o. d. T. 1984.

Khoury, Adel-Th.: Einführung in die Grundlagen des Islams (Islam und westliche Welt, 3). Graz, Wien, Köln ²1981.

Das Königtum. Seine geistigen und rechtlichen Grundlagen, hg. von Theodor Mayer (VuF, 3). Konstanz 1956, ND Darmstadt 1969.

Krüger, Karl Heinrich: Königsgrabkirchen der Franken, Angelsachsen und Langobarden bis zur Mitte des 8. Jahrhunderts. Ein historischer Katalog (MMS, 4). Münster 1971.

Künßberg, Eberhard Frhr. von: Rechtliche Volkskunde (Grundriß der deutschen Volkskunde in Einzeldarstellungen, 3). Halle/S. 1936.

Künstle, K.: Die Legende der Drei Lebenden und der Drei Toten und der Totentanz. Nebst einem Exkurs über die Jakobslegende. Freiburg i. Br. 1908.

Kyll, Nikolaus: Tod, Grab, Begräbnisplatz, Totenfeier. Zur Geschichte ihres Brauchtums im Trierer Lande und in Luxemburg unter besonderer Berücksichtigung des Visitationshandbuches des Regino von Prüm († 915) (Rheinisches Archiv, 81). Bonn 1972.

Le Roy Ladurie, Emmanuel: Montaillou. Ein Dorf vor dem Inquisitor, 1294–1324. Frankfurt/M. usf. 1983.

Lexikon der christlichen Ikonographie. Begründet von Engelbert Kirschbaum SJ, fortgeführt von Wolfgang Braunfels. 8 Bde., Freiburg i. Br. 1968–1976.

Lexikon des Mittelalters. München, Zürich 1 ff., 1980 ff.

Lexikon für Theologie und Kirche. 2. Auflage, 1–10, Freiburg i. Br. 1957–1965.

Liermann, Hans: Handbuch des Stiftungsrechts. 1. Bd.: Geschichte des Stiftungsrechts. Tübingen 1963.

Marschall, Dieter: De laqueo rupto. Die mißlungene Hinrichtung durch den Strang (Bonner rechtswissenschaftliche Abhandlungen, 79). Bonn 1968.

Mayer, Hans Eberhard: Geschichte der Kreuzzüge. Stuttgart usf. ⁵1980.

Memoria. Der geschichtliche Zeugniswert des liturgischen Gedenkens im Mittelalter. Hg. von Karl Schmid und Joachim Wollasch (MMS, 48). München 1984.

Metzger, Thérèse und Mendel: Jüdisches Leben im Mittelalter nach illuminierten hebräischen Handschriften vom 13. bis 16. Jahrhundert. Würzburg 1983.

Molsdorf, Wilhelm: Christliche Symbolik der mittelalterlichen Kunst. Leipzig ²1926.

Monumenta Annonis. Köln und Siegburg. Weltbild und Kunst im hohen Mittelalter. Katalog zur Ausstellung des Schnütgen-Museums der Stadt Köln in der Cäcilienkirche vom 30. April bis zum 27. Juli 1975. Hg. von Anton Legner. Köln 1975.

Monumenta Judaica. 2000 Jahre Geschichte und Kultur der Juden am Rhein. Katalog… Köln 1963/64. Köln 1963.

Mörsdorf, Klaus: Lehrbuch des Kirchenrechts auf Grund des Codex Iuris Canonici, Bd. 2, ²1958.

Nonn, Ulrich: Merowingische Testamente. Studien zum Fortleben einer römischen Urkundenform im Frankenreich. In: Archiv für Diplomatik 18 (1972), S. 1–129.

Oexle, Otto Gerhard: Die Gegenwart der Toten, in: Braet/Verbeke, S. 19–77.

Ohler, Norbert: Alltag im Marburger Raum zur Zeit Elisabeths von Thüringen. In: AKG 67 (1985), S. 1–40.

Ders.: Elisabeth von Thüringen. Fürstin im Dienst der Niedrigsten (Persönlichkeit und Geschichte, 114/115). Göttingen 1984.

Ders.: Nord- und Ostdeutsche im Südwesten des Reiches. Ein Beitrag zu den Mirakeln des hl. Theobald. In: Zeitschrift des Breisgau-Geschichtsvereins (»Schau-ins-Land«) 101 (1982), S. 151–167.

Ders.: Zuflucht der Armen. Zu den Mirakeln des heiligen Anno. In: Rheinische Vierteljahresblätter 48 (1984), S. 1–33.

Ders.: Zur Seligkeit und zum Troste meiner Seele. Lübecker unterwegs zu mittelalterlichen Wallfahrtsstätten. In: Zeitschrift des Vereins für Lübeckische Geschichte und Altertumskunde 63 (1983), S. 83–103.

Panofsky, Erwin: Grabplastik. Vier Vorlesungen über ihren Bedeutungswandel von Alt-Ägypten bis Bernini, hg. von Horst Janson. Köln 1964.

Payen, J. Ch.: Le ›Dies Irae‹ dans la prédication de la mort et des fins dernières au moyen âge (A propos de Piramus, V. 708). In: Romania 86 (1965), S. 48–76.

Petersohn, Jürgen: Saint Denis, Westminster, Aachen. Die Karls-Translation von 1165 und ihre Vorbilder. In: DA 31 (1975), S. 420–454.

Plöchl, Willibald M.: Geschichte des Kirchenrechts. 2 Bde. ²Wien, München 1960/62.

Poeck, Dietrich: Laienbegräbnisse in Cluny. In: FMSt 15 (1981), S. 68–179.

Polc, Jaroslav: Agnes von Böhmen 1211–1282. Königstochter – Äbtissin – Heilige (Lebensbilder zur Geschichte der böhmischen Länder, 6). München 1989.

Raith, Werner: Florenz vor der Renaissance. Der Weg einer Stadt aus dem Mittelalter. Frankfurt/M., New York 1979.

Ratisbona Sacra. Das Bistum Regensburg im Mittelalter. Ausstellung anläßlich des 1250jährigen Jubiläums der kanonischen Errichtung des Bistums Regensburg durch Bonifatius, 739–1989 (Kunstsammlungen des Bistums Regensburg. Diözesanmuseum Regensburg. Kataloge und Schriften, 6). München, Zürich 1989.

Reallexikon für Antike und Christentum. Stuttgart 1 ff., 1950 ff.

Reallexikon der germanischen Altertumskunde. 2. Auflage. Berlin 1 ff., 1968 ff.

Reininghaus, Wilfried: Die Entstehung der Gesellengilden im Spätmittelalter (Vierteljahresschrift für Sozial- und Wirtschaftsgeschichte, Beiheft 71). Wiesbaden 1981.

Die Religion in Geschichte und Gegenwart. 3. Auflage, 1–6, Tübingen 1957–1965.

Roquebert, Michel: L'Epopée cathare 1198–1212. L'invasion. Toulouse 1970.

Rudolf, Rainer: Ars moriendi. Von der Kunst des heilsamen Lebens und Sterbens. Köln, Graz 1957.

Russell, J. C.: Die Bevölkerung Europas 500–1500, in: Europäische Wirtschaftsgeschichte (s. o.).

Scherer, Georg: Das Problem des Todes in der Philosophie. Darmstadt 1979.

Schramm, Percy Ernst / Mütherich, Florentine: Denkmale der deutschen Könige und Kaiser. Ein Beitrag zur Herrschergeschichte von Karl dem Großen bis Friedrich II. 768–1250 (Veröffentlichungen des Zentralinstituts für Kunstgeschichte in München, 2). München 1962.

Ders. und Hermann Fillitz in Zusammenarbeit mit Florentine Mütherich: Denkmale der deutschen Könige und Kaiser, Bd. II (Veröffentlichungen des Zentralinstituts für Kunstgeschichte in München, VII). München 1978.

Ders.: Die deutschen Kaiser und Könige in Bildern ihrer Zeit. 751–1190. Neuaufl. hg. von Florentine Mütherich. München 1983.

Schreiner, Klaus: Mönchtum zwischen asketischem Anspruch und gesellschaftlicher Wirklichkeit. Spiritualität, Sozialverhalten und Sozialverfassung schwäbischer Reformmönche im Spiegel ihrer Geschichtsschreibung. In: Zeitschrift für württembergische Landesgeschichte 41 (1982), S. 250–307.

Shahar, Shulamit: Die Frau im Mittelalter. Königstein 1981, Frankfurt/M. 1983.

Sicard, Damien: La liturgie de la mort dans l'église latine des origines à la réforme carolingienne (LQF, 63). Münster 1978.

Skelette erzählen . . . Menschen des frühen Mittelalters im Spiegel der Anthropologie und Medizin. Eine Ausstellung des Württembergischen Landesmuseums Stuttgart. ²1983.

Speich, Klaus / Schläpfer, Hans R.: Kirchen und Klöster in der Schweiz. Zürich 1978.

Strelocke, Hans: Portugal (Du Mont Kunst-Reiseführer). Köln ⁶1987.

Struve, Tilman: Die falschen Friedriche und die Friedenssehnsucht des Volkes im späten Mittelalter, in: Fälschungen im Mittelalter, Teil I, S. 317–337.

Stüber, Karl: Commendatio animae. Sterben im Mittelalter (Geist und Werk der Zeiten, 48). Bern, Frankfurt/M. 1976.

Stuiber, Alfred: Refrigerium interim. Die Vorstellungen vom Zwischenzustand und die frühchristliche Grabeskunst (Theophaneia, 11). Bonn 1957.

Tellenbach, Gerd: Die westliche Kirche vom 10. bis zum frühen 12. Jahrhundert (Die Kirche in ihrer Geschichte, 2/F1). Göttingen 1988.

Theologische Realenzyklopädie. Berlin, New York 1 ff., 1976 ff.

Thiry, Claude: La Plainte funèbre (Typ. sources, 30). Turnhout 1978.

Valous, Guy de: Le monachisme clunisien des origines au XVᵉ siècle. Vie intérieure des monastères et organisation de l'ordre. 2 Bde. Paris ²1970.

van Houtte, Jan A.: Die Bevölkerung, in: Handbuch der europäischen Wirtschafts- und Sozialgeschichte, Bd. 2, hg. von Jan A. van Houtte. Stuttgart 1980.

Werckmeister, Otto Karl: Die Auferstehung der Toten am Westportal von St. Lazare in Autun. In: FMSt 16 (1982), S. 208–236.

Westermanns Großer Atlas zur Weltgeschichte, hg. von Hans-Erich Stier u. a. Braunschweig 1969.

Wollasch, Joachim: Die Wahl des Papstes Nikolaus II. In: Adel und Kirche. Gerd Tellenbach zum 65. Geburtstag dargebracht von Freunden und Schülern. Hg. von Josef Fleckenstein und Karl Schmid. Freiburg i. Br. usf. 1968, S. 205–220.

Zimmermann, Harald: Papstabsetzungen des Mittelalters. Graz, Wien, Köln 1968.

REGISTER

315